V&R Academic

Contergan

Hintergründe und Folgen eines Arzneimittel-Skandals

Herausgegeben von
Thomas Großbölting und Niklas Lenhard-Schramm

Vandenhoeck & Ruprecht

Gedruckt mit freundlicher Unterstützung des Ministeriums für Gesundheit, Emanzipation, Pflege und Alter des Landes Nordrhein-Westfalen.

Mit 7 Abbildungen und 4 Tabellen

Umschlagabbildung: Verpackung des Schlaf- und Beruhigungsmittels ›Contergan‹ – 1962

Bibliografische Information der Deutschen Nationalbibliothek

Die Deutsche Nationalbibliothek verzeichnet diese Publikation in der Deutschen Nationalbibliografie; detaillierte bibliografische Daten sind im Internet über http://dnb.d-nb.de abrufbar.

ISBN 978-3-525-30183-8

Weitere Ausgaben und Online-Angebote sind erhältlich unter: www.v-r.de

Satz: textformart, Göttingen | www.text-form-art.de
Druck und Bindung: ⊕ Hubert & Co GmbH & Co. KG, Robert-Bosch-Breite 6, D-37079 Göttingen

Gedruckt auf alterungsbeständigem Papier.

Inhalt

Niklas Lenhard-Schramm / Thomas Großbölting

Contergan

Arzneimittelskandal und permanentes Politikum

Wer auch nur sporadisch in den Ausgaben deutscher Wochenmagazine und Illustrierten blättert, kann sich eines Eindrucks nicht erwehren: Pharmazeutika der verschiedensten Art sind aus unserem Leben ebenso wenig wegzudenken wie die mit ihnen verbundenen Skandale. Die weitreichenden Versprechungen, die Medikamente zur Verbesserung des menschlichen Lebens machen, finden ihren Spiegel in den Risiken, die stets von ihnen ausgehen. Die Auseinandersetzung um das als Schwangerschaftstest verwandte Mittel Duogynon, die Diskussion um staatlich unterstützte Arzneimittelversuche westdeutscher Pharmaunternehmen in der ehemaligen DDR oder der Skandal um die Verabreichung von HIV-verseuchten Blutkonserven an sogenannte Bluter in den 1980er Jahren – wer nicht nur die Titel beachtet, sondern die Artikel liest, stößt auf eine immer wiederkehrende Referenz, die bis heute dazu dient, die Vorgänge einzuordnen: Contergan. Kaum eine Debatte über Arzneimittel und deren Gefahren kam in den letzten Jahren ohne den Bezug auf dieses Medikament und die damit verbundenen Vorgänge aus. Wie kein anderer Begriff steht dieses Präparat seit Anfang der 1960er Jahre für die Risiken, aber auch für das Versagen und die kriminelle Energie, die mit der Pharmaproduktion einhergehen können. Contergan – so eine These, die die Beiträge des vorliegenden Bandes verbindet – ist zu einem »Erinnerungsort« besonderer Qualität avanciert, in dem sich die tief verwurzelten Ängste vor den Risiken der modernen Industrie- und Konsumgesellschaft bündeln.[1]

Das Schlaf- und Beruhigungsmittel, das der Stolberger Pharmahersteller Chemie Grünenthal von 1957 bis 1961 auf den bundesdeutschen Markt brachte, steht nicht nur am Anfang einer regen, auch die Laienöffentlichkeit einschlie-

1 Siehe statt vieler Artikel allein diverse Beiträge aus dem Spiegel, zum Beispiel zu Duogynon: »Für die Opfer kein Wort«. In: Der Spiegel, Nr. 27, 02.07.2016; zum Bluter-Skandal: »Die Vergessenen«. In: Der Spiegel, Nr. 43, 21.10.2013; »Tod auf Rezept«. In: Der Spiegel, Nr. 32, 03.08.2009; zu Arzneimitteltests in der DDR: »Günstige Teststrecke«. In: Der Spiegel, Nr. 20, 13.05.2013; zu risikoreichen Medizinprodukten: »Gefährliche Schnarchnasigkeit«. In: Der Spiegel, Nr. 19, 05.05.2008; zum Vioxx-Skandal »Schutzlose Patienten«. In: Der Spiegel, Nr. 6, 05.02.2005. Zum Konzept des »Erinnerungsortes« siehe weiterführend François/Schulze, Einleitung, 2001, bes. S. 16–18.

ßenden Debatte um Arzneimittelrisiken, die bis heute anhält. Es war in vielfältiger Weise Produkt und Promotor von Veränderung. Es hat Entwicklungen angestoßen und andere Veränderungsprozesse verstärkt, war aber auch eingebunden in größere Zusammenhänge. Gemessen an der Zahl der Betroffenen, seinen Folgen für die Wahrnehmung und Regulierung von Medikamenten und ihren Risiken, aber auch seiner medialen Präsenz bis heute, war Contergan zweifellos der größte Arzneimittel-Skandal, den die Bundesrepublik bisher zu verzeichnen hatte.[2] Auch heute noch haben zahlreiche Menschen unter den Folgen des Contergan-Wirkstoffes Thalidomid zu leiden. Dies gilt besonders für die Gruppe der vorgeburtlich geschädigten Opfer, die mit zum Teil schwersten Schädigungen an den Extremitäten und inneren Organen zur Welt kamen, weil ihre Mütter das Medikament in der Frühphase der Schwangerschaft eingenommen hatten. Allein in der Bundesrepublik leben heute noch rund 2.400 Menschen mit den typischen Fehlbildungen.[3]

Dass der Contergan-Skandal ebenso Indikator wie Faktor eines allgemeinen sozialen Wandlungsprozesses wurde,[4] war zunächst eine Folge der großen Verbreitung des Medikaments. Bis zur Marktrücknahme hatten schätzungsweise fünf Millionen Menschen in der Bundesrepublik Contergan konsumiert. Ab dem Frühjahr 1960 war es das beliebteste Schlafmittel und nach Aspirin das zweitmeistverkaufte Medikament in Westdeutschland überhaupt.[5] Umso größer war der Schock, als Ende November 1961 in den Tageszeitungen von dem

2 Vgl. zur historischen Einordnung Monser, Contergan, 1993, S. 17; Schütze, Schlafmittel, 1996, S. 392; Rauschmann/Thomann/Zichner, Contergankatastrophe, 2005, S. V; Roth, Geschichte, 2005, S. 212; Steinmetz, Contergan, 2007, S. 51; Hess, Risks, 2010, S. 187.

3 Die Zahl der Contergan-Opfer ist bis heute nicht geklärt. Der *Bundesverband Contergangeschädigter* geht von rund 2.400 lebenden Opfern in der Bundesrepublik aus. Die *Conterganstiftung für behinderte Menschen* hatte im März 2016 insgesamt 2.646 thalidomidgeschädigte Menschen in der Bundesrepublik registriert, darunter 284 bereits verstorbene Personen. Dagegen nannte Widukind Lenz, Entdecker der fruchtschädigenden Eigenschaft Contergans, im Jahr 1988 insgesamt 3.049 noch lebende Opfer (Lenz, History, 1988, S. 205). Die abweichenden Zahlen erklären sich durch den nach wie vor nicht völlig geklärten Wirkmechanismus. Diverse Schädigungen (vor allem der inneren Organe) sind nicht sichtbar und mitunter nicht als Contergan-Schädigung anerkannt. Zudem gab es keine offizielle Meldepflicht für die Schädigungen. Zur Problematik der zahlenmäßigen Erfassung der Opfer siehe Lenhard-Schramm, Land, 2016, S. 381–422. Die Gesamtzahl der vorgeburtlich geschädigten Kinder liegt nach seriösen Schätzungen bei bis zu 10.000 Opfern, von denen ungefähr die Hälfte auf die Bundesrepublik als Hauptabsatzgebiet des Medikaments entfiel.

4 Steinmetz, Politisierung, 2003, S. 195; Günther, Contergan-Fall, 2016, S. 143.

5 Wenzel/Wenzel, Contergan-Prozess, Bd. 2, 1969, S. 241–242. Laut Angaben der Firma konsumierten Ende 1959 täglich 350.000, im Oktober 1960 ca. 700.000 und ein Jahr darauf rund 1 Millionen Menschen Contergan. Siehe »Gefahr im Verzuge«. In: Der Spiegel, Nr. 49, 05.12.1962, S. 72.

schaurigen Verdacht zu lesen war, Contergan sei für die seit geraumer Zeit beobachtete Zunahme an »Mißgeburten« verantwortlich, wie es seinerzeit oft noch hieß.[6] Die Nation sei, wie der *Spiegel* nach einem Jahr öffentlicher Skandalisierung resümierte, »zu einem beachtlichen Teil« mit Contergan eingeschlafen. »Sie erwachte nach einer Katastrophe: Das ›Schlafmittel des Jahrhunderts‹ entpuppte sich als pharmazeutisches Schreckgespenst des Jahrhunderts. Der Welt erfolgreichste Schlummerdroge erwies sich als folgenreichstes Medikament in der Geschichte der modernen Pharmazie.«[7]

Doch der Fall Contergan war mehr als ein Arzneimittel-Skandal. Für seine nachhaltige Wirkung waren nämlich vor allem seine mannigfachen sozialen Folgen entscheidend. Durch die tausendfachen Schädigungen der Kinder wurden immer wieder neue Probleme aufgeworfen, wodurch sich auch immer wieder neue Konflikte an den ursprünglichen Skandal anlagerten. Von unzureichenden Hilfen für Geschädigte und einer untätigen »Frau Gesundheitsminister« Elisabeth Schwarzhaupt war in den Zeitungen zu lesen, wodurch die Affäre auch mit der Frage der politischen Rollenverteilung von Mann und Frau unterlegt wurde.[8] Sensationsheischender noch waren Themen, die unvermittelt in soziale Tabuzonen drangen. Namentlich Berichte über Kindestötungen im In- und Ausland riefen das dunkle Kapitel der sogenannten Kindereuthanasie zurück in Erinnerung und durchkreuzten damit jeden gedanklichen Schlussstrich zur NS-Zeit.[9] Ähnlich brisant war das Thema der Schwangerschaftsabbrüche, sahen manche Zeitgenossen aufgrund des millionenfachen Contergan-Konsums doch nun ein Massenphänomen daraus zu werden, was einen lautstarken Widerhall in den Medien provozierte.[10] Auch war von regelrechten Hexenjagden auf Geschädigte zu lesen, von veruntreuten Geldern in Geschädigten-

6 So etwa in jenem Artikel, der als erstes über den Verdacht einer fruchtschädigenden Eigenschaft Contergans berichtete: »Mißgeburten durch Tabletten?« In: Welt am Sonntag, 26.11.1961.

7 »Gefahr im Verzuge«. In: Der Spiegel, Nr. 49, 05.12.1962, S. 72.

8 Siehe etwa »Nicht Hüte, sondern Hilfe!« In: Bild, 22.08.1962; »Schuldig ist der Staat nicht – aber er macht es sich leicht«. In: Die Welt, 31.08.1962 (Zitat); »Schwarzhaupt: Durch Contergan geschädigt«. In: Der Spiegel, Nr. 39, 26.09.1962. Siehe auch Steinmetz, Politisierung, 2003, S. 222–223.

9 Ein enormes und internationales Medienecho erfuhr der Fall der Belgierin Suzanne Vandeput, die ihr contergangeschädigtes Kind mit Hilfe ihres Arztes getötet hatte und in einem aufsehenerregenden Prozess freigesprochen wurde, dazu Steinmetz, Politisierung, 2003, S. 220–221. Auch in der Bundesrepublik erreichte ein Fall von Kindestötung die Presse: »Alexander starb ein halbes Jahr«. In: Bild am Sonntag, 06.10.1963. Dazu auch Gemballa, Skandal, 1993, S. 179–184.

10 Siehe etwa »Contergan-Tragödie löst Diskussion um § 218 aus«. In: Bild, 22.08.1962. Auch hier war es ein Einzelfall aus dem Ausland, der besonders ausgiebig in den deutschen Medien thematisiert wurde; dazu Steinmetz, Politisierung, 2003, S. 219–220.

verbänden und von vielem mehr.[11] Damit ergab sich ein enormes Potenzial zur fortdauernden Reskandalisierung, durch welches das Schlagwort »Contergan« über die gesamten 1960er Jahre hinweg in den Medien allgegenwärtig blieb, ja bis heute präsent ist.

Die Thematisierung Contergans unterlag dabei bestimmten Konjunkturen. Nachdem das Präparat im November 1961 vom bundesdeutschen und mit einigen Verzögerungen auch vom internationalen Markt genommen worden war, war in diversen Blättern von dem vorerst unbewiesenen Verdacht zu lesen, der pharmazeutische Bestseller Contergan wirke fruchtschädigend. Der öffentliche Diskurs knüpfte damit an eine seit geraumer Zeit schwelende Fachdebatte an, in der vor nervenschädigenden Auswirkungen Contergans bei chronischem Konsum gewarnt worden war.[12] Dominierend blieb vor diesem Hintergrund ein vorsichtiger Tenor, der vor vorschnellen Verlautbarungen unbewiesener Sachverhalte zurückschreckte und stattdessen auf Abwiegelung setzte. Es sei, so der allenthalben durchscheinende Paternalismus von Ärzten, Politikern und Beamten, »nicht gerechtfertigt, breite Bevölkerungskreise mit Nachrichten zu beunruhigen, deren Stichhaltigkeit vorerst keiner statistischen Prüfung standhält.«[13] Der Diskurs schwenkte daher schon rasch auf eine Thematisierung der rechtlichen Rahmenbedingungen um und fragte vor allem danach, inwieweit das seit einigen Monaten in Kraft befindliche Arzneimittelgesetz zur Verhütung von Medikamentenschädigungen geeignet sei.[14] Der Fall folgte somit vorerst den Spielregeln des »Konsensjournalismus«, der die Zulänglichkeit der Arzneimittelüberwachung zwar zaghaft hinterfragte, sich zu einer Fundamentalkritik an den staatlichen und medizinischen Autoritäten aber vorerst nicht durchzuringen vermochte.[15]

Die Debatte über Arzneimittelsicherheit und -überwachung wurde im Frühjahr 1962 gleichsam abgelöst durch das kontrovers diskutierte Problem, wie den Geschädigten und ihren Familien medizinische und soziale Hilfsleistungen zuteilwerden könnten. Erst jetzt, als die Opfer in den Vordergrund rückten und schon bald mit dem Stigma der »Conterganfkinder« belegt wurden, entwickelte

11 Siehe etwa »Herzloses Dorf stößt Contergan-Eltern aus. Einwohner: Dieses Baby ist eine Strafe Gottes«. In: Bild, 11.09.1962. Siehe zu den Streitigkeiten innerhalb der Geschädigten-Verbände »Contergan-Verband: Konten gesperrt«. In: Der Spiegel, Nr. 17, 21.04.1969. Weitere Nachweise in Lenhard-Schramm, Land, 2016, S. 454–455. Dazu auch Gemballa, Skandal, 1993, S. 139–150.

12 Die ersten Publikationen zu Nervenschädigungen durch Contergan erschienen im Mai 1961: Raffauf, Thalidomid, 1961; Scheid, Syndrome, 1961; Frenkel, Contergan-Nebenwirkungen, 1961. Auch der Spiegel hatte im August 1961 über dieses Problem berichtet (»Zuckerplätzchen forte«. In: Der Spiegel, Nr. 34, 16.08.1961, konnte damit jedoch keine außerfachliche Debatte anstoßen.

13 »Es sind nur Vermutungen«. In: Kölner Stadt-Anzeiger, 02.12.1961.

14 Siehe den Beitrag von Niklas Lenhard-Schramm in diesem Band.

15 Dazu grundlegend Hodenberg, Konsens, 2006.

sich das Thema zu einem medialen Skandal sondergleichen. Mit den Biographien der Opfer arbeitete sich das Thema die verschiedensten Lebensbereiche hindurch und evozierte dabei fortlaufend neue Problemlagen und Konflikte. Von der medizinischen Erstbetreuung über den Kindergarten bis hin zu Fragen der Beschulung und der sozialen Integration von behinderten Menschen wurden die weiteren Lebensstationen der Kinder durch die Medien aufmerksam begleitet.[16] Mit Kindern als Opfer bot sich ein vorzüglicher Ansatzpunkt zur emotionalen Aufladung und damit auch zur medialen Skandalisierung, was sich seit dem Frühjahr 1962 vor allem die Boulevardpresse zunutze machte. Der Diskurs um Contergan verfiel zunehmend in einen anklagenden Tenor und Schlagzeilen wie »3000 Babys für immer krank!« und »Contergan-Krüppel klagen an!« prangten auf den Titelseiten der Zeitungen.[17] Da der Fall quer zu den klassischen sozialen wie politischen Konfliktlinien lag, mithin sozial indifferent war, vermochte er betroffene Familien aus allen gesellschaftlichen Gruppen dauerhaft zu mobilisieren, die in den Elternverbänden ein gut zu vernehmendes Sprachrohr fanden. Sowohl in gesundheits- als auch in sozialpolitischer Hinsicht avancierte Contergan zu einem permanenten Politikum.

Hinzu kam das sogenannte Contergan-Strafverfahren gegen leitende Angehörige der Herstellerfirma Chemie Grünenthal. Eingeleitet Ende 1961 durch die Staatsanwaltschaft Aachen erfuhr das Verfahren eine enorme öffentliche Aufmerksamkeit, insbesondere als im März 1967 Anklage erhoben und im Mai 1968 der Prozess eröffnet wurde, der zu dem bis dahin umfangreichsten Strafprozess der neueren deutschen Rechtsgeschichte auswuchs. Die juristischen Konsequenzen verstärkten bestehende Konflikte und schoben neue in den Fokus. Fragen nach dem Verhältnis zwischen Recht und Gerechtigkeit, zwischen Kapital und Macht gingen einher mit aufsehenerregenden Storys aus dem Gerichtssaal, von denen die Medien ausgiebig berichteten. Der Prozess entwickelte sich allerdings schon bald zu einer regelrechten Gutachterschlacht, bevor er sich im prozessualen Niemandsland verlor, sich letzten Endes als nicht justiziabel erwies und im Dezember 1970 unwiderruflich eingestellt wurde.[18] Damit verbunden waren Entschädigungsverhandlungen, die 1971/72 in die Errichtung einer nationalen Stiftung »Hilfswerk für das behinderte Kind« auf bundesgesetzlicher Grundlage mündeten.[19]

Hiervon ausgehend fächerte sich der Diskurs um Contergan immer weiter auf, bevor er selbst zum Thema in Wissenschaft, Kunst und Öffentlichkeit wurde.

16 Steinmetz, Politisierung, 2003, S. 199–200.
17 »3000 Babys für immer krank!« In: Bild, 11.04.1062; »Contergan-Krüppel klagen an!« In: Hamburger Morgenpost, 10.04.1962.
18 Zu den rechtlichen Konsequenzen eingehend Lenhard-Schramm, Land, 2016, S. 523–857.
19 Gesetz zur Errichtung einer nationalen Stiftung »Hilfswerk für das behinderte Kind«, 17.12.1971. In: BGBl. 1971, Teil I, S. 2018–2022. Siehe auch Böhm, Entschädigung, 1973; Breuer, Entstehung, 2005.

Der Umgang mit Contergan und den Folgen hat besonders anschauliche Schilderungen durch die autobiographische Literatur Betroffener erfahren, die inzwischen überaus zahlreich ist und der Gesellschaft in vielerlei Hinsicht den Spiegel vorgehalten hat.[20] Darüber hinaus hat vor allem der mit mehreren Preisen ausgezeichnete und vieldiskutierte WDR-Zweiteiler »Contergan« (2007) das öffentliche Interesse an Contergan noch einmal stark angefacht. Im Laufe der Zeit kamen zudem immer wieder neue Fragen und Probleme hinzu. Neue Anwendungsgebiete für die Contergan-Wirksubstanz Thalidomid verwandelten den verteufelten Arzneistoff in einen therapeutischen Hoffnungsträger.[21] Zu einem drängenden Problem sind nicht zuletzt die massiven Spät- und Folgeschäden der Contergan-Opfer geworden. So beschäftigt Contergan auch weiterhin die Politik. Nach mehreren Änderungen des Conterganstiftungsgesetzes seit der Jahrtausendwende, die zu einer überfälligen Erhöhung der sogenannten Contergan-Renten führten, trat jüngst – rückwirkend zum 1. Januar 2017 – das vierte Conterganstiftungsänderungsgesetz in Kraft.[22]

Weitet man den Blick über den Kreis der Betroffenen und unmittelbar beteiligten Institutionen und Personen in Politik und Verwaltung, dann kann man viele andere Bereiche ausmachen, in denen der Contergan-Skandal in unterschiedlicher Weise Wirkungen zeitigte:

Am deutlichsten sind die Folgen im Arzneimittelwesen zu erkennen. Bis heute stützt sich die staatliche Medikamentenzulassung und -überwachung in hohem Maße auf die Erfahrungen mit Contergan. Galt das erste deutsche Arzneimittelgesetz von 1961 vielen Experten zunächst noch als »großer Wurf«, kam man bald zu der Überzeugung, dass dieses einer umfassenden Novellierung bedürfe, um es schließlich doch auf eine völlig neue Grundlage zu stellen. In den Beratungen zu dem nach wie vor gültigen Arzneimittelgesetz von 1976 fiel der Begriff Contergan häufig und fungierte als mahnendes Exempel.[23] Und auch der heute standardmäßige Verweis auf die »Risiken und Nebenwirkungen«

20 MOTTLEY, Sheila, 1992; EISTEL, Leben, 2007; BÜLL, Contergan, 2007; KLEINAU, Ich, 2009; FRAUENDIENST, Leben, 2010; NUDING, Profit, 2011; KRÄMER-KORNJA/KÄSMAYR, Annerscht, 2012; BERG, Mach was draus, 2014. Hinzu kommen auch multimediale Veröffentlichungen Betroffener, darunter die DVDs *Contergan: Die Eltern* (2003) und *No Bodys Perfect* (2008).

21 Siehe den Beitrag von Christoph Friedrich in diesem Band.

22 Conterganstiftungsgesetz, 13.10.2005. In: BGBl. 2005, Teil I, S. 2967–2970; Erstes Gesetz zur Änderung des Conterganstiftungsgesetzes, 26.06.2008. In: BGBl. 2008, Teil I, S. 1078; Zweites Gesetz zur Änderung des Conterganstiftungsgesetzes, 25.06.2009. In: BGBl. 2009, Teil I, S. 1534–1536; Drittes Gesetz zur Änderung des Conterganstiftungsgesetzes, 26.06.2013. In: BGBl. 2013, Teil I, S. 1847–1848; Viertes Gesetz zur Änderung des Conterganstiftungsgesetzes, 21.02.2017. In: BGBl. 2017, Teil I, S. 263–264.

23 LENHARD-SCHRAMM, Lifestyle-Medikament, 2016, hier S. 251–255.

eines jeden Arzneimittels ist eine zum Schlagwort verdichtete Reminiszenz an den Contergan-Skandal.

Am weitreichendsten und zugleich nachhaltigsten wirkte Contergan bei der politischen Profilschärfung der Themen »Gesundheit« und »Behinderung« überhaupt. Nach Contergan, so lässt sich ohne Übertreibung pointieren, waren diese Bereiche nicht mehr un- oder gar vorpolitisch zu denken. Waren die staatliche Gefahrengüterregulation und die Chancengleichheit behinderter Menschen bis in die 1950er Jahre allenfalls politische Randfragen, so rückten sie nun verstärkt ins Mittelfeld der politischen Agenda.[24] Doch nicht allein die Politik im engeren Sinne, sondern auch die Öffentlichkeit wurde stärker sensibilisiert für Gesundheits- und Umweltrisiken aller Art. Insbesondere das Thema (kindlicher) Behinderung wurde nun aus seinem eugenischen Ideenkontext gelöst. Auch insofern war »Contergan« integraler Bestandteil einer inneren Emanzipationstendenz, die die bundesdeutsche Gesellschaft seit den späten 1950er Jahren erfasste.[25]

Im weitesten Sinne waren der Contergan-Skandal und die von ihm angestoßenen Entwicklungen eingewoben in einen umfassenden Liberalisierungs- und Demokratisierungsprozess, der die bundesdeutsche Gesellschaft als ganze seit den 1960er Jahren veränderte.[26] Der Medikamentenskandal war beispielsweise Ausdruck und Triebkraft eines allmählichen Aufweichens autoritärer Gesellschaftsstrukturen: Im Verhältnis zwischen Patienten und Ärzten büßten die letzteren ihren Nimbus als »Halbgötter in Weiß« zugunsten eines immer stärkeren Selbstbewusstseins der Patienten ein. Im Verhältnis zwischen Politik, Verwaltung und Justiz und der Öffentlichkeit schliffen sich Autoritätsstrukturen auch dadurch ab, weil deutlich wurde, dass Politiker und Fachbeamte nicht adäquat auf die Entwicklung im Contergan-Skandal reagierten oder reagieren konnten. Nicht zuletzt stärkte der Contergan-Skandal auch das gesellschaftliche Gewicht der berichtenden Medien, wenn sie die tatsächliche und angebliche Untätigkeit von Staat und Politik offensiv anprangerten und damit auch zur eigenen Profilierung beitrugen.[27]

24 Der politische Bedeutungsgewinn des Themas Gesundheit lässt sich nicht zuletzt an der Behördenstruktur ablesen. Im November 1961 wurde auf Bundesebene erstmals ein Gesundheitsministerium eingerichtet (Woelk/Halling, Gründung, 2006), in Nordrhein-Westfalen fand der Begriff Gesundheit erstmals 1970 Eingang in die Bezeichnung einer obersten Landesbehörde. Siehe auch Lenhard-Schramm, Lifestyle-Medikament, 2016, S. 226, 229–230; Woelk, Geschichte, 2002, S. 312; sowie den Beitrag von Sabine Mecking in diesem Band.

25 Siehe zur risikoepistemischen Neuordnung durch Contergan Schwerin, Contergan-Bombe, 2009; zur Bedeutung Contergans für das Thema »Behinderung« vor allem Bösl, Politiken, 2009, bes. S. 226–241; sowie Günther, Contergan-Fall, 2016.

26 Siehe etwa Herbert, Liberalisierung, 2002; Schildt/Siegfried/Lammers, Dynamische Zeiten, 2000; Frese/Paulus/Teppe, Demokratisierung, 2005.

27 Steinmetz, Politisierung, 2003.

Der vorliegende Band versucht, die beschriebenen konzentrischen Kreise in den Blick zu nehmen und miteinander zu verbinden. Ausgangspunkt ist dabei mit dem Arzneimittelwesen der engste Kreis, der seinerseits tief eingebunden war in die Struktur der weiteren Felder. Der Contergan-Skandal war in seiner konkreten Gestalt nur deshalb möglich, weil er sich aus einer besonders dynamischen Umbruchphase der bundesdeutschen Gesellschaft heraus entwickeln konnte, die von besonderen Denk-, Handlungs- und Wahrnehmungsstrukturen geprägt war. Da das Arzneimittelwesen (und der Umgang mit Contergan) von verschiedensten gesellschaftlichen, politischen und kulturellen Kräften durchwirkt wurde, fallen auch – je nach Fragestellung, Interessenschwerpunkt und methodischem Instrumentarium – die Erklärungsansätze für die Frage, weshalb Contergan möglich war, zwangsläufig unterschiedlich aus. Die eine – sozusagen »richtige« oder »gültige« – Erklärung wird sich nicht finden lassen; zu unterschiedlich und teils auch widersprüchlich sind die Wahrnehmungen und Interpretationen von Contergan. Das wesentliche Erkenntnisinteresse der folgenden Beiträge bündelt sich dementsprechend in zwei Fragen:

1. Zum einen erscheinen die sozialen, politischen und kulturellen Bedingungen von Interesse, die den Contergan-Skandal überhaupt erst ermöglichten. Die Frage, wie es zu »Contergan« kommen konnte, beschäftigte schon die Zeitgenossen. Gerade der Umstand, dass das Präparat in den Ländern des Ostblocks, vor allem aber in den USA und in Frankreich nicht in den Handel gelangt war, galt als unzweideutiger Beleg, dass Contergan eben keine medikamentöse Naturkatastrophe war, sondern sich sehr wohl hätte verhindern lassen.[28] Dabei entwickelte sich besonders die Gegenüberstellung zwischen der Arzneimittelregulierung in den USA und in der Bundesrepublik zu einem beliebten Ansatz, um die unterschiedliche Leistungsfähigkeit beider regulatorischen Regimes sichtbar zu machen.[29] Allerdings erscheint die Bedeutung staatlicher Schutz- und Regulierungsmechanismen bisweilen überstrapaziert, zumal nicht selten das – im Falle Contergans nicht unwichtige – Moment des Zufalls ausgeblendet wird. Umso überzeugender wirken daher neuere Ansätze, die auf verschiedene Regulierungsmechanismen in verschiedenen Feldern (Medizin, Industrie, Verwaltung usw.) mit je eigenen Regulierungszielen, -logiken und -praktiken verweisen.[30] Gleichwohl sind Schutz- und Regulierungsmechanismen nur die eine Seite der Medaille. Ebenso wesentlich erscheinen andere soziale Settings, die freilich nicht immer scharf zu erfassen sind. Dazu zählen etwa

28 Siehe etwa »Diese Frau bewahrte Amerika vor Contergan«. In: Bild, 17.07.1962; ähnlich: »Contergan-Tragödie hätte vermieden werden können«. In: Frankfurter Rundschau, 16.10.1962.

29 Auch in mehreren wissenschaftlichen Vergleichsstudien bildet Contergan teils explizit, teils implizit in den epistemischen Ausgangs- wie Fluchtpunkt. Siehe etwa Murswieck, Kontrolle, 1983; Kirk, Contergan-Fall, 1999; Daemmrich, Pharmacopolitics, 2004.

30 Gaudillière/Hess, Introduction, 2013, S. 8–13.

Konsummuster, Marketingstrategien, Risikowahrnehmungen und andere Bedeutungszuschreibungen – Aspekte, die auch aus völlig anderen sozialen Sphären stammen können und dennoch in das Arzneimittelwesen hineinwirken, etwa indem sie Problemwahrnehmungen gleichsam absorbieren und damit von Medikationsfragen weitgehend fernhalten.

2. Zum anderen richtet sich das wesentliche Interesse auf die Frage, ob und inwieweit es sich beim Contergan-Skandal um einen Sonderfall handelte. Dass er sich im Laufe der Zeit zu einem herausragenden Geschehenszusammenhang entwickelte, der besonders viele gesellschaftliche Problemkreise und Konfliktlagen tangierte und letzthin auch zu verändern half, ist auf den vorigen Seiten bereits angeschnitten worden. Von daher ist hier von besonderem Interesse, inwieweit Contergan auch in synchroner Hinsicht ein Sonderfall war. War das Schlaf- und Beruhigungsmittel ein Medikament von vielen, das innerhalb der zeitgenössischen Rahmenbedingungen eher »zufällig« seine traurige Berühmtheit erlangte? Oder unterschied sich Contergan in nennenswerter Weise auch von anderen, zeitgleich vertriebenen Präparaten? In diesem Zusammenhang lässt sich der Blick auch über das Arzneimittelwesen hinaus weiten und danach fragen, inwieweit sich Medikamente von anderen Konsumgütern unterschieden, insbesondere solchen, die ebenfalls körperlich aufgenommen werden, wie zum Beispiel Lebensmittel. Inwieweit unterschieden sich hier Konsumpraktiken, Wahrnehmungsweisen und der diskursive Überbau bei der sozialen Aushandlung von Verhaltensnormen? Freilich lässt sich dieses Erkenntnisinteresse nicht scharf von den bereits angesprochenen sozialen, politischen und kulturellen Rahmenbedingungen trennen. Vielmehr handelt es sich um zwei etwas unterschiedlich ausgerichtete Blickwinkel auf einen Problemzusammenhang, der – sowohl mit Blick auf Contergan im Besonderen als auch mit Blick auf Arzneimittel im Allgemeinen – keineswegs als hinreichend erforscht gelten kann.

Der Sammelband, der aus einer Tagung am 24. und 25. September 2015 in Münster hervorgegangen ist,[31] bemüht sich daher, verschiedene Perspektiven in gleichsam komplementärer Weise zusammenzuführen. Dass es dabei zu unterschiedlichen Gewichtungen und abweichenden Deutungen kommt, liegt in der Natur der Sache und ist auch von den Herausgebern gewünscht.

Im ersten Beitrag skizziert Christoph Friedrich den Contergan-Skandal aus pharmaziehistorischer Perspektive. Indem er dabei die wichtigsten Ereignisse und wesentlichen Entwicklungsstränge um das Medikament Contergan und seinen Wirkstoff Thalidomid rekapituliert, bildet sein Beitrag zum einen das faktologische Fundament für die folgenden Aufsätze. Mit Blick auf das Erkennt-

31 Die Tagung erfolgte im Rahmen des vom Ministerium für Gesundheit, Emanzipation, Pflege und Alter des Landes Nordrhein-Westfalen (MGEPA NRW) initiierten Forschungsprojektes »Die Haltung des Landes NRW zu Contergan und den Folgen« an der Westfälischen Wilhelms-Universität Münster.

nisinteresse dieses Bandes verweist Friedrich zum anderen auf mehrere Bedingungen der Möglichkeit für den Contergan-Fall. Dabei weist er kursorisch auf inzwischen »klassische«, aber nach wie vor überzeugende Erklärungsmuster hin, etwa auf fehlende arzneimittelrechtliche Schutzmechanismen und eine weitverbreitete »Arzneimitteleuphorie«. Bereits das Anschneiden dieser verschiedenen und schon an sich sehr vielschichtigen Problemkreise macht deutlich, dass monokausale Erklärungen nicht weit tragen. Der Contergan-Skandal war vielmehr ein komplexer Geschehenszusammenhang, der nur durch das Ineinandergreifen verschiedener Strukturbedingungen und den in ihnen agierenden Akteuren zustande kam. Dabei plädiert Friedrich in einigen Punkten für Besonderheiten Contergans, die letztlich auch für das katastrophale Ausmaß verantwortlich waren, zum Beispiel die spezifischen Wirkbedingungen Thalidomids, die es erschwerten, auf die fruchtschädigenden Eigenschaften dieses Arzneistoffes aufmerksam zu werden.

Von einer etwas weiteren Perspektive ausgehend, betrachtet Heiko Stoff das Arzneimittelwesen gewissermaßen von außen, indem er es mit dem Lebensmittelwesen kontrastiert. Das Hauptaugenmerk richtet sich dabei auf den Aspekt der Risikowahrnehmung, also auf die Frage, wie und auf welche Weise Gefährdungspotenziale von Medikamenten und Lebensmitteln wahrgenommen, diskutiert und definiert wurden. Ein solcher Vergleich erscheint besonders gewinnbringend, da es sich bei Medikamenten und Lebensmitteln um die beiden wichtigsten körperlich eingenommenen Konsumgüter handelt. Gerade deshalb stellt sich die Frage nach unterschiedlichen und gleichen Wahrnehmungs- und Umgangsformen besonders deutlich (und nicht zufällig wurden Arzneimittel- und Lebensmittelwesen in diversen Gesundheitsbehörden organisatorisch miteinander vereint). In seinem Beitrag kann Heiko Stoff zeigen, dass in den 1950er Jahren ein Bewusstsein für Umweltrisiken zwar deutlich ausgeprägt war, sich dieses bei Konsumgütern aber vor allem auf Lebensmittel richtete. Aus der Rückschau mutet das Arzneimittelwesen dagegen wie ein blinder Fleck an, der in den 1950er Jahren kaum Erwähnung fand. Diese Aufmerksamkeitsverteilung, bei der das Lebensmittelwesen den Großteil des Risikodiskurses auf sich beziehen konnte, schuf insoweit einen gefahrenepistemischen Leerraum, in dem Contergan seine verhängnisvolle Wirkung entfalten konnte.

Nils Kessel beleuchtet in seinem Beitrag den Arzneimittelkonsum – und damit einen Aspekt, der in der historischen Forschung bisher weitgehend ausgeklammert worden ist. Der Contergan-Skandal, so Kessel, stellte insoweit eine Zäsur dar, als er den Konsum von Medikamenten überhaupt sichtbar machte. In medizinischen Fachkreisen bestand in den 1950er Jahren schon seit längerer Zeit ein wachsendes Unbehagen gegen das Eindringen ökonomischer Logiken in den Bereich des Arzneimittelsektors, zumal dies die starke Stellung der Ärzteschaft zu bedrohen schien. Eine negative Aufladung des Konsumbegriffes, der sich fast ausschließlich auf Tranquilizer, Schlaf- und Beruhigungsmittel bezog, ging mit einer »Responsabilisierung« des Konsumenten einher, der zum eigentlich Verantwortlichen für unerwünschte Arzneimittelwirkungen stilisiert wurde. Handelte es sich dabei zunächst vornehmlich um einen Expertendiskurs, so entwickelte sich der Arzneimittelkonsum infolge des Contergan-Skandals auch in der allgemeinen Wahrnehmung zusehends zu einem »Unsicherheitsfaktor«, der nicht nur nach neuen Regulierungsformen verlangte, sondern auch die großen Informationslücken über den Arzneimittelkonsum offenlegte. Dies hatte nicht nur zur Folge, dass die Erfassung des Konsums neu überdacht wurde, sondern führte auch zu einer kritischen Hinterfragung der ärztlichen Verordnungspraxis. An den tatsächlichen Konsumzahlen änderte sich indes überraschend wenig, denn nach einem kurzzeitigen Rückgang des Schlafmittelkonsums erreichte er bald wieder sein altes Niveau.

In ihrem Beitrag widmet sich Anne Crumbach der diskursiven Rahmung des Arzneimittelwesens. Die medizinisch-wissenschaftliche Sphäre war durch ein Set kommunikativer Spielregeln geprägt, die für das konkrete Geschehen und das Ausmaß des Contergan-Skandals von wesentlicher Bedeutung waren. So dominierte in der Ärzteschaft ein autoritäres Selbstverständnis, das Laien von Diskussionen über Arzneimittelnutzen und -risiken weitgehend ausschloss. Innerhalb der Fachwelt setzten die meisten Ärzte auf wissenschaftliche Argumentationsmuster und Beweisführungen, was rasche Warnungen vor und Publikationen über Arzneimittelrisiken erschwerte. Bei beobachteten Schäden wandten sich Ärzte und Apotheker meist nur an den Hersteller, der insoweit das Wissen über diese Wirkungen gleichsam monopolisieren konnte. Erst dadurch war es einer Firma überhaupt möglich, das Bekanntwerden entsprechender Beobachtungen zu verzögern. Es waren einzelne Ärzte, die als Regelbrecher fungierten, indem sie im Fachdiskurs nachdrücklich vor Contergan warnten, von wo die Beobachtungen mit einiger Verzögerung in die außerfachliche Sphäre drangen. An einen »eigenmächtigen« Gang an die Laienöffentlichkeit war allerdings auch für sie kaum zu denken. Dieses implizite Schweigegelübde und die Behäbigkeit der fachlichen Sagbarkeitsregeln waren wesentliche Gründe, warum die Wirkungen Contergans erst so spät bekannt und entsprechende Maßnahmen erschwert wurden, um weitere Schädigungen durch das Präparat zu vermeiden.

Ergänzend zur wissenschaftlichen Sphäre legt Sabine Mecking ihr Augenmerk auf den politisch-administrativen Bereich. Dabei kann sie anhand der Ämterstruktur, der mehrfachen organisatorischen Neugestaltung der obersten Gesundheitsbehörde und politischer Agenden zeigen, dass das Thema Gesundheit nach 1945 vorerst nicht als ein genuin politisches Feld galt. Gerade hier dominierte bis weit in die 1960er Jahre die medizinalpolizeiliche Konzeption eines Nachtwächterstaates, der sich tiefer Eingriffe in das Gesundheits- und Arzneimittelwesen enthielt und stattdessen die Eigenverantwortlichkeit der medizinischen Fachwelt zur strukturbildenden Leitidee machte. Auf Bundes-

wie auch Landesebene war »Gesundheit« eben kein politisches Kernthema, mit dem sich die Regierungen intensiv befassten. Sowohl in gesetzgeberischer als auch in verwaltungspraktischer Hinsicht war diese Kompetenzverlagerung in den außerstaatlichen Bereich besonders folgenreich, führte sie doch zur Verbreiterung jener juristischen wie administrativen Regulierungslücke, in der der Contergan-Skandal sein katastrophales Ausmaß überhaupt erst entfalten konnte. Verstärkte diese Vernachlässigung gesundheitspolitischer Fragen 1962 noch den Skandalisierungsprozess um Contergan, so trug der Fall mittelfristig dazu bei, dass der politische Stellenwert der Themen Gesundheit und Umweltrisiken wuchs und neue Strukturen geschaffen wurde, die ein forthin stärkeres staatliches Engagement im Gesundheitssektor ermöglichen sollten.

Daran anknüpfend, widmet sich Niklas Lenhard-Schramm dem rechtlichen Rahmen. Da sich Ausarbeitung und Inkrafttreten des ersten deutschen Arzneimittelgesetzes von 1961 zeitlich genau mit Entwicklung und Vertrieb Contergans überlagerten, lotet er die Wechselwirkungen zwischen Gesetz und Pharmaskandal aus. Wie er dabei zeigen kann, förderte die Erwartung eines Arzneimittelgesetzes in den 1950er Jahren eine Haltung, rechtlich fragwürdige Zulassungsregelungen als Interimslösung vorerst beizubehalten. Damit spannte sich aber ein weithin rechtsfreier Raum auf, in dem Unternehmen ihre Präparate ohne wirksame Kontrolle auf den Markt bringen konnten. Auch das neue Arzneimittelgesetz schuf zunächst Rechtsunsicherheit, was nicht ohne Auswirkung auf die behördliche Regulierung Contergans blieb. Während das kurz bevorstehende Inkrafttreten des Gesetzes im Frühsommer 1961 noch zu einer Beschleunigung der Rezeptpflicht geführt hatte, verzögerte sich Ende 1961 ein Verbot des Arzneistoffes, zumal die Beamten in der Anwendung des nunmehr gültigen Gesetzes keine Erfahrung besaßen. Contergan wirkte aber auch auf das Arzneimittelgesetz zurück. Bereits kurz nach der Marktrücknahme wurde es kritisch diskutiert. Die Bundesregierung, die vorerst Änderungen am jungen Gesetz strikt zurückwies, lenkte 1963 ein. Die Gesetzesnovelle im Jahr darauf war aber seitens der Bundesregierung weniger der Einsicht in unzureichende Rechtsgrundlagen geschuldet. Vielmehr war sie eine Reaktion auf den enormen öffentlichen Druck, der durch einen pharmapolitischen Akt abgedämpft werden sollte, zumal die Bundesregierung Forderungen nach besonderen materiellen Hilfen für die Contergan-Opfer vorerst nicht entsprach.

In seinem Beitrag wendet sich Ludger Wimmelbücker einem weitgehend unbekannten Kapitel der Geschichte des Contergan-Wirkstoffes zu, indem er das thalidomidhaltige Kombinationspräparat Grippex unter die Lupe nimmt. Damit wird nicht nur ein Aspekt des hier interessierenden Gesamtzusammenhangs – der im Strafverfahren und in einigen Publikationen bisher lediglich gestreift wurde – aufgearbeitet. Vielmehr lassen sich am Beispiel des Präparates Grippex diverse Gesichtspunkte veranschaulichen, die zum Verständnis des bundesdeutschen Arzneimittelwesens in den 1950er und 1960er Jahren beitragen. Ergänzend zu den anderen Beiträgen wird hier vor allem der Blick auf die industrielle und unternehmerische Sphäre gelegt. Wimmelbücker kann dabei im Detail zeigen, wie Arzneimittelhersteller und Mediziner bei der Entwicklung und Prüfung neuer Medikamente zusammenwirkten, wie Probeausbietungen die spätere Markteinführung vorbereiten sollten und nach welchen Gesichtspunkten die Vermarktung konzipiert und durchgeführt wurde. Deutlich wird dabei auch, mit welchem Nachdruck Arzneimittelhersteller ihre Produkte auf den Markt brachten, ohne solide Kenntnisse über ihre Präparate zu haben. Zudem zeigt Wimmelbücker, welch große Erkenntnislücken im Hinblick auf die thalidomidbedingten Fehlbildungen auch heute noch bestehen. So ist weiterhin unklar, in wie vielen Fällen vorgeburtlicher Schädigungen diese durch das Monopräparat Contergan oder aber durch thalidomidhaltige Kombinationspräparate wie Grippex verursacht wurden.

Den Abschluss des Bandes bildet der Beitrag von Hans-Jochen Luhmann, der insoweit heraussticht, als er aus einer anderen fachlichen Perspektive heraus verfasst ist. Aufbauend auf den Erfahrungen seiner Tätigkeit im »Wuppertal Institut für Klima, Umwelt, Energie« reflektiert Luhmann in einer Art Praxisbericht über institutionelle Mechanismen und Hürden in der Wissenschaft bei der Erkennung von Umweltrisiken. Dabei kritisiert er die gleichsam systemimmanente Erschwernis, potenzielle Risiken zu antizipieren und entsprechende Vorkehrungen zu treffen – nicht zuletzt, weil Präventivmaßnahmen zumeist einem strengen Beweisdogma unterworfen sind, welches etwaige Risiken erst dann als präventionsrelevant anerkennt, wenn sie wissenschaftlich bewiesen sind. Demgegenüber plädiert Luhmann dafür, die Risikowahrnehmung im Kantischen Sinne »transzendental« zu erweitern, also nach den Bedingungen der Möglichkeit für eine hinreichende Risikoprävention zu fragen. Als Mittel der Wahl erkennt Luhmann unter anderem, aus eingetretenen Katastrophen zu lernen und gleichsam kontrafaktisch gelingende Präventionssysteme zu imaginieren. Aufgrund der Interessendivergenz und Konfliktträchtigkeit in wirtschaftlich bedeutsamen Bereichen, aus denen Umweltrisiken oft hervorgehen, leitet Luhmann nicht zuletzt das Erfordernis ab, hinreichende Schutzmechanismen für warnende Stimmen zu schaffen, um etwa haftungsrechtliche Risiken abzupuffern.

Literaturverzeichnis

BERG, MATTHIAS, Mach was draus. Mehr Kraft, mehr Gelassenheit, mehr Leben. Gütersloh ²2014.

BÖHM, DIETRICH, Die Entschädigung der Contergan-Kinder. Abriß und Leitfaden für die Eltern der Contergan-Kinder und Kommentar und Materialsammlung zum Gesetz über die Errichtung einer Stiftung »Hilfswerk für behinderte Kinder«. Siegen 1973.

BÖSL, ELSBETH, Politiken der Normalisierung. Zur Geschichte der Behindertenpolitik in der Bundesrepublik Deutschland. Bielefeld 2009.

Breuer, Stefan, Die Entstehung und Aufgabe der Stiftung »Hilfswerk für das behinderte Kind«. In: Michael Rauschmann/Klaus-Dieter Thomann/Ludwig Zichner (Hg.), Die Contergankatastrophe – Eine Bilanz nach 40 Jahren. Darmstadt 2005, S. 39–48.

Büll, Carsten, Contergan. Fünf Lebensgeschichten. Mannheim 2007.

Daemmrich, Arthur, Pharmacopolitics. Drug Regulation in the United States and in Germany. Chapell Hill/London 2004.

Eistel, Bettina, Das ganze Leben umarmen. Autobiografie. Bergisch Gladbach 2007.

François, Etienne/Hagen Schulze, Einleitung. In: Etienne François/Hagen Schulze (Hg.), Deutsche Erinnerungsorte. Band 1. München 2001, S. 9–24.

Frauendienst, Thomas, Leben trotz Contergan. Der Aufstieg vom Conterganbaby zum Leistungssportler. Frankfurt am Main 2010.

Frenkel, Horst, Contergan-Nebenwirkungen. Zentralnervöse Auffälligkeiten und polyneuritische Syndrome bei Langzeitmedikation von N-Phthalyl-Glutaminsäure-Imid. In: Medizinische Welt 12 (1961), S. 970–975.

Frese, Matthias/Julia Paulus/Karl Teppe (Hg.), Demokratisierung und gesellschaftlicher Aufbruch. Die sechziger Jahre als Wendezeit der Bundesrepublik. Paderborn [2]2005.

Gaudillière, Jean-Paul/Volker Hess, General Introduction. In: Jean-Paul Gaudillière/Volker Hess (Hg.), Ways of Regulating Drugs in the 19th and 20th Centuries. Basingstoke/New York 2013, S. 1–16.

Gemballa, Gero, Der dreifache Skandal. 30 Jahre nach Contergan. Hamburg 1993.

Günther, Anne Helen, Der Contergan-Fall als Zäsur in den 1960er Jahren? Eine mediengeschichtliche Analyse. In: Gabriele Lingelbach/Anne Waldschmidt (Hg.), Kontinuitäten, Zäsuren, Brüche? Lebenslagen von Menschen mit Behinderungen in der deutschen Zeitgeschichte. Frankfurt am Main/New York 2016, S. 142–165.

Herbert, Ulrich, Liberalisierung als Lernprozeß. Die Bundesrepublik in der deutschen Geschichte – eine Skizze. In: Ulrich Herbert (Hg.), Wandlungsprozesse in Westdeutschland. Belastung, Integration, Liberalisierung 1945–1980. Göttingen 2002, S. 7–49.

Hess, Volker, Regulating Risks? Der Umgang mit Life-Style-Drugs zwischen potentieller Gefährdung und kalkuliertem Risiko. In: Herfried Münkler/Matthias Bohlender/Sabine Meurer (Hg.), Sicherheit und Risiko. Über den Umgang mit Gefahr im 21. Jahrhundert. Bielefeld 2010, S. 187–206.

Hodenberg, Christina von, Konsens und Krise. Eine Geschichte der westdeutschen Medienöffentlichkeit 1945–1973. Göttingen 2006.

Kirk, Beate, Der Contergan-Fall – eine unvermeidbare Arzneimittelkatastrophe? Zur Geschichte des Arzneistoffes Thalidomid. Mit einem Geleitwort von Christoph Friedrich. Stuttgart 1999.

Kleinau, Tilmann, Ich schlag mich schon durch. Mannheim 2009.

Krämer-Kornja, Gunhild/Regina Käsmayr, »Annerscht«. Ein Leben mit Contergan. Norderstedt 2012.

Lenhard-Schramm, Niklas, Das Land Nordrhein-Westfalen und der Contergan-Skandal. Gesundheitsaufsicht und Strafjustiz in den »langen sechziger Jahren«. Göttingen 2016.

Lenhard-Schramm, Niklas, Ein Lifestyle-Medikament im Nachtwächterstaat. Contergan und die Arzneimittelaufsicht des Landes Nordrhein-Westfalen. In: Geschichte im Westen 31 (2016), S. 225–255.

Lenz, Widukind, A Short History of Thalidomide Embryopathy. In: Teratology 38 (1988), S. 203–215.

Monser, Catia, Contergan/Thalidomid: Ein Unglück kommt selten allein. Düsseldorf 1993.

Mottley, Sheila, Sheila. Leben mit einem Contergankind. München 1992.

Murswieck, Axel, Die staatliche Kontrolle der Arzneimittelsicherheit in der Bundesrepublik und den USA. Opladen 1983.

NUDING, STEPHAN, Profit vor Menschenrecht. Die Geschichte des Contergan-Verbrechens vom Dritten Reich bis heute. Heerlen 2011.

RAFFAUF, HANS JOACHIM, Bewirkt Thalidomid (Contergan) keine Schäden? In: Deutsche Medizinische Wochenschrift 86 (1961), S. 935–938.

RAUSCHMANN, MICHAEL/KLAUS-DIETER THOMANN/LUDWIG ZICHNER (Hg.), Die Contergankatastrophe – Eine Bilanz nach 40 Jahren. Darmstadt 2005.

ROTH, KLAUS, Eine unendliche chemische Geschichte. In: Chemie in unserer Zeit 39/3 (2005), S. 212–217.

SCHEID, WERNER u.a., Polyneuritische Syndrome nach längerer Thalidomid-Medikation. In: Deutsche Medizinische Wochenschrift 86 (1961), S. 938–940.

SCHILDT, AXEL/DETLEF SIEGFRIED/KARL CHRISTIAN LAMMERS (Hg.), Dynamische Zeiten. Die 60er Jahre in den beiden deutschen Gesellschaften. Hamburg 2000.

SCHÜTZE, CHRISTIAN, Ein Schlafmittel weckt die Welt. Das ohnmächtige Strafrecht im Contergan-Verfahren. In: UWE SCHULTZ (Hg.), Große Prozesse. Recht und Gerechtigkeit in der Geschichte. München ^{2}1996, S. 392–403.

SCHWERIN, ALEXANDER VON, 1961 – Die Contergan-Bombe. Der Arzneimittelskandal und die neue risikoepistemische Ordnung der Massenkonsumgesellschaft. In: NICHOLAS ESCHENBRUCH/VIOLA BALZ/ULRIKE KLÖPPEL/MARION HULVERSCHEIDT (Hg.), Arzneimittel des 20. Jahrhunderts. Historische Skizzen von Lebertran bis Contergan. Bielefeld 2009, S. 255–282.

STEINMETZ, WILLIBALD, Ungewollte Politisierung durch die Medien? Die Contergan-Affäre. In: BERND WEISBROD (Hg.), Die Politik der Öffentlichkeit – Die Öffentlichkeit der Politik. Politische Medialisierung in der Geschichte der Bundesrepublik. Göttingen 2003, S. 195–228.

STEINMETZ, WILLIBALD, Contergan. In: PETRA RÖSGEN (Red.), Skandale in Deutschland nach 1945. Bielefeld 2007, S. 50–57.

WENZEL, DAGMAR/KARL-HEINZ WENZEL, Der Contergan-Prozess. Verursachte Thalidomid Nervenschäden und Missbildungen? Bd. 2, Bericht und Protokollauszüge vom 51.–100. Verhandlungstag. Berlin 1969.

WOELK, WOLFGANG/THORSTEN HALLING, Konrad Adenauer, die »rote Hilde« und die Gründung des Bundesgesundheitsministeriums 1961. In: JÖRG VÖGELE/HEINER FANGERAU/THORSTEN NOACK (Hg.), Geschichte der Medizin – Geschichte in der Medizin. Forschungsthemen und Perspektiven. Münster 2006, S. 81–88.

WOELK, WOLFGANG, Zur Geschichte der Gesundheitspolitik in Nordrhein-Westfalen und in der Bundesrepublik Deutschland. In: WOLFGANG WOELK/JÖRG VÖGELE (Hg.), Geschichte der Gesundheitspolitik in Deutschland. Von der Weimarer Republik bis in die Frühgeschichte der »doppelten Staatsgründung«. Berlin 2002, S. 285–312.

Christoph Friedrich

Der Contergan-Fall und seine Bedeutung für die Arzneimittelentwicklung und die Pharmaziegeschichte

Die Vorsitzende des Bundesverbandes der Contergan-Geschädigten Margit Hudelmaier bemerkte auf einer Tagung in Mainz: »Meine Mutter hat eine einzige Tablette Contergan genommen. Sie konnte während der Schwangerschaft nicht gut schlafen. Als sie das Mittel genommen hatte, schlief sie zwei Tage lang durch [...]. Die Hebamme soll meiner Mutter gesagt haben: Du hast ein gesundes Kind, aber es hat keine Arme. Ich kam dann in ein Krankenhaus, aber meine Mutter wollte mich bei sich haben und holte mich schon nach wenigen Tagen wieder ab. Erst nach einiger Zeit kam der Kinderarzt und fragte meine Mutter, ob sie während der Schwangerschaft Medikamente genommen habe. Sie dachte gar nicht mehr an das Schlafmittel. Mein älterer Bruder aber erinnerte sich an diese eine Tablette. Daraufhin durchsuchte sie das Haus nach dem Röhrchen. Und es stellte sich tatsächlich heraus: Sie hatte Contergan genommen.«[1]

Dieser Bericht berührt jeden, der ihn liest, und es verwundert nicht, dass nach dem Conterganfall eine Fülle von Literatur erschien, die sich mit dieser erschütternden Arzneimittelkatastrophe befasste. Dabei ist verständlich, dass Bücher und Artikel von den Emotionen, die das Schicksal der Opfer hervorruft, getragen waren. In der DDR wurde die Contergankatastrophe gar als typisches Symptom der kapitalistischen Pharmaindustrie bezeichnet.[2]

Erstaunlich ist jedoch, dass in der Pharmaziegeschichte dieses Thema zunächst nicht thematisiert wurde. Sowohl in Wolfgang Schneiders 1968 erschienenen siebenbändigem *Lexikon zur Arzneimittelgeschichte*[3] wie auch in Georg Edmund Danns *Einführung in die Pharmaziegeschichte* aus dem Jahr 1975[4] werden Contergan und Thalidomid gar nicht erwähnt. Das gilt in gleicher Weise für Schneiders 1972 erschienene *Geschichte der pharmazeutischen Chemie*.[5] Vermutlich wollten die Pharmaziehistoriker zum einen sich nicht mit der neuesten Geschichte der Arzneimittel beschäftigen und fürchteten zum anderen wohl auch eine Auseinandersetzung mit der in Deutschland mächtigen pharma-

1 Persönliche Mitteilung von Margit Hudelmaier vom 13.10.2016.
2 Sjöström/Nilson, Contergan, 1975.
3 Schneider, Lexikon, 1968–1975.
4 Dann, Einführung, 1975.
5 Schneider, Pharmazeutische Chemie, 1972.

zeutischen Industrie. Auch Kristina Goder beschränkt sich in ihrer 1985 fertig gestellten Dissertation *Zur Einführung synthetischer Schlafmittel in die Medizin im 19. Jahrhundert* auf die frühere Zeit.[6]

Erst 1999 wurde die Geschichte dieses Arzneistoffes ausführlich von Beate Kirk im Rahmen ihrer pharmaziehistorischen Dissertation untersucht. Diese Studie bildete die wesentliche Grundlage für die weitere Bewertung der Contergan-Katastrophe in der Pharmazie- und Medizingeschichte.[7] Kirk konnte sich dabei auf eine Reihe neuer Quellen stützen. Während der Hersteller des Präparats, die Firma Grünenthal, keinerlei Einsichten in Unterlagen zu Contergan und zur Firmengeschichte gestattete, erlaubte die Freigabe der Akten des Contergan-Prozesses im damaligen Hauptstaatsarchiv Nordrhein-Westfalen (heute Landesarchiv NRW) und der Bundesgesundheitsbehörden im Bundesarchiv Koblenz nach Ablauf der dreißigjährigen Sperrfrist eine minutiöse Rekonstruktion der Vorgänge.[8] Ergänzt wurden die Akten durch die Befragung von Zeitzeugen, etwa des Mediziners Widukind Lenz (1919–1995), der den Zusammenhang zwischen Contergan-Einnahme und Phokomelien aufdeckte und als Sachverständiger im Contergan-Prozess auftrat, sowie die Durchsicht weiterer Nachlässe, etwa der damaligen Bundesgesundheitsministerin Elisabeth Schwarzhaupt (1901–1986). Sie gestatteten eine sachliche Bewertung des Geschehens, relativ frei von Emotionen und Polemik, was auch in Rezensionen lobend hervorgehoben wurde.

Auf diese Weise ermöglichte die Analyse des Contergan-Falls eine Reihe von Erkenntnissen, die sowohl die moderne Arzneimittelforschung als auch den Umgang mit Arzneimitteln beeinflussten. So warnt die Contergan-Katastrophe vor einer allzu großen Arzneimittel-Euphorie und vor einem gar zu sorglosem Umgang mit Arzneimitteln wie dieser in den 1950er und 1960er Jahren noch sehr verbreitet war. Sie lenkte aber auch den Blick auf unerwünschte Begleitwirkungen der Arzneimittel. Die Lehren aus der Contergan-Katastrophe führten schließlich zu einer Verbesserung des Zulassungsverfahrens von Arzneimitteln und zur Erarbeitung eines Stufenplans zur Erfassung unerwünschter Arzneimittelwirkungen im Rahmen des Arzneimittelgesetzes von 1976. Zugleich wurde der Fokus der Arzneimittelforscher auf die Untersuchung von Racematen und gegebenenfalls auf deren Trennung gelenkt. Seit dem Contergan-Fall gibt es schließlich generell eine besondere Vorsicht beim Einsatz von Arzneimitteln in der Schwangerschaft, wie dies auch die vielen Warnhinweise in den Packungsbeilagen neuer Arzneimittel zeigen.

6 Goder, Schlafmittel, 1985.

7 Friedrich/Müller-Jahncke, Geschichte, 2005, S. 524–527; Hickel, Arzneimittel, 2008, S. 491; Schwerin, Contergan-Bombe, 2009, S. 255–282.

8 Kirk, Contergan-Fall, 1999.

Der Verlauf der Ereignisse

Der Arzneistoff Thalidomid (N-Phthalylglutaminsäureimid) war in der 1946 gegründeten Firma Chemie Grünenthal[9] 1954 von dem Apotheker Wilhelm Kunz und dem Pharmakologen Herbert Keller entwickelt worden.[10] Die klinische Prüfung begann 1955 in Köln und Düsseldorf.[11] Am 1. Oktober 1957 gelangte das Arzneimittel unter dem Namen Contergan in den Handel. Eine kleine Packung mit 30 Tabletten war für 3,90 DM in den Apotheken rezeptfrei erhältlich. Die Herstellungsfirma empfahl das Medikament bei Nervosität, leichter sexueller Erregbarkeit der Frau, klimakterischen Beschwerden, Schlafstörungen, Affektlabilität, Angst und Kontaktschwäche.[12] Der Wirkstoff Thalidomid war aber auch in einigen Kombinationspräparaten zur Schmerz- und Hustenbehandlung enthalten.[13]

Contergan selbst avancierte schnell zum beliebtesten Schlafmittel der Bundesbürger, nicht zuletzt auch dank einer gezielten Werbung mit der vermeintlichen »Atoxizität« und »Unschädlichkeit« des Arzneistoffes, der auch deshalb als besonders sicher galt, da Suizide mit ihm praktisch ausgeschlossen waren. Die scheinbar fehlende akute Toxizität des Thalidomids stellte gegenüber anderen Schlafmitteln wie den Barbituraten[14] einen großen Vorteil dar und führte dazu, dass Contergan sowohl auf ärztliche Verschreibung als auch in der Selbstmedikation zunehmend Anwendung fand. In der Fachpresse wurde 1960 über einen Selbstmordversuch mit 144 Tabletten Contergan forte berichtet, den der Betroffene ohne bleibende Schäden überlebte.[15]

Der Gesamtumsatz des Schlaf- und Beruhigungsmittels Contergan betrug während der vierjährigen Vertriebsphase von Oktober 1957 bis November 1961 24 Millionen DM und eroberte sich damit einen Anteil von 46 Prozent des barbituratfreien Schlafmittelmarktes.[16]

Aber Contergan war nicht frei von Nebenwirkungen, denn es schädigte die Nerven und beeinflusste die Entwicklung des Embryos. Je nach Zeitpunkt der Einnahme, speziell zwischen 35 und 50 Tagen *post menstruationem*, störte das Medikament die Ausbildung der Extremitäten, des Schädels oder der inneren

9 Kirk/Friedrich, 40 Jahre, 2001, S. 5809.
10 Kirk, Contergan-Fall, 1999, S. 53.
11 Lenhard-Schramm, Land, 2016, S. 145–157.
12 Kirk, Contergan-Fall, 1999, S. 266.
13 Ebd., S. 55, 241–242.
14 Goder, Schlafmittel, 1985, S. 44–53.
15 Anklageschrift, Band 1, 1967, S. 132 = Anklageschrift des leitenden Oberstaatsanwaltes beim Landesgericht Aachen, 4 Js 987/61, Band 1. In: LAV NRW R, Gerichte Rep. 139, Nr. 219 sowie: Privatarchiv Dr. Josef Peter Havertz. Vgl. auch Kirk, Contergan-Fall, 1999, S. 56.
16 Anklageschrift, Band 1, 1967, passim. Vgl. auch Kirk/Friedrich, 40 Jahre, 2001, S. 5809.

Organe. Wenn lebenswichtige Organe betroffen waren, starb der Embryo ab. Hemmte das Thalidomid jedoch nur die Entwicklung der Extremitäten, kamen die Kinder mit Fehlbildungen zur Welt.[17]

Bei der chemischen Synthese von Thalidomid entsteht ein Racemat, also ein äquivalentes Gemisch aus zwei spiegelbildlichen Varianten des Stoffes. Die Annahme, dass nur eine Variante (die sogenannte r-Form) ein wirksames Schlafmittel darstellt, die andere (die sogenannte s-Form) aber bei Einnahme während der Schwangerschaft zu Missbildungen der Föten führt, wurde inzwischen widerlegt, denn beide Formen können sich in einander umwandeln.[18]

Bereits im Oktober 1959 hatte der Neurologe Ralf Voss die Firma auf die Gefahr von Nervenschädigungen nach einer Langzeitmedikation von Contergan hingewiesen.[19] Ab dem Sommer 1960 wurde an einigen westdeutschen Universitätskliniken die Neurotoxizität des Arzneistoffes Thalidomid bestätigt.[20] Neurologen berichteten 1960 auf mehreren Kongressen über das Auftreten von teilweise irreversiblen Polyneuritiden nach längerer Thalidomideinnahme. Die Forschungsabteilung der Fa. Grünenthal bemühte sich seit dem Frühjahr 1960, allerdings ohne Erfolg, um die Reproduktion der Nervenschädigungen im Tierversuch.

Im März und April 1960 besuchte der Leiter der handelspolitischen Abteilung Grünenthals, Günter Nowel, die zuständige Überwachungsbehörde, die Gesundheitsabteilung im Nordrhein-Westfälischen Innenministerium.[21] Die Firmenvertretungen in den verschiedenen Bundesländern erhielten von der Firmenleitung den Auftrag, alles zu tun, um die Verschreibungsfreiheit der Thalidomidpräparate zu sichern. So hieß es in einem Schreiben: »Unseren Zuhörern gegenüber müssen wir immer wieder die nicht vorhandene Toxizität vor Augen führen [...]. Vor allen Dingen in der freien Praxis müssen wir uns klar darüber sein, daß ein so rasches Anwachsen des Umsatzes bei einem Schlafmittel zu Bedenken bei Ärzten und Apothekern führen kann. Nicht alle aus diesen Abnehmerkreisen können ihre ethische Einstellung in ›marktwirtschaftlichen Grenzen‹ halten. Es wird sicher verantwortungsbewußte Ärzte geben, die angesichts einer solchen Entwicklung doch von einer Sucht sprechen [...]. Im übrigen empfiehlt es sich, bei solchen Gesprächen doch die Frage der Wirtschaftlichkeit mit ins Gespräch zu ziehen, wobei man dem Arzt doch klarmachen kann, daß ein so harmloses Schlafmittel rezeptfrei mit Rücksicht darauf bleiben sollte als seine Verschreibung seinen Regelbetrag (gegenüber den Krankenkassen) belastete [...]. In ähnlicher Form wird man wohl auch dem Einwand der Apothekerschaft begegnen können, wobei man sicher durchblicken lassen kann, daß

17 Wenzel, Contergan-Prozess, Band 1, 1968, S. 177–178, Lenz, action, 1971, S. 41–47.

18 Knabe, Thalidomid, 1998, S. 66.

19 Anklageschrift, Band 1, 1967, S. 74. Vgl. auch Müller-Jahncke/Friedrich/Meyer, Arzneimittelgeschichte, 2005, S. 146.

20 Ebd., S. 10 und Kirk, Contergan-Fall, 1999, S. 60–64.

21 Anklageschrift, Band 1, 1967, S. 81.

der Verbrauch solcher Mittel ja auch seinen Umsatz fördert, der im Falle der Rezeptpflicht sicherlich geringer sein dürfte«.[22]

Die Verhinderung der Rezeptpflicht für die Thalidomidpräparate erschien einigen Mitarbeitern des Arzneimittelunternehmens angesichts der Tatsache, dass mehr als die Hälfte des Umsatzes des Präparates Contergan über den rezeptfreien Verkauf zustande kam, als besonders dringlich.

Tabelle 1: Nettoverkaufserlöse von Contergan

Monat	1958	1959	1960	1961
Januar	ca. 2.500 DM	Keine Angaben	ca. 529.700 DM	1.670.555,00 DM
Februar	ca. 9.000 DM	Keine Angaben	ca. 493.400 DM	1.160.831,21 DM
März	ca. 9.500 DM	Keine Angaben	ca. 577.600 DM	1.364.458,00 DM
April	ca. 14.000 DM	Keine Angaben	ca. 558.800 DM	1.219.868,23 DM
Mai	ca. 20.000 DM	ca. 98.600 DM	ca. 652.100 DM	1.373.806,63 DM
Juni	ca. 26.000 DM	ca. 114.600 DM	ca. 757.700 DM	1.189.482,67 DM
Juli	ca. 26.000 DM	ca. 146.200 DM	ca. 745.000 DM	1.088.647,61 DM
August	ca. 26.000 DM	ca. 186.600 DM	ca. 860.000 DM	1.107.477,52 DM
September	ca. 32.000 DM	ca. 268.800 DM	ca. 980.200 DM	595.528,24 DM
Oktober	keine Angaben	ca. 284.400 DM	ca. 1049.900 DM	569.668,53 DM
November	keine Angaben	ca. 287.900 DM	ca. 1215.600 DM	438.354,18 DM
Dezember	keine Angaben	ca. 390.400 DM	1358.765,80 DM	

In den Jahren 1960 und 1961 gingen in der Stolberger Firmenzentrale zahlreiche weitere Hinweise zum Auftreten von Nervenschädigungen nach längerer Einnahme thalidomidhaltiger Arzneimittel ein. Diese meist von Ärzten stammenden Mitteilungen wiesen die leitenden Mitarbeiter des Arzneimittelunternehmens darauf hin, dass die in der Werbung häufig angepriesene »Ungiftigkeit« des Arzneistoffs wissenschaftlich nicht haltbar war.[23] Im Mai 1961 erschienen schließlich Publikationen zur Neurotoxizität Thalidomids in medizinischen Fachzeitschriften.[24] Am 26. Mai 1961 beantragte die Firma Grünenthal unter

22 Schreiben eines leitenden Angestellten vom 13.05.1960 an den Leiter des Verkaufsbüros in Essen. In: Anklageschrift, Band 1, 1967, S. 82. Vgl. Kirk, Contergan-Fall, 1999, S. 61.

23 Anklageschrift, Band 1, 1967, S. 143.

24 Kirk, Contergan-Fall, 1999, S. 63–64.

dem Druck der Ereignisse beim Nordrhein-Westfälischen Innenministerium die Rezeptpflicht. Thalidomid wurde daraufhin am 31. Juli 1961 in Nordrhein-Westfalen verschreibungspflichtig. Zu diesem Zeitpunkt hatten auch die Bundesländer Hessen und Baden-Württemberg den Arzneistoff bereits dem Rezeptzwang unterstellt.[25]

Nachdem der deutsche Kinderarzt und Dozent für Humangenetik Widukind Lenz erkannt hatte, dass die Einnahme thalidomidhaltiger Arzneimittel in der Frühschwangerschaft zu Kindesfehlbildungen, insbesondere zu Fehlbildungen der Gliedmaßen, führt, zog die Firma Grünenthal schließlich am 27. November 1961 alle Thalidomidpräparate vom deutschen Arzneimittelmarkt zurück.[26] Entsprechend erschreckend war die Bilanz: 1958 wurden 24 geschädigte Kinder geboren, die Zahl nahm in den folgenden Jahren bis 1961 auf 1515 zu.[27] In Deutschland wurden circa 5.000 Kinder mit Conterganschäden geboren und dies wirft eine Reihe von Fragen auf:

- Versagten die staatlichen Aufsichtsbehörden im Falle des Contergans?
- Wie konnte die Firma Grünenthal ein Medikament auf den Markt bringen, ohne zu wissen, ob es Embryos schädigen würde?
- Wie konnten Mütter wegen unerheblicher Befindlichkeitsstörungen ein solches Mittel einnehmen?
- Wie konnten Ärzte dieses Mittel verordnen?
- Wie konnte es passieren, dass tausende von behinderten Kindern geboren wurden, ohne dass Mitarbeiter des Gesundheitswesens Alarm schlugen?

Die historische Methode verlangt, dass man nicht vom heutigen Standpunkt und dem jetzigen Wissen vergangene Ereignisse betrachtet und bewertet, sondern aus dem historischen Erfahrungsraum, also gemäß dem damaligen Erkenntnisstand.

Die Entdeckung der Teratogenität

Phokomelien, also eine Missbildung, bei der die Gliedmaßen unmittelbar am Rumpf ansetzen, waren schon viele Jahrhunderte bekannt und in der Literatur beschrieben, teilweise auch mit Abbildungen versehen wie die des kleinen Pepin (1775) und des armlosen Malers Cäsar Duconet im 19. Jahrhundert.[28] 1959 beschrieb der Gynäkologe Arnulf Weidenbach den Fall einer totalen Phokomelie. Er betonte jedoch zugleich die Besonderheit dieser Missbildungsart, denn Phokomelien waren bis zu diesem Zeitpunkt nur selten beschrieben worden.[29]

25 Lenhard-Schramm, Land, 2016, S. 249–305.
26 Kirk, Contergan-Fall, 1999, S. 83–86.
27 Lenz, History, 1988, S. 205; Kirk, Contergan-Fall, 1999, S. 46.
28 Wessinghage, Darstellungen, 2005, S. 69–70.
29 Weidenbach, Phokomelie, 1959, S. 2048–2052; Kirk, Contergan-Fall, 1999, S. 141.

Vor allem wegen des ungewöhnlichen Erscheinungsbildes wurde vereinzelt bereits 1959, in verstärktem Umfang jedoch in den Jahren 1960 und 1961 bei Ärztetagungen über die Zunahme solcher Fehlbildungen diskutiert. Solche Gespräche fanden indes zunächst lediglich am Rande von Kongressen statt. Erst als in den Jahren 1960 und 1961 mit zunehmenden Verkaufszahlen der Thalidomidpräparate auch die Anzahl der Kinder mit den typischen Fehlbildungen stark anstieg, begannen einige Wissenschaftler mit der Suche nach den Ursachen.[30]

Der erste schriftliche Bericht über ein Ansteigen der Zahl der Kinder mit den charakteristischen Gliedmaßenfehlbildungen erschien im September 1961. Der Direktor der Städtischen Kinderklinik Krefeld, Prof. Dr. Hans-Rudolf Wiedemann, beschrieb darin dreizehn Fälle von Gliedmaßenfehlbildungen, die er in den letzten zehn Monaten in seiner Klinik beobachtet hatte. Die Durchsicht des Diagnoseregisters und des Krankenblattarchivs ergab, dass diese Fehlbildungsart dagegen in den vorangegangenen Jahren kaum vorgekommen war. Wiedemann zog auch bei anderen Kliniken Erkundungen ein und erhielt aus der gesamten Bundesrepublik Berichte von ähnlichen Fällen.[31]

Atombombenversuche als Ursache?

Die Diskussionen über die Zunahme von Fehlbildungen wurden staatlicherseits zunächst nicht so ernst genommen, da kurz zuvor über genetische Schädigungen durch Atombombenversuche diskutiert worden war.[32] 1958 hatte der Bayreuther Kinderarzt Dr. Karl Beck ein Buch mit dem Titel *Mißbildungen und Atombombenversuche* publiziert. Beck glaubte, nachweisen zu können, dass die Anzahl der missgebildeten Kinder sich im vorangegangenen Jahr im Vergleich zur Vergangenheit verdreifacht habe. Als Ursache nannte er die dreizehn Atombombenversuche, die zwischen Juni und Oktober 1956 stattgefunden hatten.[33] In der *Schwäbischen Landeszeitung* vom 10. Mai 1958 hieß es dazu: »Immer wenn Atombomben explodieren, wurden kurz darauf im Bereich der fränkischen Klinik Embryos geschädigt, um sieben bis acht Monate später als missgebildete Kinder geboren zu werden!«[34]

Diese Berichte wie auch Becks Buch schlugen hohe Wellen. Der Fraktionsvorsitzende der FDP, Dr. Erich Mende (1916–1998), griff die Vermutung Becks auf und richtete am 14. Mai 1958 eine Anfrage an den Bundestag, in der die Bundesregierung ersucht wurde, Erhebungen anzustellen, ob die »Zahl der Mißgeburten (Lebend- und Totgeburten) seit 1950 zugenommen« habe und ob

30 Kirk, Contergan-Fall, 1999, S. 142.
31 Wiedemann, Hinweis, 1961, S. 1863–1866.
32 Thomann, Contergan-Epidemie, 2005, S. 15–16.
33 Beck, Mißbildungen, 1958.
34 »Zum Schutz der Ungeborenen«. In: Schwäbische Landeszeitung, 10.05.1958.

ein Zusammenhang mit der Einwirkung radioaktiver Strahlung bestünde. Um die Frauen nicht zu beunruhigen, wurde diese Anfrage allerdings nicht im Plenum gestellt.[35]

Da das Bundesministerium für Gesundheitswesen erst 1961 eingerichtet wurde, zeichnete das Bundesministerium des Innern für die Beantwortung verantwortlich. Es gab eine Erhebung in allen Bundesländern, wobei sowohl Hebammentagebücher durchgesehen als auch große Frauenkliniken angeschrieben wurden. 1959 informierte man den Bundestag, dass eine Zunahme der Fehlbildungen nicht konstatiert werden könne und dass radioaktive Strahlung als Ursache für die seit 1950 bekannt gewordenen Fälle nicht in Frage käme.[36]

Angesichts dieses eindeutigen Ergebnisses wurde das Thema im Parlament nicht mehr thematisiert. Gegen die These, dass Atombombenversuche Schuld seien, sprach später auch die Tatsache, dass sich die sogenannte Missbildungsepidemie auf das Gebiet der Bundesrepublik Deutschland konzentrierte, während weder in der DDR noch in der Schweiz oder in Belgien eine Zunahme der Gliedmaßenfehlbildungen beobachtet worden war.[37]

Widukind Lenz und seine Recherchen

Mit Untersuchungen über die Zunahme der Kindesfehlbildungen befassten sich unter anderem Prof. Wilhelm Kosenow und Dr. Rudolf Artur Pfeiffer von der Kinderklinik der Universität Münster, Dr. Widukind Lenz in Hamburg, die Orthopäden Prof. Gerhard Exner und Dr. Hans Wegerle von der Universitätsklinik Marburg, der Humangenetiker Prof. Heinz Weicker in Bonn sowie Prof. Hans-Rudolf Wiedemann, der inzwischen an die Kieler Universitätskinderklinik gewechselt war. Einige dieser Forscher standen miteinander in Kontakt.[38]

Im Juni 1961 war Lenz darauf aufmerksam gemacht worden, dass sich die Fälle von Gliedmaßenfehlbildungen bei Neugeborenen häuften. Der Rechtsanwalt Karl-Hermann Schulte-Hillen hatte ihn um Hilfe gebeten, um den Grund für die Fehlbildung seines Sohnes herauszufinden. Schulte-Hillen, dessen Schwester gleichfalls eine Tochter mit ähnlichen Fehlbildungen zur Welt gebracht hatte, berichtete über weitere ihm bekannt gewordene Fälle in der Umgebung seines Heimatortes Menden. Lenz fuhr im August 1961 nach Münster, um sich mit Prof. Karl-Heinz Degenhardt vom Humangenetischen Institut und

35 Deutscher Bundestag, Drucksache III/386, 14.05.1958; Thomann, Contergan-Epidemie, 2005, S. 17.

36 Thomann, Contergan-Epidemie, 2005, S. 17–22.

37 Weicker/Hungerland, Thalidomid-Embryopathie, 1962.

38 Kirk, Contergan-Fall, 1999, S. 142–148; Wiedemann, Hinweis, 1961, Weicker/Bachmann/Pfeiffer/Gleiss, Thalidomid-Embryopathie, 1962; Pfeiffer/Kossenow, Fragen, 1962.

Prof. Wilhelm Kosenow von der Universitätskinderklinik auszutauschen. Dort erfuhr er, dass Degenhardt bereits mit Unterstützung der Mendener Gesundheitsbehörde die Zahl der Kindesfehlbildungen feststellen ließ. Lenz begann nun seinerseits mit der Durchsicht der Geburtsbücher zweier großer Hamburger Entbindungskliniken für die Jahrgänge 1960 und 1961. Vergleichszahlen lagen ihm für die Jahre 1930 bis 1958 aus einer früheren Untersuchung vor.[39]

Wie er feststellte, hatten in Hamburg die Fälle von Gliedmaßenfehlbildungen ebenfalls zugenommen. Im Herbst 1961 konzentrierte sich die Suche einiger Forscher, mit denen Lenz in Kontakt stand, bereits auf die »Annahme eines toxischen, höchstwahrscheinlich oral aufgenommenen Faktors«.[40] Sie hielten Detergenzien im Spülmittel, ins Trinkwasser gelangte Insektizide, Nahrungsmittelzusätze und auch Arzneimittel für mögliche Ursachen. Bei seiner retrospektiven Befragung betroffener Mütter nach ihrer Ernährungsweise, ihren Lebensumständen und auch ihrer Arzneimitteleinnahme während der Schwangerschaft, fiel Lenz Anfang November 1961 auf, dass mehrmals die Einnahme von Contergan-Tabletten in den ersten Schwangerschaftsmonaten erwähnt worden war.[41] Er erkundigte sich daraufhin gezielt nach einer Arzneimitteleinnahme während der Frühschwangerschaft und inspizierte, sofern man es ihm erlaubte, die Hausapotheken.[42]

Am 10. November 1961 interviewte Lenz zum zweiten Mal die Ehefrau eines Arztes, die während ihrer gesamten Schwangerschaftsdauer regelmäßig Contergan forte eingenommen und im Herbst 1959 in der Praxis ihres Mannes mit einer Ärztebesucherin der Firma Grünenthal über ihre Schlafstörungen gesprochen hatte. Die Firmenvertreterin hatte ihr jedoch versichert, dass Contergan »völlig unschädlich« wäre, weshalb sie dieses Arzneimittel auch während ihrer späteren Schwangerschaft einnahm. Die im Dezember 1960 geborene Tochter verstarb infolge ihrer Fehlbildungen kurz nach der Geburt. Wenig später traten bei der Ehefrau des Arztes erstmals polyneuritische Beschwerden auf. Nachdem eine Vertreterin der Firma Grünenthal im Frühjahr 1961 darauf hingewiesen hatte, dass es bei langfristiger Einnahme von Contergan und Contergan forte gelegentlich zu Nervenschädigungen kommen könne, vermutete die Arztgattin einen Zusammenhang zwischen ihrer regelmäßigen Schlafmitteleinnahme während der Schwangerschaft und den Fehlbildungen ihrer verstorbenen Tochter; ihr Ehemann hielt dies jedoch zu dieser Zeit noch für abwegig. Lenz hatte diese Vermutung im Sommer 1961 gleichfalls noch als unwahrscheinlich angesehen, jedoch damals bereits notiert.[43]

39 Kirk, Contergan-Fall, 1999, S. 151–153.
40 Knapp/Lenz, Untersuchungen, 1963, S. 50.
41 Anklageschrift, Band 1, 1967, S. 471; vgl. auch Kirk, Contergan-Fall, 1999, S. 153.
42 Kirk, Contergan-Fall, 1999, S. 153.
43 Lenz, Thalidomid-Embryopathie, 1992, S. 268; vgl. Kirk, Contergan-Fall, 1999, S. 153–154.

Am 12. November 1961 führte er ein Gespräch mit den Eltern eines Jungen, der im Juli 1960 wegen schwerer Fehlbildungen in die Hamburger Universitätskinderklinik aufgenommen worden war, in der Lenz als Kinderarzt wirkte. Die Eltern des mittlerweile verstorbenen Kindes erzählten Lenz, sie hätten aus einem Artikel in der Zeitschrift *Der Spiegel* im August 1961 erfahren, dass Contergan zu Nervenschäden führen könne und das Arzneimittel somit eine schädliche Wirkung besäße. Da die Ehefrau zu Beginn ihrer Schwangerschaft jeden Abend eine halbe oder eine ganze Tablette Contergan forte eingenommen hatte, müsste dies die Ursache der Fehlbildungen ihres Sohnes sein.[44]

Auf der morgendlichen Ärztebesprechung in der Universitätskinderklinik Hamburg berichtete Lenz am 13. November 1961 über seine Analysen. Auf Anordnung des Direktors der Kinderklinik, Prof. Dr. Karl-Heinz Schäfer (1911–1985), wurde Lenz von Dr. Klaus Knapp bei seinen Erhebungen unterstützt. Beide suchten innerhalb der nächsten Tage weitere ihnen bekannte betroffene Familien auf und fragten gezielt, welche Arzneimittel in der Frühschwangerschaft eingenommen worden waren.[45] Bereits zwei Tage später waren Lenz vierzehn Fälle bekannt, bei denen die Mutter eines mit Gliedmaßenfehlbildungen geborenen Kindes in der Frühschwangerschaft mit Sicherheit oder mit hoher Wahrscheinlichkeit Contergan eingenommen hatte. Die Kontrollbefragungen bei Müttern gesunder Kinder ergaben hingegen, dass diese Frauen das Arzneimittel nicht angewendet hatten. Lenz hielt daher einen ursächlichen Zusammenhang zwischen einer Contergan-Einnahme während der Frühschwangerschaft und den Kindesfehlbildungen für sehr wahrscheinlich und teilte dies am 15. November 1961 dem Forschungsleiter der Firma Grünenthal, Heinrich Mückter (1914–1987), telefonisch mit.[46]

Da das Arzneimittelunternehmen aber nicht zur Rücknahme der Thalidomidpräparate vom Markt bereit war, warnte Lenz am 18. November 1961 auf der Düsseldorfer Tagung der Rheinisch-Westfälischen Kinderärztevereinigung in Form einer Diskussionsbemerkung vor einem »weitverbreiteten Medikament«.[47]

Zu diesem Zeitpunkt war Lenz zwar klar, dass sein Material wissenschaftlichen Ansprüchen noch nicht genügte, er hielt es jedoch für seine Pflicht als Arzt, seine Vermutung öffentlich zu äußern, da der Hersteller nicht zur Rücknahme thalidomidhaltiger Arzneimittel bereit war und infolgedessen nur die Möglichkeit einer öffentlichen Warnung blieb. So bemerkte Lenz in seinem Diskussionsbeitrag vom 18. November 1961 zur wissenschaftlichen Bedeutung seiner Forschungsergebnisse: »Ein ätiologischer Zusammenhang zwischen der Aufnahme der Substanz und den Fehlbildungen ist durch nichts bewiesen. Vom

44 Ebd.

45 Lenz, Thalidomid-Embryopathie, 1992, S. 259; vgl. auch Kirk, Contergan-Fall, 1999, S. 154.

46 Zeugenaussage Lenz vom 05.03.1963. Zitiert nach Kirk, Contergan-Fall, 1999, S. 155.

47 Ebd. sowie Lenhard-Schramm, Land, 2016, S. 319–320.

wissenschaftlichen Gesichtspunkt aus wäre es daher verfrüht, darüber zu sprechen. Ein Zusammenhang ist aber denkbar. Als Mensch und Staatsbürger kann ich es daher nicht verantworten, meine Beobachtungen zu verschweigen«.[48]

Für die frühzeitige Bekanntmachung seines Verdachts wurde Lenz später sogar von Kollegen kritisiert.[49] Sein engagiertes Handeln hat jedoch maßgeblich dazu beigetragen, dass am 27. November 1961 alle Thalidomidpräparate in der Bundesrepublik Deutschland aus dem Handel genommen wurden. Doch auch nach der Rücknahme thalidomidhaltiger Arzneimittel vom Markt wendeten werdende Mütter Thalidomidpräparate während des zweiten Schwangerschaftsmonats weiter an. Dabei handelte es sich vornehmlich um solche Arzneimittel, die bereits in die Hausapotheken gelangt waren, vielen Frauen war nicht bekannt, dass nicht nur Contergan und Contergan forte, sondern auch die thalidomidhaltigen Kombinationspräparate Grippex und Algosediv zu Fehlbildungen führen konnten. So kam es, dass in der Bundesrepublik noch insgesamt 81 geschädigte Kinder geboren wurden, bei denen die schädigende Contergan-Einnahme erfolgte, als Contergan längst vom Markt genommen worden war.[50]

Apothekerschaft und Contergan

Auch die Apotheker wurden nur unzureichend darüber informiert, dass die Contergan-Einnahme zu irreversiblen Nervenschädigungen führen kann.[51] Sie erfuhren erst durch einen Artikel in einer August-Ausgabe des Nachrichtenmagazins *Der Spiegel* davon.[52] Ende August 1961 versandte die Firma Grünenthal dann aber einen Rundbrief an die Apotheker, in dem sie auf die Rezeptpflicht verwies, und bat, die Patienten zum Hausarzt zu verweisen. Als Grund wurde allerdings ein »zum Teil beobachtete[r], leider überhöhte[r] und ärztlich nicht vertretbarer Gebrauch von Contergan, der letztlich doch bei einem kleinen Patientenkreis zu gewissen Nebenerscheinungen geführt« habe, angegeben.[53]

Wenn Apotheker Außendienstmitarbeiter der Firma Grünenthal auf etwaige Nebenwirkungen des Contergans ansprachen, reagierten diese meist beschwichtigend. In einem Bericht über die Besprechung des Außendienstes vom 5. August 1961 heißt es: »Alle Mitarbeiter [des Außendienstes] berichteten darüber, dass viele Apotheker die Frage stellten, weshalb wir von uns aus die Rezeptpflicht von Contergan beantragt hätten. Es wurde folgende Entgegnung vereinbart: Nachdem uns zahlreiche Berichte über einen kritiklosen und un-

48 Kirk, Contergan-Fall, 1999, S. 254.
49 Kirk, Contergan-Fall, 1999, S. 155.
50 Lenz, History, 1988, S. 205; vgl. Kirk, Contergan-Fall, 1999, S. 46.
51 Persönliche Mitteilung von Dr. Barbara Rumpf-Lehmann am 13.04.2016.
52 »Zuckerplätzchen forte«. In: Der Spiegel, Nr. 34, 16.08.1961, S. 59–60.
53 Anklageschrift, Band 1, 1967, S. 343. Vgl. Kirk, Contergan-Fall, 1999, S. 166.

kontrollierbaren Abusus von Contergan vorliegen, der letzten Endes die Hauptschuld an den augenblicklichen Berichten über Sensibilitätsstörungen nach Langzeitverbrauch von Contergan treten, sieht sich die Firma Grünenthal als seriöse Firma veranlasst, von sich aus diesen Unfug zu stoppen […]. Es sind eigentlich nur ganz wenige Klugmichel und homöopathische Hinterwäldler, die das Präparat generell ablehnen. Alle anderen wissen, dass bei jedem Pharmakon früh oder spät Nebenwirkungen auftreten können.«[54] Dennoch fühlen sich auch einige ältere Apotheker bis heute schuldig, wie aus Gesprächen zu erfahren war.[55]

Warum war der Contergan-Fall möglich?

Der Verlauf der Contergan-Katastrophe und das Schicksal der vielen Betroffenen wirft die Frage auf, warum der Contergan-Fall überhaupt möglich war. Hier können nur einige Gründe genannt werden.

Zunächst muss die rechtliche Situation berücksichtigt werden. In der Bundesrepublik Deutschland existierte erstaunlicherweise vor 1961 kein Arzneimittelgesetz. Obwohl es bereits seit 1876 immer wieder Bemühungen gegeben hatte, den Arzneimittelverkehr im Deutschen Reich gesetzlich zu regeln, scheiterte dies stets am massiven Widerstand der pharmazeutischen Industrie.[56]

Während in der DDR bereits 1949 eine »Anordnung über die Regelung und Überwachung des Verkehrs mit Arzneimitteln« erlassen wurde,[57] vergingen in der Bundesrepublik noch 12 Jahre bis zur Verabschiedung des ersten Arzneimittelgesetzes. Zwar hatte die Gesundheitsabteilung im Bundesinnenministerium bereits 1950 mit der Arbeit an einem Arzneimittelgesetz begonnen. Aber insbesondere die pharmazeutische Industrie war daran interessiert, dass man ihr »möglichst wenig Beschränkungen auferlegte«.[58] Die Fertigstellung des Arzneimittelgesetzes scheiterte daher zunächst am Widerstand des Wirtschaftsministeriums. Erst 1957 gab es ein Umdenken, da Deutschland mit seiner großen, inzwischen wieder leistungsstarken Pharmaindustrie aufgrund des fehlenden Arzneimittelgesetzes international nicht mehr konkurrenzfähig war. Im Februar 1961 wurde dann das erste Arzneimittelgesetz der Bundesrepublik verabschiedet,[59] wobei aber die Analyse des Gesetzes zeigt, dass auch dieses die Contergan-Katastrophe nicht hätte verhindern können.

54 Anklageschrift, Band 1, 1967, S. 321–322. Vgl. Kirk, Contergan-Fall, 1999, S. 167.
55 Persönliche Mitteilung von Dr. Barbara Rumpf-Lehmann am 13.4.2016.
56 Linz, Arzneimittelgesetzentwurf, 1950, S. 59; Stapel, Arzneimittelgesetze, 1988, S. 73–102.
57 Eichhorn/Schröder, Zeittafeln, 1989, S. 25.
58 Kirk, Contergan-Fall, 1999, S. 23.
59 Stapel, Arzneimittelgesetze, 1988, S. 97–104.

In der Zeit, in der Contergan und weitere thalidomidhaltige Arzneimittel auf dem Markt waren, blieb die Aufsicht über den Arzneimittelmarkt Ländersache, das heißt dezentralisiert organisiert, was die Gefahrabwendung wesentlich erschwerte. So stellte am 26. Mai 1961 das Unternehmen Grünenthal zunächst lediglich in Nordrhein-Westfalen den Antrag, Contergan unter die Rezeptpflicht zu stellen. Veranlasst wurde dies durch drei Publikationen, die die neurologischen Schädigungen durch Thalidomid in den Mittelpunkt stellten.[60] Der Antrag ging indessen nicht auf diese beobachteten Nebenwirkungen, sondern lediglich auf den hohen Verbrauch von Thalidomidpräparaten ein.[61] Die Rezeptpflicht wurde jedoch nur in Nordrhein-Westfalen, Hessen und Baden-Württemberg rasch wirksam, in den anderen Bundesländern jedoch nicht, was zu einer weiteren Zunahme von Contergan-Fehlbildungen führte.[62]

Auch im Arzneimittelgesetz von 1961 fehlte die zentrale Erfassung von Nebenwirkungen, die dann erst das Arzneimittelgesetz von 1976 vorschrieb. Auch eine Verschreibungspflicht für neu eingeführte Arzneistoffe wurde erst 1964 in der Bundesrepublik Deutschland durchgesetzt.[63]

In der DDR hatte man am 29. Juni 1961 über die Einführung thalidomidhaltiger Arzneimittel beraten. Die Zulassung von Arzneimitteln erfolgte hier seit 1949 über den Zentralen Gutachterausschuss, ein Expertengremium, dem überwiegend Ärzte und Apotheker angehörten.[64] Nachdem zunächst die vermeintlichen Vorzüge des Arzneistoffs gelobt worden waren, gab es Hinweise auf neurotoxische Nebenwirkungen, was dann letztendlich zur Ablehnung des Arzneistoffs führte.[65] Hier zeigten sich die Vorteile einer zentralen Zulassung, die in der Bundesrepublik damals fehlte.

In den USA gab es gleichfalls eine zentrale Zulassungsbehörde, die Food and Drug Administration (FDA). Während es in der Bundesrepublik Deutschland dem Arzneimittelhersteller überlassen blieb, ob und mit welchen Methoden er die von ihm produzierten Arzneimittel vor der Markteinführung prüfte, gab der in den USA während der 1950er- und frühen 1960er Jahre geltende »Food, Drug and Cosmetic Act« der für den Arzneimittelverkehr zuständigen Überwachungsbehörde die Befugnis, ein neues Arzneimittel nicht in den Markt zu lassen, wenn der für die Zulassung zuständige Mitarbeiter der FDA dies aus Gründen der Arzneimittelsicherheit für erforderlich hielt. In den USA gelangten daher thalidomidhaltige Arzneimittel nicht in den Handel, obwohl ein Lizenzpartner von Grünenthal, die Firma Richardson-Merrell, ein klinisches

60 Frenkel, Contergan-Nebenwirkungen, 1961; Scheid u. a., Syndrome, 1961; Raffauf, Thalidomid, 1961.
61 Anklageschrift, Band 1, 1967, S. 257; vgl. Kirk, Contergan-Fall, 1999, S. 76.
62 Kirk, Contergan-Fall, 1999, S. 76–83.
63 Stapel, Arzneimittelgesetze, 1988, S. 275–282.
64 Eichhorn/Schröder, Zeittafeln, 1989, S. 25.
65 Retzar, Nebenwirkungen, 2016, S. 30–31.

Erprobungsprogramm für Thalidomid eingeleitet hatte.[66] Am 12. September 1960 beantragte diese Firma bei der FDA die Zulassung von Thalidomid für den Vertrieb in den USA. Thalidomid wurde aber in den USA nicht zugelassen, da nach Ansicht der zuständigen Sachbearbeiterin, der Ärztin Frances Oldham Kelsey (1914–2015), grundlegende Sicherheitskriterien nicht erfüllt waren. Kelsey beanstandete zunächst das Fehlen von chronischen Toxizitätsstudien. Im Februar 1961 erhielt sie Kenntnis vom nervenschädigenden Potential Thalidomids. Sie erkundigte sich im Mai 1961, ob die Firma Richardson-Merrell Untersuchungsergebnisse zum pharmakologischen Verhalten des Arzneistoffs Thalidomid bei Einnahme in der Schwangerschaft vorlegen könne. Im September 1961 forderte sie, dass im Falle einer Zulassung von Thalidomid ein Hinweis auf das Fehlen von Erfahrungen für die Anwendung während der Schwangerschaft in die Gebrauchsanweisung aufgenommen werden müsse. Nach Bekanntwerden der Teratogenität des Thalidomids zog die Firma Richardson-Merrell im März 1962 den Zulassungsantrag schließlich zurück.[67]

Begünstigt wurde der Contergan-Fall durch das Fehlen von Untersuchungen zur Teratogenität und damit speziell auch zum Einsatz eines Arzneimittels in der Schwangerschaft. Vorschriften für solche Untersuchungen fehlten in der Bundesrepublik Deutschland damals völlig, obwohl die dafür erforderlichen Methoden durchaus existierten. Erst der Contergan-Fall trug dazu bei, dass nunmehr die Frage »Arzneimittel in der Schwangerschaft« besondere Bedeutung erhielt.[68] Die FDA hatte in den USA bereits 1955 empfohlen, Arzneimittel hinsichtlich schädlicher Effekte auf Föten zu untersuchen. Vier Jahre später gaben sie die Empfehlung, »dass ein Arzneimittel auf sein Vermögen hin, Fötus-Tod hervorzurufen, untersucht werden muss«.[69]

Die Contergan-Katastrophe war aber auch deshalb möglich, da in den 1950er und 1960er Jahren in Deutschland noch überwiegend eine Arzneimitteleuphorie herrschte.[70] In den Jahren des deutschen »Wirtschaftswunders« freute man sich nicht nur über den ökonomischen Aufschwung nach den Jahren der Entbehrung in der Nachkriegszeit, und widmete sich mit Freude dem guten Essen und Trinken, sondern nutzte ebenso die Errungenschaften der modernen Pharmazie, indem man Arzneimittel auch bei geringfügigen Befindlichkeitsstörungen ohne größeres Risikobewusstsein anwendete. Eine Schlafstörung, wie sie bei Schwangeren auftrat, ist keine schwerwiegende Erkrankung, aber lästig, und die Einnahme eines als »ungiftig« apostrophierten Arzneimittels schien hier die erwünschte Hilfe zu bringen. Potentielle Patientinnen wurden dabei, wie

66 Beyer, Arzneimittelhaftung, 1989, S. 374.
67 Kirk, Contergan-Fall, 1999, S. 195–198.
68 Ebd., S. 134.
69 Ebd., S. 135.
70 Schmitz, Apothekerkunst, 1981; Hickel, Arzneimittel, 2008, S. 492.

ja die Ermittlungen zum Contergan-Prozess zeigten, noch von Ärzten und Firmenberatern bestärkt, die immer wieder auf die Unschädlichkeit des Präparates hinwiesen.

Besonderheiten des Contergan-Falls

Daneben gab es aber auch eine Reihe von Besonderheiten, die die Contergan-Katastrophe zu einer der schlimmsten Arzneimittelzwischenfälle der Neuzeit werden ließen. Hier muss insbesondere die Ambivalenz des Arzneistoffs Thalidomid genannt werden,[71] der einerseits wegen seiner geringen akuten Toxizität, der einen Suizid praktisch ausschloss, geschätzt wurde.[72] Andererseits waren die Nebenwirkungen von Thalidomid aber besonders schwerwiegende, mit anderen Arzneimitteln kaum vergleichbare, handelt es sich doch bei Phokomelien um gravierende Fehlbildungen des menschlichen Körpers.[73]

Eine Besonderheit des Contergans ist zudem, dass die teratogene Wirkung in der Frühschwangerschaft, das heißt im zweiten Schwangerschaftsmonat erfolgte, also zu einer Zeit, in der damals häufig die Mütter sich noch nicht sicher über ihren Zustand waren.

Auch die durchgeführte Erhebung bezüglich der Zunahme von Missbildungen im Jahre 1959, die negativ ausfiel, trug wohl dazu bei, dass man den geborenen contergangeschädigten Kindern weniger Aufmerksamkeit schenkte.

Eine weitere Besonderheit bildete die Nichtreproduzierbarkeit der neurotoxischen Nebenwirkungen im Tierversuch. Nach den ersten Berichten über Nervenschädigungen durch Thalidomidpräparate führte die Forschungsabteilung der Firma Grünenthal im Frühjahr 1960 tierexperimentelle Studien zur Beeinflussung des Nervensystems durch den Arzneistoff durch. Bei Ratten zeigten sich jedoch keine Nervenschädigungen nach längerer hoch dosierter Thalidomidgabe. Der Forschungsleiter Mückter schlussfolgerte daher aus den Versuchsergebnissen: »Damit dürften alle Meldungen über Nebenwirkungen nach langfristiger Contergan-Anwendung dahingehend ausgelegt werden, daß es sich bei diesen Fällen um besondere Situationen handelt, für die Contergan allein nicht ursächlich und nur selten in Frage kommen dürfte«.[74] Die Tatsache, dass nicht immer Tierversuche eins zu eins auf Menschen übertragbar sind, da Versuchstiere, wie etwa Ratten, gelegentlich Arzneistoffe anders verstoffwechseln als Menschen, spielte damals offenbar noch keine Rolle.

71 Baumann, Wesen, 1981, S. 14–30.
72 Nord, Arzneimittelkonsum, 1976, S. 107.
73 Kirk, Contergan-Fall, 1999, S. 44–48; vgl. König, Contergan-Katastrophe, 1963, S. 17–18.
74 Anklageschrift, Band 1, 1967, S. 108; vgl. Kirk, Contergan-Fall, 1999, S. 61.

Obwohl man feststellen muss, dass auch bei anderen Arzneimittelfirmen ein ähnlicher Zwischenfall hätte passieren können, hatte eben gerade die Firma Grünenthal Contergan auf den Markt gebracht, die von einer besonderen Schuld nicht freigesprochen werden kann, da sie Berichte über Nebenwirkungen lange Zeit ignorierte und abwiegelte und zudem ihre Initiativen, nachdem sie aufgrund der Tierexperimente mit Ratten die nervenschädigenden Wirkungen des Contergans ausgeschlossen hatte, auf die weitere Vermarktung des Arzneistoffs legte und auch lange am rezeptfreien Verkauf von Contergan festhielt. Gerade für ein kleineres Unternehmen, wie es die Firma Grünenthal darstellte, war ein Arzneimittel wie Contergan von größter ökonomischer Bedeutung. Dies hat in sehr starkem Maße das Verhalten der Firma und ihrer Vertreter geprägt.

Arzneimittelrechtliche Konsequenzen

Die Contergan-Katastrophe hatte sowohl in den USA als auch in der Bundesrepublik Deutschland Auswirkungen auf das Arzneimittelrecht. In den USA wurde 1962 die klinische Erprobung von Arzneimitteln am Menschen der Kontrolle der FDA unterstellt.[75] In der Bundesrepublik ergab sich aus dem Contergan-Fall die dringende Notwendigkeit, das Arzneimittelrecht strenger zu regeln, denn es wurde allgemein eingeschätzt, dass das Arzneimittelgesetz von 1961 die Katastrophe nicht hätte verhindern können.[76]

Bereits 1962 legte die SPD-Fraktion einen Gesetzentwurf vor, der für »Arzneimittel, die Stoffe bisher nicht gekannter Wirksamkeit enthalten oder neue Zusammensetzungen von Stoffen bisher bekannter Wirksamkeit enthalten«, eine generelle Verschreibungspflicht vorsah.[77] Die Bundesregierung schloss sich dieser Auffassung an, brachte jedoch einen noch weiter gehenden Entwurf ein, der Änderungsvorschläge hinsichtlich der Registrierung enthielt. Außerdem wurde gefordert, dass Arzneispezialitäten entsprechend dem jeweiligen Stand der wissenschaftlichen Erkenntnis ausreichend pharmakologisch und klinisch geprüft und in Ausnahmefällen im Rahmen ärztlicher, zahnärztlicher und tierärztlicher Behandlung erprobt werden sollten. Beide Entwürfe wurden dann dem Ausschuss für Gesundheitswesen übergeben und 1964 konnte die Novelle zum Arzneimittelgesetz erlassen werden.

1971 begannen im Bundesministerium für Jugend, Familie und Gesundheit die Vorarbeiten zu einer Reform des Arzneimittelrechts. Die CDU/CSU-Opposition forderte, dass auch Generika als Arzneispezialitäten gelten sollten

75 Marinero, Arzneimittelhaftung, 1982, S. 60–63, vgl. Kirk, Contergan-Fall, 1999, S. 202–203.

76 Stapel, Arzneimittelgesetze, 1988, S. 275–282.

77 Deutscher Bundestag, Drucksache IV/563, 29.06.1962. Vgl. auch den Beitrag von Niklas Lenhard-Schramm in diesem Band sowie Kirk, Contergan-Fall, 1999, S. 179.

sowie eine Erweiterung der Kennzeichnungsvorschriften für Arzneimittel. 1975 wurde der Entwurf eines »Gesetzes zur Neuordnung des Arzneimittelrechts« in den Bundestag eingebracht. Dieser übergab ihn an mehrere Bundestagsausschüsse. In sieben, zum Teil nicht öffentlichen Anhörungen bot der Unterausschuss 115 Sachverständigen sowie Vertretern betroffener Verbände die Möglichkeit, ihre Auffassungen vorzustellen. Am 12. April 1976 legte der Ausschuss den geänderten Gesetzentwurf vor, am 6. Mai 1976 stimmte der Bundestag zu, und im August wurde das »Gesetz zur Neuordnung des Arzneimittelrechts« im Bundesgesetzblatt verkündet.[78] Erst dieses neue Gesetz war in der Lage, eine ähnliche Katastrophe wie die des Contergans leichter zu verhindern.

Thalidomid heute

Vor 40 Jahren hätte es niemand für möglich gehalten, dass Thalidomid wieder in der Arzneimitteltherapie eingesetzt werden könnte. Der Wirkstoff besitzt aber neben seiner beruhigenden und schlafvermittelnden Wirkung auch entzündungshemmende Eigenschaften und Effekte auf das Immunsystem. Bereits 1965 hatte der israelische Arzt Jacob Sheskin (1914–1999) die zufällige Feststellung gemacht, dass Thalidomid bei einer Patientin mit *Erythema nodosum leprosum* – einer schweren Verlaufsform der Lepra – eine rasche und deutliche Rückbildung der entzündlichen Hautveränderung bewirkt.[79] Eine Doppelblindstudie bestätigte die Wirksamkeit.[80]

Das US-amerikanische Arzneimittelunternehmen Celgene beantragte 1996 die Zulassung Thalidomids zur Behandlung der Leprareaktion und der Kachexie. Der Ausschuss, der die FDA beriet, empfahl im September 1997 die Zulassung von Thalidomid zur Behandlung des *Erythema nodosum leprosum*. Da für dieses Indikationsgebiet der Nutzen Thalidomids die Risiken überwiegt, ließ am 16. Juli 1998 die FDA Thalidomid zur Behandlung der Leprareaktion zu.[81] Dabei soll aber ein effizientes Präventionskonzept sicherstellen, dass Thalidomid nicht während einer Schwangerschaft eingenommen wird.[82] Die Weltgesundheitsorganisation (WHO) hatte zwar Bedenken wegen des teratogenen Risikos, dennoch wurde das Arzneimittel auch in südamerikanischen Ländern

78 Kirk, Contergan-Fall, 1999, S. 185–195.

79 Patienten mit bakterienreichen Formen der Lepra entwickeln nach Beginn einer antimykobakteriellen Behandlung häufig ein Arzneimittelexanthem (*Erythema nodosum leprosum*). Tritt dies während der Therapie auf, wird diese fortgeführt, entwickelte es sich nach Beendigung der Therapie, erweist sich Thalidomid als geeignet, siehe Seitz, Comeback, 2001, S. 3550.

80 Sheskin, Thalidomide, 1965, S. 303–306.

81 Ebd. und Barnett, Company, 1997.

82 Cimons, Thalidomide, 1997, S. 8.

wie Brasilien und Kolumbien eingesetzt. In Brasilien kamen aber in den 1990er Jahren Hunderte Kinder mit Extremitätenfehlbildungen zur Welt.[83] Der Staat Brasilien hat offiziell 480 Opfer anerkannt. Die wahren Zahlen liegen nach Schätzungen jedoch viel höher. Bei diesen Patienten waren die Informationen durch den Arzt offenbar unzureichend. Viele der jungen Patientinnen konnten nicht lesen und deuteten das Piktogramm einer durchgestrichenen Schwangeren falsch und glaubten, dass das Wundermittel auch vor einer Schwangerschaft schützt.[84]

Weitere Indikationen von Thalidomid sind unter anderem das multiple Myelom, bei dem es sich um eine bösartige Erkrankung der Plasmazellen handelt, und die Graft-versus-Host-Erkrankung nach allogener Knochenmark- oder peripherer Stammzellentransplantation. Man untersucht Thalidomid jedoch für weitere Anwendungsgebiete: Bei Patienten mit HIV-Infektion bewirkt der Arzneistoff eine Abheilung aphtöser Schleimhautentzündungen und beeinflusst die AIDS-Kachexie und das Kaposi-Sarkom günstig. Thalidomid wurde auch bei soliden Tumoren, zum Beispiel beim androgenrefraktären Prostatakarzinom, bei rezidivierenden Glioblastomen sowie bei Bronchial- und Nierenkarzinom erfolgreich eingesetzt.[85] Die Wirkung von Thalidomid auf Tumoren ist noch nicht endgültig geklärt, man diskutiert jedoch, dass der Arzneistoff das Wachstum und die Neubildung der Blutgefäße, die die Tumoren versorgen, hemmt, sodass dem Tumor »quasi der Saft abgedreht« wird.[86] Darauf beruhen möglicherweise auch die berüchtigten Missbildungen bei Ungeborenen. In Deutschland ist seine Anwendung bei lebensbedrohlichen Erkrankungen, die nicht anders therapiert werden können, vertretbar und unterliegt einer strengen Überwachung. Wie die Rote Liste ausweist, sind Thalidomide Celgene Hartkapseln zu 50 mg inzwischen zur Erstbehandlung eines multiplen Myeloms ab einem Alter von 65 Jahre »für die eine hochdos[ierte] Chemother[apie] nicht in Frage kommt« zugelassen. In der Gegenanzeige werden aber ausdrücklich gebärfähige Frauen von einer Behandlung ausgeschlossen, »es sei denn, alle Anford[erungen] des Thalidomide Celgene-Schwang[erschaft]-Prävent[ions]progr[amm] werden erfüllt«.[87]

83 Jakeman/Smith, Thalidomide, 1994, S. 432.
84 Hallberg, Horrormittel, 2006.
85 Huber, Wirkstoff, 2004, S. 2180–2181; Seitz, Comeback, 2001, S. 3550–3551.
86 Kirk, Contergan-Fall, 1999, S. 208–209; Seitz, Comeback, 2001, S. 3551.
87 Rote Liste, 2016, S. 1400.

Quellen und Literatur

Archive

Landesarchiv Nordrhein-Westfalen, Abteilung Rheinland (LAV NRW R)
Privatarchiv Dr. Josef Peter Havertz

Zeitungen, Nachrichtenmagazine und Fachperiodika

Der Spiegel
Schwäbische Landeszeitung

Amtliche Drucksachen

Deutscher Bundestag, Drucksachen

Literatur

Barnett, Alicia Ault, Company applies to market thalidomide in USA. In: The Lancet 349 (1997), S. 111.

Baumann, Dieter, Das Wesen des Arzneimittels und seine Widerspiegelung in der Bedürfnis- und Bedarfsforschung. Dissertation B (Habilitationsschrift). Greifswald 1981.

Beck, Karl F. A., Mißbildungen und Atombombenversuche. Auffallende Häufung von Mißbildungen bei menschlichen Neugeborenen in Oberfranken in der Zeit zwischen 1.4–15.11.57. Ulm 1958.

Beyer, Christian, Grenzen der Arzneimittelhaftung. Dargestellt am Beispiel des Contergan-Falles. München 1989.

Cimons, Marlene, Thalidomide resurfaces for FDA consideration. In: Nature medicine 3 (1995), S. 8.

Dann, Georg Edmund, Einführung in die Pharmaziegeschichte. Stuttgart 1975.

Eichhorn, Albrecht/Jürgen Schröder (Hg.), Zeittafeln zur Geschichte der Pharmazie in der Deutschen Demokratischen Republik (1945–1989). Berlin 1989.

Frenkel, Horst, Contergan-Nebenwirkungen. Zentralnervöse Auffälligkeiten und polyneuritische Syndrome bei Langzeitmedikation von N-Phthalyl-Glutaminsäure-Imid. In: Medizinische Welt 12 (1961), S. 970–975.

Friedrich, Christoph/Wolf-Dieter Müller-Jahncke, Geschichte der Pharmazie. Bd. 2, Von der Frühen Neuzeit bis zur Gegenwart. Eschborn 2005.

Goder, Kristina, Zur Einführung synthetischer Schlafmittel in die Medizin im 19. Jahrhundert. Frankfurt am Main/Bern/New York 1985.

Hallberg, Stefanie, Vom Horrormittel zum Hoffnungsträger. WDR Nachrichten vom 25.11.2006.
= *www1.wdr.de/Archiv/Contergan/Contergan162html* Abgerufen: 05.12.2016

Hickel, Erika, Das Arzneimittel in der Geschichte. Trost und Täuschung – Heil und Handelsware. Nordhausen 2008.

Huber, Alexandra, Ein Wirkstoff mit vielen Gesichtern. Hoffnungsträger Thalidomid. In: Deutsche Apotheker-Zeitung 144 (2004), S. 2180–2182.

Jakeman, P./W. C. S. Smith, Thalidomide in leprosy reaction. In: The Lancet 343 (1994), S. 432–433.

Kirk, Beate, Der Contergan-Fall – eine unvermeidbare Arzneimittelkatastrophe? Zur Geschichte des Arzneistoffes Thalidomid. Mit einem Geleitwort von Christoph Friedrich. Stuttgart 1999.

Kirk, Beate/Christoph Friedrich, Vor 40 Jahren: Rückruf von Contergan. In: Deutsche Apotheker-Zeitung 141 (2001), S. 5809–5814.

Knabe, Joachim, Thalidomid, eine unendliche Geschichte. In: Pharmazie in unserer Zeit 27 (1998), S. 66–67.

Knapp, Klaus/Widukind Lenz, Untersuchungen über Contergan in der Ätiologie der Mißbildungen. In: Methodik der Information in der Medizin 2 (1963), S. 49–51.

Lenhard-Schramm, Niklas, Das Land Nordrhein-Westfalen und der Contergan-Skandal. Gesundheitsaufsicht und Strafjustiz in den »langen sechziger Jahren«. Göttingen 2016.

Lenz, Widukind, How can the teratogenic action of a factor be established in man? In: Southern Medical Journal 64 (1971), S. 41–47.

Lenz, Widukind, Die Thalidomid-Embryopathie. Persönliche Begegnungen mit dem Problem. In: Nils Benatar/Reimar Hoffmann/Peter Brüser (Hg.), Dieter Buck-Gramcko. Eine Festschrift zum 65. Geburtstag. Erlangen 1992, S. 259–276.

Lenz, Widukind, A Short History of Thalidomide Embryopathy. In: Teratology 38 (1988), S. 203–215.

Linz, Armin, Arzneimittelgesetzentwurf in der Fassung von 1933. In: Die Pharmazeutische Industrie 12 (1950), S. 57–62.

Marinero, Hazel G. S., Arzneimittelhaftung in den USA und Deutschland. Frankfurt 1982.

Müller-Jahncke, Wolf-Dieter/Christoph Friedrich/Ulrich Meyer, Arzneimittelgeschichte. Stuttgart 2005.

Nord, Dietrich, Arzneimittelkonsum in der Bundesrepublik Deutschland. Eine Verhaltensanalyse von Pharmaindustrie, Arzt und Verbraucher. Stuttgart 1976.

Pfeiffer, Rudolf Arthur/Wilhelm Kosenow, Zur Frage einer exogenen Verursachung von schweren Extremitätenmißbildungen. In: Münchener Medizinische Wochenschrift 104 (1962), S. 68–74.

Raffauf, Hans-Joachim, Bewirkt Thalidomid (Contergan) keine Schäden? In: Deutsche Medizinische Wochenschrift 86 (1961), S. 935–938.

Retzar, Ariane, Erfassung und Bewertung von unerwünschten Arzneimittelnebenwirkungen. Ein Beitrag zur Arzneimittelsicherheit in der DDR. Stuttgart 2016, S. 30–31.

Rote Liste 2016. Arzneimittelverzeichnis für Deutschland (einschließlich EU-Zulassungen und bestimmter Medizinalprodukte). 56. Ausgabe. Frankfurt am Main 2016.

Scheid, Werner u. a., Polyneuritische Syndrome nach längerer Thalidomid-Medikation. In: Deutsche Medizinische Wochenschrift 86 (1961), S. 938–940.

Schmitz, Rudolf, Von der traditionellen Apothekerkunst zur industrialisierten Pharmazie. In: Scultetus-Gesellschaft (Hg.), Von der traditionellen Apothekerkunst zur industrialisierten Pharmazie. Ulm 1981, S. 10–43.

Schneider, Wolfgang, Lexikon zur Arzneimittelgeschichte. 7 Bände. Frankfurt am Main 1968–1975.

Schneider, Wolfgang, Geschichte der Pharmazeutischen Chemie. Weinheim 1972.

Schwerin, Alexander von, 1961 – Die Contergan-Bombe. Der Arzneimittelskandal und die neue risikoepistemische Ordnung der Massenkonsumgesellschaft. In: Nicholas Eschenbruch/Viola Balz/Ulrike Klöppel/Marion Hulverscheidt (Hg.), Arzneimittel des 20. Jahrhunderts. Historische Skizzen von Lebertran bis Contergan. Bielefeld 2009, S. 255–282.

Seitz, Renate, Ein Comeback für Thalidomid? In: Deutsche Apotheker-Zeitung 141 (2001), S. 3550–3551.

Sheskin, Jakob, Thalidomide in the treatment of lepra reactions. In: Clinical Pharmacology and Therapeutics 6/3 (1965), S. 303–306.

Sjöström, Henning/Robert Nilsson, Contergan oder die Macht der Arzneimittelkonzerne. Berlin [Ost] 1975.

STAPEL, UTE, Die Arzneimittelgesetze 1961 und 1976. Mit einem Geleitwort von Rudolf Schmitz. Stuttgart 1988.

THOMANN, KLAUS-DIETER, Die Contergan-Epidemie. Ein Beispiel für das Versagen von Staat, Ärzteschaft und Wissenschaft? In: LUDWIG ZICHNER/MICHAEL A. RAUSCHMANN/KLAUS-DIETER THOMANN (Hg.), Die Conterganktastrophe – Eine Bilanz nach 40 Jahren. Darmstadt 2005, S. 13–31.

WEICKER, HEINZ/HEINZ HUNGERLAND, Thalidomid-Embryopathie. I. Vorkommen inner- und außerhalb Deutschlands. In: Deutsche Medizinische Wochenschrift 87 (1962), S. 992–1002.

WEICKER, HEINZ/KLAUS-DITMAR BACHMANN/RUDOLF A. PFEIFFER/JÖRN GLEISS, Thalidomid-Embryopathie. II. Ergebnisse individueller anamnestischer Erhebungen in den Einzugsgebieten der Universitäts-Kinderkliniken Bonn, Köln, Münster und Düsseldorf. In: Deutsche Medizinische Wochenschrift 87 (1962), S. 1597–1607.

WEIDENBACH, ARNULF, Totale Phokomelie. In: Zentralblatt für Gynäkologie 81 (1959), S. 2048–2052.

WENZEL, DAGMAR/KARL-HEINZ WENZEL, Der Contergan-Prozess. Verursachte Thalidomid Nervenschäden und Missbildungen? Bd. 1, Bericht und Protokollauszüge vom 1.–50. Verhandlungstag. Bensheim-Auerbach 1968.

WESSINGHAGE, DIETER, Die bildliche Darstellung menschlicher Fehlbildungen in der Geschichte. In: LUDWIG ZICHNER/MICHAEL A. RAUSCHMANN/KLAUS-DIETER THOMANN (Hg.), Die Contergan-Katastrophe – eine Bilanz nach 40 Jahren. Darmstadt 2005, S. 63–72.

WIEDEMANN, HANS-RUDOLF, Hinweis auf eine derzeitige Häufung hypo- und aplastischer Fehlbildungen der Gliedmaßen. In: Die Medizinische Welt 12 (1961), S. 1863–1866.

Sonstige Quellen

Persönliche Mitteilung von Dr. Barbara Rumpf-Lehmann, 13.04.2016.
Persönliche Mitteilung von Margit Hudelmaier, 13.10.2016.

Heiko Stoff

Die toxische Gesamtsituation

Die Angst vor mutagenen und teratogenen Stoffen in den 1950er Jahren

Alle Veröffentlichungen zum »Contergan-Skandal« eint die Überzeugung, dass sich Ende des Jahres 1961 ein markanter Einschnitt in der Geschichte der Arzneimittelpolitik vollzog. Es gibt eine Zeit vor und eine nach Contergan. So spricht Klaus-Dieter Thomann davon, dass die Aufdeckung der Ursachen der Contergan-Schädigungen die westdeutsche Gesellschaft verändern sollte.[1] Alexander von Schwerin verbindet mit Contergan einen entscheidenden Wandel des Gefahrenbewusstseins in der Bundesrepublik.[2] Bruno Müller-Oerlinghausen wiederum bezeichnet 1961 pointiert als ein Wendejahr, bis zu dem die Öffentlichkeit ein eher »romantisches« und sehr positives Verhältnis zu Arzneimitteln gehabt habe.[3] Implizit erscheint der Contergan-Skandal damit auch als isolierbare Katastrophe und solitäres Ereignis, wenn auch als ein potentielles *pars pro toto* der Risiken sowohl der technisch-wissenschaftlichen Welt als auch der Konsumgesellschaft. Obwohl die Geschichte des Contergans mittlerweile gut erforscht ist, bleibt es deshalb wichtig, die gescheiterte Risikowahrnehmung bei Thalidomid als Folge einer mangelnden Arzneimittelkritik zu analysieren.

Alexander von Schwerin verweist explizit darauf, dass Arzneimittelgefahren um 1960 im Grunde nur einen Ausschnitt der »toxischen Gesamtsituation« bezeichneten, »vor der manche Zeitgenossen schon länger warnten.«[4] Es gab also sehr wohl ein gesellschaftliches Risikobewusstsein vor Contergan, dieses war nur nicht auf Arzneimittel bezogen. Im Folgenden soll der Contergan-Fall entsprechend in Bezug auf die totale Katastrophe der seit Mitte der 1950er Jahre heraufbeschworenen »toxischen Gesamtsituation« untersucht werden. Der Berliner Medizinhistoriker Volker Hess hat einen anderen Bezugspunkt gewählt und Contergan mit den fast zeitgleich eingeführten hormonellen Kontrazeptiva verglichen, beide den »Life-Style-Drugs« zugeordnet und gezeigt, dass der unterschiedliche Umgang mit den pharmazeutischen Produkten nicht auf deren

1 Thomann, Contergan-Skandal, 2007, S. 2781.
2 Schwerin, Contergan-Bombe, 2009, S. 256.
3 Müller-Oerlinghausen, Rolle, 2005, S. 33.
4 Schwerin, Contergan-Bombe, 2009, S. 256.

Eigenschaften, sondern »auf die jeweilige Darstellung der Gefährdung und ihre performative Einbettung in regulatorische Regimes« zurückzuführen sei.[5]

In der Tat sind Risikodefinitionen und -wahrnehmungen historische Ereignisse und Regulationsmaßnahmen das Ergebnis von wissenschaftlichen, politischen, gesellschaftlichen und ökonomischen Prozessen. So wurden Östrogene und Östrogenpräparate wie das Schering-Produkt Progynon schon seit den 1930er Jahren als potentiell krebserregend problematisiert, als bedeutsame biopolitische Agenzien jedoch niemals vom Markt genommen. Das auf ganz ähnliche Weise als kanzerogen verdächtigte Dimethylaminoazobenzol, welches als Farbstoff »Buttergelb« in der Lebensmittelindustrie Verwendung fand, wurde hingegen noch in den 1950er Jahren verboten. Buttergelb kann auch als regulatorisches Agens bezeichnet werden, dass eine neue Gifttheorie, einen zivilisationskritischen Diskurs und Gesetzesmaßnahmen mitinitiierte.[6] Regulierungsmaßnahmen sind abhängig von Problematisierungsweisen; entscheidend ist also, wie überhaupt etwas zum Risiko wird.[7] Es waren Lebensmittelzusatzstoffe, die Mitte des 20. Jahrhunderts unter den Schlagwörtern »Gift in der Nahrung« und »toxische Gesamtsituation« für große Ängste in der Bevölkerung sorgten, über die medial ausdauernd berichtet wurde, die in Institutionen wie der Deutschen Forschungsgemeinschaft (DFG) und der World Health Organization (WHO) erfasst wurden und die legislativ geregelt werden mussten.[8] Die Contergan-Katastrophe konnte bekanntlich nur geschehen, weil es in der Bundesrepublik bis zum Mai 1961 kein Arzneimittelgesetz und keine strengen Regularien für die Arzneimittelprüfung gab. Dies steht im eklatanten Gegensatz zu der in den 1950er Jahren ausführlich geführten öffentlichen, wissenschaftlichen und politischen Debatte über die Novelle des bereits 1879 installierten Lebensmittelgesetzes.[9] Im Folgenden soll also gezeigt werden, wie sehr die Problematisierung »fremder Stoffe« in der Nahrung als toxisch und krebserregend das Risikobewusstsein der Nachkriegszeit prägte. Über das »Gift in der Nahrung« fand in der Öffentlichkeit eine intensive, zivilisations- und konsumkritisch geprägte Debatte mit weitreichenden politischen und juristischen Folgen statt. Nebenwirkungen von Medikamenten wurden hingegen in der Tat bis 1961 weder öffentlich noch politisch oder juristisch ernsthaft verhandelt. Arzneimittel standen vor allem auch deshalb außerhalb des öffentlichen Fokus, weil diese in den Bereich der sich selbst regulierenden medizinischen Wissenschaft zu gehören schienen und erst im Laufe der 1960er Jahre auch als Produkte der Konsumgesellschaft wahrgenommen wurden.

5 Hess, Risks, 2010, S. 189.
6 Stoff, Oestrogens, 2014.
7 Stoff, Wirkstoffe, 2012, S. 7–24.
8 Stoff, Gift, 2015.
9 Gesetz, betreffend den Verkehr mit Nahrungsmitteln, Genußmitteln und Gebrauchsgegenständen, 14.05.1879. In: RGBl. 1879, S. 145–148.

Medikamente für den leistungsstarken und den erschöpften Menschen

Die Katastrophe war schon da. Sie wurde aber – und dies ist bemerkenswert – bis zum Jahr 1961 fast ausschließlich im Rahmen des Lebensmittel- und nicht des Arzneimittelgesetzes verhandelt. Im Unterschied zu den Lebensmitteln fand eine eingehende Problematisierung von Arzneimitteln nicht statt. So stellt auch die Geschichte des Medikamentenkonsums im Kontrast zu der des Nahrungsmittelkonsums ein Forschungsdesiderat dar. Während die Geschichte der Arzneimittelherstellung selbst, oft in der Form enzyklopädischer Auflistungen, gut erfasst ist, gilt dies weitaus weniger für die Arzneimittelverwendung, insbesondere in den frühen Jahren der Bundesrepublik Deutschland.[10]

Arzneimittel, so lässt sich zunächst generalisieren, genossen in der ersten Hälfte des 20. Jahrhunderts in Deutschland ein hohes Renommee. Dies ist vor allem auf die technisch-wissenschaftliche Produktivität der pharmazeutischen Industrie zurückzuführen. Genannt seien nur die effektiven Erfolgsprodukte Antipyrin, Pyramidon, Aspirin, Veronal, Novokain und Salvarsan.[11] Gleichwohl gab es schon seit den 1890er Jahren eine scharfe Kritik, die sich an der engen Verbindung der pharmazeutischen Industrie mit der Ärzteschaft ausrichtete, also die Arzneimittelforschung betraf und nur indirekt die Arzneimittel selbst. Es waren höchst fragwürdige Menschenversuche, die zu einer zentralen medizinethischen Frage der ersten Jahrzehnte des 20. Jahrhunderts wurden. Vor allem die Impfstoffversuche des Dermatologen Albert Neisser mit dem Serum syphiliserkrankter Personen bei arglosen und zum Teil minderjährigen Prostituierten sorgten im Jahr 1898 für größeres öffentliches Aufsehen.[12] Als Heinrich Vollmer, Oberarzt am Berliner Kaiserin Auguste-Victoria Haus, dann 1927 Versuche an »hundert Ratten und zwanzig Kindern« zur Rachitisbekämpfung mit dem Vitamin D-Präparat Vigantol durchführte, war es die enge Verbindung von Medizin und pharmaindustriellen Interessen, die in den Fokus der öffentlichen Kritik rückte. Hier seien Experimente auf Geheiß der IG Farben durchgeführt worden, lautete ein entsprechender Vorwurf, während Julius Moses die Vigantolversuche zum Paradebeispiel medizinischer Verfehlungen machte: Arbeiterkinder seien als »Versuchskarnickel« missbraucht worden.[13]

10 Müller-Jahncke/Friedrich/Meyer, Arzneimittelgeschichte, 2005; Friedrich/Müller-Jahncke, Geschichte der Pharmazie, 2005. Arzneimittelverwendung und -gebrauch wird neuerdings in Einzelstudien dargestellt: Balz, Wirkung, 2010 und Eschenbruch/Balz/Klöppel/Hulverscheidt, Arzneimittel, 2009.

11 Herzog, Arzneimittel, 1931, S. 195–196.

12 Sabisch, Weib, 2007.

13 Reuland, Menschenversuche, 2004, S. 96–101.

Diese Skandale befeuerten eine fundamentale Skepsis gegenüber der abwertend als mechanistisch kategorisierten naturwissenschaftlichen Medizin. Dabei sei daran erinnert, dass erst die epidemiologischen Erfolge im letzten Drittel des 19. Jahrhunderts der Schulmedizin nicht nur im wissenschaftlichen, sondern auch im therapeutischen Sinne einen Vorsprung gegenüber der Naturheilkunde und dem »Kurpfuschertum« ermöglicht hatten. Die »Krise der Medizin« verwies auf den inneren Widerspruch therapeutischer Erfolge und eines ethischen Nihilismus.[14] Mit den in den Farbenfabriken hergestellten synthetischen Arzneimitteln entstand in den 1880er Jahren, auf dem Höhepunkt der »industriellen Revolution« der Arzneimittelherstellung, ein neuer Markt effektiv wirksamer Schmerz- und Fiebermittel, welcher die Überlegenheit der naturwissenschaftlich-technischen Medizin praktisch bewies.[15]

Anders als etwa in den USA und in Frankreich erregten in Deutschland – vom Impfwesen abgesehen – bis zum Contergan-Fall keine Arzneimittelskandale mit Todesfolge die Öffentlichkeit. Der Diskurs über Nebenwirkungen wurde Spezialisten überlassen und nicht zu einem medialen Thema.[16] Arzneimittel kennzeichneten zudem auf spezifische Art den dynamischen Wandel, welchen die transatlantischen Gesellschaften durchmachten. Das 20. Jahrhundert war geprägt durch die gleichzeitige Einführung leistungssteigernder und beruhigender Medikamente. Liberale Gesellschaften, die Glück mit Leistung und Erfolg verbinden, damit zugleich aber auch Überforderung und Überlastung oder – wie es sich in der zweiten Hälfte dieses Jahrhunderts begrifflich durchzusetzen begann – Stress hervorbringen, bedürfen zugleich einer ständigen Optimierung der Leistungsfähigkeiten und Sedierung dieses permanenten Antriebs.[17]

Vor allem im Zeitraum zwischen dem Ende des Ersten und des Zweiten Weltkriegs wurden Medikamente zur Leistungssteigerung wie Vitamin C-Präparate (etwa die sogenannten V-Drops), Steroide und das Methamphetamin Pervitin auf den Markt gebracht. Sie sollten mithin ebenso als Agentien einer dynamisierten und verjugendlichten Gesellschaft dienen wie dann auch stimulierend auf die Frontsoldaten des nationalsozialistischen Rassenkriegs wirken.[18]

Der Bedarf nach leistungssteigernden Produkten verlor auch in der Nachkriegszeit keineswegs an Bedeutung. Gleichwohl ist es bemerkenswert, dass in den USA, aber auch in der Bundesrepublik und der DDR die Nachfrage nach den allerdings auch im immer größeren Maßstab produzierten und offensiv

14 McKeown, Role, 1979.
15 Hickel, Arzneimittel, 2008, S. 400–404; Müller-Jahncke/Friedrich/Meyer, Arzneimittelgeschichte, 2005, S. 132–141.
16 Kuemmerle, Klinik, 1960; Lenhard-Schramm, Land, 2016, S. 84.
17 Haller/Höhler/Stoff, Stress, 2014; Jackson, Stress, 2013; Kury, Mensch, 2012.
18 Stoff, Wirkstoffe, 2012, S. 226–279; Snelders/Pieters, Speed, 2011; Bächi, Vitamin C, 2009; Hoberman, Dreams, 2005; Stoff, Jugend, 2004.

beworbenen Beruhigungs-, Schmerz- und Schlafmitteln in den 1950er Jahren deutlich zu steigen begann.[19] Wie es in der angloamerikanischen Geschichtsschreibung festgestellt wird, korrespondierte das *age of anxiety* mit dem *age of stress* und begann sich in ein *age of depression* zu verwandeln.[20] Der Bedarf an Tranquilizern, so wurde es zeitgenössisch in der Bundesrepublik registriert, wies auf einen übersteigert dynamischen und amerikanisierten Lebensstil hin, auf jene Überforderung, die im Wirtschaftswunderland als »Managerkrankheit« ausgerechnet die doch seit zwei Jahrzehnten erprobte Leistungselite zu gefährden schien.[21]

Schon seit Mitte des 19. Jahrhunderts wurde zudem in Bezug auf Opiate, namentlich Morphium, ein Suchtverhalten gerade unter Ärzten und Apothekern beklagt.[22] Über Medikamentenmissbrauch wurde auch in den 1950er Jahren in der Fachpresse sowie in der Öffentlichkeit durchaus berichtet, aber es fand keine kontinuierliche Debatte statt. Erst im Jahr 1960 verwies Eberhard Bay, Direktor der Neurologischen Klinik der Medizinischen Akademie Düsseldorf, der sich später bei der Aufklärung des Contergan-Falls sehr engagierte, in einem in der *Deutschen Medizinischen Wochenschrift* veröffentlichten Beitrag auf ein Suchtverhalten, das er dezidiert als »zeit- und milieubedingte Vorliebe für bestimmte Mittel« identifizierte. Er erinnerte dabei zunächst an Pervitin, um dann Tranquilizer, Analgetika, Barbiturate und Schlafmittel hervorzuheben. Der Grund dieses Arzneimittelmissbrauchs, so schloss Bay, sei die viel stärkere affektive Belastung des modernen Menschen, die steigenden »leistungsmäßigen Anforderungen«, denn der Mensch gerate an die »Grenze seiner Leistungsfähigkeit«. Der Griff zur Tablette sei dann ein einfacher Ausweg. Krankheit erscheine als eine Störung der »perfektionistischen Ordnung«, die mit Mitteln der pharmazeutischen Industrie behoben werden könne. Ärzte würden dabei Schmerz- und Schlafmittel nur allzu großzügig verschreiben. Bay sah hier also bereits jenen *medical consumerism* heraufdämmern, bei welchem der Patient die Therapie selbst bestimme »und den Arzt nur noch zur Ausfertigung der gewünschten Rezepte und der übrigen Bescheinigungen benötigt«.[23]

Der *Spiegel* hatte schon im Juli 1958 über die »Tablettomanen«, die gewohnheitsmäßig vor allem Kopfschmerzmittel einnähmen, berichtet. Als Grund galt auch hier die »Zunahme nervöser Störungen durch die vermehrte Hast und Unruhe

19 Kessel, Innovation, 2015; Klöppel/Hoheisel, Wunschverordnung, 2013. Vgl. auch den Beitrag von Nils Kessel in diesem Band.

20 Die Geschichte der Tranquilizer ist für die USA sehr gut erforscht: Tone, Age, 2008; Healy, Era, 1997; Smith, History, 1991.

21 Kury, Zivilisationskrankheiten, 2011.

22 Kragh, Women, 2014.

23 Bay, Arzneimittelmißbrauch, 1960, S. 1678–1679; Lenhard-Schramm, Land, 2016, S. 263–264; Kessel, Innovation, 2015. Zur konsumistischen Medizin, namentlich zum Wandel vom »Patienten« zum »Konsumenten« vor allem Lupton, Consumerism, 1997.

unserer Zeit«.[24] Erst im Laufe der 1960er Jahre kam es dann auch zu einer systematischen Untersuchung des Medikamentenmissbrauchs.[25] Das Problem war also keineswegs die Gefährlichkeit des Medikaments selbst – alles was wirke, könne je nach Dosis auch giftig sein, wurde Paracelsus unermüdlich bemüht – sondern der übermäßige und unkontrollierte Gebrauch, der zivilisationskritisch als Folge der beschleunigten Moderne gedeutet wurde.

Das im Sommer 1956 genehmigte Schlafmittel Contergan fügte sich also Ende der 1950er Jahre in eine Debatte über eine zunehmende Belastung der Bevölkerung, es war indiziert bei Nervosität und Schlafstörungen und damit auf dem neuen Beruhigungsmittelmarkt platziert. Zudem sprach es aber, da es für klimakterische Beschwerden, verstärkte sexuelle Erregbarkeit und Affektlabilität empfohlen war, explizit Frauen der 1950er Jahre an.[26] Gestresste Manager und frustrierte Hausfrauen waren die Folge des leistungsorientierten Wirtschaftswunders; die übermäßige Einnahme von Tabletten aber eine fehlgehende Therapie, die sowohl von den Überlasteten selbst als auch von den falsch beratenden Ärzten verschuldet wurde. Contergan wurde jedoch zudem offensiv damit angepriesen, dass es ein anderes bedeutsames Problem der Nachkriegsjahre vermeiden helfe. Die Herstellerfirma Grünenthal warb bei Ärzten und Apothekern ausdrücklich damit, dass Contergan forte zur »Überwindung des Schlafmittelabusus« diene.[27]

Für die unmittelbaren Nachkriegsjahre wurde ein konkreter Zusammenhang zwischen der Verfügbarkeit von Schlafmitteln und einer deutlich erhöhten Suizidrate konstatiert. In Hamburg gab es in den Jahren 1945 bis 1948 alleine 300 tödliche Schlafmittelvergiftungen, wobei es sich fast ausschließlich um Selbstmorde und nur wenige Unfälle gehandelt habe.[28] Contergan schien diese hohe Selbstmordrate verhindern zu können, weil selbst extrem hohe Dosen des Thalidomids nicht tödlich wirkten.

Barbiturate nebst Abwandlungen und Phenacetin-Präparate wurden in den 1950er Jahren nicht als »prekäre Stoffe« angesehen. Fraglich war nur die Indikationsstellung, ihre Wirkung bei Symptomen war unzweifelhaft. Nebenwirkungen wurden zwar klinisch erarbeitet, aber nur selten problematisiert oder wie beim Contergan in den Packungsbeilagen verharmlost.[29] Bei dem in mehreren Schmerzmitteln Verwendung findenden Phenacetin handelt es sich jedoch um ein Anilinderivat. In einem anderen Zusammenhang, nämlich bei den in

24 »Die Tablettomanen«. In: Der Spiegel, Nr. 27, 02.07.1958, S. 56–57; Kessel, Innovation, 2015, S. 20.

25 Zur DDR Hoheisel, Suchtdroge, 2012.

26 Thomann, Contergan-Katastrophe, 2007; Thomann, Contergan-Epidemie, 2005.

27 Thomann, Contergan-Katastrophe, 2007, S. 2781.

28 Commerell/Soehring, Schlafmittelvergiftungen, 1952, S. 93.

29 Lenhard-Schramm, Land, 2016, S. 173–178; Pieters/Snelders, Pills, 2007. Zum Konzept der prekären Stoffe Wahrig, Precarious Matter, 2008.

Lebensmitteln verwendeten Azofarbstoffen wie Dimethylaminoazobenzol, das sogenannte Buttergelb, galt diese spezifische chemische Struktur als potentiell krebserregend, während dieser Verdacht in Bezug auf Phenacetin erst in den 1980er Jahren laut wurde. Forschungsergebnisse zum »Anilinkrebs« waren dabei bereits zu Beginn des 20. Jahrhunderts publiziert worden.[30] In den 1950er Jahren wurden über diese aus Kohlenwasserstoffen gewonnenen »Fremdstoffe in der Nahrung« sowohl in Fachkreisen als auch in der Öffentlichkeit intensive Diskussionen geführt. Es ist deshalb höchst wichtig, nachzuvollziehen, warum es zu den Arzneimitteln kaum eine öffentliche, zu den Lebensmittelzusatzstoffen aber sehr wohl eine tiefgreifende Debatte mit politischen und juristischen Konsequenzen gab.

Wirkstoffe und Fremdstoffe

Zu Beginn des 20. Jahrhunderts kamen neue Arzneimittel auf den Markt, die im deutschsprachigen Raum exklusiv den zuvor in diesem Sinne noch gar nicht gebräuchlichen Namen »Wirkstoffe« erhielten und bis in die 1950er Jahre ausschließlich Hormone, Vitamine und Enzyme umfassten.[31] Das besondere an den Wirkstoffen war ihre gleichzeitige Naturhaftigkeit und pharmaindustrielle Produzierbarkeit; als Naturstoffe erklärten sie auf neuartige Weise den regulierten und regulierbaren Körper, als synthetische Arzneistoffe eröffneten sie vollkommen neue therapeutische, aber auch optimierende Möglichkeiten. Wirkstoffe waren Produkte der Zusammenarbeit von Bio- und Naturstoffchemikern mit der pharmazeutischen Industrie und wurden zugleich von der in Deutschland eminent einflussreichen Lebensreformerbewegung als Garanten des leistungsstarken Naturkörpers in Anspruch genommen.[32] Diese Ambivalenz von natürlicher und künstlicher Substanz machte den Status der Wirkstoffe höchst prekär. Zu Beginn der 1940er Jahre, mitten während des Krieges, tobte etwa in den deutschen medizinischen und chemischen Fachzeitschriften ein erbitterter Kampf um die Vitamine, deren synthetische Produktion von ernährungsreformerischen Vertretern einer biologischen Medizin scharf bekämpft wurde. So wurde behauptet, dass die Wirksamkeit der Vitamine als lebendige Stoffe an ihre biologische Natur gebunden sei. Durch Synthese ließen sich nur vitaminähnliche Körper gewinnen, abwertend so bezeichnete Vitaminoide.[33]

Ernährungsvorstellungen und -praktiken änderten sich im letzten Drittel des 19. Jahrhunderts in den transatlantischen Gesellschaften auf einschneidende

30 Schaad, Stoffe, 2003; Hien, Geschichte, 2002.
31 Stoff, Wirkstoffe, 2012.
32 Schwerin/Stoff/Wahrig, Biologics, 2013.
33 Bächi, Vitamin C, 2009, S. 102–125, 172–187.

Weise: es sind seitdem die chemischen Bestandteile, die den (Nähr-)Wert der Nahrung bestimmen; die Lebensmittelproduktion wurde zunehmend industrialisiert und zu einem bedeutsamen Bestand der entstehenden Konsumgesellschaften. Seit den 1910er Jahren kam dabei einer vitaminreiche Kost propagierenden sogenannten Neuen Ernährungslehre besondere Bedeutung zu, da diese grundlegend zwischen künstlichen und natürlichen Substanzen unterschied.[34] Gesunde Ernährung wurde zu einem Leitmotiv des frühen 20. Jahrhunderts, das notwendigerweise auf anerkanntem Wissen über gute und schlechte Ernährungsweisen beruhte. Der Ernährung mit nährstoff- und vitaminreicher Nahrung, also den Naturstoffen, stand die Verfälschung mit Farbstoffen oder Haltbarmachung mit Konservierungsmitteln, also mit synthetischen Substanzen, entgegen. Spätestens seit den 1920er Jahren ergänzten sich optimierende und puristische Ernährungspraktiken. Es war die einfache, möglichst naturbelassene Kost, die zum Ideal jener wurde, die bereit waren, an einem neuen, gesunden und leistungsfähigen Körper zu arbeiten.[35]

Interessant ist hier aber weniger das Lob der guten Kost und der natürlichen Wirkstoffe sowie eine Praxis der gesunden und leistungsfördernden Lebensführung, sondern die Sorge, dass chemische Agentien den Körper vergiften könnten. Der Volksschullehrer Curt Lenzner publizierte 1931, nachdem er zwei Jahre zuvor noch eine ernährungsreformerische Schrift namens *Vitamine als Kraft- und Lebensspender* veröffentlicht hatte, ein über 200 Seiten starkes und für viel Aufsehen sorgendes Buch mit dem Titel *Gift in der Nahrung.* Darin konstatierte er, dass die Lebensmittelherstellung immer künstlichere Formen annehme und es zu einer »Entwertung der Nahrung« komme: »Unsere Nahrungsmittel werden als Handelsgegenstand den mannigfaltigsten, physikalischen und chemischen Erhaltungsverfahren unterworfen, die sie ihrer natürlichen, lebensnotwendigen Substanzen berauben und mit giftigen Fremdstoffen durchsetzen.«[36]

Nachdem Ende des 19. Jahrhunderts noch die Lebensmittelverfälschung, also betrügerisches Verhalten, kritisiert worden war, gab Lenzner gleich der modernen Produktions- und Lebensweise, der Industrialisierung und Urbanisierung, Schuld an der schleichenden Vergiftung der Verbraucher und der damit einhergehenden Gefährdung der »Volksgesundheit«. Er stand damit keineswegs allein, seine Schrift war Teil einer fundamentalen Zivilisationskritik, die sich zunehmend gegen die moderne Lebensweise, eine liberale Wirtschafts- und Gesellschaftsordnung, das Leben in den Großstädten und die neue Ethik veränderten Sexualverhaltens sowie veränderter Geschlechterverhältnisse richtete.

34 Teuteberg, Kost, 1986, S. 351–353.

35 Briesen, Leben, 2010, S. 91–118; Fritzen, Gesünder leben, 2006, S. 193–217; Merta, Wege, 2003, S. 25–217; Barlösius, Soziologie, 1999, S. 220–227, 239–242; Baumgartner, Ernährungsreform, 1992.

36 Lenzner, Gift, 1933, S. IX.

Chemikalien definierte Lenzner dabei als grundsätzlich schädliche Fremdstoffe im Körper, als »Zellgifte«. Die sogenannten Kulturkrankheiten Diabetes, Adernverkalkung oder Krebs, so Lenzner, beruhten in ausgesprochenem Maße auf plasmatischen Schädigungen, »die hervorgerufen sein können durch Mangel an lebensnotwendigen oder durch Überschwemmung mit lebensfeindlichen Stoffen«.[37] Es ist schnell ersichtlich, wie hier Sozial- und Körperpolitik eine innige Verbindung eingingen, die Abwehr von »Fremdstoffen« wurde gleichermaßen zu einem politischen wie präventionsmedizinischen Ziel.[38]

Durchaus in Bezug auf Lenzners Buch behauptete der Chirurg Erwin Liek 1932 in seiner Schrift *Krebsverbreitung, Krebsbekämpfung, Krebsverhütung*, dass je einfacher und natürlicher die Lebensweise, desto seltener auch Krebs sei. Danach sei der moderne Wechsel von den naturgegebenen zu den konservierten und chemisch bearbeiteten Lebensmitteln schuld an der Zunahme von Krebserkrankungen.[39] Liek, wortgewaltiger Gegner der Krankenkassen und des Wohlfahrtsstaats, etablierte damit eine neue Theorie der Krebsentstehung, die sich von nun an auf krebserregende Stoffe zu konzentrieren begann, die allesamt als Produkte der technisch-industriellen Welt identifiziert wurden. Krebs, eine bedeutsame biopolitische Metapher, markierte ein zentrales Problem nicht nur der Medizin, sondern auch moderner Körperkonzepte. Der Bekämpfung des Krebses kam gerade während des Nationalsozialismus eine entscheidende Bedeutung zu. Die Lösung des Krebsproblems war der einzige nicht unmittelbar kriegswichtige Forschungsbereich, der auch im Krieg massiv finanziell unterstützt wurde.[40] Entsprechend musste gerade auch der Verdacht, bei Konservierungsmitteln und Farbstoffen handle es sich um krebserregende Substanzen, gemäß der *lingua tertii imperii* bedeutsam sein: Fremdstoffe lösen im Körper Tumorwachstum aus! Dieses biopolitische Narrativ der Reinhaltung des Volkskörpers stand jedoch in Konkurrenz zur kriegswichtigen Nahrungssicherheit, bei der auf Konservierungsmittel schlicht nicht verzichtet werden konnte.[41]

Der japanische Pathologe Tomizo Yoshida zeigte zu Beginn der 1930er Jahre experimentell, dass Ratten, die mit dem Azofarbstoff Scharlachrot (o-Aminoazotoluol) gefüttert wurden, Blasenkrebs und Lebertumore entwickelten. Aus o-Aminoazotoluol konnte wiederum ein neuer Farbstoff, p-Dimethylaminoazobenzol, gewonnen werden, der, da er zur Färbung von Margarine und Butter verwendet wurde, als Buttergelb bekannt war.[42] Sieben Jahre später bewies Riojun Kinosita im Tierexperiment, dass es sich bei Buttergelb tatsächlich um

37 Lenzner, Gift, 1933, S. XI, 193.
38 Stoff, Gift, 2015, S. 47–58.
39 Liek, Krebsverbreitung, 1932, S. 179.
40 Moser, Forschungsgemeinschaft, 2011; Proctor, Blitzkrieg, 2002.
41 Sperling, Kampf, 2011.
42 Bauer, Chemie, 1950, S. 26–28.

eine krebserregende Substanz handle.[43] Als Gerüchte über die Kanzerogenität des Buttergelbs an die Öffentlichkeit gelangten, drängte Hans Reiter, Präsident des Reichsgesundheitsamtes, vor allem auf Druck der NS-Gaufrauenschaft, die Lebensmittelfarbstoffe produzierende, vertreibende und verwendende Industrie dazu, den Gebrauch von Teerfarbstoffen einzuschränken und in Bezug auf Buttergelb aufzugeben. Selbst die allmächtige IG Farben konnte sich nicht so einfach über dieses Gebot des Schutzes vor krebserregenden Chemikalien hinwegsetzen.[44]

Nur wenige Jahre nach Kriegsende verkündete jedoch der Biochemiker und Nobelpreisträger Adolf Butenandt, der noch wenige Jahre zuvor das Östrogenpräparat Progynon vom Krebsverdacht freigesprochen hatte, auf einer Internistentagung, dass Buttergelb immer noch Verwendung finde und umgehend verboten werden müsse.[45] Butenandts Fachvortrag sorgte für erhebliches öffentliches Aufsehen. Buttergelb wurde in der Nachkriegszeit zu einem zentralen Katalysator einer intensiven wissenschaftlichen und öffentlichen Debatte über Fremdstoffe. Butenandt, der selbst von der nationalsozialistischen Herrschaft profitiert hatte, stützte sich bei seinem Vortrag auf neueste Forschungen, die der Pharmakologe Hermann Druckrey, den Butenandt ob dessen SA-Mitgliedschaft und Nähe zur SS erst noch hatte weißwaschen müssen, zusammen mit dem Mathematiker Karl Küpfmüller durchgeführt hatte.[46] Die Zusammenarbeit Druckreys mit Küpfmüller führte zu einer neuen onkologischen Theorie, nach der die Krebswirkung einer Substanz wie Buttergelb von der summierten Gesamtmenge abhänge und nicht von der Größe der Einzeldosen. Entscheidend für die kanzerogene Wirkung sei nicht bloß die Giftkonzentration, sondern das Zusammenwirken von Konzentration und Zeitdauer. Neben Konzentrationsgiften existierten demnach auch sogenannte irreversible Summationsgifte.[47] Seine Versuche hätten ergeben, so verdeutlichte Druckrey die Forschungsergebnisse, dass es bei der Krebsbildung keine unterschwelligen Dosen gebe. Stattdessen existierten Giftwirkungen, die über die ganze Lebensdauer irreversibel und daher voll summationsfähig fortbeständen und beim Erreichen einer bestimmten Menge kanzerogen wirkten.[48] Deshalb erscheine es notwendig, »in der Umwelt des Menschen nach krebserregenden Stoffen zu suchen und vor allem solche auszuschalten, mit denen er täglich in Berührung kommt, und zwar auch

43 Kinosita, Studies, 1940, S. 287, 291–292.
44 Proctor, Blitzkrieg, 2002, S. 192–196.
45 Stoff, Oestrogens, 2014.
46 Stoff, Gift, 2015, S. 69.
47 Druckrey/Küpfmüller, 1949, Dosis, S. 514, 604–610, 643; Druckrey/Küpfmüller, Analyse, 1948. Wunderlich, Entstehungsgeschichte, 2005; Wunderlich, Selbstreproduktion, 2007; Wunderlich, Papier, 2008.
48 Druckrey/Küpfmüller, Analyse, 1948 S. 259.

dann, wenn die aufgenommene Menge klein ist«.[49] In dieser Summationsthese waren die Topoi der Krebsdebatte der 1930er und 1940er Jahre – Zivilisationskritik, Langlebigkeit, chemische Stoffe, Gift und Vererbung – auf elegante Weise zusammengeführt und in ein hoch ambitioniertes mathematisch-toxikologisches Modell überführt, das die Basis wissenschaftlicher, gesellschaftlicher, politischer und legislativer Debatten darstellte.[50] Alexander von Schwerin fasst zusammen, dass Druckrey in seiner Theorie der Krebsentstehung genetische und toxikologische Konzepte verbunden habe. So habe er die für die Mutationsgenetik grundlegenden Konzepte der schwellenlosen Schädigungswirkung und der Irreversibilität mit dem toxikologischen Konzept der Summationswirkung verbunden.[51]

Der Heidelberger Chirurg Karl-Heinrich Bauer, zentrale Figur der bundesdeutschen Krebsforschung, schloss sich in einem 1950 veröffentlichten Artikel über »Chemie und Krebs« dieser neuesten Erkenntnis an, da sie seinen eigenen Überlegungen zu sogenannten Krebsnoxen schon aus den 1920er Jahren entsprach. So konstatierte er die beunruhigende Tatsache, dass sich unter den 600.000 Kohlenstoffverbindungen, von denen die große Mehrzahl im Laboratorium künstlich und synthetisch erzeugt worden sei, eine ganze Reihe von Substanzen befände, die sich als potentiell kanzerogen erwiesen hätten.[52] Die Zunahme des Krebses, so Bauer, habe ihre Ursache vor allem in der Zunahme der Krebsnoxen »in unserem Zeitalter der fortschreitenden Chemisierung und Technisierung unserer Umwelt.« Das neu gestellte Problem sei die Verhütung drohenden Krebses durch Vermeidung seiner auslösenden Noxen.[53] Der *Spiegel* identifizierte sehr präzise den zivilisationskritischen Hintergrund von Bauers Schlussfolgerungen. Dieser verbinde die »kühne Ansicht mit dem noch kühneren Schluß«, nach welchem es sich bei Ruß, Teer, Pech, Anilin, Azofarbstoffen ebenso wie Röntgen- oder Radiumstrahlen immer um Noxen handle, die »naturfremd« seien und für die der moderne Mensch keinerlei Anpassungsreaktionen entwickelt habe. Wenn Bauers Ansichten stimmten, dann müsste der moderne Mensch also »aus seiner selbstgeschaffenen naturfernen, technisierten, chemisierten Umwelt fliehen, seine ›moderne‹ Genussmittel-Ernährung aufgeben und alle Entdeckungen und Errungenschaften der letzten zweihundert Jahre verschrotten. Den Krebs radikal bekämpfen, hieße dann: den modernen Menschen und seine Welt ändern.«[54]

49 Ebd., S. 254, 259.
50 Stoff, Gift, 2015, S. 69–77.
51 Schwerin, Gift, 2014, S. 264.
52 Bauer, Chemie, 1950, S. 23–24.
53 Ebd., S. 33–34. Hervorhebung im Original.
54 »Krebs. Die Krankheit der Epoche«. In: Der Spiegel, Nr. 28, 08.07.1953, S. 22–30, hier S. 27; Bauer, Chemie, 1950, S. 34.

Lebensmittelzusatzstoffe wurden zu einem hoch bedeutsamen chemopolitischen Thema der 1950er Jahre; sie wurden zu zentralen Agenzien einer konstatierten Zunahme der Krebserkrankungen erklärt. Der *Spiegel* erklärte 1953 den Krebs zur »Krankheit der Epoche« und rief dabei Druckrey und Bauer als Kronzeugen auf.[55] Die Bedeutsamkeit des Themas lässt sich schon daran erkennen, dass der 1949 neu gegründete Deutsche Forschungsrat, der dann 1951 mit der Notgemeinschaft zusammen zur Deutschen Forschungsgemeinschaft amalgamierte, als allererste Maßnahme Kommissionen einrichtete, die sich mit Farbstoffen, Bleich- und Konservierungsmitteln, kurz Fremdstoffe befassten. Namentlich die Farbstoffkommission, geleitet zunächst von Butenandt und dann von Druckrey, mobilisierte um 1950 die Druckrey-Küpfmüller-These als Grundlage der Reform nationaler Gesetzgebung, aber auch internationaler Richtlinien. Ausschlaggebend für die Institutionalisierung einer europaweiten Krebs- und Fremdstoffpolitik war eine von der DFG selbst am 1. Mai 1954 veranstaltete »Tagung westeuropäischer Wissenschaftler zur Prophylaxe des Krebses« in Bonn-Bad Godesberg, die zur Etablierung einer eigenen Organisation namens EUROTOX führte. Die Summationsthese wurde zum obligatorischen Referenzpunkt für die legislativen und politischen Forderungen nach einer Risiko- und Präventionspolitik in Bezug auf Fremdstoffe.[56] Ein Jahr später war Druckrey als Vertreter der DFG dabei, als auf einer Konferenz für Lebensmittelzusatzstoffe in Genf eine Organisation installiert wurde, die sich hauptsächlich mit deren toxikologischen Aspekten beschäftigen sollte und sich initial auf die Arbeiten der Farbstoffkommission bezog: das seitdem höchst einflussreiche Joint FAO/WHO Expert Committee on Food Additives (JECFA).[57] Innerhalb von JECFA sollten sich jedoch um 1960 jene Kräfte durchsetzen, die vor allem an einem reibungslosen Ablauf des Welthandels mit Lebensmitteln interessiert waren. Die Summationsthese wurde dabei durch das deutlich flexiblere Konzept des Acceptable Daily Intake ersetzt, Lebensmittelzusatzstoffe damit auch vom generellen Krebsverdacht distanziert.[58]

Dies aber stand im Kontrast zur Entwicklung in der Bundesrepublik. Dort fokussierten sich die kollektiven Ängste der 1950er Jahre auf das »Gift in der Nahrung«. Sowohl die wissenschaftliche als auch die öffentliche Debatte richtete sich auf die Identität der Fremdstoffe als Krebsnoxen. Der Naturkörper, so lautete ein hegemonialer medialer, wissenschaftlicher und lebensreformerischer Diskurs Mitte des 20. Jahrhunderts, muss vor den chemischen und technischen Kontaminatoren geschützt werden. Krebs wurde als Fanal des technischen Zeitalters gedeutet.[59] Zum bekanntesten Vertreter dieses zeitgenössisch auch

55 »Krebs. Die Krankheit der Epoche«. In: Der Spiegel, Nr. 28, 08.07.1953, S. 22–30.

56 Stoff, Kritik, 2014.

57 WHO, Conference, 1956; Jas, Reality, 2013; Marchisio/Di Blasé, Organization, 1991.

58 Pestre, Regimes, 2003.

59 Stoff, Gift, 2015.

»puristisch« genannten Standpunkts wurde der Direktor des Pharmakologischen Instituts der Universität Heidelberg, Fritz Eichholtz. Dieser brachte 1956 ein neues, die Debatte prägendes Schlagwort ein, indem er von der »toxischen Gesamtsituation« sprach, die das »Heer der chemischen Zusatzstoffe« bezeichne, denen einzeln, kombiniert oder synergistisch giftige Wirkungen zukämen.[60] Mit »giftig« war auch bei Eichholtz vor allem krebserregend gemeint. Im deutschsprachigen Raum war Eichholtz' sperrige Wortschöpfung bis weit in die 1960er Jahre allgemein bekannt und wurde in der Presse sowie im Fernsehen verbreitet. Die Bezugnahme auf eine toxische Gesamtsituation sollte sich als äußerst wirksam erweisen, um die Kritik an Lebensmittelzusätzen zu bündeln. Eichholtz beklagte, dass Verbesserungen der Ernährungssituation und technischer Fortschritt mit »Einbuße an Sicherheit und Stabilität der menschlichen Existenz« erkauft worden seien. Vor allem auf dem Gebiet der »möglichen Mischungen von Dutzenden und Hunderten chemischer Stoffe in unseren Lebensmitteln« stießen die Forschungsmöglichkeiten an ihre Grenzen.[61] Eichholtz' Schrift war scharf formuliert, das Buch zur toxischen Gesamtsituation deklarierte er offensiv als ein »Dokument der Abwehr« und richtete es explizit gegen »fragwürdige oder gar bedrohliche Leistungen des Menschengeistes auf dem Gebiet der Ernährung«.[62] »Den verwegenen Schritten gewisser Kreise der heutigen Lebensmitteltechnik«, so pointierte er gleich einleitend, müsse mit kraftvollen, nachhaltigen Argumenten entgegengetreten werden, »die sich herleiten aus der elementaren Gewißheit ewiger Naturkräfte«.[63]

Seine professoral autorisierten Einlassungen fügten sich in den zivilisationskritischen und präventionsmedizinisch orientierten Diskurs, dem seit den Schriften von Lenzner und Liek hegemoniale Bedeutung zukam. Die deutsche Konsumentenschaft müsse über Volksgesundheit und sich von Jahr zu Jahr verschlimmernde Zivilisationskrankheiten aufgeklärt werden, um wiederum entsprechend auf die Gesetzgebung einzuwirken.[64] Eichholtz sprach von der »Ubiquität gefährlicher Gifte«, relativierte in der Folgeschrift *Vom Streit der Gelehrten* aber, dass er niemals von planmäßiger Vergiftung gesprochen habe.[65] Definitorisch meinte »toxische Gesamtsituation« die Potenzierung einer Giftwirkung durch mindestens ein weiteres Gift, aber auch durch fehlende Stoffe. Das Problem sei die »Gesamtheit der Gifte«.[66] Das bedeutete auch, dass schon kleinste Mengen an Giften nicht toleriert werden konnten. Die übliche Entschuldigung beim Zusatz chemischer Substanzen zu Lebensmitteln bestehe ja

60 Eichholtz, Gesamtsituation, 1956, S. III.
61 Ebd., S. IV.
62 Ebd., S. III.
63 Ebd., S. III.
64 Eichholtz, Streit, 1958, S. 6, 84, 86.
65 Ebd., S. 5; Eichholtz, Chemikalien, 1957, S. 377.
66 Eichholtz, Gesamtsituation, 1956, S. 89–94.

darin, bemerkte Eichholtz, dass die Mengen solcher Stoffe fast immer äußerst gering seien. Entscheidend sei jedoch die unüberschaubare Gesamtmenge an schädlichen Substanzen: »Die Summe nämlich dieser kleinen Quantitäten wird zu einer Einheit, die betrachtet werden muß als eine schwere Drohung für die Gesundheit des Konsumenten«.[67] Zum Grundprinzip der Lehre von der toxischen Gesamtsituation, fasste Eichholtz 1967 noch einmal zusammen, gehört Druckreys Regel, dass viele kleinste Dosen, als Gesamtmenge berechnet, sogar stärker kanzerogen wirken könnten als eine einzige große Dosis.[68]

Der Ausdruck toxische Gesamtsituation war bis weit in die 1960er Jahre wirksam und blieb, wenn er auch wissenschaftlich wenig Verwendung fand, ein bedeutsamer Referenzpunkt für die Verbraucher- und entstehende Umweltbewegung.[69] Dabei waren allerdings keineswegs alle Fachkollegen mit der forschen Art des Eintretens für eine Nulltoleranzpolitik seitens des Heidelberger Professors einverstanden.[70] Große Anhängerschaft fand Eichholtz hingegen in dem Chemiker und ehemaligen nationalsozialistischen Ernährungsexperten Hans-Adalbert Schweigart. Dieser hatte in Südafrika ein Institute for Research on Trace Elements and Vital Substances gegründet, das er nach seiner Rückkehr in die Bundesrepublik zu einer international aktiven Organisation, der Internationalen Gesellschaft für Nahrungs- und Vitalstoff-Forschung, ausbaute, die es sich zum Ziel machte, Fremdstoffe zu bekämpfen und Vitalstoffe, als welche Schweigart die vertrauten Wirkstoffe nebst Spurenelementen sowie Amino- und Fettsäuren verstand, zu stärken.[71]

Die Tagungen der Vitalstoffgesellschaft wurden in der Öffentlichkeit aufmerksam verfolgt und schafften es durchaus auch auf die Titelseite der *Frankfurter Allgemeinen Zeitung*. Auf ihrem fünften Konvent 1959 in Konstanz und Zürich wandte sich der Wissenschaftliche Rat der Vitalstoffgesellschaft mit großer Geste an die Regierungen der Länder, die UNO, die WHO, die FAO, die UNESCO, die Internationale Atomkommission sowie den Europäischen Wirtschaftsrat, »sich eingehend mit der ›Toxischen Gesamtsituation‹, der insbesondere die Bevölkerung dichtbesiedelter Industriegebiete in erhöhtem Maße ausgesetzt ist, zu befassen«.[72] Schweigart sprach anschaulich davon, dass in der Bundesrepublik tausend fremde Substanzen mit der Nahrung, dem Wasser und der Luft auf verschiedenste Weise in Berührung kämen und auch zum großen Teil in sie hineingearbeitet würden. Daraus ergebe sich eine toxische Gesamtsituation, »welcher der Verbraucher ausgesetzt ist wie der ahnungslose Fisch in einem durch tausend chemisch-toxische Stoffe verseuchten Fluß, in dem er zu

67 Eichholtz, Chemikalien, 1957, S. 380.
68 Eichholtz, Geschichtliches, 1967, S. 162.
69 Fritzen, Gesünder leben, 2006, S. 259–260.
70 Stoff, Gift, 2015, S. 140–149.
71 Ebd., S. 152–156.
72 Das Präsidium, Fortsetzungsbeschlüsse, 1959, S. 204.

Krankheit und Tod verurteilt ist«.[73] Der Eichholtzsche Begriff funktionierte über die Konnotationen des Toxischen, während das sperrige »Gesamtsituation« an die Omnipräsenz einer Bedrohung der Vergiftung gemahnte, die mit der modernen Lebensweise selbst assoziiert wurde. Die Vitalstoffgesellschaft stellte ihre 1960 in Baden-Baden und Straßburg stattfindende Tagung dann auch unter das Generalthema »Die Zivilisationskrankheiten und die toxische Gesamtsituation als ihre wesentliche Ursache«.[74]

Es ist keine Übertreibung festzustellen, dass die bundesdeutsche Debatte in den späten 1950er Jahren durch die Angst vor den Wirkungen dieser unsichtbaren Agentien in Nahrung und Umwelt geprägt war. Noch am 20. August 1965 strahlte das Erste Programm des Deutschen Fernsehens einen Beitrag des für Gesundheitsthemen zuständigen Fernsehjournalisten Horst Kleinheisterkamp mit dem Titel »Vergiften wir uns selbst?« aus, bei der Eichholtz als Experte auftrat. In der *Welt* erschien allerdings sogleich eine herbe Kritik unter dem Aufmacher »Toxische Gesamtangstmacherei«.[75]

Der Fokus war in der Bundesrepublik auf die Identität von Gift und Krebs gerichtet. Auch wenn bei weitem nicht alle Lebensmittelzusatzstoffe konkret als krebserregend angesehen werden konnten – dies galt vor allem für Azofarbstoffe und weniger für Konservierungsmittel –, so war der Krebsverdacht doch das Leitmotiv der Angst vor der toxischen Gesamtsituation. Was bei Eichholtz nur als nie explizit bestimmte »Therapeutika« vorkam, waren jedoch die Arzneimittel. Erst nach dem Contergan-Fall wurden Pharmazeutika dann auch der »toxischen Gesamtsituation« zugeordnet. Schweigart listete dazu 1962 in einem Brief an Elisabeth Schwarzhaupt, die ein Jahr zuvor das neu geschaffene Amt der Gesundheitsministerin übernommen hatte, neben Konservierungsmitteln, Farbstoffen und Insektiziden auch Schönungsmittel, Antibiotika, Kosmetika, Industriestäube, Rauch sowie Auto- und Dieselmotorenabgase, atomare Partikelchen und Strahlen auf. Vor allem aber nannte er erstmals sogenannte Nervengifte, zu denen der Präsident der Vitalstoffgesellschaft Schlafmittel und Tranquilizer zählte.[76] Auch in Kleinheisterkamps Film wurden ausdrücklich Medikamente neben den Gefahren im Wasser, auf der Straße, in der Nahrung sowie Zigaretten, Alkohol und radioaktiven Strahlen genannt.[77]

73 Schweigart, Fremdstoffe, 1956, S. 128.
74 Stoff, Gift, 2015, S. 160.
75 Fechner, Fragen, 1969, S. 174–175; Deich, Gesundheitserziehung, 1966, S. 220.
76 Stoff, Gift, 2015, S. 161.
77 Ebd., S. 146.

Die Novelle des Lebensmittelgesetzes und das Arzneimittelgesetz

Vergleicht man die Novelle des Lebensmittelgesetzes von 1958 mit dem Arzneimittelgesetz von 1961,[78] dann fällt auf, wie wenig das letztere öffentlich diskutiert wurde. Während die industrielle Lebensmittelproduktion seit 1879 gesetzlich reguliert ist, gilt dies nicht für die industrielle Arzneimittelherstellung. Trotz mehrmaliger Versuche wurde, verzögert vor allem durch die geschickte Lobbyarbeit der pharmazeutischen Industrie, erst parallel zur Contergan-Katastrophe ein Arzneimittelgesetz verabschiedet.[79] Das heißt nicht, dass der freie, apotheken- und rezeptpflichtige Verkauf von Arzneimitteln völlig ungeregelt war, er unterlag aber uneinheitlichen Verordnungen.[80] Die Arzneimittelprüfung in den 1950er Jahren vollzog sich weitgehend ohne staatliche Einflussnahme zwischen Industrie, Pharmazie und Medizin; für klinische Studien, die zwischen pharmazeutischer Industrie und Ärzten kommuniziert wurden, gab es keine verbindlichen Regeln.[81]

Die Debatte über das Lebensmittelgesetz beruhte hingegen auf einem seit den 1920er Jahren ausformulierten zivilisationskritischen Diskurs über Fremdstoffe. Es war dabei vor allem die organisierte Hausfrauenbewegung, die immer wieder zur Gefahr der Giftstoffe in der Nahrung mobilisierte. So war es dann auch eine fraktionsübergreifende Allianz der Frauen im Bundestag (»die Einheitsfront der weiblichen Abgeordneten im Bundestag«), die im Februar 1956 anregte, ein neues Lebensmittelgesetz zu schaffen. Die Initiatorinnen Hedwig Jochmus (CDU), Marie-Elisabeth Lüders (FDP) und Käte Strobel (SPD) trafen dabei auf engagierte Ministerialbeamte, die wiederum im Kontakt mit jenen Wissenschaftlern standen, die im Rahmen der DFG-Kommissionen an einer scharf gefassten Gesetzesnovelle arbeiteten und, wie Druckrey, sich sogar im Rahmen von EUROTOX und JECFA für eine Internationalisierung der Gesetzgebung auf der Basis der Summationsthese einsetzen. Druckrey trat so auch als entscheidender Experte im Bundestag auf.[82]

In der Bundesrepublik war es zudem die organisierte Naturheilkunde- und Lebensreformbewegung, insbesondere in Gestalt der umtriebigen Vitalstoffgesellschaft, welche die Debatte über Krebsnoxen in die Öffentlichkeit trug. Über die Risiken der Ernährung und das potentielle Gift in der Nahrung be-

78 Gesetz zur Änderung und Ergänzung des Lebensmittelgesetzes, 21.12.1958. In: BGBl. 1958, Teil I, S. 950–955; Gesetz über den Verkehr mit Arzneimitteln (Arzneimittelgesetz), 16.5.1961. In: BGBl. 1961, Teil I, S. 533–546.

79 Kirk, Contergan-Fall, 1999, S. 20–26.

80 Lenhard-Schramm, Land, 2016, S. 100–134.

81 Balz, Wirkung, 2010, S. 82–90.

82 Stoff, Gift, 2015, S. 78–84.

richteten dann regelmäßig die führenden Presseorgane wie der *Spiegel*, die *Frankfurter Allgemeine Zeitung* und die *Zeit*. Mit der Gesetzesinitiative durch die weiblichen Abgeordneten des Bundestags begannen intensive, in den Medien, in den Fachzeitschriften, im Bundestag und in den Vorzimmern der Ministerien geführte Debatten. Lobbygruppen der Lebensmittelindustrie versuchten hingegen, ihre jeweiligen Interessen durchzusetzen. Die Politiker und Regierungsbeamten waren unter Druck, die Bedürfnisse der betroffenen Industrien zu berücksichtigen und andererseits keine Wählerstimmen zu verlieren, denn die öffentliche Meinung schien sich deutlich gegen die Verwendung von Fremdstoffen in der Nahrung auszusprechen. So richtete sich auch eine große Zahl besorgter Bürger mit angstvollen Briefen an Bundeskanzler Adenauer und den zuständigen Innenminister Schröder, um diese daran zu erinnern, »dass es hier um Leben u. Tod geht, dass es sich ja praktisch gar nicht mehr um eine belanglose Verfälschung irgendeines Gegenstandes handelt, sondern um einen auf weite Sicht heimtückisch vorbereiteten Mordanschlag handelt, der zumindest mit der Zerrüttung der Gesundheit, wenn nicht sogar mit dem Tode endet.«[83]

Bei der Novelle des Lebensmittelgesetzes ging es um mehr als eine längst überfällige Anpassung der Gesetzgebung an die Bedingungen der industriellen Lebensmittelproduktion. Zur Mitte des 20. Jahrhunderts etablierte sich in der Bundesrepublik ein Gefüge der Verbraucherpolitik, das durch teils bekannte, teils neue soziale Akteure geprägt war, die allesamt die Notwendigkeit einer Regulierung der problematisierten Fremdstoffe anerkannten. Die Warnung vor dem Gift in der Nahrung versammelte die Angst vor der Chemisierung und Technisierung des Lebens.[84] Seit den 1930er Jahren verfestigten sich nachhaltig Diskurse über das Natürliche und das Künstliche, über Reinheit und Kontamination, über Volksgesundheit und Ökonomie, über das Allgemeinwohl und Partikularinteressen, über Risikovermeidung und Risikokalkulation. Die Regulierung der industriellen Lebensmittelproduktion war nicht nur ein notwendiger Schritt zur Kontrolle von toxischen und karzinogenen Stoffen, sondern mehr noch ein Streit über puristische Körperkonzepte und eine präventive Gesundheitspolitik.[85]

Der Streit um die Novelle des Lebensmittelgesetzes war aber auch integraler Bestand einer neuen Verbraucherpolitik. Die »Arbeitsgemeinschaft der Verbraucherverbände« machte den Kampf für ein strenges Lebensmittelgesetz zu einem ihrer ersten Ziele.[86] Die Politisierung des Konsums vollzog sich im 20. Jahrhundert vor allem als Aktivierung der Konsumenten. Während der Ver-

83 Heinrich Holtermann an BMI Schröder, 20.04.1958. In: BArch, B 142, Nr. 1530, S. 1 von 2.
84 Stoff, Kritik, 2014.
85 Stoff, Gift, 2015, S. 7–8.
86 Ebd., 175–202.

braucher – eigentlich eine Verbraucherin, nämlich die Hausfrau – erst noch zu einer eigenständigen Vertretung finden musste, wurde der Konsum selbst ambivalent beurteilt. Der Antinomie von liberaler Wirtschafts- sowie puristischer Biopolitik kam in der Konsumdebatte, deren konstitutives Gegensatzpaar soziale Marktwirtschaft und Volksgesundheit lautete, eine zentrale Funktion zu.[87]

Obwohl in Bundestag und Bundesrat bis zuletzt über den Inhalt des Gesetzes gerungen wurde, kam es schließlich zu einer Neufassung, welche die »Puristen« und Ernährungsreformer durchaus befriedigte. Das novellierte Lebensmittelgesetz funktionierte nach dem Verbotsprinzip und basierte auf Positivlisten. Die Hauptsache an dem neuen Gesetz sei, betonte der Lebensmittelchemiker S. Walter Souci in einem *Spiegel*-Interview, dass man nunmehr von vornherein alle Zusatzstoffe verbiete und nur Ausnahmen zulasse. An die Stelle des nachträglichen Verbots einzelner Substanzen trat nun die begründete Zulassung der Zusatzstoffe auf der Basis eines generellen Fremdstoffverbots.[88] Dieses Verbotsprinzip unterschied sich damit fundamental von der vorherigen Gesetzgebung. Rudi Franck, Erster Direktor beim Bundesgesundheitsamt, jubelte, dass die »Fremdstoff-Deklaration« zu einer echten Qualitätsverbesserung geführt habe.[89] Und auch die Presse, in diesem Fall die *Frankfurter Rundschau*, rühmte, dass das deutsche Lebensmittelgesetz zwar nicht vollendet sei, aber gewiss nicht ganz zu Unrecht als eines der modernsten und schärfsten Gesetze auf diesem Gebiet zumindest für Europa gelte.[90]

Der Debatte über das Arzneimittelgesetz ermangelte es dagegen an allem, was diejenige über das Lebensmittelgesetz auszeichnete: engagierte Akteure, kollektive Angst, soziale Kritik, generell an einem Gegenpol zu den Interessen der beteiligten Industrien. Für Regulierungsmaßnahmen fehlte es schlicht an Problematisierungsweisen. Die anleitenden Themen lauteten Gewerbefreiheit und Rechtsangleichung, aber nicht Vergiftung und Zivilisationskritik. Über Medikamentenmissbrauch wurde öffentlich niemals so intensiv gestritten wie über das Gift in der Nahrung. Während in den Medien bezüglich des Lebensmittelgesetzes immer wieder Transparenz eingefordert und unermüdlich der Verdacht geäußert wurde, die lebensmittelindustriellen Lobbygruppen würden in den Ministerien antichambrieren, verblieb die seit 1952 laufende Ausarbeitung eines Arzneimittelgesetzes auf der Referentenebene und im Parlament.[91] Allein anlässlich des Stalinon-Falles in Frankreich befragte etwa der *Spiegel* den

87 Ebd., S. 17–18.

88 »Gift in der Nahrung? Ein Spiegel-Gespräch mit dem Leiter der ›Deutschen Forschungsanstalt für Lebensmittelchemie‹, Professor S. Walter Souci«. In: Der Spiegel, Nr. 45, 05.11.1958, S. 36–49.

89 Tolkmitt, Entwicklung, 1965; Franck, Auswirkungen, 1961.

90 Stoff, Gift, 2015, S. 82.

91 Lenhard-Schramm, Das Land, S. 124–131.

Präsidenten des Bundesverbandes der Pharmazeutischen Industrie, Leopold Arnsperger, ohne dass dabei eine Dringlichkeit erreicht wurde, wie sie der Konnex von Gift, Krebs und Nahrung provozierte.[92]

Teratogene und Mutagene

In der eher nebensächlich geführten Debatte über Nebenwirkungen von Arzneimitteln wurde in den 1950er Jahren auch zu Auswirkungen auf das Ungeborene geforscht und publiziert. Verdachtsfälle gab es danach bei Chinin, Streptomycin, Sulfonamiden und Hormonen. Als potentielle Folgen wurden Bromdermatitis, pathologische Veränderungen an Herz, Leber und Nieren, Fehlgeburten und Fruchtresorptionen, Eosinophilie und Somnolenz, Atemdepression und die Schädigung der Blutgerinnung aufgelistet.[93] Auch zum Thalidomid gab es 1961 entsprechende Untersuchungen. Als Nebenwirkungen galten dabei vor allem Polyneuropathien.[94] Teratogene Schäden wurden in diesem Zusammenhang weniger beachtet. So fanden in der Bundesrepublik keine Prüfungen auf die Teratogenität von Arzneimitteln statt, obwohl entsprechende Methoden durchaus bereits existierten.[95]

Die Hervorbringung von Teratogenesen war eine der bedeutsamsten experimentellen Praktiken des späten 19. Jahrhunderts und eng verknüpft mit der entwicklungsphysiologischen Forschung und der entstehenden Hormonlehre. Missbildungen verwiesen auf die Aktivität und auch auf die Aktivierung gewisser unsichtbarer Agenzien, hauptsächlich der Wirkstoffe und Strahlen.[96] Namentlich Klaus-Dieter Thomann und Alexander von Schwerin weisen darauf hin, dass die gehäuften Fälle von Teratogenesen, wie sie seit 1960 in der Bundesrepublik auffielen, zunächst als Mutagenesen gedeutet wurden. Thomann zeigt, dass die ob der Mutationsangst 1959 initiierte epidemiologische Erhebung in die Irre führte, gerade weil sie auf Daten beruhte, die just nur bis dann erhoben wurden, als das Thalidomid begann, seine teratogenen Wirkungen auszuüben.[97] Schwerin führt dies detailliert für die DFG aus.[98] Wie sich 1959 im Bericht des Innenministeriums *Über die Häufigkeit und die Ursachen von Mißgeburten in der Bundesrepublik Deutschland seit 1950* niederschlug,

92 »Arzneimittel aus der Waschküche?«. In: Der Spiegel, Nr. 6, 05.02.1958, S. 40–45.

93 Rageth, Fruchtschäden, 1959; Rageth, Medikamente, 1959. Kirk, Contergan-Fall, 1999, S. 129–134.

94 Frenkel, Contergan-Nebenwirkungen, 1961; Raffauf, Thalidomid, 1961.

95 Kirk, Contergan-Fall, 1999, S. 134.

96 Stoff, Jugend, 2004, S. 412–425.

97 Thomann, Contergan-Katastrophe, 2007.

98 Schwerin, Strahlenforschung, 2015.

dominierte der Verdacht, dass oberirdische Atomwaffenversuche für eine Zunahme von Missbildungen sorgten.[99] Grundsätzlich wurden in dem Bericht des Bundesinnenministeriums jedoch unterschiedliche Gründe für Missbildungen bei Neugeborenen aufgelistet, die einen Überblick über die problematisierten Themen der ersten Hälfte des 20. Jahrhunderts lieferten und von Erbfaktoren über sogenannte Genussgifte (Alkohol), Ernährung und Wirkstoffe (Vitaminmangel) sowie Verhütungsmittel und Abtreibungsversuche bis zur seelischen Belastung, aber eben vorrangig auch chemischen Schäden und radioaktiver Strahlung reichten.[100] Ein Dispositiv der Strahlengefahr war wissenschaftlich und kulturell um 1960 längst ausformuliert. Dass radioaktive Strahlen genetische Mutationen hervorbringen, wusste man schon seit den späten 1920er Jahren. In der wissenschaftlichen Auseinandersetzung ging es wiederum um die Frage, so Schwerin, »ob die Strahlen direkt auf die Embryonalentwicklung einwirkten oder indirekt, indem sie die Keimzellen der Eltern schädigten«. Es wurde also fundamental unterschieden, ob die Ursachen der Veränderungen physiologischer oder genetischer Art, ob sie durch die Umwelt oder durch das Erbmaterial verursacht waren.[101]

Es sei daran erinnert, dass Strahlen auch im Konzept der »toxischen Gesamtsituation« von spezifischer Bedeutung waren und im Gegensatz zu Arzneimitteln auch vor dem Jahr 1961 regelmäßig als Gefahr genannt wurden. Schließlich wurde Ende der 1950er Jahren auch die radioaktive Verseuchung der Nahrung befürchtet. Strahlen, schreibt Schwerin, seien in der Lebensmittelsicherheit risikoepistemisch und regulatorisch wie chemische Zusatzstoffe behandelt worden.[102] Kinogänger kannten dies bereits aus amerikanischen B-Movies wie etwa *The Incredible Shringking Man* von 1957. Dort ist es eine Kombination aus radioaktiven Strahlen und Pflanzenschutzmitteln, die einen erwachsenen Mann zum Schrumpfen bringen, was nebenbei als ein »anti-cancer«-Effekt erklärt wird.[103]

Für Druckrey fand sich der Typ der Summationswirkung ausdrücklich in zwei sehr wichtigen biologischen Vorgängen: der Auslösung von Mutationen durch Strahlen und bei der Auslösung von Krebs durch para-Dimethylaminoazobenzol. Mutagenitätsforschung wurde damit auch zu einem toxikologischen Problem.[104] Druckrey und Küpfmüller hatten ihre Summationshese auf die sogenannte Habersche Regel gestützt, deren Wirkung durch das Produkt aus der konstanten Konzentration C des Giftes und der Behandlungszeit t bestimmt

99 Schwerin, Contergan-Bombe, 2009; Thomann, Contergan-Katastrophe, 2007; Thomann, Contergan-Epidemie, 2005.
100 Kirk, Contergan-Fall, 1999, S. 137.
101 Schwerin, Contergan-Bombe, 2009, S. 262.
102 Schwerin, Strahlenforschung, 2015, S. 384–389; Schwerin, Gift, 2014, S. 259.
103 Stoff, Vampiris, 2017, S. 147–148.
104 Schwein, Gift, 2014, S. 255.

würden. Das Konzept der Ct-Gifte hatten der Chemiker und Nobelpreisträger Fritz Haber und Ferdinand Flury in Bezug auf den Einsatz von Giftgas im Ersten Weltkrieg, an dem Haber maßgeblich beteiligt war, entwickelt. Die Wirkung oder auch »Rezeptorenbesetzung« dieser Ct-Gifte sei irreversibel, so dass es zu einer Summation der Effekte komme. Wenn Giftstoffe aber unwiderruflich spezifische Rezeptoren eines Organismus besetzen, dann entsprach dies der Treffertheorie für die Auslösung von Mutationen durch Strahlen. Da sich zudem die Teilwirkungen der einzelnen Tagesdosen ungeschmälert auf die Tochterzellen vererbten, sei der Angriffspunkt der kanzerogenen Substanz an solchen Zellbestandteilen zu suchen, die an der Duplikation bei der Zellteilung teilnähmen und zur Selbstreproduktion befähigt seien. Kanzerogene Substanzen, so lautete Druckreys radikale Botschaft, seien »›Erbänderungsstoffe‹ mit irreversibler Wirkung«.[105] Gelte die Treffertheorie, so gebe es keinen Schwellenwert und keine Minimalkonzentration für ein mutationsauslösendes Gift, schlossen auch S. Walter Souci und Hans Lück und folgerten, dass sich die Frage erhebe, »ob wir durch Genuß mutagener Stoffe in unserer Nahrung unsere Nachkommenschaft ernsthaft gefährden können«.[106] Ende der 1950er Jahre wurde ein toxikologischer Notstand ausgerufen, der aber auf Strahlen und Krebsnoxen konzentriert war. Angesichts des Contergan-Falls forcierte Druckrey dann den Druck auf die DFG, sich noch stärker mit Mutagenitäts- und Risikoforschung zu befassen. Seine Initiative sorgte 1964 für die Einrichtung der Senatskommission für Mutagenitätsfragen.[107]

Schluss

Dem Risikoepistem der Lebensmittelzusatzstoffe, das Irreversibilität, »schwellenlose Gefährdung« und Ubiquität vereinte und keineswegs wissenschaftlichen Konsens darstellte, kam in den 1950er Jahren deshalb eine so große Bedeutung zu, weil es mit zivilisationskritischen Problematisierungen korrespondierte und eine verbraucherpolitische Skepsis gegenüber den Dingen der entwickelten Konsumgesellschaft ausdrückte. Krebsnoxen fanden sich danach in den vergifteten Waren der Moderne. Arzneimittel, obwohl doch ebensolche pharmazeutischen Industrieprodukte, wurden in den 1950er Jahren zwar durchaus auch als Agenzien der modernen Lebensanforderungen betrachtet, aber selbst außerhalb der toxischen Warenwelt verortet. Dass sich die Regulierungsmaßnahmen gegenüber den Arzneimitteln in den 1960er Jahren änderten, hängt gewiss mit dem Contergan-Fall zusammen. Die betroffenen Menschen erinnerten an die

105 Stoff, Gift, 2015, S. 71–72.
106 Lück/Souci, Übersichtsberichte, 1958, S. 209–210; Schwerin, Gift, 2014, S. 266–268.
107 Schwerin, Strahlenforschung, 2015, S. 395–396.

existenzielle Notwendigkeit einer entsprechenden Risikopolitik. Zugleich ist es aber auch die zunehmende Einordnung der Arzneimittel in die konsumistische Moderne, welche diese seitdem nicht nur ähnlichen Regulierungsweisen wie schon bei den Lebensmittelzusatzstoffen unterwirft, sondern auch ebensolchen Problematisierungen. Gleichwohl, und auch dies ist erklärungsbedürftig, bleiben die Fremdstoffe, verbraucherpolitisch gesehen, im Vergleich zu den Arzneimitteln das größere Problem der Zeitkritik: Die Vergiftungsangst ist größer als die Sorge vor den Nebenwirkungen.

Quellen und Literatur

Archive
Bundesarchiv (BArch)

Zeitungen, Nachrichtenmagazine und Fachperiodika
Der Spiegel

Amtliche Drucksachen
Reichsgesetzblatt (RGBl.)
Bundesgesetzblatt (BGBl.)

Literatur
Bächi, Beat, Vitamin C für alle! Pharmazeutische Produktion, Vermarktung und Gesundheitspolitik (1933–1953). Zürich 2009.

Balz, Viola, Zwischen Wirkung und Erfahrung – eine Geschichte der Psychopharmaka. Neuroleptika in der Bundesrepublik Deutschland 1950–1980. Bielefeld 2010.

Barlösius, Eva, Soziologie des Essens. Eine sozial-und kulturwissenschaftliche Einführung in die Ernährungsforschung. Weinheim/München 1999.

Bauer, Karl-Heinrich, Über Chemie und Krebs – dargestellt am »Anilinkrebs«. In: Langenbecks Archiv für Klinische Chirurgie 264 (1950), S. 21–44.

Baumgartner, Judith, Ernährungsreform – Antwort auf Industrialisierung und Ernährungswandel. Frankfurt am Main 1992.

Bay, Eberhard, Der Arzneimittelmißbrauch des »modernen Menschen«. In: Deutsche Medizinische Wochenschrift 85 (1960), S. 1676–1680.

Briesen, Detlef, Das gesunde Leben. Ernährung und Gesundheit seit dem 18. Jahrhundert. Frankfurt am Main 2010.

Commerell, Christian/Klaus Soehring, Schlafmittelvergiftungen in Hamburg (1945–1948). In: Führer-Wieland's Sammlung von Vergiftungsfällen 14 (1952), S. 92–110.

Das Präsidium der Internationalen Gesellschaft für Nahrungs- und Vitalstoff-Forschung e. V., Fortsetzungsbeschlüsse des 5. Internationalen Vitalstoff- und Ernährungskonvents. In: Vitalstoffe 4 (1959), S. 204–208.

Deich, F., Gesundheitserziehung und Presse. In: Physikalische Medizin und Rehabilitation 7 (1966), S. 217–221.

Druckrey, Hermann/Karl Küpfmüller, Quantitative Analyse der Krebsentstehung. In: Zeitschrift für Naturforschung 3b (1948), S. 254–266.

Druckrey, Hermann/Karl Küpfmüller, Dosis und Wirkung. Beiträge zur theoretischen Pharmakologie. In: Die Pharmazie 8, Beiheft, 1. Ergänzungsband (1949), S. 514–645.

Eichholtz, Fritz, Chemikalien in der Nahrung. In: Zeitschrift für Präventivmedizin 2 (1957), S. 372–383.

Eichholtz, Fritz, Die toxische Gesamtsituation auf dem Gebiet der menschlichen Ernährung. Umrisse einer unbekannten Wissenschaft. Berlin/Göttingen/Heidelberg 1956.

Eichholtz, Fritz, Vom Streit der Gelehrten. Dem deutschen Arzt und dem deutschen Konsumenten. Karlsruhe 1958.

Eichholtz, Fritz, Geschichtliches und Allgemeines. In: Vitalstoffe Zivilisationskrankheiten 12 (1967), S. 161–168.

Eschenbruch, Nicholas/Viola Balz/Ulrike Klöppel/Marion Hulverscheidt (Hg.), Arzneimittel des 20. Jahrhunderts. Historische Skizzen von Lebertran bis Contergan. Bielefeld 2009.

Fechner, E., Aktuelle gesundheitliche Fragen. In: Profil. Sozialdemokratische Zeitschrift für Politik, Wirtschaft und Kultur 48 (1969), S. 171–176.

Franck, Rudi, Auswirkungen der neuen Lebensmittelgesetzgebung. In: Bundesgesundheitsblatt 22 (1961), S. 349–351.

Frenkel, Horst, Contergan-Nebenwirkungen. Zentralnervöse Auffälligkeiten und polyneuritische Symptome bei Langzeitmedikation von N-Phthalyl-Glutaminsäure-imid. In: Die Medizinische Welt 12 (1961), S. 970–975.

Friedrich, Christoph/Wolf-Dieter Müller-Jahncke, Geschichte der Pharmazie. Bd. 2, Von der Frühen Neuzeit bis zur Gegenwart. Eschborn 2005.

Fritzen, Florentine, Gesünder leben. Die Lebensreformbewegung im 20. Jahrhundert. Stuttgart 2006.

Haller, Lea/Sabine Höhler/Heiko Stoff, Stress – Konjunkturen eines Konzepts. In: Zeithistorische Forschungen 11 (2014), S. 359–381.

Healy, David, The Antidepressant Era. Cambridge 1997.

Herzog, I., Die neuen Arzneimittel im Wechsel der letzten 40 Jahre. In: Archiv der Pharmazie und Berichte der Deutschen Pharmazeutischen Gesellschaft 41 (1931), S. 183–201.

Hess, Volker, Regulating Risks? Der Umgang mit Life-Style-Drugs zwischen potentieller Gefährdung und kalkuliertem Risiko. In: Herfried Münkler/Matthias Bohlender/Sabine Meurer (Hg.), Sicherheit und Risiko. Über den Umgang mit Gefahr im 21. Jahrhundert. Bielefeld 2010, S. 187–206.

Hickel, Erika, Die Arzneimittel in der Geschichte. Trost und Täuschung. Heil und Handelsware. Nordhausen 2008.

Hien, Wolfgang, Zur Geschichte des Anilinkrebses. In: D. Jung/I. D. Thomann (Hg.), Berufskrankheitenrecht. Beiträge zur Geschichte und Gegenwart der Berufskrankheiten und des Berufskrankheitenrechts. Stuttgart 2002, S. 163–177.

Hoberman, John, Testosterone Dreams. Rejuvenation, Aphrodisia, Doping. Berkeley 2005.

Hoheisel, Matthias, Von der Suchtdroge zum Therapeutikum – Zur Bewertung von Beruhigungsmitteln an der Charité Nervenklinik von 1962–75. In: Medizinhistorisches Journal 47 (2012), S. 62–98.

Jackson, Mark, The Age of Stress. Science and the Search for Stability. Oxford 2013.

Jas, Nathalie, Adapting to »Reality«. The Emergence of an International Expertise on Food Additives and Contaminants in the 1950s and early 1960s. In: Soraya Boudia/Nathalie Jas (Hg.), Toxicants, Health and Regulation since 1945. London 2013, S. 47–69.

Kessel, Nils, Beyond Innovation. The Marketing of »Old Drugs«. In: Jean-Paul Gaudillière/Ulrike Thoms (Hg.), The Development of Scientific Marketing in the Twentieth Century. Research for Sales in the Pharmaceutical Industry. London 2015, S. 15–27.

Kinosita, Riojun, Studies on the Cancerogenic Azo and Related Compounds. In: Yale Journal of Biology and Medicine 12 (1940), S. 287–300.

Kirk, Beate, Der Contergan-Fall – eine unvermeidbare Arzneimittelkatastrophe? Zur Geschichte des Arzneistoffes Thalidomid. Mit einem Geleitwort von Christoph Friedrich. Stuttgart 1999.

Klöppel, Ulrike/Matthias Hoheisel, »Wunschverordnung« oder objektiver »Bevölkerungsbedarf«? Zur Wahrnehmung des Tranquilizer-Konsumenten in der DDR (1960–1980). In: NTM. Zeitschrift für Geschichte der Wissenschaften, Technik und Medizin 21 (2013). S. 213–244.

Kragh, Jesper Vaczy, Women, Men, and the Morphine Problem, 1870–1955. In: Teresa Ortiz-Gómez/Maria Jésus Santesmases (Hg.), Gendered Drugs and Medicine. Historical and Socio-Cultural Perspectives. Farnham 2014, S. 177–198.

Kuemmerle, Helmut Paul (Hg.), Klinik und Therapie der Nebenwirkungen. Stuttgart 1960.

Kury, Patrick, Zivilisationskrankheiten an der Schwelle zur Konsumgesellschaft. Das Beispiel der Managerkrankheit in den 1950er und 1960er Jahren. In: Petra Overath (Hg.), Die vergangene Zukunft Europas. Bevölkerungsforschung und -prognosen im 20. und 21. Jahrhundert. Köln/Weimar/Wien 2011, S. 185–207.

Kury, Patrick, Der überforderte Mensch. Eine Wissensgeschichte vom Stress zum Burnout. Frankfurt am Main/New York 2012.

Lenhard-Schramm, Niklas, Das Land Nordrhein-Westfalen und der Contergan-Skandal. Gesundheitsaufsicht und Strafjustiz in den »langen sechziger Jahren«. Göttingen 2016.

Lenzner, Curt, Gift in der Nahrung. Zweite umgearbeitete und erweiterte Auflage, Leipzig 1933.

Liek, Erwin, Krebsverbreitung, Krebsbekämpfung, Krebsverhütung. München 1932.

Lück, Hans/S. Walter Souci, Zusammenfassende Übersichtsberichte. Lebensmittel-Zusatzstoffe und mutagene Wirkung. II. Mitteilung Mutagene Stoffe in unserer Nahrung. In: Zeitschrift für Lebensmittel-Untersuchung und Forschung 107 (1958), S. 236–256.

Lupton, Deborah, Consumerism, Reflexivity and the Medical Encounter. In: Social Science and Medicine 45 (1997), S. 373–381.

Marchisio, Sergio/Antonietta Di Blasé, The Food and Agriculture Organization (FAO). Dordrecht/Boston/London 1991.

Mckeown, Thomas, The Role of Medicine. Dream, Mirage, or Nemesis? Oxford 1979.

Merta, Sabine, Wege und Irrwege zum modernen Schlankheitskult. Diätkost und Körperkultur als Suche nach neuen Lebensstilformen 1880–1930. Stuttgart 2003.

Moser, Gabriele, Deutsche Forschungsgemeinschaft und Krebsforschung, 1920–1970. Stuttgart 2011.

Müller-Jahncke, Wolf-Dieter/Christoph Friedrich/Ulrich Meyer, Arzneimittelgeschichte. Heidelberg 2005.

Müller-Oerlinghausen, Bruno, Die Rolle der Ärzteschaft bei der Aufklärung der Conterganebenwirkungen und die Auswirkung auf die deutsche Arzneimittelgesetzgebung. In: Michael Rauschmann/Klaus-Dieter Thomann/Ludwig Zichner (Hg.), Die Contergankatastrophe – Eine Bilanz nach 40 Jahren. Darmstadt 2005, S. 33–37.

Pestre, Dominique, Regimes of Knowledge Production in Society. Towards a More Political and Social Reading. In: Minerva 41 (2003), S. 245–261.

Pieters, Toine/Stephen Snelders, From King Kong Pills to Mother's Little Helpers – Career Cycles of Two Families of Psychotropic Drugs: the Barbiturates and Benzodiazepines. In: Canadian Bulletin of Medical History 24 (2007), S. 93–112.

Proctor, Robert N., Blitzkrieg gegen den Krebs. Gesundheit und Propaganda im Dritten Reich. Stuttgart 2002.

Raffauf, Hans Joachim, Bewirkt Thalidomid (Contergan) keine Schäden? In: Deutsche Medizinische Wochenschrift 86 (1961), S. 935–938.

Rageth, Simon, Medikamentöse Fruchtschäden in der Schwangerschaft. In: Therapeutische Umschau 7 (1959), S. 215–221.

RAGETH, SIMON, Welche Medikamente sollen in der Schwangerschaft nicht verabreicht werden? In: Gynaecologia 148 (1959), S. 376–379.

REULAND, ANDREAS JENS, Menschenversuche in der Weimarer Republik. Norderstedt 2004.

SABISCH, KATJA, Das Weib als Versuchsperson. Medizinische Experimente am Beispiel der Syphilisforschung. Bielefeld 2007.

SCHAAD, NICOLE, Chemische Stoffe, giftige Körper. Gesundheitsrisiken in der Basler chemischen Industrie, 1860–1930. Zürich 2003.

SCHWEIGART, HANS ADALBERT, Fremdstoffe der Nahrung, des Wassers, der Luft und das Krankheitsbild unserer Zeit. In: Vitalstoffe 1 (1956), S. 126–128, 133–136.

SCHWERIN, ALEXANDER VON/HEIKO STOFF/BETTINA WAHRIG (Hg.), Biologics. A History of Agents Made From Living Organisms in the 20th Century. London 2013.

SCHWERIN, ALEXANDER VON, 1961 – Die Contergan-Bombe. Der Arzneimittelskandal und die neue risikoepistemische Ordnung der Massenkonsumgesellschaft. In: NICHOLAS ESCHENBRUCH/VIOLA BALZ/ULRIKE KLÖPPEL/MARION HULVERSCHEIDT (Hg.), Arzneimittel des 20. Jahrhunderts. Historische Skizzen von Lebertran bis Contergan. Bielefeld 2009, S. 255–282.

SCHWERIN, ALEXANDER VON, Vom Gift im Essen zu chronischen Umweltgefahren. Lebensmittelzusatzstoffe und die risikopolitische Institutionalisierung der Toxikogenetik in Westdeutschland, 1955–1964. In: Technikgeschichte 81 (2014), S. 251–274.

SCHWERIN, ALEXANDER VON, Strahlenforschung. Bio- und Risikopolitik der DFG, 1920 bis 1970. Stuttgart 2015.

SMITH, MICKEY C., A Social History of the Minor Tranquilizers. The Quest for Small Comfort in the Age of Anxiety. New York 1991.

SNELDERS, STEPHEN/TOINE PIETERS, Speed in the Third Reich: Metamphetamine (Pervitin) Use and a Drug History from Below. In: Social History of Medicine 24 (2011), S. 686–699.

SPERLING, FRANK, »Kampf dem Verderb« mit allen Mitteln. Der Umgang mit ernährungsbezogenen Gesundheitsrisiken im »Dritten Reich« am Beispiel der chemischen Lebensmittelkonservierung. Stuttgart 2011.

STOFF, HEIKO, Ewige Jugend. Konzepte der Verjüngung vom späten 19. Jahrhundert bis ins Dritte Reich. Köln/Weimar 2004.

STOFF, HEIKO, Wirkstoffe. Eine Wissenschaftsgeschichte der Hormone, Vitamine und Enzyme, 1920–1970. Stuttgart 2012.

STOFF, HEIKO, Zur Kritik der Chemisierung und Technisierung der Umwelt. Risiko- und Präventionspolitik von Lebensmittelzusatzstoffen in den 1950er Jahren. In: Technikgeschichte 81 (2014), S. 229–250.

STOFF, HEIKO, Oestrogens and Butter Yellow. Gendered Policies of Contamination in Germany, 1940–1970. In: TERESA ORTIZ-GÓMEZ/MARIA JÉSUS SANTESMASES (Hg.), Gendered Drugs and Medicine. Historical and Socio-Cultural Perspectives. Farnham 2014, S. 23–41.

STOFF, HEIKO, Gift in der Nahrung. Zur Genese der Verbraucherpolitik in Deutschland Mitte des 20. Jahrhunderts. Stuttgart 2015.

STOFF, HEIKO, »I dub thee vampiris«. Zur kurzen Form der wissenschaftlichen Erklärung im Horrorfilm der 1950er Jahre. In: RUTH MAYER/MICHAEL GAMPER (Hg.), Kurz & knapp. Erzählen und Wissen in kurzen Formen. Bielefeld 2017, S. 141–150.

TEUTEBERG, HANS JÜRGEN, Die tägliche Kost unter dem Einfluß der Industrialisierung. In: HANS JÜRGEN TEUTEBERG/GÜNTER WIEGELMANN (Hg.), Unsere tägliche Kost. Geschichte und regionale Prägung. Münster 1986, S. 345–361.

THOMANN, KLAUS-DIETER, Die Contergan-Epidemie. Ein Beispiel für das Versagen von Staat, Ärzteschaft und Wissenschaft? In: MICHAEL RAUSCHMANN/KLAUS-DIETER THOMANN/LUDWIG ZICHNER (Hg.), Die Conterganakatastrophe – Eine Bilanz nach 40 Jahren. Darmstadt 2005, S. 13–31.

THOMANN, KLAUS-DIETER, Die Contergan-Katastrophe. Die trügerische Sicherheit der »harten« Daten. In: Deutsches Ärzteblatt 104 (2007), S. 2778–2782.

TOLKMITT, HANS BODO, Zur Entwicklung des Lebensmittelrechts in Europa. In: Die Ernährungswirtschaft 12 (1965), S. 441–456.

TONE, ANDREA, The Age of Anxiety. A History of America's Turbulent Affair with Tranquilizers. New York 2008.

WAHRIG BETTINA/HEIKO STOFF/ALEXANDER VON SCHWERIN/VIOLA BALZ (Hg.), Precarious matters/Prekäre Stoffe. The History of Dangerous and Endangered Substances in the 19th and 20th Centuries. Berlin 2008.

WHO (Hg.), Joint WHO/FAO Conference on Food Additives. World Health Organization Technical Report Series 107. Genf 1956.

WUNDERLICH, VOLKER, Zur Entstehungsgeschichte der Druckrey-Küpfmüller-Schriften (1948–1949). Dosis und Wirkung bei krebserzeugenden Stoffen. In: Medizinhistorisches Journal 40 (2005), S. 369–397.

WUNDERLICH, VOLKER, »Zur Selbstreproduktion befähigte Substanzen« als zelluläre Angriffsorte chemischer Cancerogene. In: NTM. Zeitschrift für Geschichte der Wissenschaften, Technik und Medizin 15 (2007), S. 271–283.

WUNDERLICH, VOLKER, »Mit Papier, Bleistift und Rechenschieber.« Der Krebsforscher Hermann Druckrey im Internierungslager Hammelburg (1946–1947). In: Medizinhistorisches Journal 43 (2008), S. 327–343.

Nils Kessel

Contergan in der Konsumgesellschaft

Wissen und Nichtwissen über Arzneimittelverbrauch in der Bundesrepublik, 1955–1962[1]

Noch heute sind Narrative der Contergan-Katastrophe von der Vorstellung einer »Urkatastrophe« geprägt.[2] Die diskursive Funktion einer solchen, das Motiv des Sündenfalls bemühenden Rhetorik ist ambivalent. Für die Contergangeschädigten hatte das Argument der Unvorhersehbarkeit der Contergan-Katastrophe lange Zeit die Folge, dass sie zu Opfern eines chemischen Wirkungsmechanismus reduziert wurden, der nicht rechtzeitig erkannt worden sei.[3] Doch die Contergan-Katastrophe war nicht nur ein Schicksalsschlag des wissenschaftlichen Nichtwissens. Vielmehr wurde die Katastrophe auf Ebene des Sozialen in dem Sinne »hergestellt«, als eine Reihe von Bedingungen erfüllt sein musste, um die Schädigung von tausenden Kindern selbst dann noch zu ermöglichen, als bereits diskutiert wurde, ob Contergan für Erwachsene schwere Nebenwirkungen bei Langzeitgebrauch haben konnte.[4] Diese sozialen Faktoren, darunter die von Niklas Lenhard-Schramm präzise analysierte konziliante Haltung der zuständigen Gesundheitsbehörden des Landes Nordrhein-Westfalen gegenüber der Firma Chemie Grünenthal,[5] müssen daher ebenfalls als relevante Bedingungen der katastrophalen Dimension Contergans anerkannt und untersucht werden.[6] Kurz gesagt: Die Contergan-Katastrophe war kein ausschließlich

1 Dieser Beitrag stützt sich auf meine Dissertation (Kessel, Nebenwirkungen, 2015). Weitere Verweise und eine ausführlichere Diskussion der hier erwähnten Themenkomplexe finden sich dort. Die Inhalte zum Ciba-Präparat Doriden sind außerdem in Kessel, Doriden, 2013, verarbeitet. Für diese Forschungen gewährten die Basler Novartis AG sowie IMS Health Deutschland Zugang zu den Archiven. Da dieser bei Privatarchiven keineswegs selbstverständlich ist, danke ich in diesem Zusammenhang besonders den Archivaren Dr. Walter Dettwiler und Carole Billod von Novartis und Frau Monika Diefenbach sowie Dr. Gisela Maag von IMS Health Deutschland für ihre wertvolle Unterstützung. Die Forschungen zu diesem Beitrag wurden durch ein Travel Grant des ESF-Forschungsnetzwerkes »DRUGS. Drug Standards and Standard Drugs« sowie ein Forschungsstipendium des GIS »Mondes germaniques« der Université de Strasbourg unterstützt.

2 Mommsen, Urkatastrophe, 2004.

3 Siehe etwa Thomann, Contergan-Epidemie, 2005; Kirk, Contergan-Fall, 1999.

4 Dazu Kirk, Contergan-Fall, 1999; Thomann, Contergan-Epidemie, 2005; Schwerin, Contergan-Bombe, 2009; Lenhard-Schramm, Land, 2016.

5 Lenhard-Schramm, Land, 2016.

6 Anders Ruthenberg, Dream, 2016, S. 66.

naturwissenschaftliches Problem des (Nicht)Wissens über Nebenwirkungen, sondern ein notwendigerweise auch soziales »agencement«, ohne welche die katastrophale Dimension vermutlich nicht erreicht worden wäre.[7]

Der vorliegende Beitrag nimmt einen gemeinhin vernachlässigten Faktor der Contergan-Katastrophe in den Blick, nämlich das Wissen über Arzneimittelkonsum. Hierunter verstehe ich sowohl die Praktiken des Gebrauchs als auch das – quantitativ zu bestimmende – Wissen über Verbrauch. Alexander von Schwerin hat in seinem 2009 erschienenen Beitrag zu Contergan gezeigt, dass am Ende der 1950er Jahre insbesondere durch Strahlung ausgelöste Erbgutveränderungen vielen Experten als eine wahrscheinliche Ursache von Fehlbildungen bei Neugeborenen erschienen und so die Aufmerksamkeit für andere Ursachen geringer war.[8] Er plädierte dafür, den Massenkonsum von Arzneimitteln stärker zu berücksichtigen. Dies soll der vorliegende Beitrag tun. Ausgangspunkt ist dabei die These, dass Contergan nicht nur »Behinderung« oder »Risiko« sichtbar machte, sondern vor allem auch »Konsum«. Die regulierungspolitischen Konsequenzen wie auch der Umgang mit den Opfern und deren Behinderung können nur verstanden werden, wenn deutlich gemacht wird, wie stark diese »Katastrophe« bereits in den Augen der Zeitgenossen von der »Konsumgesellschaft« hervorgebracht wurde. Aus regulierungspolitischer Sicht erwuchs Konsum zum Unsicherheitsfaktor, da dessen Dimension die Gefährlichkeit eines Arzneimittels im Gebrauch mitbestimmte.[9]

Der vorliegende Beitrag nimmt drei Aspekte der Konsumgesellschaft zur Zeit Contergans in den Blick: Zuerst wird das zeitgenössische Verständnis von Konsum näher beleuchtet und im Sinne einer historischen Semantik zum Untersuchungsgegenstand gemacht. In einem zweiten Schritt wird gefragt, in welcher Beziehung Contergan zum Arzneimittelverbrauch allgemein stand: War das Arzneimittel hinsichtlich seiner Werbung, seines Markterfolges oder seiner Eigenschaften ein Ausnahmefall? Lässt sich Contergan mit anderen Präparaten seiner Zeit vergleichen? Im dritten Abschnitt wird schließlich gefragt, welche Rolle (Nicht-)Wissen über Konsum sowohl für die Wahrnehmung der Gefahren Contergans, des Risikomanagements während der Katastrophe als auch schließlich der politischen Nachbearbeitung des Falles spielte. Abschließend

7 Agencement-Begriff als *agencement déterminé* bei Deleuze/Guattari, Mille plateaux, 1980, S. 454. Im vorliegenden Sinne würde es sich um ein *agencement indéterminé* handeln.

8 Schwerin, Contergan-Bombe 2009. Ähnlich Thomann, Contergan-Epidemie, 2005, S. 15–17.

9 Die Konsumdimension war freilich in anderen Bereichen nichts Neues. Man denke nur an die Lebensmittelvergiftungen, beispielsweise durch das Mutterkorn im Brot, die über Jahrhunderte die Menschen begleitet hatten – oder den von Heiko Stoff bearbeiteten Zusatzstoff Hexa. Vgl. Stoff, Hexa, 2009. Dass diese auch noch in den 1950er Jahren relevant waren, veranschaulicht Stephen S. Kaplans Studie zum Brotskandal am Beginn der 1950er Jahre in Frankreich (Kaplan, Le pain, 2008).

wird gezeigt, welches Potenzial die Quantifizierung von Verbrauch für die heutige Geschichtswissenschaft hat. Im Zentrum stehen Statistiken zu Arzneimittelverordnungen durch Ärzte, die das Unternehmen IMS für pharmazeutische Firmen seit den ausgehenden 1950er Jahren erstellte.

Wissenschaftssoziologie und -geschichte interessieren sich bereits seit einigen Jahren nicht nur für die Produktion von Wissen in modernen Gesellschaften,[10] sondern auch für Nichtwissen, das absichtliche oder unabsichtliche »Nebenfolge« wissenschaftlicher Wissensproduktion ist.[11] Die Contergan-Katastrophe war in vielerlei Hinsicht durch Nichtwissen und begrenztes Wissen gekennzeichnet, wobei Wissen hier als die Gesamtheit der mittels Verstehensprozessen organisierten Information verstanden wird.[12] Nichtwissen umfasst daher nicht nur die Abwesenheit von Information, sondern kann auch unverstandene, das heißt nicht in Sinnzusammenhänge eingeordnete Information einbeziehen. Der Ansatz eignet sich daher besonders gut, um zu betrachten, wie Nichtwissen und Wissen sozial verteilt waren, also was von wem gewusst werden konnte und wie vor allem wissenschaftliche Methoden, Konzepte und Prioritäten bestimmtes Wissen sichtbar, anderes aber unsichtbar machten. Analysieren lassen sich so auch Fälle aktiv hergestellten Nichtwissens durch alle möglichen Formen der Geheimhaltung, wie beispielsweise im Fall des aktiven Bestreitens der Nebenwirkungen Contergans wider besseres Wissen durch den Hersteller Chemie Grünenthal.[13] Hier wird deutlich, dass Nichtwissen im Fall von Contergan – das diesen in seinem Ausmaß mit ermöglichte – auch die Folge fehlender öffentlicher Wissensproduktion über Arzneimittelgebrauch war. Hierdurch wird das immer wieder angeführte Argument des westdeutschen »Nachtwächterstaates« in der Arzneimittelregulierung noch einmal bestätigt.[14]

10 Stehr, Wissen, 2001.

11 Zum Begriff der Nebenfolge siehe Böschen/Kratzer/May, Renaissance, 2006. Zur Erforschung von Nichtwissen im doppelten Wortsinn der *Ignorance* hat Robert N. Proctor den Begriff der *Agnotology* vorgeschlagen (Proctor, Agnotology, 2008). Deutlich stärker auf aktive Ignoranzproduktion heben Naomi Oreskes und Erik Conway ab (Oreskes/Conway, Merchants, 2012). Manuela Fernández Pinto weist auf die Schwierigkeiten hin, die die Annahme von intentionaler *Ignorance* mit sich bringt (Fernández Pinto, Tensions, 2015).

12 Anders Stehr, Wissen, 2001, S. 57, der durch die Präzisierung von Wissen als objektiviertem Wissen auf die vermittelte Erfahrung verweist und Wissen als »Fähigkeit zum sozialen Handeln« definiert. (ebd., S. 62).

13 Zum jeweiligen Wissenstand zu den Nebenwirkungen Contergans vgl. Lenhard-Schramm, Land, 2016, Kap. 1.3. Fortan wird nur noch der abgekürzte Firmenname Grünenthal verwendet.

14 Vgl. Lenhard-Schramm, Land, 2016, S. 88–100.

Arzneigebrauch, Konsum und Missbrauch als Topoi medizinischer Debatten 1880–1960

Der Arzneimittelgebrauch stand als sozial differenzierte, kulturell determinierte und ökonomisch notwendige Praxis bereits seit langer Zeit im Zentrum verschiedener Diskurse: Als Gegenstände gaben Arzneimittel der Arzt-Patienten-Beziehung eine materielle Ebene, an denen sich Fragen zu Risiken, Therapieerfolg, dem menschlichen Organismus und dem einzelnen Körper, wissenschaftlicher Objektivität und subjektiver Empfindung oder auch die Autorität des Arztes über seinen Patienten – und häufiger noch die Patientin – verhandeln ließen.[15]

Mit der Durchsetzung der industriellen Arzneimittelherstellung seit dem ausgehenden 19. Jahrhundert wandelte sich jedoch die soziale Bedeutung von Arzneimitteln insofern, als fortan die ökonomische Interpretation von Arzneimitteln ältere Problemstellungen des Arzt-Patienten-Verhältnisses wenn nicht überlagerte, so doch zumindest ergänzte. Ärzte aktualisierten ihre Kritik an den Heilbetrügern und Arzneiverkäufern als »Scharlatane« und deuteten besonders am Beginn der industriellen Produktion die Aktivität der chemisch-pharmazeutischen Firmen als eine Form des inakzeptablen Eindringens ökonomischer Logiken in die von Ärzten kontrollierte medizinische Sphäre. Schon am Ende des 19. Jahrhunderts findet sich eine wütende Kritik gegen die von den pharmazeutischen Fabriken produzierte »Spezialitätenfluth«, die mit einem wachsenden Angebot verschiedener Präparate und viel größeren Mengen an Therapeutika eine neue, als gefährlich eingestufte Situation geschaffen hatte.[16] Die Sorge der damaligen Ärzte galt dabei sowohl den abgesetzten Mengen und der Ermöglichung von Selbstmedikation, aber auch dem Kontrollverlust, den die Ärzte befürchteten. Nicht sie selbst, sondern auf Gewinn hin orientierte Industrielle schienen zu bestimmen, wer wann Arzneimittel einnahm.

Arzneimittel avancierten bis zur Jahrhundertmitte zu den zentralen Instrumenten moderner medizinischer Praxis, die Industrie, Ärzte, Apotheker und Patienten auch diskursiv verbanden. Anhand von Medikamenten war es mög-

15 Ich verwende die grammatikalisch männliche Form, da es sich um abstrakte soziale Rollen handelt. Tatsächlich waren dem IMS-Verschreibungsindex zufolge am Ende der 1960er Jahre noch knapp neunzig Prozent der Ärzte Männer, hingegen Frauen unter den Patienten leicht überrepräsentiert und deutlich häufiger unter den Empfängerinnen von Psychopharmaka-Verordnungen vertreten. Zu Geschlecht und Arzneimittelkonsum für die Zeit vor circa 1960 siehe Hoffmann, Arzneimittelkonsum, 2014. Für den Zeitraum von 1950 bis 1990 auch Kessel, Nebenwirkungen, 2015, Kapitel 3. Dort und in Kapitel 7 auch die Verweise zur Geschlechterverteilung.

16 Die konziseste Darstellung dieser Debatten liefert immer noch Wimmer, Neues, 1994, bes. S. 25–45. Dort (S. 44) auch der Begriff »Spezialitätenflut« aus den 1890er Jahren.

lich, über das Arzt-Patient-Verhältnis, das Verhältnis zwischen Wirtschaft und Medizin sowie über Konsum und Bedarf zu sprechen.

Spätestens seit dem Ende des Ersten Weltkrieges zählte in medizinischen Fachkreisen die Klage über die unreflektierten und wachsenden Gefahren des Arzneigebrauchs durch Laien zum festen Bestandteil der ärztlichen Patientenkritik.[17] Das tatsächliche Verhalten der Arzneimittel-Käufer blieb allerdings weitgehend außerhalb staatlicher Eingriffe und auch teilweise außerhalb der professionspolitischen Regulierung.[18] Diese Autonomie der Konsumenten lag in der Kaufentscheidung, die sich der ärztlichen Kontrolle vor allem in Städten und Ballungsräumen entzog. Gleichzeitig darf diese Autonomie nicht überschätzt werden, indem sie etwa auf die Kaufentscheidung eines kontextfreien *homo oeconomicus* reduziert wird. Die Konsumentenautonomie der Arzneimittelnutzer wurde von den gleichen Faktoren mitbestimmt, die bereits im Arzt-Patienten-Verhältnis Handlungsspielräume eröffneten oder verschlossen: Hohe Bildung und ein höheres soziales Milieu bestimmten nicht nur die Position gegenüber dem Arzt, sondern ermächtigten Arzneinutzer gegenüber dem Apotheker, mehr oder minder unkontrolliert zu konsumieren.[19]

Die große Masse der Schmerzmittel, Salben und Cremes, Arzneiweine und Tonika konnten problemlos in Apotheken und – trotz der verstärkten polizeilichen Verfolgung des unerlaubten Arzneihandels seit Beginn des 20. Jahrhunderts – auch außerhalb derselben erworben werden.[20] Zwar lässt sich die in der Drogengeschichte sehr gut dokumentierte Moralisierung, schließlich Pathologisierung und auch Kriminalisierung des Gebrauchs psychoaktiver Substanzen wie Heroin und Kokain in der ersten Jahrhunderthälfte eindeutig belegen. Jedoch war es trotz der kaiserlichen Verordnung von 1901, die eine Apothekenpflicht statuierte,[21] und späteren Verschärfungen dieser Verordnung vergleichsweise einfach, psychotrop wirkende Arzneimittel wie Schmerz- oder Schlafmittel regelmäßig zu beschaffen.

17 Vgl. am Beispiel der Drogen HOFFMANN, Drogenkonsum, 2012.

18 Siehe auch die hinsichtlich ihrer Schlussfolgerungen wenig überzeugende, aber wegen ihrer Beispiele nützliche Studie von MILDENBERGER, Subkulturen, 2011. Weitere Beispiele in KESSEL, Nebenwirkungen, Kapitel 4.

19 Besonders die Forschung zu psychoaktiven Stoffen (Drogen) hat hier nachgewiesen, wie unterschiedlich die Freiräume sein konnten, die der soziale Status eröffnete oder verschloss. Vgl. hierzu die sich auf Quellen der 1920er Jahre stützende Diskussion bei HOFFMANN, Drogenkonsum, 2012, S. 192–200. Eine differenzierte Analyse dieser sozialen Unterschiede in den USA unter Einbeziehung der Kategorie »race« bietet HERZBERG, Addiction, 2017.

20 WIMMER, Neues, 1994.

21 Verordnung, betreffend den Verkehr mit Arzneimitteln, 22.10.1901. In: RGBl. 1901, S. 380–390.

Die gewachsene gesellschaftliche Bedeutung von Schmerz-, Schlaf- und Beruhigungsmitteln in der sich industrialisierenden und urbanisierenden Arbeitsgesellschaft der Hochmoderne sorgte bis zu den 1960er Jahren dafür, dass fast ausschließlich der Gebrauch von psychoaktiven Substanzen unter dem Begriff des »Arzneikonsums« diskutiert wurde. Die Verbindung von »Konsum« und »Arznei« war damit von Beginn an auf den Gebrauch spezifischer Arzneigruppen beschränkt. Koronartherapeutika oder Sulfonamide etwa wurden dagegen vor 1960 gemeinhin nicht mit dem Konsumbegriff verbunden, sondern es wurde von – ärztlich kontrollierter – Therapie gesprochen. Ging es um allgemeine Absatzzahlen fiel fast immer das deutsche Wort Verbrauch, nicht aber der dem Lateinischen entlehnte Konsumbegriff.[22]

Eine solche sprachliche Unterscheidung dominierte bis in die 1960er Jahre, bevor der Einfluss des Englischen die Grenzen zwischen Konsum und Verbrauch verschwimmen ließ. Sie verweist auf die genuin moderne und häufig negativ konnotierte Begriffsverwendung von »Konsum« als moralisch fragwürdige Praxis. Nicht zuletzt wegen dieser moralischen Aufladung des Begriffs und des Fehlens des (dem Englischen und Französischen entlehnten) Begriffs der »Selbstmedikation« beschrieb Arzneimittelkonsum daher bis zum Ende der 1960er Jahre vor allem die Selbstbehandlung mit Arzneimitteln. Viele ärztliche Autoren waren Psychiater oder Neurologen, die Selbstmedikation besonders mit Psychopharmaka entweder mit Missbrauch gleichsetzten, wie der Kölner Neurologe Eberhard Bay, oder zumindest die damaligen Praktiken als therapeutisch nicht indiziert und sozial problematisch kritisierten.[23]

Seit den 1930er Jahren beunruhigte besonders der behauptete steigende Verbrauch von Schlaf- und Beruhigungsmitteln der Barbitursäure, seit Beginn der 1950er Jahre rückten Kopfschmerztabletten mit dem Wirkstoff Phenacetin in den Fokus der Ärzte; zuerst in der Schweiz, schließlich auch in Deutschland.

Diese Kombinationspräparate aus einem oder mehreren schmerzstillenden Wirkstoffen und dem Stimulans Koffein erfreuten sich zunehmender Beliebtheit. Als schweizerische Industriephysiologen im Jahr 1957 Studien zur Ermüdung von Arbeiterinnen in Uhrenfabriken durchführten, stellten sie fest, dass diese im Akkord tätigen Frauen solche Präparate mehrfach am Tag einnahmen.[24] Das Zusammensetzen der teils winzigen Uhrenteile erforderte hohe Konzentration und sorgte für Ermüdung und Kopfschmerzen. Diese Beobachtungen lenkten die Aufmerksamkeit von Neurologen und Psychiatern, vor allem aber von Nierenexperten auf den anscheinend massiv steigenden Gebrauch dieser Kopfschmerzmittel. Bereits seit den 1940er Jahren warnte der schweize-

22 Kessel, Nebenwirkungen, 2015, bes. S. 99–112 sowie 374–376.

23 Bay, Arzneimittelmissbrauch, 1960; De Boor, Psychopharmakologie, S. 1626.

24 Horisberger/Grandjean/Lanz, Untersuchungen, 1958. Eine Einordnung bei Kessel, Nebenwirkungen, 2015, S. 60–71.

rische Pathologe und Nierenspezialist Hans Ulrich Zollinger davor, dass Phenacetin bei Langzeitgebrauch möglicherweise das Nierengewebe langsam zerstörte und regelmäßige Nutzer sich so unbemerkt vergifteten.

Von besonderem Interesse ist hier das Szenario einer lange unbemerkt bleibenden gefährlichen Wirkung der Schmerzmittel. Denn Zollinger veröffentlichte bereits 1955 einen vorsichtshalber zur Mitteilung herabgestuften Artikel in der auch in Deutschland von Spezialisten gelesenen *Schweizerischen Medizinischen Wochenschrift*.[25] Darin führte er aus, dass er sich – trotz eines fehlenden experimentellen Nachweises – an die medizinische Öffentlichkeit wende, um vor der möglichen Gefahr zahlloser nierengeschädigter Schmerzmittelkonsumenten zu warnen. Seine Beobachtungen beruhten auf den Gewebeuntersuchungen von Nieren von Patienten, die im Sankt Gallener Spital, an dem Zollinger tätig war, an Nierenentzündungen gelitten hatten oder daran gestorben waren. Zollinger warnte, dass Befragungen Nierenkranker ergeben hatten, dass eine bedeutende Anzahl Kopfschmerzmittel regelmäßig und in großen Mengen einnahm und dass die Nieren der Betroffenen typische entzündliche Veränderungen aufwiesen. Damit löste der Pathologe eine wissenschaftliche Kontroverse über den Zusammenhang zwischen dem Phenacetingebrauch und der Schädigung der Niere aus. Auch Mediziner in der Bundesrepublik und der DDR beteiligten sich an der Diskussion über Phenacetin. Im Gegensatz zur Contergan-Katastrophe war die Phenacetindebatte früh ein fachöffentliches Problem und erreichte auch breitere Medienöffentlichkeiten. Unter anderem berichtete das Hamburger Magazin *Der Spiegel* im Jahr 1958 über die Gefahren.[26] Politische oder ökonomische Folgen hatte die Phenacetindebatte allerdings bis zur Contergan-Katastrophe nicht. Wissenschaftler, die den Verdachtsmomenten skeptisch gegenüberstanden, hielten ihre Zweifel aufrecht, da es Zollinger nicht gelang, seine Beobachtungen der krankhaft veränderten Nieren zu objektivieren.

Wie auch später bei Contergan war es ein Leichtes, wissenschaftlichen Zweifel gegen solche Verdachtsmomente vorzubringen.[27] Tierversuche konnten je nach Tierart unterschiedliche Ergebnisse liefern und als nicht ausreichend eindeutig bestritten werden, so auch beim Fall der phenacetinhaltigen Schmerzmittel. Der Leiter der medizinischen Forschung von Hoffmann La Roche, Alfred Pletscher, räumte zwar die Möglichkeit der Schädigung ein. Er, vor allem aber der Berner Internist François Reubi hielten aber weder die Beobachtung der Nierenveränderung, noch die Ergebnisse von Tierversuchen für ausreichend eindeutig.[28]

25 Zollinger, Nephritis, 1955.

26 »Die Tablettomanen«. In: Der Spiegel, Nr. 27, 02.07.1958, S. 56–57.

27 Zu Menocil und den Arzneimitteln der Phentermingruppe siehe Kessel, Arzneimittelschäden, 2009. Vgl. auch Bonah/Gaudillière, Faute, 2007; sowie Marks, Risks, 2013.

28 Siehe die Diskussionsbeiträge von Pletscher und Reubi während des »Freiburger Symposiums« in Sarre/Moench/Kluthe, Phenacetinabusus, 1958.

Das waren sie auch nicht. Mehr und mehr klinische Berichte wurden von Medizinern gesammelt, die als Hämatologen oder Internisten direkt mit Nierengeschädigten in Verbindung kamen. So wuchs schließlich bis zur Mitte der 1960er Jahre die Zahl der Beobachtungen, ohne dass ein kausaler Nachweis zwischen dem Phenacetin und den Nierenschäden gefunden worden wäre. Erst Jahrzehnte später fanden Wissenschaftler heraus, dass nicht Phenacetin allein die Schäden hervorrief.

Die Phenacetinkontroverse ist ein umso interessanteres Beispiel für den Umgang mit Arzneimittelrisiken zur Zeit von Contergan, da sie vor dem Marktrückzug des Grünenthal-Präparates begann. Die Kontroverse um den Schmerzmittelwirkstoff zeigte grundlegende Problemkonfigurationen auf, die auch in der Contergan-Katastrophe Bedeutung erlangen sollten. Zuerst sind hier die verschiedenen Zeitlichkeiten zu nennen, die einerseits die Erbringung des wissenschaftlichen Nachweises eines Wirkungszusammenhangs erfordert und andererseits die Dringlichkeit gesundheitspolitischer Intervention kennzeichnen. Einen zweiten Punkt stellt die zuweilen scharfe innerfachliche Kritik dar, der sich ärztliche Warner aussetzten, wenn sie gesundheitliche Gefahren durch Arzneimittel beschworen, ohne deren Wirkungsmechanismus belegen zu können. Drittens zeigt bereits Phenacetin, wie legitimer wissenschaftlicher Zweifel und wirtschaftliche Interessenvertretung der Unternehmen mit einander einhergehen können, ohne dass direkte Einflussnahme wie beispielsweise Korruption angenommen werden müsste. Die im Selbstbild vieler Wissenschaftler beanspruchten Tugenden Robert Mertons, darunter die Skepsis, trugen so dazu bei, ein einerseits objektiv-unpolitisches Selbstbild des eigenen Handelns zu bewahren und gleichzeitig aktiv einer Seite der Kontroverse, in diesem Fall den Herstellern Phenacetins, Argumente zu liefern.

Ärzte wie der Kölner Neurologe Eberhard Bay, der Solothurner Internist Sven Moeschlin oder der Basler Psychiater Paul Kielholz kritisierten den medizinisch nicht kontrollierten Arzneimittelgebrauch weniger wegen der Selbstgefährdung der Nutzer, die sich schwerwiegenden Langzeitschäden der Stoffwechselorgane Niere und Leber aussetzten. Arzneimittelkonsum erschien diesen Ärzten vielmehr selbst Symptom einer tiefgreifenden Malaise zu sein, an der »der moderne Mensch« (Eberhard Bay) litt und der zu stellen er sich außer Stande sah.[29] Stattdessen, so die Vorstellung, ersetzten Arzneimittel »echte Gefühle« (Paul Kielholz) und der »weit verbreitet[e] […] Arzneimittelmissbrauch« selbst wurde zum sozialen Problem.[30] Arzneimittelkonsum und Arzneimittelmissbrauch konnten in dieser ärztlichen Kritik sehr nah beieinander liegen und auch zur Deckung gebracht werden.

29 Siehe etwa Bay, Arzneimittelmißbrauch, 1960.
30 Ebd., S. 1676.

Paul Kielholz und sein Basler Vorgänger John Staehelin formulierten Theorien, wonach die Selbstmedikation mit Schlaf- oder Schmerzmitteln schon allein deshalb langfristig mit hoher Wahrscheinlichkeit in die »Sucht« führe, weil nicht die Substanz diese auslöse, sondern der Mensch sie auf Grund einer bestimmten Persönlichkeitsstruktur entwickele.[31] Diese Sicht auf Sucht als Ausdruck von Persönlichkeit war in den 1950er Jahren besonders in der Schweizer Psychiatrie einflussreich, während in Deutschland außerdem weiter rassenhygienische Suchttheorien der Nationalsozialisten populär blieben.[32] Allerdings interessierten sich deutsche Suchtforscher mit den erwähnenswerten Ausnahmen Florin Laubenthals und Erich Hesses wenig für legalen Arzneimittelkonsum,[33] sondern wandten sich in der Kontinuität der NS-Strategien vor allem den heroin- und kokainkonsumierenden »Toxikomanen« sowie den Alkoholikern zu. Deutsche Psychiater und Allgemeinmediziner, die zum Arzneigebrauch forschten, rezipierten vor allem ihre Schweizer Kollegen John Staehelin, Paul Kielholz und Raymond Battegay. Für die Risikowahrnehmung bei psychotropen Arzneimitteln am Ende der 1950er Jahre hatte das persönlichkeitszentrierte Suchtparadigma der schweizerischen Psychiatrie einen paradoxen Effekt, bei dem einerseits die Verantwortung für die Gefahren des Arzneimittelgebrauchs fast vollständig auf einen missbrauchenden Arzneimittelnutzer übertragen wurden. Dies führte andererseits zu einer völligen Entlastung der Hersteller, obwohl diese als Erste über Nebenwirkungen ihrer Produkte informiert wurden. Diese Responsabilisierung der Nutzer verdeutlicht ein Zitat Hans Ulrich Zollingers: »Es liegt uns selbstverständlich nichts ferner als die [Schmerzmittel] allgemein oder einzelne Markenprodukte im speziellen als solche zu diffamieren. Dies wäre noch sinnloser, als wenn man die Tabakindustrie oder einzelne ihrer Firmen wegen der Zunahme der Coronartodesfälle und der Bronchialkarzinome angreifen würde. Der Fehler liegt unseres Erachtens hier wie dort nicht beim Produkt, sondern beim Menschen, der zur Sucht neigt.«[34]

Doriden und Contergan – Inwieweit unterschied sich Contergan von anderen Arzneimitteln?

Die große Bedeutung des Suchtparadigmas für die Geschichte Contergans wird deutlich, wenn man den Blick weitet und neben dem Grünenthal-Produkt Contergan dessen Konkurrenzprodukte in die Untersuchung miteinbezieht.

31 Kielholz, Abusus, 1958, S. 169.

32 Zur Kontinuität der nationalsozialistischen Suchtforschung in der Bundesrepublik siehe Holzer, Drogenpolitik, 2007. Allerdings überbetont Holzer aus einer rein nationalgeschichtlichen Sichtweise die politischen Kontinuitäten.

33 Siehe etwa Laubenthal, Formen, 1955.

34 Zollinger, Nephritis, 1955, S. 746. Hervorhebung im Original.

Neben Noludar von Hoffmann-La Roche war dies das Präparat Doriden der Basler Ciba AG.[35] Beide Präparate waren ebenso wie der Contergan-Wirkstoff Thalidomid entfernte Abkömmlinge der Barbiturate und zählten zu einer gemeinsamen chemischen Gruppe, den Piperidindionen. Doriden eignet sich deshalb besonders für eine vergleichende Untersuchung mit Contergan.[36]

Contergan wie Doriden zielten auf den bis zum Ende der 1950er Jahre von den Barbituraten dominierten Schlaf- und Beruhigungsmittelmarkt ab. Im Gegensatz zu Doriden, das ausschließlich als Schlafmittel vermarktet wurde, sollte Contergan außerdem das kaum definierte Feld der vegetativen Dystonie mit besetzen.[37] Die vegetative Dystonie war ein immens populäres Krankheitsbild, das im Jahr 1961 am häufigsten die Verschreibung von Psychopharmaka im weiteren Sinne begründete. Tatsächlich handelte es sich um einen Symptomkomplex, der so verschiedene Phänomene wie starke Müdigkeit und Abgeschlagenheit mit Nervosität oder auch Verdauungsproblemen verband. Vegetative Dystonie aktualisierte ältere Leiden an der Moderne wie die Neurasthenie.[38] Daher war es unmöglich, vegetative Dystonie durch exakte Messung zu objektivieren. Vegetative Dystonie ähnelte gegenwärtigen Vorstellungen vom Burnout, war mit ihm jedoch nicht identisch, vor allem weil ihr stereotypes Opfer die in der hektischen Moderne lethargisch gewordene empfindsame Frau war und nicht der an seiner eigenen beruflichen Aufopferung fast schon heroisch zugrunde gehende Mann.[39]

Die unterschiedliche Marktplatzierung von Contergan und Doriden erzwang auch eine andere Gestaltung der Werbung, da das Stolberger Präparat stärker als das Basler Erholung versprechen musste, um das Feld der vegetativen Dystonie besetzen zu können. Obwohl aus pharmakologischer Perspektive die beruhigende Wirkung des Contergan-Wirkstoffs Thalidomid auch auf der Schlafförderung beruhte und auch das im Doriden verarbeitete Glutethimid eine solche Wirkung besaß, hatte die Ciba Dosierung, Galenik und eben auch Werbung so gewählt, dass »vorerst« nur der Schlaf im Vordergrund stand.[40] Doriden

35 Eine Anfrage zum Archivzugang für Forschungen zum Arzneimittelkonsum der 1950er bis 1970er wurde von Hoffmann La Roche im Jahr 2009 abschlägig beschieden.

36 Der Vergleich ausführlich, allerdings mit unterschiedlichen Schwerpunkten in Kessel, Doriden, 2013 und Kessel, Nebenwirkungen, 2015, S. 319–344.

37 Werbung für Contergan und Contergan forte, circa 1961, abgebildet in Kirk, Contergan-Fall, 1999, S. 266.

38 Zur Neurasthenie u. a. Hofer, Nerven, 2005; sowie Kury, Mensch, 2012. Zur pharmazeutischen Werbung für Neurasthenie auch Felder/Gaudillière/Thoms, Ads, 2015, S. 79. Weitere Verweise bei Stoff, Nervenkörper, 2003, S. 225.

39 Zum Stresskonzept für die 1950er Jahre neben Kury, Mensch, 2012, auch Hofer, Labor, 2014.

40 Tatsächlich sollte die Ciba davon in der Bundesrepublik nie wirklich abrücken. Doriden wurde daher als Schlafmittel vertrieben während es in anderen Ländern auch als Beruhigungsmittel angepriesen werden sollte. Pharma-Informations-Comité, Protokoll der 33. Sitzung vom 16. September 1957, In: Novartis Archiv, Ciba Vf PH 1, S. 3.

wurde 1955, also zwei Jahre vor Contergan, auf die meisten westlichen Märkte gebracht. Die Ciba-Chemiker hatten Doriden so dosiert, dass es nur maximal sechs Stunden wirken sollte. Damit sollte der berüchtigte »Hangover« vermieden werden, der bei den älteren Konkurrenzprodukten aus reinen Barbituraten oder deren Kombinationen auftrat. Mit einer begrenzten Wirkdauer, so hoffte die Ciba, sollte Doriden das perfekte Produkt für den täglichen Konsum der Werktätigen werden. Dementsprechend richtete die Ciba ihre Werbung aus: Die Broschüren und Postkarten, die das Basler Unternehmen an Ärzte und Apotheker versandte, zeigen Szenen industrieller Erwerbsarbeit und zielten auf die Mittelschicht als Käufer Doridens ab. So zeigte eine für die Bundesrepublik gestaltete Serie sowohl einen Eisenbahnarbeiter, der eine Lokomotive zu reparieren scheint, als auch eine Laborantin oder Chemikerin in einem Labor. Wenngleich ihre Rollen nicht näher erläutert werden, sind beide als qualifiziertes Personal beschrieben, das Verantwortung bei seiner Arbeit trägt. Indem es gleichbleibend erholenden Schlaf während der Nacht garantierte, sollte Doriden den wachen Beschäftigten der Industriemoderne garantieren.[41]

Doriden versprach also nicht, den »modernen« Menschen seiner belastenden Umwelt zu entziehen, sondern verhieß die effiziente, da regelmäßige und störungsfreie Anpassung an diese physiologische Herausforderung. Die erst seit 1958 durchgeführte Werbekampagne für Contergan in der Bundesrepublik lässt sich daher als Gegenentwurf zur um zwei Jahre älteren Doriden-Kampagne lesen. Der Werbung für Contergan zufolge entzog das Präparat seine Konsumentinnen und Konsumenten der industriellen Welt und entführte sie in die romantische Naturwelt eines Caspar David Friedrichs, in der nicht Anpassung und Effizienz dominierten, sondern die erholsame Ruhe eines Menschen, der sich in Harmonie mit der ebenfalls ruhigen, da technikfreien Natur befindet.[42]

In der Bundesrepublik beeinflusste zudem das seit 1941 bestehende Verbot der »Laienwerbung« für Schlafmittel die Ausgestaltung der Werbung.[43] Sowohl Grünenthal als auch die Ciba konnten für Contergan und Doriden nur

41 Kessel, Doriden, 2013.

42 Siehe zur Werbung Lenhard-Schramm, Land, 2016, dort die Verweise im Sachregister. Die Flexibilität der Werbung, immer wieder andere Geschichten zu erzählen, um die Konsumenten zum Griff zum Produkt zu bewegen, wird deshalb dann auch zum Problem für die historische Untersuchung von Arzneimitteln, da sich aus der Werbeerzählung eben gerade nicht Wirkungen festschreiben lassen. Hier die grundlegende Studie von Vos, Drugs, 1991, aber auch Bächi, Vitamin C, 2009, und Ratmoko, Chemie, 2010, zu Hormonen. Beispielsweise nähert sich die französische Doriden-Werbung in ihrer Erzählung stärker der westdeutschen Werbung für das Tonikum Frauengold an, das ausschließlich Frauen in Stand versetzen sollte, ihrer Mehrfachbelastung als Hausfrau, Mutter und gegebenenfalls Berufstätige gerecht zu werden, ohne etwas an der Geschlechterrollenverteilung zu ändern.

43 Polizeiverordnung über die Werbung auf dem Gebiete des Heilwesens, 29.09.1941. In: RGBl. 1941, Teil I, S. 587–590.

bei Fachpersonal, das heißt bei Ärzten und Apothekern werben. Die kaufmännischen Erwartungen der Firmen beruhten aber auf dem Absatz im Handverkauf der Apotheken, also auf einer weitgehenden Selbstmedikation mit den Präparaten. Die Apothekenpflicht stellte dabei ohnehin nur eine begrenzte, wenn nicht gar unbedeutende Barriere für den Absatz dar. Apothekengebundene Präparate waren durch den gesetzlich regulierten Zuschlag der Arzneitaxe, die dem Apotheker feste Umsatzmargen einräumte, zwar preislich gebunden. Eine Kontrolle der abgegebenen Gesamtmengen ließ sich aber leicht umgehen, da größere Mengen einfach in mehreren Apotheken eingekauft werden konnten. Die Hersteller von Schlaf- und Beruhigungsmitteln wussten, dass ihre Präparate von einem Teil der Nutzer täglich eingenommen wurde und die an Ärzte adressierte Werbung nur die Aufgabe hatte, Patienten, aber auch die Ärzte selbst als Nutzer des Präparates zu gewinnen. Eine wirkliche Kontrollfunktion hatten daher weder Ärzte noch Apotheker und die Vielzahl der auf dem Markt befindlichen Schlaf- und Beruhigungsmittel sorgte dafür, dass Nutzer immer ein freiverkäufliches Mittel mit Barbituraten, Bromiden oder den neuen Barbituratderivaten der Piperidindione erwerben konnten. Die Rezeptpflicht stellte deshalb eine Barriere dar, welche die Anbieter möglichst zu vermeiden suchten.[44]

Dennoch zeigt der Vergleich zwischen Doriden und Contergan, dass die Höhe der zu erwartenden Verluste und der befürchtete Reputationsschaden stark dazu beitrugen, wie groß der Widerstand gegen die Rezeptpflicht war. Dafür müssen nun die Nebenwirkungen beider Präparate historisch verglichen werden. Das Basler Produkt stand nämlich nicht nur in direkter Konkurrenz zu Grünenthals Verkaufsschlager. Die Nebenwirkungen Contergans und Doridens stellten vor allem für Ärzte eine zentrale Messlatte dafür dar, wem welches Präparat bevorzugt verschrieben wurde. Es muss heutigen Beobachtern geradezu als bittere Ironie der Geschichte erscheinen, dass Doriden bis zum Bekanntwerden der Nervenschädigungen durch Contergan wegen seines Suchtpotenzials als deutlich gefährlicher als das Stolberger Produkt eingestuft wurde.[45]

Bei dem Ciba-Präparat waren früh »Nebenwirkungen« bekannt geworden: Im Gegensatz zu Contergan war es bei Doriden möglich, eine toxische Dosis einzunehmen und so Suizid zu begehen. Bis 1957 hatten mehr als 100 Menschen

44 In NRW wurden der Contergan-Wirkstoff Thalidomid und der Doriden Wirkstoff Glutethimid mit Wirkung zum 31.07.1961 gleichzeitig unter die Rezeptpflicht gestellt. Siehe: Zweite Verordnung zur Änderung und Ergänzung der Verordnung über die Abgabe stark wirkender Arzneimittel und über die Abgabegefäße in Apotheken, 27.07.1960. In: GVBl. NRW 1961, S. 241–242.

45 Erst das Bekanntwerden der neurotoxischen Wirkung Contergans ließ die Ciba hoffen, dem Grünenthal-Produkt Marktanteile vor allem im Krankenhaussektor abringen zu können. Vgl. Pharma-Informations-Comité, Protokoll der 6. Sitzung vom 9.10.1961. In: Novartis Archiv, Ciba, Vf PH 1, S. 6.

dies unter Einnahme einer Überdosis von Doriden getan. Zwar konnte dies nur der Werbung und nicht dem Arzneimittel zum Vorwurf gemacht werden, allerdings wurden bis 1959 zusätzlich insgesamt 140 Fälle von schwerer Doriden-Sucht in der Fachliteratur dokumentiert. Ciba handelte nun nach dem gängigen Muster jener Hersteller, deren Produkten Suchterzeugung vorgeworfen wurde. Die Firma verwies – in Anlehnung an den medizinischen Diskurs der Zeit und unter Verweis auf eine geringe Aussagekraft der dokumentierten Fallzahlen – darauf, dass die Süchtigen Psychopathen seien, die vor, nach oder zeitgleich mit ihrer Doriden-Sucht andere Suchtformen aufwiesen, vor allem nach Alkohol und Barbituraten. Es handele sich also um ein produktunabhängiges Problem.[46]

Diese auch von ärztlichen Spezialisten postulierte Unabhängigkeit der Sucht von der gebrauchten Substanz erlaubte es, einen »normalen« von einem »pathologischen« Konsum zu trennen, ohne dafür objektivierbare Kriterien zu besitzen. Beobachtete unerwünschte Wirkungen konnten so weitgehend individualisiert und produktunabhängigen Prädispositionen zugeschrieben werden. Dieser Identifikation problematischer Patientinnen – nämlich derjenigen Süchtigen, die dokumentiert wurden, weil sie in psychiatrische Kliniken eingeliefert wurden – standen über die Werbung vermittelte Bilder »verantwortungsvoller« – nun öfters auch männlicher – Konsumenten gegenüber. Charaktereigenschaften, persönliche Hygiene und das Produkt, dessen Qualität sich auf den Ruf des Herstellers gründete, sorgten so für das Gelingen oder Scheitern der Arzneimitteleinnahme. Die Rolle des verschreibenden Arztes wurde jedoch nicht näher reflektiert.

Aus marktstrategischer Sicht stellten Nebenwirkungen einen Teil des Eigenschaftenkatalogs des jeweiligen Präparats gegenüber seinen Konkurrenten dar und konnten für das Marketing des eigenen Produkts genutzt werden. Hier wird bereits deutlich, dass unvertretbare Arzneimittelnebenwirkungen aus der Sicht der Hersteller nicht allein einen potentiellen Rufschaden bewirkten, sondern dass sie ebenso Teil eines nicht voneinander zu trennenden wissenschaftlichen und kaufmännischen Kalküls der Bewertung von Arzneimitteln durch die Hersteller selbst waren.[47]

So glaubte die Ciba-Geschäftsführung in Basel, dass die Berichte über irreversible Nervenschädigungen durch Contergan einen strategischen Vorteil für Doriden im Wettstreit um Marktanteile darstellten.[48] Doriden, so die Hoffnung, würde Contergan vor allem in Krankenhäusern der Bundesrepublik als häufig

46 Ciba-Informations-Comité, Protokoll der 40. Sitzung, 24.06.1959. In: Novartis-Archiv, Ciba, Vf PH 1, S. 1.

47 Auf die Untrennbarkeit der wissenschaftlichen und wirtschaftlichen Überlegungen zu Medikamenten in der pharmazeutischen Industrie haben Ulrike Thoms und Jean-Paul Gaudillière hingewiesen (Gaudillière/Thoms, Introduction, 2015).

48 Pharma-Informations-Comité, Protokoll der 6. Sitzung vom 09.10.1961. In: Novartis Archiv, Ciba, Vf PH 1, S. 6.

gebrauchtes Schlafmittel ersetzen, weil bei dem Ciba-Präparat nicht mit irreversiblen Schäden zu rechnen war. Die mögliche Abhängigkeit, die Doriden bei manchen Nutzern hervorzurufen schien, konnte demgegenüber als unproblematisch dargestellt werden, weil zum einen die Ursache für »Sucht« in den Nutzern und nicht im Molekül verortet wurde und zum anderen, weil im Rahmen eines Krankenhausaufenthalts die Medikamentengabe besser kontrolliert werden konnte als in ambulanter Therapie. Somit manifestierten sich die Nebenwirkungen von Präparaten nach der Markteinführung aus Perspektive der Firmen nicht allein als wissenschaftliches oder kaufmännisches Problem, sondern immer als eine Kombination aus beiden.

Wissen und Nichtwissen über Verbrauch

Im Falle Contergans stellte die Tatsache, dass der Verbrauch nach der Marktrücknahme des Präparates Ende November 1961 gen Null tendierte, das wesentliche Element zur Stabilisierung der Hypothese eines Zusammenhangs zwischen Contergan und den Fehlbildungen dar. Mit dem Rückgang des Verbrauchs sank – in entsprechender zeitlicher Verzögerung – auch die Zahl der beobachteten Fehlbildungen.

Am Ende des Jahres 1962 veröffentlichte der Göttinger Pharmakologe und Vorsitzende der Arzneimittelkommission der Deutschen Ärzteschaft, Werner Koll, einen Beitrag im *Deutschen Ärzteblatt*, in dem er ausführlich auf die Auswirkungen der bis dahin schwersten Arzneimittelkatastrophe einging. Erst beim Lesen des Artikels erfuhr der Leser, dass es sich um eine Betrachtung der Contergan-Katastrophe handelte, denn der Titel war allgemein gehalten: *Arzneiverbrauch und Arzneimittelschäden.*[49]

In dem Beitrag formulierte Koll eine zentrale Erkenntnis, die viele seiner Fachkollegen in den folgenden Jahren zum Anlass nahmen, »Arzneimittelkonsum« zu studieren: »Die Worte ›Arzneimittelverbrauch‹ und ›Arzneimittelschäden‹ umreißen zunächst einmal zwei getrennte Fragenkomplexe, aber ihre Verbindung im Titel meiner Ausführungen ist zugleich ein Hinweis, dass auch der *Umfang des Verbrauchs* von Arzneimitteln als solcher ein *schädlichkeitsbedingender Faktor* sein kann.«[50] Kolls (wenn auch zu späte) Erkenntnis machte den Massenkonsum zur notwendigen Bedingung für die katastrophale Dimension der Schäden durch Contergan. Damit war Arzneimittelkonsum selbst zum »Risikofaktor« – und Indikator – auf Ebene der Gesellschaft geworden.

49 Koll, Arzneimittelverbrauch, 1962, S. 2204–2208. Eine ausführliche Untersuchung zur Verbindung von Arzneimittelverbrauch und -risiken findet sich in Kessel, Nebenwirkungen, 2015, Kap. 6.

50 Koll, Arzneimittelverbrauch, 1962, S. 2204. Hervorhebung N. K.

Der Fall Contergan machte deutlich, dass, wenn ein Arzneimittel schwere unerwünschte Wirkungen hat, es nicht ausreichte, statistische Evidenz abzuwarten. Wissenschaftliche Unsicherheit machte andere politische Antworten nötig, wie es der Vorsitzende einer Expertenkommission im Falle der Phentermin-Schädigungen zehn Jahre nach Contergan formulierte: »Die Idee, dass weitere Todesfälle zur Herstellung des Kausalnachweises notwendig wären, ist wohl keine ethisch vertretbare Beweisführung«.[51]

Das Problem war nur, dass keine öffentliche Stelle über Statistiken oder qualitative Studien zum Arzneimittelverbrauch in der Bundesrepublik verfügte. Sowohl für die Zeitgenossen als auch für heutige Historiker war bzw. ist es daher unmöglich, Fragen nach der Höhe des Verbrauchs von Arzneimitteln für die Bundesrepublik der 1950er Jahre zu beantworten, ohne den Umweg über wenig aussagekräftige Wirkstoffproduktionsmengen oder Apothekenumsätze zu machen.[52]

Betrachtet man die Geschichte der Arzneimittelregulierung einzig aus Expertensicht, wie dies bisherige Arbeiten getan haben, erscheint die Zeit zwischen 1961 und 1976 als eine Periode intensiver Regulierungsaktivität. Dies überdeckt allerdings, dass die Regulierungsinstanzen – also das Bundesministerium für Gesundheitswesen, das Bundesgesundheitsamt und die zuständigen Behörden der Länder – nur äußerst wenige Informationen über den Arzneimittelmarkt hatten. Nur die pharmazeutischen Hersteller besaßen zuverlässige Verbrauchszahlen, die Krankenkassen veröffentlichten lediglich Stichproben in ihrem Periodikum *Die Ortskrankenkasse*. Dieses Problem gab die deutsche Delegation beim Europarat auch offen zu: *»En République Fédérale d'Allemagne, on estime généralement qu'il existe une certaine surconsommation de médicaments bien qu'aucune preuve formelle ne puisse être fournie à l'appui de cette supposition.«*[53]

Nicht zuletzt mangels Zahlen mussten Regulierungsversuche des Marktes deshalb auf gesundheitserzieherische Projekte, vor allem in Schulen, beschränkt bleiben. Eine zentrale Rolle sollte hier seit Ende der 1960er Jahre die Bundeszentrale für gesundheitliche Aufklärung übernehmen, die Arzneimit-

51 Vorläufiger Text des Tagesordnungspunktes 6.5: Unterstellung von Phentermin der Niederschrift der Sitzung des Beirates nach § 35 AMG vom 18./19.1.1972. In: BArch, B189, Nr. 11635.

52 Zu Methodenproblemen bei Rezeptbüchern siehe HOFFMANN, Arzneimittelkonsum, 2014, S. 23 ff. Angaben über Wirkstoffmengen oder Umsätze erlauben jedoch keine seriöse Schätzung des Verbrauchs. Aus den Wirkstoffmengen lässt sich bei den meisten Arzneimitteln wegen Dosierungsunterschieden weder errechnen, wie hoch die Zahl der daraus produzierten Einheiten (Tabletten, Dragees, etc.) war, noch geht aus den meist nur global vorliegenden Umsatzentwicklungen hervor, wie sich das Preis-Mengen-Verhältnis entwickelte.

53 Note de la délégation allemande sur les mesures à prendre contre l'abus des médicaments, CoE, Sous-comité des questions pharmaceutiques, Archives Nationales, 1984 0572 Art 7, Mesures à prendre contre l'abus des médicaments.

tel»missbrauch« flugs in die Suchtfrage und den Drogenkonsum einreihte und so wieder den alten Suchtdiskurs aufleben ließ. Contergan brachte die Problematisierung des »Massenkonsums« von Arzneimitteln zum Durchbruch. Vor allem einzelne Medien, darunter das Nachrichtenmagazin *Der Spiegel*, kritisierten scharf das unvernünftige Konsumverhalten der Deutschen und die Werbepraktiken der pharmazeutischen Industrie. So widmete der *Spiegel* 1963 eine Titelgeschichte dem bedrohlichen Kopfschmerztablettenkonsum der Westdeutschen.[54]

Besonders nach der unmittelbaren Erfahrung der katastrophalen Dimension von Ende 1961 bis ins Jahr 1963 gehörte diese Rückkehr zu einer Vorkonsumwelt zu einem Standardargument besonders innerhalb der Medizinerschaft. Die Ärzte sollten durch eine möglichst breite Verschreibungspflicht wieder stärker zu »Konsumlenkern« werden, ein Argument, das weder Hersteller noch Apotheker besonders begeisterte. Regulierung, Konsumentenkontrolle und -erziehung waren notwendig, um den Umgang mit Arzneimitteln aus den Zusammenhängen der Massenkonsumgesellschaft herauszulösen.

Contergan konnte sowohl als Argument für eine stärkere Regulierung der Ärzteschaft als auch für deren stärkere Unabhängigkeit von pharmazeutischen Herstellern verwendet werden. Journalisten wie auch Universitätskliniker und praktische Ärzte beriefen sich auf »die Tragödie«, um eine generelle Konsumkritik zu formulieren, die in der Unvernunft der Verbraucher den zentralen Grund für die Zweckentfremdung der Therapeutika erblickte.[55]

Mangels der Möglichkeit, einen breiten, therapeutisch nicht immer indizierten, von Ärzten, Apothekern, pharmazeutischer Industrie und Verbrauchern selbst geförderten Konsum zu steuern und nicht zuletzt auch, weil das marktwirtschaftliche System der Arzneimittelforschung nicht zur Disposition stand – erst recht nicht im Kalten Krieg –, beschränkten sich Regulierungsversuche auf zwei große Felder: Die Sicherheit von Arzneimitteln und die Erziehung der Konsumenten. Regulierung fand auf drei Ebenen statt: Auf europäischer Ebene wurde der Prozess zur Schaffung eines gemeinsamen Arzneimittelmarktes, der seit 1957 in Gange war, ergänzt durch mehrere Richtlinien, die nun teratogene – also fruchtschädigende – Wirkungen erfassten und die in Richtung eines naturwissenschaftlichen Wirksamkeitsnachweises tendierten. Auf nationaler Ebene ergänzte der Bundestag das Arzneimittelgesetz von 1961 durch die sogenannte »Contergan-Novelle«, die die Unbedenklichkeit der Arzneimittel sicherstellen sollte. Außerdem wurde in Hinblick auf eine Überarbeitung des Arzneimittelgesetzes ein Beirat »Arzneimittelsicherheit« geplant, der aber erst

54 »Kopfweh wird mitgeliefert«. In: Der Spiegel, Nr. 10, 06.03.1963, S. 44–61.

55 Haas, Manipulierbarkeit, 1967, S. 21. Weitere Belege in Kessel, Nebenwirkungen, 2015, Kap. 6.

1968 geschaffen wurde.[56] Eine dritte Ebene stellt die Ebene der Verbände dar, die als private Vereinigungen im Auftrag des Bundesministeriums für Gesundheitswesen Empfehlungen ausarbeiteten. Die Arzneimittelkommission der Deutschen Ärzteschaft versuchte ihr ineffizientes Nebenwirkungsmeldesystem zu überarbeiten.[57] Die wirksamste Maßnahme zur Eindämmung eines vergleichsweise unkontrollierten Konsums, die Rezeptpflicht, wurde in den Folgejahren verstärkt angewandt. Allerdings erschwerte das Arzneimittelgesetz von 1961 in der Rechtspraxis, den Rückzug eines Medikaments zu erzwingen. De facto wurden bis 1976 fast alle in Verdacht geratenen Medikamente »freiwillig« zurückgezogen.

Wissen über Contergan-Gebrauch: IMS

Eine Ausnahme hingegen besteht: Für Contergan stehen recht präzise Umsatzzahlen zur Verfügung, aus denen sich Preiserhöhungen und andere Störvariablen herausrechnen ließen, um so eine vergleichsweise zuverlässige Schätzung der Verkäufe zu erhalten. Allerdings sollte nicht von den Umsatzzahlen Contergans auf generelle Entwicklungen geschlossen werden. Es genügt für eine langfristige Perspektive auch nicht, allein das Wachstum des Schlafmittelmarktes zu betrachten und hieraus Schlüsse auf das Konsumverhalten oder gar die Motivation der Westdeutschen, diese Präparate zu kaufen, zu ziehen. Anders als bei anderen Konsumgütern treten Ärzte als indirekte Konsumenten auf, sie beeinflussen also den Konsum ihrer Patienten.

Während es beim jetzigen Forschungsstand schwierig erscheint, belastbare Aussagen über die soziale Bedeutung des tatsächlichen Konsum bestimmter Präparate oder Medikamentengruppen zu treffen, lässt sich dennoch feststellen, dass gegen Ende der 1950er Jahre neben der Angebotsseite auch mehr Distributionsorte zum Konsum zur Verfügung standen. So wuchs die Zahl der Apotheken im Bundesgebiet von 5.902 im Jahr 1955 auf 8.505 im Jahr 1960.[58] Die Präzision der Zahlen ist hier durchaus von Interesse, denn sie erklärt sich aus der vereinfachten Zählbarkeit der lizenzabhängigen Apotheken. Unklar bleibt jedoch, wie sich diese neu hinzugekommenen Apotheken im Bundesgebiet verteilten. Es ist davon auszugehen, dass ein nicht unwesentlicher Teil in den durch die Vertriebenen gewachsenen Kommunen entstanden. Da Apothekenlizenzen unter Berücksichtigung von Bedarfsanalysen vergeben wurden, darf also ein gestiegener Bedarf angenommen werden, der das wirtschaftliche

56 Kessel, Expertise, 2008.
57 Zu den regulierungspolitischen Folgen Contergans und der Nebenwirkungserfassung vgl. auch Daemmrich, Pharmacopolitics, 2004, S. 69–72.
58 Umsatzentwicklung der Apotheken. In: Pharmazeutische Zeitung 107 (1962), S. 870–871.

Überleben der neu hinzugekommenen Apotheken sicherte. Das damals bestehende Filialverbot ermöglicht außerdem anzunehmen, dass der Bedarf hinreichend groß war, um mehr als 2.500 neue eigenständige Betriebe zu sichern, deren Umsatz durchschnittlich immerhin von 224.000 auf 287.000 DM anwuchs. Legt man diese Zahlen des Statistischen Bundesamtes zu Grunde, dann ergeben sich auf nationaler Ebene Gesamtumsätze von 1,3 Milliarden DM für 1955 gegenüber bereits 2,5 Milliarden im Jahr 1960. Während die Zahl der Apotheken also »nur« um knapp fünfzig Prozent wuchs, verdoppelten sich die Umsätze beinahe.[59]

Während für die Apothekenabsätze bisher keine zuverlässigen Daten für die Zeit vor ca. 1965 zur Verfügung stehen – sieht man einmal von den Contergan-Umsätzen ab, die im Rahmen des Gerichtsprozesses eingesehen werden konnten – existieren differenzierte Verordnungsanalysen, die seit den 1960er Jahren in der Bundesrepublik von Unternehmen wie dem Institut für medizinische Statistik (IMS) erstellt wurden.

IMS-Verschreibungsstatistiken erlauben trotz der methodischen Einschränkungen einen anderweitig bisher nicht erreichten Detailgrad der Beschreibung. Im Gegensatz zu manuellen Rezeptauswertungen auf Basis einzelner Apotheken sind sie zudem deutlich repräsentativer, weil die Rohdaten regional und saisonal gewichtet sind. So ist es möglich, Angaben über Verordnungen in Beziehung zu Variablen wie dem Geschlecht und dem Alter von Ärzten und Patienten, der Krankenkassenzugehörigkeit, der Gemeindegröße oder der regionalen Herkunft der Verordnungsempfänger zu machen.

Besonders interessant ist hierbei die Altersverteilung unter den Empfängern von Verschreibungen. Betrachtet man die IMS-Zahlen für Verschreibungen des Jahres 1961, dann wird deutlich, dass Contergan in mancherlei Hinsicht eine Ausnahme darstellte, die es gerade wegen der fatalen Konsequenzen des Arzneimittels zu reflektieren gilt: Falls die IMS-Zahlen zutreffen, dann wurde Contergan deutlich häufiger an Kinder und Menschen über fünfundsechzig Jahre verschrieben als andere Schlaf- und Beruhigungsmittel. Tabelle 1 verdeutlicht dies. Dort ist die prozentuale Altersverteilung der Verschreibungen für Contergan mit der gesamten Indikationsgruppe Contergans der »barbiturfreien Schlaf-und Beruhigungsmittel« (40b) sowie mit den Barbituraten (40a), den Tranquilizern, Ataractica und Antidepressiva (17a+b) und der Verteilung nach Altersgrup-

59 So sehr diese Zahlenangaben also von einem generellen Wachstum der Arzneimittelmärkte und insbesondere der Distribution zeugen, so wenig lassen sich aus dem bloßen Zuwachs der Umsätze klare Erklärungen über die Motive dieses Anstiegs ableiten. Vor allem aber kann jenseits eines allgemeinen und daher nicht näher präzisierbaren Anstiegs mit Hilfe des Umsatzes keine sinnvolle Aussage über den tatsächlichen Konsum von Arzneimitteln in der Bundesrepublik abgeleitet werden, da der Konsum maßgeblich von Dosierungsgrößen, Vertriebswegen, Preisänderungen und anderen Faktoren mitbestimmt wird, die aus derart globalen Umsatzzahlen nicht abgeleitet werden können.

Tabelle 1: Verteilung der Verordnungen (in Prozent) für die Arzneimittelgruppen 17 und 40 nach Alter. Zusammengestellt aus IMS Der Medizinische Markt 1961, Einzeltabellen Contergan, 17a, 17b, 40a, 40b

Alter der Patienten	Paneldaten	Contergan	Ind.-gr. 40B	Ind.-gr. 40A	Ind.-gr. 17	Ind.-gr. 40a+b
Unter 1	1,16	1,89	1,42	0,12	0,15	0,43
1 bis 3	2,05	5,78	3,93	0,50	0,58	1,33
4 bis 11	4,84	6,34	5,84	0,87	1,06	2,07
12 bis 19	5,66	1,78	3,66	2,53	2,73	2,80
20 bis 38	23,06	12,68	16,43	23,80	24,83	22,02
39 bis 54	23,48	23,03	24,40	29,72	31,69	28,44
55 bis 64	18,25	19,80	19,71	21,15	19,66	20,80
65 J. +	20,75	28,14	23,96	20,63	18,51	21,43
k. A.	0,75	0,56	0,66	0,68	0,79	0,67
GESAMT	100,00	100,00	100,00	100,00	100,00	100,00

pen in dem zu Grunde gelegten Verschreibungspanel verglichen. Die Gruppen 17 und 40 umfassten damit sowohl die Schlafmittel im engeren Sinne (Gruppe 40a+b) als auch die angstlösenden und beruhigenden Präparate der psychiatrischen Praxis (Gruppe 17).[60]

Vergleicht man nun die Altersgruppen der Empfänger von Verordnungen für Contergan mit der Verteilung der Altersgruppen im Panel, fällt auf, dass Contergan im Jahr 1961, als dessen flüssige Form bereits verkauft wurde, überdurchschnittlich häufig für Kinder verschrieben wurde. Besonders stark fällt die Besonderheit Contergans auf, wenn man das Präparat mit den anderen Präparaten seiner Verschreibungsgruppe vergleicht. Contergan wurde sogar im Vergleich zu diesen häufiger an Kinder verschrieben. Differenziert man die kindlichen Altersgruppen weiter aus, so wird deutlich, dass Contergan tatsächlich ein Schlafmittel für Kleinkinder und Kinder im Grundschulalter war, während sich das Verhältnis ab dem Jugendalter umdrehte: Nun wurden häufiger Arzneimittel der Gruppen 40a (Barbiturate) und 17 verschrieben. Erst ab 65 Jahre wurde wieder verstärkt auf die barbituratfreien Substanzen der Gruppe 40b gesetzt.

60 Mit Ausnahme der anfangs nur eingeschränkt verwandten Neuroleptika. Vgl. hierzu mit Blick auf die Testung der Präparate die eindrucksvolle Studie von Balz, Wirkung, 2010.

Die entscheidende Frage lautet nun: welche Hypothesen lassen sich auf Basis dieser Beobachtung formulieren?[61] Die Unterteilung der Schlaf- und Beruhigungsmittel in zwei Gruppen (40 a + b) ist hier von besonderem Interesse. Denn warum verschrieben Ärzte die älteren barbiturhaltigen Präparate bevorzugt an die Gruppe der Erwachsenen im berufstätigen Alter von circa 14 bis 65 Jahren,[62] während sie die barbiturfreien Präparate an Kinder und Alte verordneten? Eine Hypothese verweist auf die unterschiedlichen psychischen Belastungen entsprechend der Lebensalter, das heißt der Wahrscheinlichkeit, dass ein Arzt eher Schlafstörungen erkennt als beispielsweise eine Depression zu vermuten. Hier müssen also nicht allein die Verschreibungen, sondern auch die gestellten Diagnosen betrachtet werden. Wenig überraschend verzeichnet die IMS-Diagnosenstatistik für Depression keine Diagnosen für Kinder unter 12 Jahren.[63] Wenngleich bereits deutlich häufiger, wurde auch die vegetative Dystonie bei Kindern nur selten diagnostiziert. Anstatt bereits im Kindesalter psychische Krankheitsformen zu diagnostizieren, erkannten und behandelten die Ärzte vor allem Symptome wie Schlafstörungen. Welche Motive diesen Verzicht auf Pathologisierung begründeten, lässt sich so pauschal nicht beantworten.

Für Ältere jedoch lässt sich die bevorzugte Verschreibung von barbiturfreien Präparaten nicht mit diagnostischen Verschiebungen allein begründen. Die Diagnosen allein helfen hier nur wenig weiter, weil sie mehr über die begriffliche Vielfalt des Feldes psychischer Beschwerden und Leiden aussagen, als über vergangene Krankheitswirklichkeit. Ob um 1960 eine Patientin mittels der für sie erstellten Verordnung in der IMS-Diagnosenstatistik als depressiv, nervös oder vegetativ dystonisch auftauchte, hing weniger davon ab, welche Beschwerden sie mit anderen Patientinnen derselben Diagnose teilte, als davon, welche diagnostische Präferenz der jeweilige Arzt hatte. Diese wiederum war selbst das Produkt von dessen Ausbildung und Spezialisierung und damit auch an dessen Alter gebunden.[64] Einzig die Wahrscheinlichkeit, dass es sich um eine Patientin handelte war sehr hoch.

61 Zu ähnlichen Beobachtungen kommt Lenhard-Schramm, Land, 2016.

62 14- bis 18-jährige werden hier bereits zu Berufstätigen gerechnet, weil die Zahl der damaligen Volkschulabsolventen deutlich höher war als die der heutigen Hauptschüler. Dementsprechend begannen deutlich mehr Menschen eine Lehre mit 14 Jahren und schieden aus der Schule früher aus. Gabriele Franzmann zufolge waren 1960 verließen insgesamt 114.000 Personen die Schule ohne Schulabschluss, 354.600 mit Hauptschulabschluss, 117.200 mit Realschlussabschluss und nur 55.721 mit Hoch- oder Fachhochschulabschluss. Dies bedeutet, dass von allen Fünfzehnjährigen eines Jahrgangs bereits über siebzig Prozent die Schule verlassen haben und in Ausbildungs- oder Arbeitsverhältnissen stehen konnten. Franzmann, Bildung.

63 IMS DMM, 1961, Diagnosenverzeichnis V,2 Depression.

64 Dies zeigen die Präferenzen für Verschreibungen und Diagnosen, die in den IMS-Tabellen auch nach Alter der Ärzte gegliedert sind.

Bei älteren Menschen, das heißt solchen über fünfundsechzig Jahren, fällt erneut die Sonderstellung von Contergan ins Gewicht. So geht aus Tabelle 1 hervor, dass bei älteren Menschen vor allem Contergan bevorzugt eingesetzt wurde, nicht aber die damals modernen Tranquilizer und Antidepressiva und auch die anderen barbiturfreien Schlafmittel.[65]

Hier kommt nun eine zweite Hypothese ins Spiel, die nicht in Gegensatz zur oben bereits formulierten steht, aber den Blick auf eine bestimmte Form von Risikomanagement durch die verschreibenden Ärzte lenkt: Wie zuletzt Niklas Lenhard-Schramm auf Grund der Akten noch einmal gezeigt hat, hatten Grünenthals Verantwortliche, allen voran Heinrich Mückter, die Existenz gefährlicher Nebenwirkungen bestritten und verschwiegen. Geht man also davon aus, dass die Mehrzahl der Ärzte bis in die Jahresmitte 1961 nichts über die irreversiblen Nervenschädigungen wusste, dann war Contergan bis dahin ein Präparat erster Wahl für all die Fälle, in denen zu befürchten war, dass entweder die Gefahr einer Überdosierung durch Barbiturate zu groß war (Kinder) oder anzunehmen war, dass aufgrund chronischer Schlafstörungen eine starke Abhängigkeit von den Mitteln entstünde (Ältere). Grünenthals Werbung mit Contergans angeblicher Unschädlichkeit hatte ja gerade deshalb überzeugt, weil keine Berichte über Sucht oder tödliche Überdosierungen in den medizinischen Zeitschriften erschienen waren. Auch deshalb war es für das direkte Konkurrenzpräparat Doriden von Ciba so schwierig, sich gegen Contergan zu behaupten. Weniger als zwei Jahre nach der Markteinführung Doridens erschienen bereits die ersten gesammelten Berichte über die »Sucht«, die das Präparat befriedigte.[66] Contergan an Kinder und alte Menschen zu verschreiben, ermöglichte so die beiden Risiken der Überdosierung und der Sucht zu minimieren.[67]

Allerdings darf daraus nicht zwangsläufig geschlossen werden, dass es sich bei den Empfängern von Verschreibungen auch um die tatsächlichen Konsumenten handelt. Contergan illustriert dies besonders deutlich. Seit das Arzneimittel als Sirup auf dem Markt erhältlich war, fiel es leichter, Contergan an kleine Kinder zu verabreichen. Die Apostrophierung Contergans als »Kinosaft«, den Eltern ihrem Nachwuchs verabreichten, um ungestört ins Kino gehen zu können, weist auf diese Nutzung des Mittels hin – und karikiert zugleich die Intentionen von Eltern, die dieses Mittel verabreichten, um selbst durchschlafen

65 Dies sollte sich im Laufe der 1960er Jahre schon allein deshalb ändern, weil Contergan nicht mehr verfügbar war. Siehe hierzu ausführlich zum Diagnosen- und Verschreibungswandel KESSEL, Nebenwirkungen, 2015, Kap. 7.

66 Dies, obwohl die damaligen Autoren die Sucht im Menschen und nicht primär im Präparat verorteten.

67 Hier ist freilich nicht gesagt, dass der regelmäßige Schlafmittelkonsum therapeutisch sinnvoll ist, was eine medizinische, aber keine historische Beurteilung ist.

zu können oder um das Kind durchschlafen zu lassen.[68] Insofern ist nur schwerlich zu bestimmen, ob eine Contergan-Verschreibung für Kinder oder Erwachsene oder beide verwandt wurde.

Die Zugehörigkeit zu einer bestimmten Form der Krankenversicherung scheint bei Contergan kaum eine Rolle gespielt zu haben. Auffällig ist jedoch, dass Arzneimittel der Indikationsgruppe 17a und b, das heißt Tranquilizer im weiteren Sinne, darunter vor allem Librium und Miltaun, aber auch die ganz neu auf den Markt gekommenen Antidepressiva, allen voran das Geigy-Produkt Tofranil, völlig atypisch verschrieben wurden: Während zwei Drittel der Versicherten in den Krankenkassen der Reichsversicherungsordnung (RVO) Mitglied waren, lag ihr Anteil an den verordneten Präparaten dieser Indikationsgruppe nur bei knapp 53 Prozent, während fast zwanzig Prozent dieser Mittel an Privatversicherte verschrieben wurden, obwohl diese nur knapp 13 Prozent der Versicherten ausmachten. Versicherte der Ersatzkassen waren mit fast 26 Prozent ebenfalls unter den Empfängern von Antidepressiva und Tranquilizer überrepräsentiert, stellten sie doch nur 18 Prozent der Versicherten.

Tabelle 2: Verteilung der Verordnungen (in Prozent) für die Arzneimittelgruppen 17 und 40 nach Zugehörigkeit zur Krankenversicherung. Zusammengestellt aus IMS Der medizinische Markt, Einzeltabellen 17a, 17b, 40a, 40b, Contergan.

Krankenversicherung	Paneldaten	Contergan	Ind.-gr. 40B	40a	17a+b
RVO	66,48	67,30	70,14	65,63	52,81
Ersatz	18,72	17,35	18,82	21,18	25,86
Privat	12,62	13,24	9,03	11,03	19,57
k.A.	2,19	2,11	2,01	2,15	1,76
GESAMT	100,00	100,00	100,00	100,00	100,00

68 Problematisch bei der Fokussierung der Erinnerung auf die Nutzung als Kinosaft ist vor allem die Reduzierung des Gebrauchs auf eine genuin egoistische Handlung. Die keineswegs neutrale Charakterisierung Contergans und anderer psychotroper Stoffe als »Lifestyle«-Medikamente perpetuiert frühere Formen ärztlicher Nutzerkritik ohne ausreichend zu berücksichtigen, dass bestimmte soziale Konfigurationen wie Arbeits- oder Familienalltag von den Betroffenen in ihrem sozialen Normgefüge als wenig bis kaum veränderbar erlebt werden. Der Lifestyle-Begriff hingegen ist bereits in seiner Genese von Autonomievorstellungen geprägt, die allenfalls für Angehörige der Mittelschicht zutrafen. Den Lifestyle-Begriff verwendet mit Bezug auf Arzneimittel Hess, Risks, 2010. Zu einer Kritik des Begriffs »Lifestyle«-Medikaments siehe das Schlusskapitel in Kessel, Nebenwirkungen, 2015.

Diese Abweichung ist vor allem daher von Interesse, weil sie bei den Schlaf- und Beruhigungsmitteln der Gruppen 40 a und b nicht oder nur geringfügig beobachtbar ist. Nun ließe sich einwenden, dass die Gruppen 17 und 40 unterschiedliche Arzneimittel mit unterschiedlichen Wirkungsspektren umfassten. Ein angstlösender Tranquilizer hatte nicht notwendigerweise die gleichen Wirkungen wie ein schlafförderndes Beruhigungsmittel wie Contergan. Beide kennzeichnete möglicherweise eine unterschiedliche Wirkungsdauer und bei beiden war die Verwendung nicht mit denselben Risiken behaftet wie der Gebrauch von Barbituraten.

Doch dieses Argument greift zu kurz. Denn die Verschreibung der Präparate auf Grundlage ihres Wirkungsspektrums folgte auf die vorher gestellte ärztliche Diagnose und diese konnte durchaus die Arzneigruppen 17 und 40 als Alternativen für ein- und dasselbe Problem erscheinen lassen: die oben beschriebene vegetative Dystonie. Beide Diagnosen wurden deutlich häufiger bei Frauen als bei Männern gestellt. Die IMS-Verschreibungsdaten geben hier ein Verhältnis von zwei zu eins an. Nicht nur diese mit der Depression identische Diagnoseverteilung, sondern vor allem der langsame Niedergang der vegetativen Dystonie als bevorzugte Diagnose der Allgemeinmediziner für unklare psychosomatische Symptomkomplexe lassen darauf schließen, dass beide Krankheitsbilder historisch in Beziehung stehen. Es spricht einiges dafür, dass die vegetative Dystonie in gewisser Weise in die Diagnose der Depression überführt wurde, wobei die Depression sich nicht im Phänomen der vegetativen Dystonie erschöpft, sondern immer stärker ausdifferenziert wurde.[69]

Wenn man also mit den meisten Sozialhistorikern der Medizin davon ausgeht, dass die therapeutische Realität deutlich vielfältiger und komplexer ist als es medizinische Lehrbücher suggerierten, dann wird klar, warum so pharmakologisch unterschiedliche Substanzen wie Barbiturate, Benzodiazepine (etwa der Tranquilizer Librium) oder die eher angstlösenden Meprobamate (etwa das von Grünenthal in Lizenz für Lederle produzierte Miltaun) sich über die ihnen gemeinsame Diagnose »vegetative Dystonie« treffen konnten.

Allerdings ist es unmöglich, aus der Beobachtung eindeutige Schlüsse zu ziehen. Verschrieben die Ärzte privat und in Ersatzkassen Versicherten häufiger Antidepressiva und Tranquilizer, weil diese Menschen stärker nach »Beruhigung« strebten als die RVO-Versicherten? Oder interpretierten die Verschreibenden die psychischen Leiden der RVO-Versicherten in anderer Weise als diejenigen der mit größerem sozialem Kapital ausgestatteten Mittel- und Oberschichtsangehörigen? Finanzielle Überlegungen dürften bei der Verordnung eine geringere Rolle gespielt haben. Ein ärmerer Versicherter, dem ein teureres Präparat anstelle eines günstigeren verschrieben wurde, musste so oder so die pauschale Rezept- bzw. Arzneigebühr pro Verordnung bezahlen.

69 Vgl. ausführlich Kessel, Innovation, 2015.

Fazit: Konsummythen

Mit der Contergan-Katastrophe wurde Arzneimittelkonsum für jeden indirekt sichtbar und zu einem epidemiologischen Faktor der Risikoprävention: Arzneimittelkonsum musste quantitativ in seiner Höhe bestimmt und nach Kriterien differenziert, qualitativ beschrieben und hinsichtlich der ihn leitenden Motivationen analysiert werden. In Abgrenzung zu Willibald Steinmetz' Beobachtung zur »Politisierung«[70] Contergans lässt sich formulieren, dass das vorher sozialpolitisch relevante Thema der Arzneimittelausgaben über den Konsumbegriff zu einem neuen Phänomen übersetzt wurde: Im Konsum verbanden sich ökonomisches Handeln und sozialwissenschaftlich erforschbare Präferenzen und Handlungsmuster mit medizinischen Erwägungen therapeutischen Bedarfs. Während der 1960er Jahre noch auf seine Bedeutung der Selbstmedikation reduziert, fungierte der Konsumbegriff mehr und mehr als Begriff im Sinne Reinhart Kosellecks, der unterschiedliche Sinninhalte in sich aufnahm und mal als ökonomisches Gegenstück zur Produktion, mal als kulturkritisches Phänomen exzessiven Gebrauchs verschiedene Akteursgruppen verband. Aufschlussreich ist der Vergleich des Konsums von Phenacetin, Doriden und Contergan aber nicht nur hinsichtlich der sich wandelnden Begrifflichkeiten. Während im Falle des Phenacetins die Selbstmedikation eindeutig der zentrale Weg der Beschaffung des Arzneimittels war, stellte Contergan die Frage nach der Rolle der Ärzte als Verordnende neu. Schließlich war dem Verkaufserfolg Contergans eine massive Werbung unter Ärzten vorangegangen. Dennoch wurde Contergan von den ärztlichen Autoren fast ausschließlich als Fehler unvernünftiger Konsumentinnen interpretiert und nur in wenigen Beiträgen auch die Verordnungspraktiken thematisiert.

Bald jedoch sollte die kritische Reflexion über das ärztliche Handeln umso heftiger angestoßen werden. Als nämlich eine Allianz jüngerer Kritiker aus Medizin, Journalismus und Wissenschaft die »Halbgötter in Weiß« in ungeahnt scharfer Weise attackieren sollte.[71] Doch auch auf Seiten der Konsumenten halten sich beständig Mythen, von denen der hartnäckigste der des »Bewusstseinswandels« der Westdeutschen nach und infolge der Contergan-Katastrophe ist. Einer der an der Aufklärung der Contergan-Katastrophe beteiligten Experten, der Kinderarzt Hans-Rudolf Wiedemann, hatte diesen 1964 postuliert: »Das Thalidomidunglück hat Laien wie Ärzten einen in mancher Hinsicht heilsamen Schock versetzt, und an die Stelle von in der Frühgravidität gedankenlos und großzügig eingenommenen sehr zahlreichen vermeidbaren Mitteln ist, um sim-

70 Steinmetz, Politisierung, 2003.

71 So der spöttische Titel des Artikels »Ärzte. Halbgott in Weiß«. In: Der Spiegel, Nr. 43, 19.10.1970, S. 88–90; sowie Kessel, Arzneimittelschäden, 2009.

plifizierend mit dem Lancet zu sprechen, heute vielfach wieder das abendliche Glas heißer Milch getreten.«[72]

So wahrscheinlich es ist, dass besonders manche Schwangeren seltener bis überhaupt keine Medikamente mehr einnahmen, so wenig trifft die bald auf die ganze Bevölkerung der Bundesrepublik ausgedehnte Hypothese eines Bewusstseinswandels zu. Will man diesen Begriff nicht seines Sinns entkleiden, dann muss das Bewusstsein zumindest bedingt das Handeln mitbestimmen. Zum Beleg eines solchen Bewusstseinswandels müssten also seit den 1960er Jahren weniger Kopfschmerz-, Schlaf-, Beruhigungsmittel oder Tranquilizer verordnet oder eingekauft worden sein. Doch dies ist nicht der Fall. Zwar sank der Schlafmittelverbrauch unter dem Eindruck der Contergan-Katastrophe zwischen 1962 und 1963, allerdings stieg er im Anschluss wieder an.

Dieser erneute Anstieg überdeckt eine komplette Neuordnung des Schlafmittelmarktes als Folge der Contergan-Katastrophe. Die ehemaligen Nutzer/innen Contergans hörten nicht etwa alle auf, Schlafmittel zu konsumieren, sondern wandten sich anderen Präparaten zu, darunter vor allem den auf Barbituraten und ihren Kombinationen basierenden Produkten. Dem Contergan ähnliche Präparate wie beispielsweise Doriden verloren Marktanteile.[73] Hingegen wurden die wegen ihrer Nebenwirkungen zuvor in Verruf gebrachten bromhaltigen Arzneimittel wieder stärker nachgefragt. *Der Spiegel*, der Ende der 1970er Jahre von Pharmakologen auf dieses Phänomen aufmerksam gemacht worden war, sprach deshalb in gewohnt flapsiger Art von »Pillen vom Opa«.[74]

Quellen und Literatur

Archive

Archiv IMS Health Deutschland
Archives Nationales
Bundesarchiv (BArch)
Novartis Archiv

Zeitungen, Nachrichtenmagazine und Fachperiodika

Der Spiegel
Pharmazeutische Zeitung

Amtliche Drucksachen

Reichsgesetzblatt (RGBl.)
Gesetz- und Verordnungsblatt für das Land Nordrhein-Westfalen (GVBl. NRW)

72 Wiedemann, Bemerkungen, 1964, S. 556.
73 Vgl. Kessel, Doriden, 2013, S. 161.
74 »Pillen vom Opa«. In: Der Spiegel, Nr. 4, 20.01.1975, S. 100–101.

Literatur

BÄCHI, BEAT, Vitamin C für alle! Pharmazeutische Produktion, Vermarktung und Gesundheitspolitik 1933–1953. Zürich 2009.

BALZ, VIOLA, Zwischen Wirkung und Erfahrung – eine Geschichte der Psychopharmaka. Neuroleptika in der Bundesrepublik Deutschland 1950–1980. Bielefeld 2010.

BAY, EBERHARD, Der Arzneimittelmißbrauch des »modernen Menschen«. In: Deutsche Medizinische Wochenschrift 85 (1960), S. 1676–1680.

BONAH, CHRISTIAN/JEAN-PAUL GAUDILLIÈRE, Faute, accident ou risque iatrogène? La régulation des événements indésirables du médicament à l'aune des affaires Stalinon et Distilbène. In: Revue Française des Affaires Sociales Nr. 3–4 (2007), S. 123–151.

BÖSCHEN, STEFAN/NICK KRATZER/STEFAN MAY, Die Renaissance des Nebenfolgentheorems in der Analyse moderner Gesellschaften. In: STEFAN BÖSCHEN/NICK KRATZER/STEFAN MAY (Hg.), Nebenfolgen. Analysen zur Konstruktion und Transformation moderner Gesellschaften. Weilerswist 2006, S. 7–38.

DAEMMRICH, ARTHUR, Pharmacopolitics. Drug Regulation in the United States and Germany. Chapel Hill 2004.

DE BOOR, WOLFGANG, Psychopharmakologie – Möglichkeiten, Methoden und Grenzen. In: Münchener Medizinische Wochenschrift 103 (1961), S. 1624–1628.

DELEUZE, GILLES/GUATTARI, FELIX, Capitalisme et schizophrénie: Mille Plateaux. Paris 1980.

FELDER, STEPHAN/JEAN-PAUL GAUDILLIÈRE/ULRIKE THOMS, Ads, Ads, Ads: The GEPHAMA Database and its Uses. In: JEAN-PAUL GAUDILLIÈRE/ULRIKE THOMS (Hg.), The Development of Scientific Marketing in The Twentieth Century. London 2015, S. 63–85.

FERNÁNDEZ PINTO, MANUELA, Tensions in Agnotology: Normativity in the Studies of Commercially Driven Ignorance. In: Social Studies of Science 45 (2015), S. 294–315.

FRANZMANN, GABRIELE, Bildung in Deutschland: Bildungsstatistische Zeitreihen von 1960 bis 2000 zur Schüler- und Studentenzahl, zum Lehrpersonal und zu den Bildungsausgaben, 2006.
= *www.gesis.org/histat/de/project/details/BCE3FBD7427EBA36273554764EC22DB1* Abgerufen: 03.04.2017.

GAUDILLIÈRE, JEAN-PAUL/ULRIKE THOMS, Introduction. In: JEAN-PAUL GAUDILLIÈRE/ULRIKE THOMS (Hg.), The Development of Scientific Marketing in The Twentieth Century. London 2015.

HAAS, HANS, Die Manipulierbarkeit des Menschen durch Pharmaka. In: Universitas 22 (1967), S. 11–22.

HERZBERG, DAVID, Entitled to Addiction? Race and Pharmaceuticals in America's First Drug War. In: Bulletin of the History of Medicine (2017) (im Erscheinen).

HESS, VOLKER, Regulating Risks? Der Umgang mit Life-Style-Drugs zwischen potentieller Gefährdung und kalkuliertem Risiko. In: HERFRIED MÜNKLER/MATTHIAS BOHLENDER/SABINE MEURER (Hg.), Sicherheit und Risiko. Über den Umgang mit Gefahr im 21. Jahrhundert. Bielefeld 2010, S. 187–206.

HOFER, HANS-GEORG, Nerven, Kultur und Geschlecht. Die Neurasthenie im Spannungsfeld von Medizin- und Körpergeschichte. In: FRANK STAHNISCH/FLORIAN STEGER (Hg.), Medizin, Geschichte und Gesellschaft. Körperhistorische Rekonstruktionen von Identitäten und Differenzen. Stuttgart 2005, S. 225–244.

HOFER, HANS-GEORG, Labor, Klinik, Gesellschaft. Stress und die westdeutsche Universitätsmedizin (1950–1980). In: Zeithistorische Forschungen 11 (2014), S. 382–405.
= *www.zeithistorische-forschungen.de/3-2014/id=5138* Abgerufen19.04.2017.

HOFFMANN, ANNIKA, Drogenkonsum und -kontrolle im ersten Drittel des 20. Jahrhunderts. Zur Etablierung eines sozialen Problems. Wiesbaden 2012.

HOFFMANN, ANNIKA, Arzneimittelkonsum und Geschlecht: eine historische Analyse zum 19. und 20. Jahrhundert. Stuttgart 2014.

Holzer, Tilmann, Die Geburt der Drogenpolitik aus dem Geist der Rassenhygiene. Deutsche Drogenpolitik von 1933 bis 1972. Norderstedt 2007.

Horisberger, Bruno/Etienne Grandjean/F. Lanz, Untersuchungen über Medikamentenmissbrauch in einem Großbetrieb der Schweizer Uhrenindustrie. In: Schweizerische Medizinische Wochenschrift 38 (1958), S. 920–926.

Kaplan, Steven L., Le pain maudit. Retour sur la France des années oubliées 1945–1958. Paris 2008.

Kessel, Nils, Umstrittene Expertise. Der Beirat »Arzneimittelsicherheit« in der bundesdeutschen Arzneimittelregulierung 1968–1976. In: Medizinhistorisches Journal 44 (2009), S. 61–93.

Kessel, Nils, 1971 – Arzneimittelschäden zwischen Regulierung und Skandal. Das Beispiel des Appetithemmers Phentermin. In: Nicholas Eschenbruch/Viola Balz/Ulrike Klöppel/Marion Hulverscheidt (Hg.), Arzneistoffe im 20. Jahrhundert. Historische Skizzen von Lebertran bis Contergan. Bielefeld 2009, S. 283–308.

Kessel, Nils, Doriden von CIBA – Sleeping Pills, Pharmaceutical Marketing and Thalidomide. In: History and Technology 29 (2013), S. 153–168.

Kessel, Nils, Nebenwirkungen der Konsumgesellschaft? Geschichte des Arzneigebrauchs in Westdeutschland, 1950–1980, Diss. phil. Freiburg/Strasbourg 2015.

Kessel, Nils, Beyond Innovation. The Marketing of ›Old Drugs‹. In: Jean-Paul Gaudillière/Ulrike Thoms (Hg.), The Development of Scientific Marketing in The Twentieth Century. London 2015, S. 15–27.

Kielholz, Paul, Abusus und Sucht mit phenacetinhaltigen Kombinationspräparaten. In: Bulletin der Schweizerischen Akademie der Medizinischen Wissenschaften 14 (1958), S. 169–171.

Kirk, Beate, Der Contergan-Fall – eine unvermeidbare Arzneimittelkatastrophe? Zur Geschichte des Arzneistoffes Thalidomid. Mit einem Geleitwort von Christoph Friedrich. Stuttgart 1999.

Koll, Werner, Arzneimittelverbrauch und Arzneimittelschäden. In: Deutsches Ärzteblatt 59 (1962), S. 2204–2208.

Kury, Patrick, Der überforderte Mensch. Eine Wissensgeschichte vom Stress zum Burnout, Frankfurt am Main/New York 2012.

Laubenthal, Florin, Formen, Bedingungen und Prophylaxe des Schlafmittelmißbrauchs. In: Deutsches medizinisches Journal 6 (1955), S. 303–309.

Lenhard-Schramm, Niklas, Das Land Nordrhein-Westfalen und der Contergan-Skandal. Gesundheitsaufsicht und Strafjustiz in den »langen sechziger Jahren«. Göttingen 2016.

Marks, Harry M., Making Risks Visible. The Science, Politics, and Regulation of Adverse Drug Reactions. In: Jean-Paul Gaudillière/Volker Hess (Hg.), Ways of Regulating Drugs in the 19th and 20th Centuries. Houndmills Basingstoke 2013, S. 97–120.

Mildenberger, Florian, Medikale Subkulturen in der Bundesrepublik Deutschland und ihre Gegner (1950–1990). Die Zentrale zur Bekämpfung der Unlauterkeit im Heilgewerbe. Stuttgart 2011.

Mommsen, Wolfgang J., Die Urkatastrophe Deutschlands. Der Erste Weltkrieg 1914–1918. Stuttgart 2004.

Oreskes, Naomi/Erik M. Conway, Merchants of doubt: how a handful of scientists obscured the truth on issues from tobacco smoke to global warming. London 2012.

Proctor, Robert N., Agnotology. A Missing Term to Describe the Cultural Production of Ignorance (and its Study). In: Robert N. Proctor/Londa Schiebinger (Hg.), Agnotology. The Making and Unmaking of Ignorance. Stanford 2008, S. 1–33.

Ratmoko, Christina, Damit die Chemie stimmt. Die Anfänge der industriellen Herstellung von weiblichen und männlichen Sexualhormonen 1914–1938. Zürich 2010.

Ruthenberg, Klaus, About the Futile Dream of an Entirely Riskless and Fully Effective

Remedy: Thalidomide. In: HYLE – International Journal for Philosophy of Chemistry 22 (2016), S. 55–77.

Sarre, Hans Joachim/A. Moench/R. Kluthe (Hg.), Phenacetinabusus und Nierenschädigung. Stuttgart 1958.

Schwerin, Alexander von, 1961 – Die Contergan-Bombe. Der Arzneimittelskandal und die neue risikoepistemische Ordnung der Massenkonsumgesellschaft. In: Nicholas Eschenbruch/Viola Balz/Ulrike Klöppel/Marion Hulverscheidt (Hg.), Arzneimittel des 20. Jahrhunderts. Historische Skizzen von Lebertran bis Contergan. Bielefeld 2009, S. 255–282.

Stehr, Nico, Wissen und Wirtschaften. Die gesellschaftlichen Grundlagen der modernen Ökonomie. Frankfurt am Main 2001.

Steinmetz, Willibald, Ungewollte Politisierung durch die Medien? Die Contergan-Affäre. In: Bernd Weisbrod (Hg.), Die Politik der Öffentlichkeit – Die Öffentlichkeit der Politik. Politische Medialisierung in der Geschichte der Bundesrepublik. Göttingen 2003, S. 195–228.

Stoff, Heiko, Degenerierte Nervenkörper und regenerierte Hormonkörper. Eine kurze Geschichte der Verbesserung des Menschen zu Beginn des 20. Jahrhunderts. In: Historische Anthropologie 11 (2003), S. 224–239.

Stoff, Heiko, Hexa-Sabbat. Fremdstoffe und Vitalstoffe, Experten und der kritische Verbraucher in der BRD der 1950er und 1960er Jahre. In: NTM 17 (2009), S. 55–83.

Thomann, Klaus-Dieter, Die Contergan-Epidemie. Ein Beispiel für das Versagen von Staat, Ärzteschaft und Wissenschaft? In: Michael Rauschmann/Klaus-Dieter Thomann/Ludwig Zichner (Hg.), Die Conterganakatastrophe – Eine Bilanz nach 40 Jahren. Darmstadt 2005, S. 13–31.

Vos, Rein, Drugs looking for Diseases. Innovative Drug research and the Development of the Beta Blockers and the Calcium Antagonists. Dordrecht/Boston/London 1991.

Wiedemann, Hans-Rudolf, Klinische Bemerkungen zur pharmakogenen Teratogenese. In: Bulletin der Schweizerischen Akademie der Medizinischen Wissenschaften 20 (1964) S. 544–564.

Wimmer, Wolfgang, »Wir haben fast immer was Neues«. Gesundheitswesen und Innovation der Pharma-Industrie in Deutschland 1880–1935. Berlin 1994.

Zollinger, Hans Ulrich, Chronische interstitielle Nephritis bei Abusus von phenacetinhaltigen Analgetika (Saridon usw.). In: Schweizerische Medizinische Wochenschrift 85 (1955), S. 746.

Anne H. Crumbach

»Arzneimittel aus der Waschküche?«[1]

Arzneimittelnebenwirkungen, ärztlicher Autoritätsverlust und die Suche nach neuen Diskussionsmöglichkeiten in den 1950er und 1960er Jahren

1958 interviewte *Der Spiegel* Leopold Arnsperger, Präsident des Bundesverbandes der Pharmazeutischen Industrie. Besorgt befragten die *Spiegel*-Mitarbeiter Arnsperger zum Stalinon-Prozess in Frankreich, der kurz zuvor beendet worden war. Das Medikament Stalinon stand unter dem Verdacht, nach der Einnahme zu Lähmungen und schlimmstenfalls sogar zum Tod zu führen. Ein Prozess gegen die Herstellerfirma führte zur Verurteilung eines Pharmazeuten wegen fahrlässiger Tötung. Der französische Fall hatte auch in Westdeutschland für Aufmerksamkeit gesorgt.[2] Angesichts der großen Anzahl an Medikamenten fragten die *Spiegel*-Journalisten nun nach den Sicherheitsmechanismen für die westdeutschen Bürger. Bestürzt stellten sie fest, dass es in Westdeutschland kein Arzneimittelgesetz gab, das eine Herstellung und Vermarktung von Medikamenten regelte: »Bei Stalinon hat man die Folgen ja auch erst nach Monaten bemerkt, und es könnte ja durchaus sein, daß im Augenblick irgendwo in Deutschland Leute an einem gefährlichen Mittel sterben. Vielleicht merkt man erst nach einem halben Jahr: Da hat ja jemand ein Mittel herausgebracht, das dem französischen Stalinon ähnelt, wir müssen das sperren.«[3]

Eine Angst, die nicht unbegründet war, schließlich war seit Oktober 1957 das Medikament Contergan auf dem Markt, das, wie wir heute wissen, für tausende Fälle von frühkindlichen Fehlbildungen und Nervenschädigungen bei Erwachsenen verantwortlich war. Für die Problematiken, die mit der Herstellung, Testung und Vermarktung neuer Medikamente verbunden waren, war die westdeutsche Öffentlichkeit Ende der 1950er Jahre noch keinesfalls sensibilisiert, wie sie es schließlich mit Bekanntwerden der Folgen des Contergan-Falles wenige Jahre später werden sollte. Die Meldungen über das Medikament Stalinon schockierten zwar, änderten aber an dem Konsumverhalten der Bürger wenig.

1 »Arzneimittel aus der Waschküche?«. In: Der Spiegel, Nr. 6, 05.02.1958, S. 40–45.
2 Vgl. ebd. und »Tod durch Stalinon«. In: Der Spiegel, Nr. 45, 15.11.1957, S. 52–54.
3 »Arzneimittel aus der Waschküche?«. In: Der Spiegel, Nr. 6, 05.02.1958, S. 40.

Der *Spiegel*-Artikel zeigt deutlich, dass die Herstellung und der Vertrieb von Arzneimitteln bis in die 1960er Jahre ein abgeschlossenes, fachwissenschaftliches System waren, das Personen von »außen« – also Nichtwissenschaftlern und medizinischen Laien – kaum Einblick bot. Und so gab es weder ein einheitliches Prüfsystem für neue Substanzen noch genaue Angaben für die Herstellung. Dies war auch in der Aussage Arnspergers abzulesen, der sich auch zu den klinischen Erprobungen neuer Medikamente äußerte: »Nach welchen Methoden die Ärzteschaft die Wirkung von Arzneimitteln zu prüfen hat, ist in erster Linie eine Aufgabe der Ärzteschaft. Es kann nicht Aufgabe des Gesetzes sein, festzulegen, nach welchen Methoden Arzneimittel geprüft werden müssen.«[4]

Einheitliche gesetzliche Regelungen in Form eines bundesweiten Arzneimittelgesetzes gab es bis 1961 nicht, sodass die Bundesländer über die Arzneimittelherstellung und den Vertrieb selbständig entscheiden konnten. Der Bund vertraute seinerseits auf wissenschaftliche Experten. Konkurrenz oder ökonomisches Profitstreben der pharmazeutischen Industrie fanden in diesen Überlegungen keinen Platz. Und so war nicht nur den medizinischen Experten eine feste Rolle zugewiesen, sondern auch den nichtmedizinischen Laien, wie Arnsperger deutlich machte: »Das braucht, wenn ich von dem tatsächlichen Zustand ausgehe, der Laie zunächst auch nicht zu wissen. Es ist so: Wirklich neue Arzneimittel, also Präparate aus Stoffen, die man bisher bei Arzneimitteln nicht verwendet hat, werden in Deutschland praktisch nur von Firmen hergestellt, die über die entsprechenden Voraussetzungen verfügen.«[5]

Doch wie funktionierte dieses System aus Vertrauen in Industrie und wissenschaftlichen Experten? Welche Möglichkeiten des Austausches und der Kritik gab es? Wie diskutierten die Experten miteinander und wie agierten sie, wenn Laien sich an diesen Diskussionen beteiligten? Und so möchte dieser Aufsatz die Umbruchszeit von den 1950er zu den 1960er Jahren in den Blick nehmen und den wissenschaftlichen Experten begleiten von seinem Labor hin in die nichtmedizinische Öffentlichkeit.

Arzneimittelkonsum in den 1950er Jahren

In der »Wirtschaftswunderzeit« der 1950er Jahre erlebte die Arzneimittelherstellung eine neue Blütezeit. Innerhalb kürzester Zeit kamen zahlreiche Medikamente auf den Markt. Der Absatzmarkt vergrößerte sich rasant nach dem Ende von Nationalsozialismus und Krieg.[6] Doch verbunden mit dem wirtschaftlichen Aufschwung in der pharmazeutischen Industrie waren kritische Töne,

4 Ebd., S. 42.
5 Ebd., S. 41.
6 Vgl. Kirk, Contergan-Fall, 1999, S. 23, 27.

die sich mit dem steigenden Arzneimittelkonsum beschäftigten. »Gibt es harmlose Arzneimittel?«, fragte Wolfgang Eberhardt 1960 in der *Pharmazeutischen Zeitung*, um wie folgt fortzufahren: »Darüber sind die Meinungen verschieden. Es ist bemerkenswert, daß diejenigen, die mit der Materie weniger vertraut sind, den Kreis der harmlosen Arzneimittel weit ziehen möchten, und diejenigen, die die Dinge kennen, sehr zurückhaltend sind. So sind die Journalisten der Tagespresse, die schon in vieler Beziehung als ›Öffentlichkeit‹ schlechthin betrachtet werden dürfen, immer wieder überrascht, wenn sie in einem Interview erfahren, daß Ärzteschaft, Apothekerschaft und pharmazeutische Industrie hinsichtlich des Arzneimittelhandels weitgehend einhelliger Meinung sind; es nämlich bei dem status quo zu belassen.«[7]

So schien es für die wissenschaftlichen Experten immer evidenter, dass sich nichtmedizinische Laien des Arzneimittelsektors mehr und mehr bemächtigten. Rezeptfrei erhältliche Medikamente führten dazu, dass vom Konsumenten freier über den eigenen Verbrauch entschieden werden konnte. Zudem erschienen vermehrt Ratgeber und journalistische Artikel, in denen Ratschläge zur eigenen Medikation gegeben wurden. Und so sah sich der Arzt immer deutlicher einer nichtmedizinischen Konkurrenz ausgesetzt, wie der Neurologe Eberhard Bay kritisch in der *Deutschen medizinischen Wochenschrift* zu bedenken gab. Der »sachverständige Nachbar« oder »Frau Christine aus der Illustrierten« hätten oftmals den Gang zum Arzt ersetzt, so Bay.[8] Insbesondere Vertreter der Ärzteschaft forderten ein Arzneimittelgesetz, mit dem ihre fachliche Autorität geschützt werden sollte.[9] So sehr die wissenschaftlichen Experten diesen Umstand konstatierten oder beklagten, so sehr diskutierten sie darüber weiterhin in einer exklusiven Fachöffentlichkeit. Zugang erhielt, wer eine wissenschaftliche Reputation aufweisen konnte, wer als Apotheker, Arzt oder Pharmazeut ausgebildet worden war und sich über Fachtagungen, Kongresse oder Zeitschriftenabonnements aktiv oder passiv an der Diskussion beteiligte.

So wird eine Ungleichzeitigkeit in dieser Entwicklung deutlich: Ärzte und Apotheker pochten weiterhin auf ihren Expertenstatus, der allein es ermöglichte, sich in dem Dschungel neuer und altbekannter Substanzen zurechtzufinden. Andererseits entwickelten die Konsumenten selbst ein Verständnis für ihre Medikation und befragten weniger medizinische Akteure, als vielmehr alltägliche Berater. Diesem Bedeutungsverlust des medizinischen Experten musste entgegengewirkt werden, das war der Anspruch der wissenschaftlichen Fachgemeinschaft. Hatten die Apotheken schon durch die industrielle Massenpro-

7 Eberhardt, Arzneimittel, 1960, S. 1365.
8 Bay, Arzneimittelmißbrauch, 1960, S. 1678.
9 Vgl. Müller-Oerlinghausen, Arzneimittelkommission, 2010, S. 193–194.

duktion von Medikamenten als Herstellungsstandort an Bedeutung eingebüßt, sollten sie nicht noch in ihrer Beratungsfunktion untergraben werden.[10]

Für die industrielle Herstellung von Medikamenten war die nichtgesetzlich geregelte Situation in Westdeutschland ein guter und produktiver Umstand. Es gab kein Bundesgesetz, das die Produktion und den Vertrieb von Arzneimitteln regelte, obwohl es immer wieder Überlegungen zu einer solchen Regelung gab.[11] Vielmehr gab es eine Verordnung aus dem Jahr 1943, die sogenannte Stoppverordnung, die eine Einführung neuer industrieller Fertigwaren untersagte. In der Bundesrepublik entschieden die Länder, nicht der Bund, über die sogenannte Stoppverordnung und konnten neue Medikamente per Ausnahmegenehmigung zulassen. In Nordrhein-Westfalen testete das Chemische Landesuntersuchungsamt in Münster die Proben neuer Substanzen auf ihre chemische Zusammensetzung hin, jedoch nicht auf mögliche Toxizität oder Nebenwirkungen. Welche Wirksamkeit das neue Produkt aufwies, entnahm die Gesundheitsbehörde, die dem Landesinnenministerium unterstellt war, aus Unterlagen, die der Hersteller eingereicht hatte. Diese wurden zwar an eine Arzneimittelprüfungskommission weitergeleitet, deren Votum für das Landesinnenministerium entscheidend war, aber auch diese prüfte keinesfalls die Substanz auf ihre Wirkungsweise oder Verträglichkeit.[12]

1959 entschied das Bundesverfassungsgericht, dass die Stoppverordnung unzulässig sei. Daraufhin gab es bis 1961 keine länderübergreifenden Vorschriften, welche die Vermarktung von Medikamenten in einer Weise geregelt hätten.[13] Erst mit dem ersten bundesweiten Arzneimittelgesetz von 1961 führte der Gesetzgeber eine Erlaubnispflicht zur Arzneimittelherstellung ein, ebenso eine zentrale Registrierung neuer Substanzen und ein unter Strafandrohung gestelltes Verbot, schädliche Substanzen auf den Markt zu bringen. Dennoch blieb das Vertrauen in die Hersteller groß, denn außer der zentralen Registrierung gab es keine chemische Überprüfung der Substanzen auf ihre Schädlichkeit oder Wirkung.[14]

10 Vgl. Meyer, Pille, 2010, S. 80.

11 Siehe hierzu zum Beispiel: Antwort des Bundesministers des Innern vom 30.01.1951 betr.: Anfrage Nr. 150 der Abgeordneten Stegner, Dr. Hammer, Dr. Schäfer und Fraktion der FDP – Nr. 1738 der Drucksachen – Gültigkeit der Verordnung vom 11. Februar 1943 über die Herstellung von Arzneifertigwaren = Deutscher Bundestag, Drucksache I/1866, S. 2: »Es ist bekannt, daß die Herstellung von Arzneifertigwaren bei dem heutigen Stand der deutschen pharmazeutischen Industrie einen erheblichen und immer noch wachsenden Umfang angenommen hat. 80 % aller in den Apotheken abgegebenen Arzneimittel sind Arzneifertigwaren, die also nicht mehr von dem Apotheker selbst, sondern auf industriellem Wege hergestellt werden. Wenn auch die deutsche pharmazeutische Industrie wissenschaftlich und qualitativ auf einem hohen Niveau steht, so sind doch neben den bedeutenden Firmen auf diesem Gebiet auch kleinere und kleinste Betriebe vorhanden, deren Produktion der Überwachung in hygienischer und fachlicher Richtung bedarf.«

12 Vgl. Lenhard-Schramm, Land, 2016, S. 105–110.

13 Vgl. ebd., S. 112.

14 Vgl. Kirk, Contergan-Fall 1999, S. 26.

Die pharmazeutisch-medizinische Fachöffentlichkeit und die Diskussion um Arzneimittelnebenwirkungen

Doch wie funktionierte die Herstellung und Vermarktung genau? In den 1950er Jahren war es oftmals Zufall, wenn ein neuer Wirkstoff entdeckt wurde. Es wurde nicht gezielt nach einer neuen Substanz gesucht, die ein bestimmtes Krankheitsbild heilen oder lindern sollte. Traf man auf eine neue Substanz, wurde sie anschließend auf ihre Wirksamkeit und ein mögliches Einsatzgebiet hin getestet. Die pharmazeutischen Herstellerfirmen hatten eigenständige wissenschaftliche Abteilungen, die sich mit der Weiterentwicklung bereits bekannter Substanzen und neuer Produkte beschäftigten. Hatte sich eine aussichtsreiche neue Zusammensetzung ergeben, testeten sie zunächst in ihren eigenen Laboratorien weiter und führten schließlich Tierversuche durch. Sollten diese vielsprechend ausfallen, ging die Substanz in eine klinische Testung. Die Testung im Labor unterstand der Verantwortung der Herstellerfirma. Zwar gab es Testverfahren, die in Fachkreisen gängig waren, sie waren jedoch nicht zwingend erforderlich, um eine Substanz pharmakologisch zu testen.[15] Auch der Einsatz von Labortieren sollte die Wirksamkeit in einer größeren Breite vervollständigen. So untersuchten die Chemiker der Herstellerfirma Chemie Grünenthal bei Stolberg ihre neue Substanz K 17 im Schwingkäfig an Nagetieren, jedoch weiteten sie die Testverfahren nicht auf andere Tiere, wie zum Beispiel Säugetiere aus, oder erprobten sie an trächtigen Tieren.[16] Das Testen auf Teratogenität war zum damaligen Zeitpunkt kein Standardverfahren und konnte nicht einfach im Labor reproduziert werden.

Die klinische Erprobung war ein elementarer Bestandteil der Arzneimittelprüfung und unterlag nach Ende des Zweiten Weltkrieges strengen ethischen Grundregeln. So regelte der Nürnberger Kodex aus dem Jahre 1947 die ethischen Vorgaben für die Testung am Menschen.[17] Die klinischen Erprobungen konzentrierten sich nicht auf einen bestimmten Fachbereich, sondern wurden dort eingesetzt, wo die Hersteller Kliniker kannten und für die klinische Testung gewinnen konnten. Wie lange die Substanzen eingesetzt wurden, in welchen Dosierungen, an welchen Patienten, lag in den Händen der Kliniker. Der Einsatz von Placebos war in den 1960er Jahren zwar bekannt, jedoch keinesfalls als gängige Methode etabliert. Und so lag das Vertrauen der Herstellerfirma nun in den Händen der Ärzte, die die Substanzen in ihren Kliniken anwendeten.

15 Siehe die Versuchsbeschreibung der Grünenthal-Mitarbeiter KUNZ/KELLER/MÜCKTER, N-Phthalyl-glutaminsäure-imid, 1956; sowie JUNG, Klinische Erfahrungen, 1956. Siehe auch LENHARD-SCHRAMM, Land, 2016, S. 154.

16 Siehe dazu KUNZ/KELLER/MÜCKTER, N-Phthalyl-glutaminsäure-imid, 1956.

17 Nürnberger Kodex, 20.08.1947. In: MITSCHERLICH/MIELKE, Medizin, 1960, S. 272–273. Siehe auch GROSS, Nürnberger Kodex, 2014.

Die Herstellerfirmen standen im engen Kontakt zu den beteiligten Kliniken und erhielten Informationen über die Wirkungsweise des Medikaments. Im Falle des Wirkstoffes K 17 aus dem Hause Grünenthal standen die Außendienstmitarbeiter im ständigen Kontakt zu den beteiligten Ärzten, besuchten sie bei Rückfragen oder auch zu Gesprächen, wenn Kritik geübt wurde. Diese enge Verbindung zwischen den Herstellern und den Klinikern zeigte, wie abhängig die Hersteller von guten, positiven Berichten aus den Kliniken waren und zugleich, wie sie versuchten, Einfluss auf die Berichte zu nehmen. Natürlich war auch die Bezahlung der Prüfer durch die Firma ein nicht zu unterschätzender Faktor. Das System beruhte auf einer großen Vertrauensbasis, in dem die Hersteller wussten, dass die Kliniker sich zunächst an sie wenden würden und wenn sie das Produkt empfahlen, mit Publikationen unterstützen würden.[18]

Die Firma Chemie Grünenthal veranstaltete ein Symposium, zu dem sie die an der klinischen Testung beteiligten Ärzte einlud, um sich auszutauschen und ihre Ergebnisse zu referieren. Dieses Symposium war keinesfalls fachöffentlich, sondern sollte als geheimer Austausch die Ergebnisse der Testung sichern und Bedenken ausräumen. Zu dem frühen Zeitpunkt der klinischen Studien konnten die Teilnehmer sich durchweg positiv über die neue Substanz K 17 äußern.[19] Für die Firma selbst war dieser »Vorabaustausch« eine gute Möglichkeit zu bewerten, wie die neue Substanz in den Kliniken Anklang fand. Somit fiel es der wissenschaftlich ausgerichteten Abteilung leichter, das neue Medikament einzuschätzen.[20]

Der Stellenwert des Arztes war also folglich bereits vor der Behandlung mit dem offiziellen Medikament hoch: hier in Form des Berichterstatters über die Wirksamkeit der neuen Substanzen in Fachpublikationen. Sie übernahmen nicht nur die Aufgabe des Klinikers und Testers, sondern auch des Berichterstatters. Die Publikationen in fachwissenschaftlichen Zeitschriften waren ein nicht zu unterschätzender Faktor in der Vermarktung einer neuen Substanz: schließlich mussten nicht primär die Patienten, sondern Apotheker und Ärzte von der Wirksamkeit überzeugt werden. Werbung für Medikamente war auf Fachkreise beschränkt.[21] Auf Kongressen und Fachtagungen konnte persönlich gesprochen, mit Hilfe einer wissenschaftlichen Publikation jedoch eine viel größere Erreichbarkeit erzielt werden. Zugleich stand der Arzt nicht nur als

18 Vgl. Reisebericht vom 20.–31.10.1955 (Leseabschrift) In: LAV NRW R, Gerichte Rep. 139, Nr. 9, Bl. 61.

19 Vgl. den vertraulichen Bericht der Chemie Grünenthal über das Symposium über K 17, 16.12.1955. In: LAV NRW R, Gerichte Rep. 139, Nr. 241, Bl. 101. Ein Bericht wurde auch an die Teilnehmer verschickt, siehe hierzu: Reisebericht Dr. Dr. Kleine-Natrop, 13.01.1956. In: LAV NRW R, Gerichte Rep. 139, Nr. 9, Bl. 140.

20 Bericht für den Monat Dezember 1955, Dr. Mückter, 13.01.1956. In: LAV NRW R, Gerichte Rep. 139, Nr. 9, Bl. 142.

21 Vgl. Kirk, Contergan-Fall, 1999, S. 57.

Kliniker, sondern auch als wissenschaftliche Autorität für seine Ergebnisse: mit Hilfe seiner Testergebnisse konnte er die wissenschaftliche Reputation des neuen Medikaments unterstützen. Und somit bauten nicht nur Wissenschaftler aus der Herstellerfirma mit ihren Publikationen, sondern auch die Ärzte aus unterschiedlichen Kliniken und Fachbereichen an der wissenschaftlichen Reputation innerhalb der eigenen Fachöffentlichkeit.[22]

Die Publikationen erschienen in angesehenen Fachzeitschriften, die mit ihrem Auswahlverfahren, Herausgebern und Korrekturen die wissenschaftliche Qualität und Richtigkeit sicherten. So sehr die klinischen Studien kaum verbindliche Standards offenbarten, so sehr unterlagen die fachwissenschaftlichen Artikel einer Prüfung durch die Zeitschrift und den zeitlichen Abläufen fachwissenschaftlicher Publikationen. Jeder, der einmal selbst einen Beitrag für eine Zeitschrift oder einen Sammelband verfasst hat, weiß um die engen zeitlichen Fristen, um die Rücksendungen und Anmerkungen, weiß folglich, wie lang ein solches Projekt dauern kann. Tagesaktuell konnten sie nicht reagieren. Die Publikationen über die teratogenen Nebenwirkungen des Thalidomids erschienen erst im Jahr 1962, obwohl bereits seit 1961 darüber diskutiert wurde.[23]

Folglich war es für die Herstellerfirma nicht nur wichtig, einen guten Kontakt zu den testenden Ärzten, sondern auch zu den Fachzeitschriften zu halten. Ihre eigene Publikation sollte ebenfalls dort zu finden sein, wie auch die positiven Berichte der Kliniker. Und so verwundert es kaum, dass mit allen Mitteln auf die Herausgeber eingewirkt wurde – und doch erstaunt es, dass es zunächst möglich war, negative Publikationen zu verhindern oder zeitlich aufzuschieben. Nicht in allen Fällen gelang diese Verhinderungstaktik, jedoch verdeutlichten die Versuche der Herstellerfirma den hohen Stellenwert, den wissenschaftliche Publikationen für die Vermarktung eines Medikaments hatten.[24]

22 Vgl. Jung, Erfahrungen, 1956; Esser/Heinzler, Erfahrungen, 1956; Stärk, Erfahrungen, 1956; Walkenhorst, N-Phthalyl-Glutaminsäure-Imid, 1957; Schober, Wirkung, 1958; Loos, Erfahrungen, 1958; Blasiu, Erfahrungen, 1958.

23 Vgl. Freitag, Contergan, 2005, S. 37.

24 Vgl. die Unterlagen der Firma in: LAV NRW R, Gerichte Rep. 139, Nr. 11, hier: Notiz Besprechung zur Contergan-Situation am 16.01.1961 (Bl. 350–351); Notiz Betr.: Conterganbesprechung am 28.2.1961, 06.03.1961 (Bl. 354–355); Bericht für den Monat März 1961, Besuch in Stuttgart am 09.03.1961, Bericht vom 16.03.1961 (Bl. 357–358); Monatsbericht der Med.-wissenschaftlichen Abteilung für den Monat Oktober 1961, 10.11.1961 (Bl. 375).

Aus dem medizinischen Labor: Ärzte vernetzen sich

Als die Gewerkschaftszeitung *Welt der Arbeit* im Dezember 1961 in mehreren Teilen über »Medikamente und Geschäfte« berichtete, da beklagte sie die »ärztliche Ohnmacht vor chemischen Formeln«.[25] Ohne Frage, die Zeitung hatte nicht die größte Reichweite, griff jedoch mit der Geschichte ein heißes aktuelles Eisen an. Eine zunehmende »ärztliche Ohnmacht« sei gegenüber dem pharmazeutischen System festzustellen, was eindeutig auf den Kontrollverlust der Ärzteschaft, insbesondere im Contergan-Fall, zurückzuführen sei. Und so mahnte die Zeitung vor einer Flut an Arzneimitteln, die niemand, selbst wissenschaftliche Autoritäten, nicht mehr kontrollieren könnten.

In einem ähnlichen Tenor lassen sich zahlreiche Artikel finden, die im Dezember 1961 kritisch das System der Arzneimittelzulassung und des Vertriebes hinterfragten und Angst vor einer unkontrollierten Gefahr verspürten.[26] Selbst die wissenschaftlichen Autoritäten, denen über Jahrzehnte vertraut worden war, konnten ihre Patienten nicht vor dieser Gefahr beschützen, so klang es in den Artikeln an.

Bis es zu diesen Berichten im Winter 1961/1962 kommen sollte, hatte die medizinische Öffentlichkeit sich intensiv intern mit den Nebenwirkungen des Medikaments Contergan auseinandergesetzt. Dass die Laienöffentlichkeit aus dieser Diskussion ausgeschlossen werden sollte, war ein ungeschriebenes Gesetz. Dass es dennoch zu den Berichten in den nichtmedizinischen Zeitschriften und Zeitungen kam, bedeutete einen immensen Einschnitt für die Fachöffentlichkeit, die sich nun neuen Rezipienten und Fragen gegenüber sah.

Bis dahin reagierte die Fachöffentlichkeit nach den gewohnten Regeln: Als erste Nebenwirkungen erkannt wurden, kontaktierten einzelne Ärzte und Apotheker die Herstellerfirma, jedoch keine weiteren Kollegen oder die zuständigen Gesundheitsbehörden. Und so blieben die Meldungen über neuropathische Nebenwirkungen – obwohl sie zahlreich bei der Chemie Grünenthal eingingen –

25 »Die Contergan-Affäre«. In: Welt der Arbeit, 15.12.1961. Exemplar in: LAV NRW R, Gerichte Rep. 139, Nr. 67, Bl. 35; BArch, B 189, Nr. 11731, Bl. 395.
Ebd. sowie »Tabletten erzeugen neue gefährliche Krankheiten«. In: Welt der Arbeit, 15.12.1961. Exemplar in: LAV NRW R, Gerichte Rep 139, Nr. 67, Bl. 36.

26 Vgl. »Pillen statt Bomben?« In: Neue Illustrierte, 17.12.1961 (Exemplar in: LAV NRW R, Gerichte Rep. 139, Nr. 67, Bl. 38); »Kalte Füße«. In: Der Spiegel, Nr. 50, 06.12.1961, S. 89; »Wer prüft unsere neuen Arzneimittel«. In: Bremer Nachrichten, 06.12.1961 (Exemplar in: BArch, B 189, Nr. 11731, Bl. 220); »Der Schlafmittel-Skandal und wie es dazu kommen konnte«. In: Süddeutsche Zeitung, 03.01.1962 (Exemplar in: LAV NRW R, Gerichte Rep. 139, Nr. 67, Bl. 50); »Das Streiflicht«. In: Süddeutsche Zeitung, 30.11.1961(Exemplar in: BArch, B 189, Nr. 11731, Bl. 365).

für den meldenden Arzt singulär und isoliert. Er konnte von außen die große Anzahl von Meldungen an die Herstellerfirma nicht einsehen.[27]

Dies änderte sich erst, als die Nebenwirkungen Gegenstand einer wissenschaftlichen Debatte wurden. Vereinzelte Ärzte trugen ihre Beobachtungen nicht mehr an die Herstellerfirma heran, sondern diskutierten auf Kongressen und Fachtagungen darüber und begannen mit der Ausarbeitung entsprechender Publikationen.[28] Diesen Einbezug anderer Kollegen stellte für die Herstellerfirma natürlich bereits eine Bedrohung ihrer bisherigen Verschwiegenheitstaktik dar, für die Ärzteschaft bedeutete es jedoch eine zunehmende Vernetzung über die Nebenwirkungen. Einzelne Neurologen, wie zum Beispiel Ralf Voss, sahen sich seit 1960 verpflichtet, über die Nebenwirkungen fachöffentlichkeitswirksam zu informieren, was insbesondere der Herstellerfirma missfiel. So berichtete Voss über seine Erfahrungen mit Contergan auf einer Neurologenfortbildung im Frühjahr 1960 und erreichte ein breiteres medizinisches Publikum.[29] Für die Herstellerfirma stellte diese öffentliche Tagung einen Rückschlag in ihrer bisherigen Taktik dar. Weitere Vorträge bzw. Veröffentlichungen erfolgten jedoch erst im Jahr 1961.[30]

Die Herstellerfirma bemerkte eine zunehmende Vernetzung innerhalb der Ärzteschaft, die sich ob der Nebenwirkungsmeldungen skeptisch zeigte. Dieser Austausch konnte zwar nicht unterbunden, sollte aber zumindest soweit wie irgend möglich von der Herstellerfirma selbst bespielt werden. Und so versuchten Mitarbeiter der Chemie Grünenthal ebenfalls auf den Fachtagungen anwesend zu sein,[31] weiterhin mit den Ärzten im Kontakt zu stehen und eventuell weitere negative Publikationen zu verhindern. Und so musste die Herstellerfirma im März 1961 festhalten: »Nicht genug damit, daß der Vortrag von Hr. Dr. Voss weiteste Kreise zieht, kommen jetzt auch noch aus den verschiedensten Kliniken Arbeiten […]. Es ist unverkennbar, daß der Vortrag von Hr. Dr. Voss einmal bei sämtlichen Ärzten sowohl in der Praxis wie auch in der Klinik, darüber hinaus auch bei allen Apothekern einen außergewöhnlichen Rummel entfesselt hat. Dieses ›Fest der Contergan-Feinde‹ pflanzt sich mit größter Schnelligkeit in die Umgebung von Düsseldorf fort und hat mittlerweile die Plätze

27 Lenhard-Schramm, Land, 2016, S. 234.

28 Siehe etwa Frenkel, Contergan-Nebenwirkungen, 1961; Raffauf, Contergan, 1961.

29 Vgl. Kirk, Contergan-Fall, 1999, S. 60. Siehe auch: Bericht an Zentrale (Anlage zum Tagesbericht.) 01.04.1960. In: LAV NRW R, Gerichte Rep. 139, Nr. 11, Bl. 453.

30 Die ersten Veröffentlichungen in Deutschland stammten von Neurologen, erschienen jedoch erst 1961. Es handelte sich um: Frenkel, Contergan-Nebenwirkungen, 1961; Raffauf, Contergan, 1961; Scheid u. a., Syndrome, 1961.

31 Siehe dazu: Vortrag Hr. Dr. Voss in der Med. Akademie Düsseldorf, Anm.: Niederschrift von Dr. Voss und Stenographische Niederschrift des Vortrages Dr. Voss durch Fa. Chemie Grünenthal, zudem Anm.: Vernehmung vom 12.3.1963. In: LAV NRW R, Gerichte Rep. 139, Nr. 11, Bl. 461–462.

Duisburg, Krefeld, Ratingen, Rheinhausen, Moers und weitere erreicht. Wir können uns des Gefühls nicht erwehren, daß wir durch die Art des Vortrages des Hr. Dr. Voss und die aus den verschiedensten Kliniken zu erwartenden Arbeiten aber erst am Anfang dessen stehen, was in *Contergan* auf uns zu kommt. Jetzt schon sind wir in der derzeitigen Besetzung nicht mehr in der Lage, überall da aufklärend und beschwichtigend aufzutreten, wo es dringend notwendig wäre...«[32]

Aus dem Bericht der Herstellerfirma geht hervor, welch große Bedeutung die ärztliche Rezeption für den Erfolg eines neuen Medikaments hatte, insbesondere wenn es Zweifel an der Wirksamkeit oder seiner Verträglichkeit gab. Mit dem Auftreten des Humangenetikers Widukind Lenz änderte sich auch die medizinische Debatte. Sein Appell auf einer Fachärztetagung, sich mit den möglichen teratogenen Nebenwirkungen des Medikaments Contergan auseinanderzusetzen, rüttelte seine Kollegen wach. Doch die medizinische Debatte sollte sich in einem weiteren Punkt massiv verändern: Lenz Appell erreichte nicht nur seine medizinischen Kollegen, sondern wurde auch von der Zeitung *Welt am Sonntag* aufgegriffen, die ihre Leser mit der Überschrift »Mißgeburten durch Tabletten« konfrontierte.[33] Die Debatte war nun nicht mehr auf die medizinische Fachöffentlichkeit begrenzt, sondern wurde nun von weiteren Akteuren bespielt, die nicht medizinisch ausgebildet waren.[34]

Die Konzentration auf die möglichen teratogenen Wirkungen des Medikaments im November 1961 war nicht nur in der Laienöffentlichkeit zu spüren (ein *Spiegel*-Artikel über die neuropathischen Nebenwirkungen des Medikaments war noch im Sommer 1961 ohne eine weitergehende Rezeption geblieben[35]). Auch in der medizinischen Debatte nahmen die Auswirkungen des Medikaments großen Raum ein. Denn nun verhandelten andere ärztliche Autoritäten über die Nebenwirkungen (Kinderärzte, Humangenetiker, Orthopäden) und insbesondere über die Folgen für die kindliche Entwicklung. So wurde zwar öffentlich über einen Bedeutungsverlust des Arztes diskutiert, gleichzeitig konnten aber bestimmte Professionen wie zum Beispiel die Humangenetik und im Besonderen die Orthopädie einen Bedeutungsgewinn verzeichnen.[36] Sie konn-

32 Situationsbericht Bezirk Düsseldorf, 06.03.1961. In: LAV NRW R, Gerichte Rep. 139, Nr. 11, Bl. 466.

33 »Mißgeburten durch Tabletten?« In: Welt am Sonntag, 26.11.1961.

34 Diskussionsbemerkung von Privatdozent Dr. W. Lenz, Hamburg, zu dem Vortrag von R. A. Pfeiffer und K. Kosenow: Zur Frage der exogenen Entstehung schwerer Extremitätenmißbildungen. Tagung der Rheinisch-Westfälischen Kinderärztevereinigung in Düsseldorf am 19.11.1961 (tatsächlich erfolgte die Diskussionsbemerkung am 18.11.1961!). In: LAV NRW R, Gerichte Rep. 139, Nr. 55, Bl. 3. Siehe auch Steinmetz, Politisierung, 2003, S. 211–212; Bösl, Politiken, 2009, S. 229; Freitag, Contergan, 2005, S. 36–37.

35 »Zuckerplätzchen forte«. In: Der Spiegel, Nr. 34, 16.08.1961, S. 59–60.

36 Vgl. Freitag, Contergan, 2005, S. 47; Aktenvermerk im BMGes, Referat IA 5, 04.10.1963. In: BArch, B 142, Nr. 1825, Bl. 445–449, hier Bl. 445. Vgl. Bösl, Politiken, 2009, S. 300–304.

ten jene Leerstelle füllen, die nach dem öffentlichen Bekanntwerden der Nebenwirkungen für die nichtmedizinischen Leser von Bedeutung war: Wie konnte den Kindern medizinisch geholfen werden? Welche technischen Hilfsmittel standen ihnen zur Verfügung? Und so verlagerte sich die nichtmedizinische Debatte in Zeitungen und Magazinen auf eine emotionale Ebene.

Die wissenschaftliche Debatte über die Teratogenität des Wirkstoffes zeichnete sich keinesfalls in der öffentlichen Aushandlung ab. Hier war schnell das Medikament als Verursacher ausgemacht, wohingegen sich in der medizinischen Fachöffentlichkeit verschiedene Erklärungsmodelle etablierten. Bekannte Wissenschaftler wurden zu Befürwortern oder Gegnern der Theorien, positionierten sich innerhalb des eigenen Fachbereiches und im Austausch mit Behörden und Ministerien.[37] Nach außen drangen die Fragen zu der Teratogenität kaum. Zwar wurde immer wieder angemahnt, dass noch kein wissenschaftlicher Beweis für diese Kausalität existiere, jedoch war schließlich mit der Berichterstattung über die sogenannten »Contergan-Kinder« kaum noch eine Möglichkeit gegeben, die Verbindung wieder rückgängig zu machen.[38]

Für die wissenschaftliche Debatte war dieser Umstand nicht förderlich. Denn mit der Information der Öffentlichkeit über die Nebenwirkungen veränderte sich auch ihre Arbeitsweise. Der oftmals als »Entdecker« der teratogenen Wirkung in der Öffentlichkeit gefeierte Widukind Lenz musste in der eigenen Arbeit feststellen, dass die Meldung über den Fehlbildungsanstieg bei Neugeborenen in der eigenen Praxis zu spüren war. Verzweifelte Eltern würden sich an ihn wenden und eine Conterganschädigung vermuten, auch in solchen Fällen, in denen sie ausgeschlossen werden könne. Und so befürchteten einige Ärzte eine Panikreaktion werdender Mütter, die sich nun angesichts der für sie noch nicht wissenschaftlich belegten Behauptungen des Kollegen Lenz Sorgen um ihre ungeborenen Kinder machten. Das öffentliche Debattieren über einen hochkomplexen medizinischen Sachverhalt und der vermeintliche Gang in die Öffentlichkeit von Lenz, der sich aber tatsächlich gar nicht von selbst aus an die Medien gewandt hatte, waren in der Fachöffentlichkeit keineswegs angesehen – im Gegenteil. Lenz musste fachwissenschaftlich mit einigem Gegenwind rechnen, seine wissenschaftlichen Untersuchungsmethoden wurden angezweifelt, ebenso seine Ergebnisse. Die wissenschaftliche Gemeinschaft tolerierte keinerlei Ausbruch aus ihren Grenzen, die durch die wissenschaftliche Profession gezogen worden waren. Laien seien nicht in der Lage,

37 Vgl. Freitag, Contergan, 2005, S. 45.

38 Siehe beispielhaft: »Beunruhigung um Medikamente«. In: Frankfurter Neue Presse, 29.11.1961; »Wer prüft unsere neuen Arzneimittel«. In: Bremer Nachrichten, 06.12.1961; »Mißbildungen durch Schlafmittel«. In: Der Tagesspiegel, 29.11.1961. Exemplare der Artikel in: BArch, B 189, Nr. 11731, Bl. 214, 220, 364.

diese hochkomplexen wissenschaftlichen Informationen zu verarbeiten und einzuordnen.[39]

Und so musste die Fachöffentlichkeit selbst über ihre Arbeitsweise reflektieren. Wie sollten sie auf die zunehmenden Fragen von außen reagieren? Was durfte der Patient wissen und was nicht? Doch so sehr sich die Frage nach ärztlicher Ohnmacht vs. ärztlicher Autorität stellte, so sehr waren die Ärzte weiterhin die medizinischen Experten – sei es für das Bundesgesundheitsministerium oder die Landesbehörden, sei es in speziellen Rehabilitationszentren oder schließlich als Gutachter im Gerichtsprozess.

Doch die wissenschaftliche Debatte veränderte sich seit 1962 zunehmend: Die strengen Fachgrenzen wurden aufgelockert und im zunehmenden Maße nicht mehr über den Grund für die Nebenwirkungen, sondern vielmehr in die Behandlung der Folgen diskutiert. Die Professionalisierung von Experten außerhalb des Ärzteberufs wie Therapeuten, Krankengymnasten oder Sonderschullehrer wurden miteinbezogen in das Konzept der gemeinsamen Behandlung.[40] Die wissenschaftliche Debatte differenzierte sich weiter aus, mehr Professionen kamen zusammen, um zu diskutieren und zu entscheiden. Und so war es für eine eigens einberufene Dysmelie-Arbeitsgruppe nicht mehr die Frage, wie es zu den Nebenwirkungen kam, sondern wie mit ihnen umgegangen werden musste.[41] Dies war auch auf die zunehmende Beteiligung von Laien zurückzuführen, von Müttern und Vätern, die sich an der Behandlung ihrer Kinder – auch als bewusstes Konzept aus dem medizinischen Bereich – beteiligten.[42] Die Ärzteschaft reagierte somit auf Impulse, die von außen kamen.

39 Vgl. Gleiss, Analyse, 1964; Petersen, Thalidomid, 1962, S. 755; Lenz/Knapp, Thalidomid-Embryopathie, 1962, S. 1236; Lenz, Contergan, 1962, S. 159. Vgl. Thissen, Extremitätenmißbildungen, 1962; [ohne Autor], Contergangrän, 1962 (Exemplar in: BArch, B 189, Nr. 11731, Bl. 70). Schließlich wurde Widukind Lenz im medizinischen Netzwerk wie auch später im Prozess scharf kritisiert, siehe dazu Daemmrich, Tale, 2002, S. 141–142.

40 Zu Beginn bestand die Arbeitsgemeinschaft nur aus wenigen Orthopäden. Vgl. Bericht über die 1. Sitzung der Dysmelie-Arbeitsgemeinschaft in Nordrhein-Westfalen am 4. April 1962 in Dortmund, S. 2–3.

41 Siehe dazu: Programm der 3. Dysmelie-Arbeitstagung am 24. und 25. Juni 1966 im Festsaal der Orthopädischen Heil- und Lehranstalt Annastift, Hannover-Kleefeld, veröffentlicht im Auftrag des Bundesministeriums für Gesundheitswesen, Dezember 1967, S. 6–10; Bericht über die 5. Sitzung der Dysmelie-Arbeitsgemeinschaft in Nordrhein-Westfalen am 6. Februar 1963, S. 43.

42 Siehe zum Konzept der Mutter als Ko-Therapeutin Bösl, Politiken, 2009, beispielhaft S. 143, 315–316. Beispiele für organisierte Elternvertretungen, die sich auch in politische Debatte einschalteten, sind der *Verband deutscher Vereine zur Förderung und Betreuung spastisch gelähmter Kinder e. V.* in Düsseldorf, die *Lebenshilfe für das geistig behinderte Kind e. V.* in Marburg an der Lahn, die *Arbeitsgemeinschaft der Elternvertreter deutscher Taubstummenanstalten und Gehörlosenschulen e. V.* in Hamburg und der *Bundesverband der Eltern körpergeschädigter Kinder – Conterganskinder-Hilfswerk* – in Menden im Sauerland. Siehe dazu BArch, B 136, Nr. 5243.

Doch die Streitigkeiten innerhalb der Fachwissenschaft, ob der Wirkstoff des Medikaments die Nebenwirkungen auslöste, ob ein völlig neues Phänomen von Fehlbildungen aufgetreten war oder nicht, blieben virulent.[43] Publikationen der Wissenschaftler konstatierten die Unschlüssigkeit der medizinischen Fachöffentlichkeit. Klare und eindeutige Statements gab es kaum, Stimmen pro und contra fanden sich in allen Fachbereichen. Dies sollte sich auch im sogenannten »Contergan-Prozess« von 1968 bis 1970 in aller Deutlichkeit zeigen. Es war ungewöhnlich, dass ein Medikament und seine Nebenwirkungen so dezidiert in einem öffentlichen Gerichtsverfahren diskutiert wurden. Anklage wie Verteidigung warteten mit angesehenen Wissenschaftlern auf, die ihre Argumente vortrugen. In der Presse wurde das Gerichtsverfahren schon als Hörsaal bezeichnet.[44] Die wissenschaftlichen Befunde trafen nun auf juristische Fragen und Beteiligte, die keineswegs medizinisch geschult waren, wodurch sich die kaum zu bewältigende Herausforderung ergab, die medizinischen-wissenschaftlichen Sachverhalte in Kategorien von Recht und Gerechtigkeit zu übersetzen.

In dem Gerichtsverfahren kam es durch die Verteidigung wie auch durch Aussagen anderer Wissenschaftler zu einer Unterwanderung des Arztes Widukind Lenz, der 1961 mit seinen Verdacht den Stein ins Rollen gebracht hatte. Auch hier wurde deutlich, dass er als wissenschaftliche Persönlichkeit wenig Rückendeckung erhielt und seine Wissenschaftlichkeit angezweifelt wurde. Das medizinische System hatte ihm seine öffentlichkeitswirksamen Auftritte noch nicht vergessen. Lenz wurde schließlich als Gutachter aus dem Verfahren ausgeschlossen. Lenz Untersuchungen, die beweisen sollten, dass das Thalidomid verantwortlich war, schienen nicht unabhängig, sein Kontakt zu Geschädigten nicht neutral genug. Die wissenschaftliche Kritik musste sich hier dem juristischen Urteil beugen.

Fazit

Der wissenschaftliche Blick auf ein medizinisches Problem war in den 1950er und 1960er Jahren ein nach innen gerichteter Blick: auf Kollegen und andere Fachwissenschaftler, mit denen man im persönlichen oder wissenschaftlichen Austausch stand. Ein Blick, der für den Sehenden nicht isoliert, für den Betrachter von außen jedoch undurchsichtig war. Die Fachwissenschaften hatten eine Mauer der wissenschaftlichen Profession und Reputation um sich gezogen, der es nicht erlaubt war, für Außenstehende durchlässig zu sein. Die Debatten über

43 Vgl. FREITAG, Contergan, 2005, S. 39, 46.

44 Vgl. »Gelehrtenstreit um Contergan«. In: Nordwest-Zeitung, 04.07.1968; »Streitgespräche, die kaum einer versteht«. In: Frankfurter Neue Presse, 06.07.1968. Exemplare in: LAV NRW R, Gerichte Rep. 139, Nr. 313, Bl. 271, 277.

medizinische Probleme und Nebenwirkungen von Medikamenten waren elitär, zugangsbeschränkt und keineswegs offen. Die Fachwissenschaft agierte nach für sie bekannten Regeln der wissenschaftlichen Abschottung, da nur sie allein das Problem, das Phänomen und deren Tragweite abschätzen und bewältigen konnte. Die ärztliche Autorität war in diesem System unantastbar.

Meldungen über Nebenwirkungen verblieben in dem System, mehr noch, diese wurden zunächst nicht einmal mit den Kollegen, sondern nur mit der Herstellerfirma geteilt. Doch die Verschleierungen und Verzögerungen durch die Firma führten zu einem zunehmenden Austausch innerhalb der Professionen – der Neurologie, der Humangenetik, der Orthopädie. Und somit referierten und diskutierten Kollegen gemeinsam über das kaum fassbare, über einen rapiden Anstieg von neuropathischen Erkrankungen und Fehlbildungen bei Neugeborenen. Diese Debatten blieben in ihren Fächern zunächst isoliert, eine Verbindung zwischen den neuropathischen Erscheinungen und den Fehlbildungen zog bis 1961 niemand. Doch diese Debatten erhöhten den Druck: auf die Herstellerfirma und die Behörden. Dass es schließlich zu einer Verzahnung der wissenschaftlichen Diskussionen kam und mehr noch, diese nach außen, in die nichtmedizinische Öffentlichkeit getragen wurden – war eine Herausforderung für das wissenschaftliche System. Denn nun musste man sich nicht nur über Fachgrenzen hinaus vernetzen, sondern auch den Anfragen von nichtmedizinischen Personen entgegensehen, musste sich ihren Fragen und Ängsten stellen, die die eigene Arbeit umso mehr erschwerten.

Für den konkreten Ablauf und das Ausmaß des Falles Contergan waren diese medizinisch-wissenschaftlichen Standeskonventionen von erheblicher Bedeutung. Denn sichtbar wurden die Nebenwirkungen zunächst nur für den Hersteller und einzelne medizinische Akteure. Für die Mehrzahl der medizinischen, pharmazeutischen und politischen Akteure – von den Konsumenten gar nicht erst zu sprechen – blieb die Einsicht in Nebenwirkungen verwehrt, was es erheblich erschwerte, notwendige Schritte einzuleiten, um weitere Schäden durch Contergan zu vermeiden. Wenngleich diese Konventionen nicht nur Contergan betrafen, war Contergan aber insoweit ein Sonderfall, als durch die energische Verschleierungstaktik der Firma, die große Verbreitung des Mittels und die Schwere der Schädigungen mehreren Ärzten ein Abwarten medizinisch wie auch moralisch nicht mehr tragbar erschien, weshalb sie die diskursiven Spielregeln ihrer Zunft brachen.

Doch die wissenschaftliche Debatte über die Nebenwirkungen, die sich immer weiter ausdifferenzierten, kam auf keinen gemeinsamen Nenner. Und so entwickelten sich unterschiedliche Erklärungsmodelle und Vertreter wurden Namensgeber für ein neues oder ein bekanntes Phänomen. Diese Uneinigkeit in der wissenschaftlichen Debatte stand konträr zu der öffentlichen Meinung, die das Medikament Contergan bereits kurz nach Bekanntwerden der Vermutungen für die Nebenwirkungen verantwortlich machte. Und so musste die wissenschaftliche Gemeinschaft nicht nur ihre Differenzen innerhalb der eigenen Zunft aushandeln, sondern sich auch gegen die öffentliche Meinung durchsetzen, die es an der wissenschaftlichen Komplexität vermissen ließ. Dies zeigte sich im Gerichtsprozess wie an kaum einer anderen Stelle. Und so differenzierte sich die wissenschaftliche Debatte weiter aus, es gab Zusammentreffen unterschiedlichster medizinischer Professionen, die gemeinsam an Erklärungen oder Behandlungskonzepten weiterarbeiteten. Und so ging die Debatte weiter.

Quellen und Literatur

Archive

Landesarchiv Nordrhein-Westfalen, Abteilung Rheinland (LAV NRW R)
Bundesarchiv (BArch)

Zeitungen, Nachrichtenmagazine und Fachperiodika

Bremer Nachrichten
Der Spiegel
Der Tagesspiegel
euromed
Frankfurter Neue Presse
Neue Illustrierte
Nordwest-Zeitung
Pharmazeutische Zeitung
Süddeutsche Zeitung
Welt am Sonntag
Welt der Arbeit

Amtliche Drucksachen

Deutscher Bundestag, Drucksachen

Literatur

[ohne Autor], Das Contergangrän. Schlafen Protestantinnen schlechter? In: euromed (1962), ohne Seite.

Bay, Eberhard, Der Arzneimittelmißbrauch des »modernen Menschen«. In: Deutsche Medizinische Wochenschrift 85 (1960), S. 1676–1680.

Bericht über die 1. Sitzung der Dysmelie-Arbeitsgemeinschaft in Nordrhein-Westfalen am 4. April 1962 in Dortmund.

Bericht über die 5. Sitzung der Dysmelie-Arbeitsgemeinschaft in Nordrhein-Westfalen am 6. Februar 1963.

Blasiu, Augustin P., Erfahrungen mit Contergan in der Frauenheilkunde. In: Medizinische Klinik 53/18 (1958), S. 800.

Bösl, Elsbeth, Politiken der Normalisierung. Zur Geschichte der Behindertenpolitik in der Bundesrepublik Deutschland. Bielefeld 2009.

Daemmrich, Arthur, A Tale of two Expertes: Thalidomide and Political Engagement in the United States and West Germany. In: Social History of Medicine 15 (2002), S. 137–158.

EBERHARDT, WOLFGANG, Gibt es harmlose Arzneimittel? In: Pharmazeutische Zeitung 105 (1960), S. 1365–1370.

ESSER, HEINZ/FRANZ HEINZLER, Klinische Erfahrungen mit einem neuen Sedativum und Hypnotikum. In: Therapie der Gegenwart. Monatsschrift für praktische Medizin 95 (1956), S. 374–376.

FREITAG, WALBURGA, Contergan. Eine genealogische Studie des Zusammenhangs wissenschaftlicher Diskurse und biographischer Erfahrungen. Münster/New York 2005.

FRENKEL, HORST, Contergan-Nebenwirkungen. Zentralnervöse Auffälligkeiten und polyneuritische Symptome bei Langzeitmedikation von N-Phthalyl-Glutaminsäure-Imid. In: Die Medizinische Welt Nr. 12 (1961), S. 970–975.

GLEISS, JÖRN, Zur Analyse teratogener Faktoren mit besonderer Berücksichtigung der Thalidomid-Embryopathie. Köln/Opladen 1964.

GROSS, DOMINIK, Nürnberger Kodex. In: CHRISTIAN LENK/GUNNAR DUTTGE/HEINER FANGERAU (Hg.), Handbuch Ethik und Recht der Forschung am Menschen. Berlin/Heidelberg 2014, S. 559–563.

JUNG, HERMANN, Klinische Erfahrungen mit einem neuen Sedativum. In: Arzneimittel-Forschung 6 (1956), S. 430–432.

KIRK, BEATE, Der Contergan-Fall – eine unvermeidbare Arzneimittelkatastrophe? Zur Geschichte des Arzneistoffes Thalidomid. Mit einem Geleitwort von Christoph Friedrich. Stuttgart 1999.

KUNZ, WILHELM/HERBERT KELLER/HEINRICH MÜCKTER, N-Phthalyl-glutaminsäureimid. Experimentelle Untersuchungen an einem neuen synthetischen Produkt mit sedativen Eigenschaften. In: Arzneimittel-Forschung 6 (1956), S. 426–430.

LENHARD-SCHRAMM, NIKLAS, Das Land Nordrhein-Westfalen und der Contergan-Skandal. Gesundheitsaufsicht und Strafjustiz in den »langen sechziger Jahren«. Göttingen 2016.

LENZ, WIDUKIND/KLAUS KNAPP, Die Thalidomid-Embryopathie. In: Deutsche Medizinische Wochenschrift 87 (1962), S. 1232–1242.

LENZ, WIDUKIND, Wirkt Contergan teratogenetisch? In: Hamburger Ärzteblatt (1962), S. 159–160.

LOOS, HELMUT, Klinische Erfahrungen mit dem Schlafmittel Contergan-Forte und dem Tagessedativum Contergan. In: Die Medizinische Welt Nr. 12 (1958), S. 482–483.

MEYER, ULRICH, Von Pille und Pulver zur Tablette. Der Siegeszug der industriellen Arzneimittelherstellung. In: VOLKER KOESLING/FLORIAN SCHÜLKE (Hg.), Pillen und Pipetten. Facetten einer Schlüsselindustrie. Leipzig 2010, S. 70–81.

MITSCHERLICH, ALEXANDER/FRED MIELKE, Medizin ohne Menschlichkeit. Dokumente des Nürnberger Ärzteprozesses. Frankfurt am Main 1960.

MÜLLER-OERLINGHAUSEN, BRUNO, Die Arzneimittelkommission der Deutschen Ärzteschaft. Im Spannungsfeld der Interessen von Ärzteschaft und Pharmazeutischer Industrie – Eine Geschichte von Erfolgen und Niederlagen. In: VOLKER KOESLING/FLORIAN SCHÜLKE (Hg.), Pillen und Pipetten. Facetten einer Schlüsselindustrie. Leipzig 2010, S. 186–201.

PETERSEN, CLAUS E., Thalidomid und Mißbildungen. Beitrag zur Frage der Ätiologie eines gehäuft aufgetretenen Fehlbildungskomplexes. In: Die Medizinische Welt Nr. 14 (1962), S. 753–756.

Programm der 3. Dysmelie-Arbeitstagung am 24. und 25. Juni 1966 im Festsaal der Orthopädischen Heil- und Lehranstalt Annastift, Hannover-Kleefeld, veröffentlicht im Auftrag des Bundesministeriums für Gesundheitswesen. Dezember 1967.

RAFFAUF, HANS JOACHIM, Bewirkt Thalidomid (Contergan) keine Schäden? In: Deutsche Medizinische Wochenschrift 89 (1961), S. 935–938.

SCHEID, WERNER u.a., Polyneuritische Syndrome nach längerer Thalidomid-Medikation. In: Deutsche Medizinische Wochenschrift 86 (1961), S. 938–940.

Schober, W., Wirkung und Anwendungsmöglichkeiten des Glutaminsäurederivates Contergan. In: Wiener Medizinische Wochenschrift 108 (1958), S. 869–870.

Stärk, Getrud, Klinische Erfahrungen mit dem Sedativum K 17 in der Lungenheilstätte und der allgemeinen Praxis. In: Praxis: Schweizer Rundschau für Medizin 42 (1956), S. 966–968.

Steinmetz, Willibald, Ungewollte Politisierung durch die Medien? Die Contergan-Affäre. In: Bernd Weisbrod (Hg.), Die Politik der Öffentlichkeit – die Öffentlichkeit der Politik. Politische Medialisierung in der Geschichte der Bundesrepublik. Göttingen 2003, S. 195–228.

Thissen, Erich, Extremitätenmißbildungen. Untersuchungen und Behandlungsmöglichkeiten. In: Münchener Medizinische Wochenschrift 104 (1962), S. 2282–2288.

Walkenhorst, Alfred, Das hypnotisch und sedativ wirkende N-Phthalyl-Glutaminsäure-Imid als geeignetes Provokationsmittel bei hirnelektrischen Untersuchungen. In: Wiener klinische Wochenschrift 69 (1957), S. 334–339.

Sabine Mecking

Von der Gesundheitsabteilung zum Gesundheitsministerium

Politik und Verwaltung des öffentlichen Gesundheitswesens im Spiegel des Contergan-Skandals

In den ersten drei Nachkriegsdekaden veränderte sich Westdeutschland von Grund auf – in der gesellschaftlichen Verfassung, in der Zusammensetzung der Eliten und nicht zuletzt in der Bereitschaft zum Experiment. Mit Begriffen wie »Reformzeit« oder »Dynamische Zeiten« weisen zahlreiche Publikationen auf weitreichende wirtschaftliche, politische und gesellschaftliche Veränderungsprozesse in der Bundesrepublik hin.[1] Insbesondere die »langen sechziger Jahre« zwischen 1958 und 1974 – also die Zeit, in der der Contergan-Skandal zu verorten ist – gelten dabei als Zeit des beschleunigten Wandels, wenngleich die regionale und sektorale Ungleichzeitigkeit dieser Veränderungen unterstrichen werden muss. Zur Signatur dieser Jahre gehörten die Expansion der administrativen Infrastruktur und damit einhergehend die zur Dienstleistungsgesellschaft sich öffnende Beschäftigungsstruktur, aber auch der generationsbedingte Wechsel der Eliten. Gleiches gilt für einen zunehmenden Wohlstand für breite Bevölkerungskreise, die daraus resultierende Ausbildung neuer Lebensstile, den Ausbau des Bildungssystems sowie einen neu zu vernehmenden Anspruch auf Mitsprache und Teilhabe in allen gesellschaftlichen Bereichen.[2]

Prosperitätserwartungen und Fortschrittsoptimismus waren mit einer Planungs- und Expertengläubigkeit verbunden. Dies führte auch zu einer Verwissenschaftlichung von Politik und Verwaltung; sichtbares Zeichen dafür waren unter anderem der Ausbau der Bundes- und Landesstatistik und der Politikberatung. Expertengremien und -voten spielten angesichts der gestiegenen Komplexität der Folgenabschätzung von technischen Innovationen und gesellschaftlichen Entwicklungen ab Mitte der 1960er Jahre eine immer größere Rolle in der politischen Entscheidungsfindung.[3] Die Erwartungen der Bürger an den Staat

1 Calliess, Reformzeit, 2004; Schildt/Siegfried/Lammers, Dynamische Zeiten, 2003; Frese/Paulus/Teppe, Demokratisierung 2005. Siehe weiter Prinz, Gesellschaftlicher Wandel, 2007; Herbert, Wandlungsprozesse, 2002; sowie: Archiv für Sozialgeschichte 44 (2004), Rahmenthema: Die Siebzigerjahre. Gesellschaftliche Entwicklungen in Deutschland.

2 Wehling, Eliten, 1990.

3 Rudloff, Verwissenschaftlichung, 2004; Hascher, Politikberatung, 2006, S. 221–290; Fisch/Rudloff, Experten, 2004; Metzler, Ende, 2002, S. 79–81.

und seine Verwaltung wandelten sich ebenfalls. Ging es in der frühen Nachkriegszeit noch darum, dass Bürger staatliche Hilfe in existenziellen Notsituationen erhofften, veränderte sich die Einstellung in den nachfolgenden Jahrzehnten. Die Bevölkerung erwartete nun zunehmend allgemeine Unterstützung in verschiedenen Lebenslagen und war auch immer häufiger bereit, dies lautstark einzufordern.[4] Im öffentlichen Gesundheitswesen bedeutete dies, dass neben den Bereichen der traditionellen Medizinalpolizei[5] die Sozial- und vor allem auch die Gesundheitsfürsorge erheblich an Bedeutung gewannen. Die Gesundheitsfürsorge richtete sich immer stärker an individualmedizinischen Konzepten aus und ging mit dem Ausbau der Krankenversicherung und einem zunehmenden Leistungskatalog einher.

Im Folgenden stehen die zeitgenössischen Rahmenbedingungen des Contergan-Skandals in Politik und Ministerialverwaltung im Mittelpunkt. Es wird nach der politischen Relevanz und der institutionellen Verortung des Bereichs »Öffentliche Gesundheit« in den ersten drei Nachkriegsjahrzehnten gefragt. Von Interesse ist die Bedeutung, die dem öffentlichen Gesundheitswesen auf landespolitischer und ministerieller Ebene im Vergleich zu anderen Politik- und Arbeitsfeldern beigemessen wurde. Um Antworten auf diese Fragen zu finden, werden zunächst die ministerielle Anbindung der obersten Gesundheitsbehörde sowie das spätere Aufgabenspektrum des »Gesundheitsministeriums« dargelegt. Nicht zuletzt an den Bezeichnungen der Ministerien als oberste Fachbehörden des Landes lassen sich politische Konjunkturen, die Wertigkeit von Aufgaben- und Tätigkeitsfeldern oder überhaupt die Wahrnehmung von gesellschaftlichen Herausforderungen ablesen.

Aufbau und Arbeitsabläufe der Ministerien sind durch die Grundsätze des Hierarchieprinzips und der Sachzuständigkeit bestimmt. Ein Ministerium gliedert sich nach der Leitungsebene in Abteilungen und ihnen nachgeordnete Gruppen und Referate. Der vorliegende Beitrag nimmt dabei besonders die Ressortleitung in den Fokus. Wer verantwortete als Minister das öffentliche Gesundheitswesen in seinem Geschäftsbereich? Und über welche Vorerfahrungen und Kenntnisse verfügten diese Ressortchefs und Regierungsmitglieder? Die Darstellung der konkreten internen Entscheidungsabläufe innerhalb der Ministerien rücken in diesem Kontext in den Hintergrund.[6] Um auch der auf Landesebene und innerhalb der Bevölkerung allgemein beigemessenen politischen Relevanz des Gesundheitssektors in jenen Jahren auf die Spur zu kommen, werden im Folgenden auch die im Landtagswahlkampf als entscheidungsrelevant markierten Themen, die einen ersten Indikator für den Stellenwert

4 Mecking, Bürgerwille, 2012.

5 Möller, Medizinalpolizei, 2005.

6 Siehe hierzu Lenhard-Schramm, Land, 2016; Rauschmann/Thomann/Zichner, Contergankatastrophe, 2005; Steinmetz, Ungewollte Politisierung, 2003; Kirk, Contergan-Fall, 1999.

des Themas »Gesundheit« bilden, kursorisch skizziert. Der Beitrag schließt mit resümierenden Bemerkungen.

Staatliche Arzneimittelaufsicht und das Arzneimittelgesetz

Die heute im deutschen Handel erhältlichen Arzneimittel haben alle ein nationales bzw. europaweites öffentlich-rechtliches Zulassungsverfahren durchlaufen, in dem die gesundheitlichen Risiken eines Medikaments erfasst und bewertet werden. Die entsprechenden Zulassungen, Prüfungen und Bewertungen werden in Deutschland von Bundesbehörden wie dem Bundesinstitut für Arzneimittel und Medizinprodukte in Bonn und dem Paul-Ehrlich-Institut, dem Bundesinstitut für Impfstoffe und biomedizinische Arzneimittel in Langen, vorgenommen. Als selbstständige Bundesoberbehörden sind sie dem Geschäftsbereich des Bundesministeriums für Gesundheit zugeordnet. Auf europäischer Ebene koordiniert die European Medicines Agency in London die Genehmigungen. Um die Gesundheitsgefahren, die mit Arzneimitteln und medizinischen Produkten verbunden sind, zu erkennen und abzuwehren, arbeiten heute – von Ärzten, Chemikern und Biologen über Juristen und Verwaltungsmitarbeiter – allein im Bundesinstitut für Arzneimittel und Medizinprodukte weit mehr als tausend Personen.[7]

Auf der Grundlage des Gesetzes über den Verkehr mit Arzneimitteln (Arzneimittelgesetz) von 1976 werden Medikamente genehmigt und zugelassen. Die Prüfung bezieht sich auf die Wirksamkeit, die Unbedenklichkeit und die pharmazeutische Qualität der Produkte. Auch nach den vorgeschriebenen klinischen Studien und der Zulassung endet die Zuständigkeit der staatlichen Arzneimittelaufsicht nicht. Sie hält im Rahmen der Arzneimittelsicherheit die nach der Markteinführung mit dem vielfachen Konsum erst auffällig gewordenen Nebenwirkungen nach und bewertet diese, um gegebenenfalls weitere Schutzmaßnahmen zu ergreifen.[8] Zuvor war bereits im August 1961 ein erstes Arzneimittelgesetz ergangen, also genau zu der Zeit, als sich die schwer gesundheitsschädigenden Nebenwirkungen von Contergan bzw. des Wirkstoffs Thalidomid immer deutlicher abzeichneten und der Hersteller sein Produkt schließlich aus dem Handel nahm. Bis dahin bestanden lediglich einige (rechtlich umstrittene) Verordnungen und Vorgaben auf Bundes- und Landesebene, ein umfassendes und übergreifendes Gesetz existierte – anders als in anderen Ländern Europas – nicht.[9]

7 Siehe die Homepages der Institute: *http://www.bfarm.de* und *http://www.pei.de* [28.02.2017]. Der Mediziner und Nobelpreisträger Paul Ehrlich war der erste Direktor des nach ihm benannten Instituts (bis 2009 Bundesamt für Sera und Impfstoffe).

8 Stapel, Arzneimittelgesetze, 1988.

9 Lenhard-Schramm, Land, 2016, S. 100–134, Friedrich/Müller-Jahncke, Geschichte, 2005, S. 527, 535–539.

Mit dem vierten Kabinett der christlich-liberalen Bundesregierung Konrad Adenauers wurde 1961 erstmals ein separates Bundesministerium für Gesundheitswesen eingerichtet (davor firmierte die oberste Bundesgesundheitsbehörde als Abteilung IV im Bundesministerium des Innern). Acht Jahre später integrierte die sozialliberale Koalition unter Bundeskanzler Willy Brandt das Gesundheitswesen in das Bundesministerium für Familie und Jugend. Das neue Ministerium hieß fortan Bundesministerium für Jugend, Familie und Gesundheit. Nach mehreren Umstrukturierungen und Neuzuschneidungen von Aufgaben- und Tätigkeitsfeldern wurde 1991 wieder ein separates Bundesministerium für Gesundheit ausgewiesen, das rund zehn Jahre später um den Bereich »Soziales« (Renten- und Pflegeversicherung) erweitert wurde. Die auch gegenwärtig verwendete einfache und klare Ausweisung als Bundesministerium für Gesundheit unterstreicht unmissverständlich die große Bedeutung des Gesundheitssektors und der medizinischen Fürsorge- und Kontrollaufgaben in der heutigen Zeit.[10] Dabei kommt dem Bereich der Gesetzgebung (Erarbeitung von Gesetzesentwürfen etc.) eine zentrale Funktion zu. Die Relevanz des Themas würde heute niemand in Politik, Wirtschaft und Gesellschaft ernsthaft bestreiten können. Vor diesem Hintergrund mag es verwundern, dass vor 1961 kein deutschlandweites Arzneimittelgesetz und kein separates Gesundheitsministerium existierten.

Als 1957 die Firma Chemie Grünenthal Contergan als Beruhigungs- und Schlafmittel in den Markt einführte, waren die Bestimmungen für die Produktion und Genehmigung von Arzneimitteln und medizinischen Produkten vergleichsweise lax und nicht einheitlich geregelt. Letztlich oblag es den Pharmaunternehmen, ob und mit welchen Methoden sie ihre Produkte vor der Markteinführung prüften. Dies änderte auch das 1961 ergangene erste Arzneimittelgesetz kaum. Drei Jahre später wurde das Gesetz dahingehend novelliert, dass neue Medikamente nun grundsätzlich drei Jahre verschreibungspflichtig waren. Auf diese Weise sollten unvorhergesehene Nebenwirkungen früher erkannt werden. Erstmals wurde auch definiert, welche Anforderungen die Pharmaunternehmen zu erfüllen hatten, um Arzneimittel und medizinische Produkte behördlich zulassen zu können. Doch erst das Arzneimittelgesetz von 1976 führte ein echtes Zulassungsverfahren für Arzneimittel ein. Medikamentenhersteller hatten nun die Qualität, Wirksamkeit und Unbedenklichkeit ihrer Produkte nachzuweisen. Es wurde ein Kontrollsystem etabliert, das Arzneimittelrisiken bundesweit registrierte.[11]

10 Siehe Homepage des Ministeriums *https://www.bmg.bund.de* [01.03.2017]; sowie Bundesministerium für Gesundheit, Gesundheit, 1997.

11 Stapel, Arzneimittelgesetze, 1988, S. 247–251; 336–342; Friedrich/Müller-Jahncke, Geschichte, 2005, S. 535–539.

Die Verhältnisse in Nordrhein-Westfalen

Pharmaunternehmen, die in den späten 1940er und 1950er Jahren ein Medikament entwickelten und in den Handel bringen wollten, wandten sich an die jeweiligen Landesregierungen in den Bundesländern, um dort die Zulassung zu erhalten. Bei der Frage nach der Verankerung des Ressorts »Gesundheit« rücken im Folgenden die Verhältnisse in Nordrhein-Westfalen in den Fokus. Nordrhein-Westfalen ist nicht nur das bevölkerungsreichste und am dichtesten besiedelte Bundesland, sondern es ist auch das Land, in dem das Stolberger Unternehmen Grünenthal seinen Firmensitz hat.[12]

Die frühen Wurzeln des heutigen Ministeriums für Gesundheit, Emanzipation, Pflege und Alter des Landes Nordrhein-Westfalen (MGEPA)[13] gehen unter anderem auf die in der Weimarer Republik gegründeten preußischen Ministerien für Volkswohlfahrt und für Handel und Gewerbe zurück, die die bis dahin in verschiedenen Ressorts verorteten Aufgaben- und Tätigkeitsbereiche der Volksgesundheit, der allgemeinen Fürsorge, der Jugendwohlfahrt und des Wohnungs- und Siedlungswesens institutionell bündelten. Mit der »Gleichschaltung« der Länder im NS-Regime ging eine »Verreichlichung« der Gesundheitspolitik einher.[14] Nach dem Zusammenbruch der NS-Herrschaft übernahmen dann zunächst die auf der mittleren, regionalen Ebene agierenden Provinzialregierungen und Oberpräsidenten im nördlichen Rheinland und in Westfalen die Aufgaben der Gesundheits- und Sozialverwaltung. In der Nord-Rheinprovinz waren organisatorisch die Abteilungen Volkswohlfahrt und Öffentliche Gesundheit zuständig. In Westfalen war es das Generalreferat für Wohlfahrt, in dem der Bereich »Öffentliche Gesundheit« integriert war.[15]

Mit der Gründung das Landes Nordrhein-Westfalen im August 1946 gingen die meisten der mit dem öffentlichen Gesundheitswesen verbundenen Aufgaben auf das neu geschaffene Sozialministerium über, ein kleinerer Teil wurde dem neuen Arbeitsministerium zugeteilt. Die Volkspflege und Volksfürsorge gehörten zum Geschäftsbereich des Sozialministeriums. Insgesamt, so Horst Romeyk in seiner *Kleinen Verwaltungsgeschichte Nordrhein-Westfalens*, sei das Sozialministerium zu dieser Zeit gewissermaßen ein »Zufallsprodukt« gewesen, das »relativ wenig echte Ministerialaufgaben« hatte, sondern vor allem Aufgaben bündelte, die zuvor von den höheren Kommunalverbänden wahrgenom-

12 Zur Gesundheitsverwaltung in Nordrhein-Westfalen Woelk, Gesundheit, 2001. Allgemein zur Behörden- und Verwaltungsstruktur in Nordrhein-Westfalen (NRW) grundlegend Romeyk, Verwaltungsgeschichte, 1988.

13 Siehe Homepage des MGEPA: *http://www.mgepa.nrw.de* [01.03.2017].

14 Siehe hierzu Woelk/Vögele/Fehlemann, Geschichte, 2002; Süss, Volkskörper, 2003; Vossen, Gesundheitsämter, 2001.

15 Woelk, Geschichte, 2002; Romeyk, Verwaltungsgeschichte, 1988, S. 170.

men worden waren. Das Sozialministerium umfasste 1948 drei Hauptabteilungen. Neben der Abteilung I für Organisation, Verwaltung und Finanzen existierte die Abteilung II für öffentliches Gesundheitswesen mit den Bereichen »Gesundheitspflege und Fürsorge«. Das Kerngeschäft des Ministeriums wurde jedoch von der dritten Abteilung mit dem Arbeitsbereich »Volkswohlfahrt« bestimmt. Zu diesem Arbeitsbereich gehörte sowohl die allgemeine Volkswohlfahrt als auch die Wohlfahrt einzelner Gruppen, wie Jugendliche, Kriegsopfer oder Opfer des Nationalsozialismus.[16]

Gleichwohl waren in den ersten Nachkriegsmonaten und -jahren angesichts der mangelnden Versorgung der Bevölkerung mit Nahrungsmitteln und Brennstoffen sowie der allgemeinen Wohnungsknappheit in den städtischen Ballungszentren die Fragen und Probleme des öffentlichen Gesundheitswesens, der sozialen Hygiene,[17] der Gesundheitspflege und Gesundheitsfürsorge präsent. Als eine Reaktion auf die drückenden Zustände dieser Zeit des Mangels und der allgemeinen Not wurde dem Sozialministerium Anfang 1948 ein Landesgesundheitsrat zu Seite gestellt, in dem unter der Leitung des Sozialministers zentrale Herausforderungen des Gesundheitswesens im Kreis von Ärzten, Wissenschaftlern, Apothekern, Politikern, Geistlichen etc. diskutiert wurden. Für die konkrete Arbeit kam diesem Beratungsgremium jedoch letztlich nur eine untergeordnete Rolle zu.[18]

Mit der Gründung der beiden Landschaftsverbände Rheinland und Westfalen-Lippe im Jahre 1953 ergaben sich erneut gravierende Organisationsveränderungen. In Anlehnung an preußische Traditionen und die Arbeit der Provinzialverbände fiel ein erheblicher Teil der Aufgaben des Sozialministeriums wieder an die höheren Kommunalverbände. Beim Land verblieben die Bereiche »Volks- und Jugendwohlfahrt« (Fachabteilung III) und »Vertriebene, Flüchtlinge, Ausländer, Heimatlose und Kriegsgeschädigte« (Fachabteilung IV) sowie Teile des Gesundheitswesens (Fachabteilung II).[19] Insbesondere die Gesundheitsabteilung galt in jener Zeit als »›Spielball‹ der Verwaltungsreform«.[20] Zunächst wurden die Ressorts »Soziales, Arbeit und Wiederaufbau« fusioniert. Der letztgenannte Arbeitsbereich wurde nur ein Jahr später im Zuge der neuen Regierungsbildung wieder in ein eigenes Ministerium überführt, was die zeit-

16 Organisationsplan Sozialministerium NRW, Stand: 1949. In: Landesarchiv Nordrhein-Westfalen, Abteilung Rheinland, Duisburg (LAV NRW R), NW G, Nr. 649; Romeyk, Verwaltungsgeschichte, 1988, S. 170–172, Zitate S. 172.

17 Siehe hierzu auch Schagen/Schleiermacher, Sozialhygiene, 2005; Trüb, Terminologie, 1978.

18 Sons, Gesundheitspolitik, 1983, S. 73–74; Romeyk, Verwaltungsgeschichte, 1988, S. 175; siehe weiter Lindner, Gesundheitspolitik, 2004.

19 Weisser, Landesgründung, 2012; Romeyk, Verwaltungsgeschichte, 1988, S. 172–173. Die Landschaftsverbände sind auch heute noch zuständig für die Bereiche Psychiatrie, Landesjugendämter, »Behinderteneinrichtungen« und Jugendfürsorge.

20 Woelk, Gesundheit, 2001, S. 299–301, Zitat S. 299.

genössischen Anforderungen und Anstrengungen in diesem Bereich unterstreicht. Das »Dreier-Ministerium« habe unterschiedliche Aufgaben gebündelt, die aber – so räumte Ministerpräsident Arnold ein – aufgrund ihres unterschiedlichen Wesens und des steten Aufgabenzuwachses besser getrennt zu bearbeiten seien.[21] Dem Gerücht, dass in diesem Zusammenhang die Gesundheitsabteilung aufgelöst werden sollte, wurde seitens der Landesregierung vehement widersprochen. Ebenso wenig bestand allerdings der Plan, »Gesundheit politisch aufzuwerten« und ein separates Gesundheitsministerium einzurichten.[22] Das Arbeits- und Sozialministerium verfügte 1954 neben dem Medizinalwesen (III) über vier weitere Abteilungen: Allgemeine Verwaltung, Haushalt (Z), Sozialversicherung, Kriegsopferversorgung (I), Arbeitsrecht, Gewerbeaufsicht (II) und die Volks- und Jugendwohlfahrt (IV).[23]

Anfang des Jahres 1955 erfolgten weitere Umstrukturierungen. Das Gesundheitswesen wurde auf Kabinettsbeschluss dem Geschäftsbereich des Innenministeriums als Abteilung VI zugeordnet.[24] Begründet wurde diese Neuorganisation mit »personellen Spannungen innerhalb der Gesundheitsabteilung im Arbeits- und Sozialministerium« sowie mit »besonderen Zusammenhängen« zwischen Gesundheitsabteilung, Kommunalaufsicht, Polizei und Ordnungsverwaltung. Das Argument unterstrich besonders die polizeiliche Aufsichtsfunktion des Gesundheitswesens, der Aspekt der Fürsorge trat diesbezüglich zurück. Des Weiteren wurde auf Verhältnisse außerhalb Nordrhein-Westfalens verwiesen, wonach in fünf Bundesländern und im Bund das Gesundheitswesen im Innenministerium verankert war. Franz Meyers rechtfertigte als Innenminister die Neuorganisation letztlich dadurch, dass die Tätigkeit der Gesundheitsabteilung »in der Hauptsache Verwaltungsarbeit« sei.[25]

Mit der Reform waren jedoch nicht alle Arbeitsbereiche übertragen worden, so dass wiederum nicht alle Aufgaben des öffentlichen Gesundheitswesens in einer Abteilung vereint waren. Die öffentliche Fürsorge, die Krankenhausfinanzierung, die Gewerbehygiene und Gewerbemedizin etc. verblieben im Ressort des Arbeits- und Sozialministers. Die Diskussionen um die Gesundheitsabteilung spiegelten sozial- und gesundheitspolitische Veränderungen in der frühen Bundesrepublik. Der tradierte, grundsätzliche Positionskampf im Gesundheitswesen zwischen sozialfürsorgerischen und medizinalpolizeilichen Konzepten wurde in Zeiten eines zunehmend individualmedizinisch orientierten Gesundheitswesens von Fragen nach der Zuständigkeit, Struktur und Umsetzung der

21 Landtag NRW, 3. Wahlperiode, Stenographischer Bericht der Sitzung vom 27.07.1954, Bd. 1/7. Zit. nach Woelk, Gesundheit, 2001, S. 330.

22 Woelk, Gesundheit, 2001, S. 333.

23 Romeyk, Verwaltungsgeschichte, 1988, S. 172–173.

24 Bekanntmachung des Innenministers NRW vom 20.01.1955. In: MBl. NRW 1955, S. 125.

25 Woelk, Gesundheit, 2001, S. 330–340, Zitate S. 335, 337.

Gesundheitspolitik überlagert.[26] Während die öffentliche Gesundheitsvorsorge in der Weimarer Republik noch in hohem Maße kommunal organisiert war, wurde nach 1945 hieran nur noch partiell angeknüpft. Anders als in den 1920er und 1930er Jahren galt die Förderung der öffentlichen Gesundheitsvorsorge nach 1945 in vielerlei Hinsicht als nachrangig. Zentrale Fragen des Gesundheitswesens schienen in der frühen Bundesrepublik vor allem auch mit dem Bedeutungszuwachs der Krankenversicherung und der Ausweitung ihres Leistungssystems geklärt zu sein.[27]

Die Gesundheitsabteilung blieb bis 1970 im Innenministerium neben den Abteilungen Verfassung und Verwaltung (I), Beamten- und Personalangelegenheiten (II), Kommunalaufsicht (III), Öffentliche Sicherheit bzw. Polizei (IV) und Sonderaufgaben (Wiedergutmachung etc.) (V) verortet.[28] Existierte damit auch noch kein eigenes Landesgesundheitsministerium, so oblag der Gesundheitsabteilung des Innenministeriums die Kontrolle des Gesundheits- und Medikamentenwesens. Die oberste Landesgesundheitsbehörde blieb im Vergleich zu dem weit gespannten Aufgabenfeld aber vorerst relativ klein. Die Gesundheitsabteilung bestand im Dezember 1955 aus insgesamt sieben Referaten, die auf zwei Gruppen verteilt waren. Zu den 17 Planstellen für Ministerialbeamte und -angestellte kamen noch einige Bürokräfte.[29] Die Abteilung vergrößerte sich zwar in der Folgezeit, dies aber nur langsam. Als Contergan im November 1961 vom Markt genommen wurde, bestand die Abteilung aus drei Gruppen, die zusammen acht Referate bildeten, in denen insgesamt 27 Beamte und Angestellte sowie einige Bürokräfte ihren Dienst verrichteten.[30] Die oberste Gesundheitsbehörde blieb mit Blick auf das Aufgabengebiet also relativ klein. Gruppe A war für die Gesundheitsaufsicht zuständig und damit für die Aufsicht über die Gesundheitsämter und Heilberufe, über die Krankenhäuser, den medizinischen Zivil- und Katastrophenschutz und über das Arzneimittel-, Apotheken- und Lebensmittelwesen. Gruppe B oblag die Allgemeine und Sozialhygiene, worunter zum Beispiel die Medizinal- und Lebensmittelhygiene, die Gesundheitspflege und -fürsorge, der Seuchenschutz und die medizinische Statistik fielen. Gruppe C bearbeitete das Gesundheitsrecht, also vor allem Gesetzgebungsfragen und die Kammeraufsicht, ferner alle weiteren Rechtsfragen des Gesundheitswesens. Diese Grundstruktur wurde auch nach weiteren fachlichen und organisatorischen

26 Woelk, Gesundheit, 2001, S. 330–340.

27 Fehlemann, Entwicklung, 2002; Weyer-von Schoultz, Vereinigung, 2002; Vossen, Gesundheitsämter, 2001, S. 80–99; siehe weiter Woelk, Gesundheit, 2002, S. 215–289, 398–465.

28 Romeyk, Verwaltungsgeschichte, 1988, S. 173.

29 Geschäftsverteilungsplan Innenministerium NRW, Stand: 24.12.1955. In: LAV NRW R, NW G, Nr. 51.

30 Geschäftsverteilungsplan Innenministerium NRW, Stand: 15.10.1961. In: LAV NRW R, NW G, Nr. 59.

Ausdifferenzierungen in der Folgezeit beibehalten. Im Februar 1968 bestand die Gesundheitsabteilung aus insgesamt zwölf Referaten in zwei Gruppen (die Gruppen A und C waren Mitte der 1960er Jahre vereinigt worden).[31]

Das Innenministerium war aufgrund seiner Zuständigkeit für das Arzneimittelwesen dann auch der zentrale Ansprechpartner für die Firma Chemie Grünenthal, als das Unternehmen am 11. Juni 1956 die Zulassung des neu entwickelten Arzneimittels Contergan beantragte. Da es die heute üblichen Prüfungen im Rahmen der Arzneimittelkontrolle und -sicherheit noch nicht gab, handelte es sich eher um eine behördliche Registrierung als um ein echtes Prüfungs- und Zulassungsverfahren. Keine zwei Monate später erging die Erlaubnis, das Medikament im Handel zu vertreiben. Eine ärztliche Verschreibungspflicht des offensiv als Schlaf- und Beruhigungsmittel beworbenen Medikaments war nicht vorgesehen. Ab Oktober 1957 war das Medikament unter den Bezeichnungen Contergan und Contergan forte im Handel rezeptfrei zu beziehen.[32] Die nach der Markteinführung zunächst vereinzelt zu hörenden Hinweise und dann ab Herbst 1959 sich häufenden Nachrichten über Nebenwirkungen wurden nicht behördlich registriert oder systematisch gesammelt. Die Gesundheitsabteilung befasste sich jedoch mit der Unterstellung von Contergan unter die Rezeptpflicht, die am 31. Juli 1961 wirksam wurde. Knapp vier Monate später zog Grünenthal das Medikament vom Markt zurück.[33] Das Innenministerium reagierte auf den Contergan-Fall mit der Einberufung einer Expertenkommission, der renommierte Mediziner auf dem Gebiet der Kinderheilkunde und Humangenetik angehörten. Dies diente sowohl der »Absicherung von ordnungsbehördlichen oder anderweitigen Verwaltungsmaßnahmen« als auch einer nach außen dokumentierten »Handlungsbereitschaft und Mitwirkung an der Aufklärung« des Falls.[34]

Ministerielle Umstrukturierungen erfolgten erst nach den Landtagswahlen im Jahre 1970, als das Gesundheitswesen wieder dem Ressort Arbeit und Soziales zugeordnet wurde und damit institutionell wieder dort ansässig war, wo es bis 1955 gewesen war.[35] Dieses Mal wies allerdings die Bezeichnung des

31 Organisationsplan Innenministerium NRW, Stand: 20.02.1968. In: LAV NRW R, NW G, Nr. 69.

32 Die Dosis einer Tablette betrug 25 mg, die von Contergan forte 100 mg. Eine Packung Contergan forte mit 30 Tabletten kostete 3,90 DM. Siehe weiter Lenhard-Schramm, Land, 2016, S. 157–172.

33 Friedrich, Contergan, 2005; Thomann, Contergan-Epidemie, 2005; siehe auch die Beiträge von Christoph Friedrich, Anne Crumbach und Niklas Lenhard-Schramm in diesem Band.

34 Lenhard-Schramm, Land, 2016, S. 345–381, Zitat S. 345.

35 Im Dezember 1970 wurde auch das Strafverfahren am Landgericht Aachen gegen die Firma Grünenthal eingestellt. Neun Jahre vorher hatte die Staatsanwaltschaft Aachen ihre Ermittlungen aufgenommen und im März 1967 Klage bei der Strafkammer des Landgerichts Aachen eingereicht. Siehe Lenhard-Schramm, Land, 2016, S. 523–857, Schütze, Schlafmittel, 2001.

Ministeriums auch das Gesundheitswesen aus. Es hieß in alphabetischer Reihung Ministerium für Arbeit, Gesundheit und Soziales. Damit ging mit dem II. Kabinett von Ministerpräsident Heinz Kühn und der Weiterführung der sozialliberalen Koalition der Bereich »Öffentliche Gesundheit« vom Ressort des liberalen Innenministers Willi Weyer in das Ressort des sozialdemokratischen, bisherigen Arbeits- und Sozialministers Werner Figgen über. Diese Neuzuschneidung der Geschäftsbereiche nach den Landtagswahlen 1970 trug dem Bedeutungszuwachs des Öffentlichen Gesundheitswesens in Politik und Gesellschaft Rechnung. Neben den sachlichen Erwägungen und dem Contergan-Skandal war sie aber wohl auch dem Selbstbewusstsein einer dominanten Sozialdemokratie gegenüber dem gespaltenen, etwas »schwächelnden« Koalitionspartner FDP geschuldet.

Gesellschaftliche Entwicklungen und politische Konjunkturen einzelner Aufgaben- und Arbeitsfelder spiegelten sich damit auch auf Landesebene in den Umstrukturierungen der Ressorts.[36] Auffällig ist in der aktuellen Bezeichnung des Ministeriums für Gesundheit, Emanzipation, Pflege und Alter, dass die verschiedenen Bereiche nicht mehr alphabetisch aneinandergereiht werden, sondern die »Gesundheit« an die erste Stelle gerückt ist und damit prominent ausgewiesen wird.[37]

Ministerium, Minister und politische Relevanz des Gesundheitswesens

Das öffentliche Gesundheitswesen hatte in den ersten drei Nachkriegsdekaden strukturell sehr unterschiedliche Ressortzuordnungen erfahren. Zunächst befand sich die Gesundheitsabteilung in der Tradition der Sozialfürsorge im Sozialministerium. Dort stand der Arbeitsbereich »Gesundheit« im Schatten der Arbeitsfelder »Soziales« bzw. »Arbeit und Soziales«. Diese Bereiche erfuhren in jenen Jahren sehr viel mehr öffentliche, gesellschaftliche und politische Aufmerksamkeit als das Gesundheitswesen, was nicht zuletzt auch durch die Bezeichnung des Ministeriums dokumentiert wurde. Mit der Zuordnung der Gesundheitsabteilung zum Geschäftsbereich des Innenministeriums als Sammelstelle für die interne Steuerung und Sicherung wurde gewissermaßen

36 Das Ministerium für Gesundheit, Emanzipation, Pflege und Alter NRW (MGEPA) wird im Geschäftsbereich »Gesundheit« vom Landeszentrum Gesundheit Nordrhein-Westfalen und der Zentralstelle der Länder für Gesundheitsschutz bei Arzneimitteln und Medizinprodukten unterstützt. Siehe *http://www.mgepa.nrw.de* [01.03.2017].

37 Nach Fertigstellung des Beitrags fanden im Mai 2017 Landtagswahlen statt, die zu einem Regierungswechsel und zu dem »Ministerium für Arbeit, Gesundheit und Soziales« führten.

an alte, primär medizinalpolizeiliche Ursprünge der Gesundheitsabteilung angeknüpft, die den Bereich »Aufsicht und Sicherheit« betonten. Gleichwohl rückte auch in diesem Ressort die Abteilung »Gesundheit« im Vergleich zu anderen Abteilungen wie etwa die der »Öffentlichen Sicherheit« bzw. »Polizei« in den Hintergrund. Die Gesundheitsabteilung mit ihrem spezifischen Aufgaben- und Tätigkeitsbereich wirkt angesichts des sonstigen Geschäftsbereichs des Ministeriums eher wie ein »Anhängsel«.

Das Innenministerium war und ist das Ressort, in dem die politische und administrative Leitung der inneren Landesangelegenheiten gebündelt ist, soweit Letztere nicht anderen Fachministerien obliegen. Es handelt sich um ein zentrales Ministerium in jeder Landesregierung. Nicht selten übernahmen die Innenminister – zumindest im Betrachtungszeitraum zunächst mit Walter Menzel und später Willi Weyer – auch die Stellvertretung des Ministerpräsidenten.

Dass das Gesundheitswesen auf ministerieller Ebene in jenen Jahren kaum ein politisches Profilierungsfeld darstellte und hinter den Bereichen »Soziales«, »Arbeit« oder »Innere Steuerung und Sicherheit« zurücktrat, lässt sich zum Teil auch auf die politische und berufliche Sozialisation der zuständigen Minister zurückführen. Ein Blick auf die jeweiligen Tätigkeitsbereiche der für das öffentliche Gesundheitswesen zuständigen Minister zeigt, dass diese vor ihrem Ministeramt in der Regel andere Arbeitsschwerpunkte gehabt hatten und nicht im Gesundheitsbereich tätig gewesen waren oder gar eine medizinische Vorbildung hatten.[38]

Die Personen, die als Sozialminister bis 1955 das Gesundheitswesen verantworteten, stammten vielfach aus der Arbeiter- oder Gewerkschaftsbewegung. Der erste, im Jahr der Landesgründung 1946 eingesetzte Sozialminister war der Kommunist und Journalist Heinz Renner. Er übte das Amt allerdings nur für wenige Monate aus. Alle nachfolgenden Amtsinhaber in diesem Zeitraum gehörten der Zentrumspartei bzw. der CDU an. Viele von ihnen waren durch die katholische Gewerkschaftsbewegung geprägt worden, was eine Wurzel für ihr Engagement in der »Sozialen Frage« gewesen sein dürfte. Namentlich betrifft dies die Sozial- bzw. Arbeits- und Sozialminister Josef Gockeln, Rudolf Amelunxen, Christine Teusch und Johann Platte.[39]

38 Zu den Werdegängen der Minister siehe Präsidentin Landtag NRW, Landtag, 2006; Haunfelder, Nordrhein-Westfalen, 2006.

39 Minister waren: Heinz Renner (1946, KPD, Journalist, Abitur), Josef Gockeln, (1946–1947, CDU, Müllerlehre, Verwaltungs-/Wirtschaftsschule, christliche Gewerkschaftsbewegung.), Dr. Rudolf Amelunxen (1947–1950, Zentrum, Jurist), Christine Teusch (1950, CDU, Lehrerin, Leiterin des Arbeiterinnensekretariats beim Generalsekretariat der Christlichen Gewerkschaften, Köln), Dr. Josef Weber (1950–1953, Zentrum, Gymnasiallehre, 1921–1945 Leiter des Landesjugendamtes Westfalen), Dr. Otto Schmidt (1953–1954, CDU, Jurist), Dr. Johann Platte (1954–1956, CDU, kaufmännischer Angestellter des Gewerkvereins Christlicher Bergarbeiter). Präsidentin Landtag NRW, Landtag, 2006.

Wird im Folgenden die Leitung des Innenministeriums fokussiert, d.h. die Minister, die das öffentlichen Gesundheitswesens von 1955 bis 1970 verantworteten, so wird auch hier die fehlende fachliche Nähe zu diesem Sektor offensichtlich, und zwei wesentliche Aspekte fallen ins Auge: Erstens: Dem Innenministerium standen in diesen Jahren Männer unterschiedlicher politischer Couleur vor: Von 1952 bis 1956 hatte der Christdemokrat Franz Meyers das Ministeramt inne, anschließend nahm für zwei Jahre bis zum konstruktiven Misstrauensvotum gegen die Regierung Fritz Steinhoffs (SPD) 1958 der Sozialdemokrat Hubert Biernat (1956–1958) diese Position ein. In den folgenden vier Jahren, in denen die CDU über die absolute Mehrheit verfügte, ging das Amt an Josef Hermann Dufhues (CDU, 1958–1962). 1962 übernahm Willi Weyer[40] (FDP, 1962–1975) für 13 Jahre die Leitung des Innenministeriums und war dabei Stellvertreter des Ministerpräsidenten, zunächst im christlich-liberalen Kabinett von Franz Meyers und dann über den Regierungswechsel hinaus im sozialliberalen Kabinett von Heinz Kühn. Es zeigt sich zweitens, dass drei der vier Amtsinhaber Juristen waren und damit angesichts des tradierten Juristenmonopols über die übliche Vorbildung eines höheren Verwaltungs- und Ministerialbeamten verfügten: Dies galt für Franz Meyers, Josef Hermann Dufhues und Willi Weyer. Der Sozialdemokrat Hubert Biernat hatte vor seiner politischen Karriere als kaufmännischer Angestellter bei einer Zeitung gearbeitet. Beide Aspekte, die unterschiedlichen politischen und beruflichen Herkünfte der Innenminister, hatten Auswirkungen auf die inhaltliche Gestaltung des Gesundheitswesens.

Ein tiefergehender Blick etwa auf die Amtszeit des langjährigen liberalen Innenministers Willi Weyer offenbart deutlich, dass sich das öffentliche Engagement der Minister – zumindest in der allgemeinen Wahrnehmung – nicht auf alle politisch zu verantwortenden Geschäftsbereiche gleichmäßig verteilte. Der pragmatische und durchsetzungsstarke Jurist zählte in seiner Amtszeit zu den bekanntesten Mitgliedern der Landesregierung. Er engagierte sich insbesondere für die Verbesserung der technischen Ausstattung und die personelle Aufstockung der Polizei. Er trat auch nachdrücklich für den Bau von Straßen und überhaupt für den Ausbau des Verkehrsnetzes ein, um die Verkehrsprobleme jener Jahre zu lösen. Dieser Einsatz brachte ihn zeitweilig den Namen »Autobahn-Willi« ein. Willi Weyer war als Innenminister zudem die treibende Kraft bzw. das »Gesicht« der seit Mitte der 1960er Jahre landesweit geplanten und dann 1975 abgeschlossenen kommunalen Neugliederung. Dieses gigantische Reformprojekt prägte nicht nur zehn Jahre lang die innenpolitische Diskussion, sondern band auch die Arbeitskraft des besonders beanspruchten Innenminis-

40 Willi Weyer (1917–1987) war 1954–1956 Minister für Wiederaufbau NRW, 1956–1958 Finanzminister, 1962–1975 Innenminister sowie 1956–1958 und 1962–1975 Stellvertreter des Ministerpräsidenten NRW. Siehe Haunfelder, Nordrhein-Westfalen, 2006, S. 490–491.

teriums stark.[41] Eine vergleichbare Profilierung des Ministers im Bereich des Gesundheitswesens ist nicht zu erkennen. Der Einsatz Weyers als Sportfunktionär für den Breitensport ist in diesem Zusammenhang nachrangig.

Das Gesundheitswesen und die Gesundheitspolitik scheinen trotz der unbestreitbar hohen Relevanz für die Bevölkerung – diese zeigte sich zum Beispiel deutlich in der Nachkriegszeit (Stichwort sozialhygienische Lebensbedingungen, Bevölkerungsdichte etc.) – kein öffentliches, politisches Profilierungsfeld und auch kein zugkräftiges Wahlkampfthema gewesen zu sein. Die Analyse der Landtagswahlkampfthemen unterstreicht die geringe Öffentlichkeitswirksamkeit beziehungsweise die Marginalisierung dieses Themas auf Landesebene.[42] Bei der Landtagswahl 1950 waren es die neue Landesverfassung, über die zeitgleich abgestimmt wurde, und die Diskussion von bundespolitischen Themen wie die Bildung der Bundesregierung ohne sozialdemokratische Beteiligung, die den Wahlkampf prägten. Das Gesundheitswesen scheint in den ersten Nachkriegsjahren im Schatten des allgemeinen Wiederaufbaus gestanden zu haben. Später rückten dann (nicht zuletzt im Zuge einer prosperierenden Wirtschaft) vor allem Themen wie Ausbau und Verbesserung der Infrastruktur auf die politische Agenda. Im Regierungsprogramm von 1958 bedeutete dies neben dem Wohnungsbau vor allem den Bau von Straßen, Schulen und Krankenhäusern. Die sozialdemokratische Opposition trug diese politische Schwerpunktsetzung grundsätzlich mit.[43]

Vier Jahre später warb die CDU im Wahlkampf wiederum explizit mit dem Bau von Wohnungen, Straßen und Schulen (siehe Abb. 1). Das Thema Arzneimittelkontrolle und -sicherheit war selbst nach dem öffentlichen Bekanntwerden der mit der Einnahme von Contergan verbundenen Gesundheitsschädigungen und den daraufhin einsetzenden staatsanwaltschaftlichen Ermittlungen kein besonderes Wahlkampfthema. In seiner Regierungserklärung stellte Ministerpräsident Meyers 1962 vor allem auf »das bisherige Schwerpunkteprogramm für den Wohnungsbau, den Schulbau, den Krankenhausbau und den Straßenbau« ab.[44] Landespolitisch bewegten in erster Linie das Landesentwicklungsprogramm und die damit verbundenen Vorbereitungen der kommunalen Neugliederung, die Reformen im Schul- und Hochschulbereich und die ersten Regelungen zum Umweltschutz die politischen Auseinandersetzungen.[45]

41 Haunfelder, Nordrhein-Westfalen, 2006, S. 490–491; Mecking, Bürgerwille, 2012.

42 Präsidentin Landtag NRW, Landtagswahlen, 1993.

43 Landtag Nordrhein-Westfalen, 4. Wahlperiode, Plenarprotokoll 4/2, Bd. 1, Sitzung vom 25.07.1958, Vorstellung des Kabinetts und Regierungserklärung des Ministerpräsidenten Meyers; Präsidentin Landtag NRW, Landtagswahlen, 1993, S. 47–53.

44 Landtag NRW, 5. Wahlperiode, Plenarprotokoll 5/2, Sitzung vom 26.07.1962, Bd. 1, Regierungserklärung des Ministerpräsidenten Meyers, Zitat S. 10.

45 Präsidentin Landtag NRW, Landtagswahlen, 1993, S. 53–60.

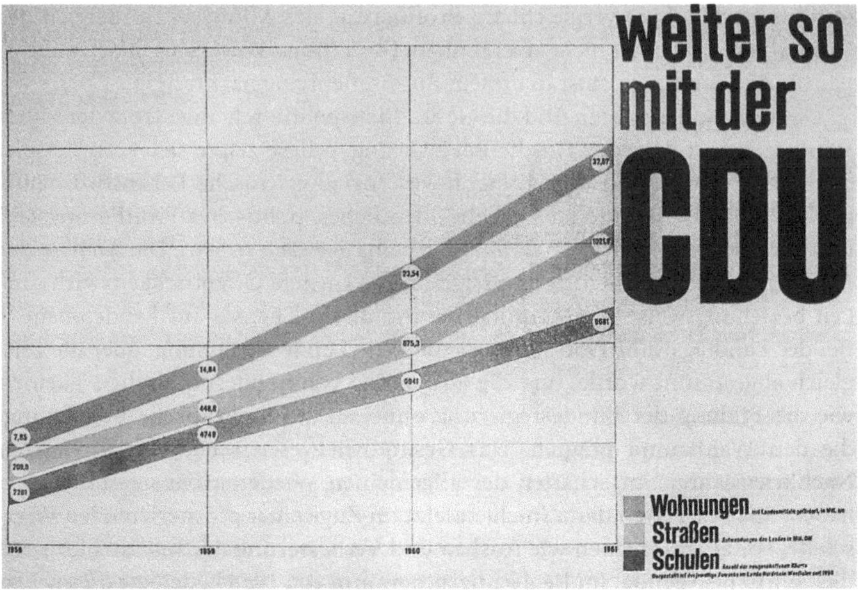

Abb. 1: Plakat der CDU zur Landtagswahl in Nordrhein-Westfalen am 8. Juli 1962, abgedruckt in: Präsidentin Landtag NRW, Landtagswahlen, 1993, S. 53.

Erst allmählich zeichneten sich Veränderungen in der Wahrnehmung von Medikamenten- und Gesundheitsrisiken ab, wozu auch der fortdauernde Diskurs um Contergan beigetragen haben dürfte. Das Medikament und die damit verbundenen Gesundheitsgefahren waren mit dem aufsehenerregenden Contergan-Prozess seit 1968 in den Medien überaus präsent. Schließlich konstatierte die sozialliberale Landesregierung 1970 im Nordrhein-Westfalen-Programm 1975: »Der Arzneimittelverkehr muss wegen der notwendigen Qualitätskontrolle der Arzneispezialitäten stärker überwacht werden.« Weiter hieß es: »In Nordrhein-Westfalen wurden z. B. im Jahr 1967 nur etwa 1,3 % der in unserem Land hergestellten oder nach hier importierten Arzneispezialitäten untersucht. Die Arzneimittelabteilung beim Chemischen Landesuntersuchungsamt muß in die Lage versetzt werden, jährlich etwa 10 % der in Nordrhein-Westfalen hergestellten oder nach hier importierten Arzneispezialitäten analytisch überprüfen zu können.« Für den Ausbau des Kontrollsystems wurden für die nächsten fünf Jahre Kosten in Höhe von 6 Millionen DM kalkuliert. Langfristig sollte eine »wesentliche Steigerung der Anzahl der Arzneimitteluntersuchungen« erreicht werden.[46]

46 Landesregierung NRW, Programm, 1970, hier S. 123–130, Zitate S. 124; einzusehen in: Archiv-Bibliothek-Dokumentation des Landtags Nordrhein-Westfalen, Düsseldorf.

Schlussbemerkungen: Etablierung des Arbeits- und Politikfeldes »Öffentliche Gesundheit«

Der Blick auf die Ressortstrukturen offenbarte, wie der Contergan-Skandal aus Behördensicht sich überhaupt ereignen konnte, und gibt zugleich auch Hinweise darauf, warum seine Aufarbeitung so lange dauerte. Die rezeptfreie Marktzulassung des Medikaments Contergan unterstrich in katastrophaler Weise die zeitgenössischen Schwachstellen in der öffentlichen Arzneimittelkontrolle und -sicherheit. Landespolitik und Ministerialverwaltung reagierten langsam und zeitlich verzögert auf die ersten Wahnhinweise. Überhaupt ließ sich das öffentliche Gesundheitswesen als eigenständiges Politik- und Handlungsfeld lange Zeit schwerer etablieren, so dass es im Betrachtungszeitraum in der Landespolitik und Ministerialverwaltung im Schatten anderer Politikbereiche und gesellschaftlicher Herausforderungen stand. Das allgemeine Interesse galt in jenen Jahren stärker den Arbeitsbereichen »Wiederaufbau« und »Ausbau der Infrastruktur«, worauf nicht zuletzt die im Wahlkampf abgestellten Themen verwiesen. Es gehörte – im Einklang mit der zeitgenössischen Schwerpunktsetzung – nicht zu den Interessen- und Tätigkeitsschwerpunkten der jeweils zuständigen Minister. Auch organisatorisch gestaltete sich die Bündelung des Arbeits- und Politikfeldes »Gesundheit« schwierig, so dass es strukturell lange Zeit auf mehrere Abteilungen, gar Ministerien, verteilt blieb.

Keiner der im Untersuchungszeitraum verantwortlichen Minister kann für sich in Anspruch nehmen, als »Gesundheitsexperte« zu gelten. Zumindest lassen die jeweiligen Vor- und Ausbildungen sowie die beruflichen und politischen Tätigkeiten diesen Schluss nicht zu. Die vor 1955 als Sozialminister für das Gesundheitswesen zuständigen Ressortleiter weisen zwar alle eine längere fachliche Affinität zu einem Teilbereich des von ihnen geleiteten Ministeriums auf; diese betraf allerdings vor allem den Arbeitsbereich »Soziales« und weniger den Bereich »Gesundheit«. Und auch die Männer, die nach 1955 als Innenminister das Gesundheitswesen verantworteten, brachten zwar zumeist als Juristen eine einschlägige fachliche Vorbildung für das Amt mit, diese bezog sich aber vor allem auf die Abteilungen I bis V. Die »angehängte« Abteilung VI, das Gesundheitswesen, ist hiervon auszunehmen. Die für das öffentliche Gesundheitswesen zuständigen Minister – sei es nun als Sozialminister, als Arbeits- und Sozialminister oder auch als Innenminister – hatten offenkundig keine tiefergehende fachliche Nähe zum öffentlichen Gesundheitswesen. Sie besaßen weder praktisch noch theoretisch fundierte Vorerfahrungen in diesem Sektor. Keiner scheint das weiterführende Potenzial in diesem Politikfeld erkannt zu haben.

Aus Politikersicht ist es gewiss oftmals einfacher, sich in der Politik und überhaupt in der allgemeinen Öffentlichkeit mit sichtbaren Modernisierungs-, Infrastruktur- und Bauprojekten als aktiver Gestalter, als Macher zu präsentieren, vor allem wenn die Maßnahmen und Erfolge sich in quantitativen Größen, Zahlen und Messdaten benennen lassen. Demgegenüber ist es schwieriger, sich mit Regelungen zu profilieren, die vor gesundheitlichen Risiken und Gefahren schützen, aber von der Bevölkerung – insbesondere vor dem Hintergrund einer allgemeinen Expertengläubigkeit – kaum wahrgenommen werden. Zudem entstand nach dem Zweiten Weltkrieg ein stärker individualmedizinisch geprägtes Gesundheitswesen mit einem expandierenden Krankenversicherungssystem, so dass Fragen der öffentlichen Gesundheitsvorsorge als nachrangig oder sogar als erledigt erscheinen konnten.

Der Contergan-Skandal war letztlich in seinem ganzen Ausmaß möglich geworden, weil Gesundheit nicht als besonders wichtiges Politikfeld markiert war und auch die zuständigen Minister sich schwerpunktmäßig anderen Themen zuwandten. Dies trug dazu bei, dass das Gesundheitswesen und insbesondere das Arzneimittelwesen über lange Zeit sowohl in legislativer als auch in exekutiver Hinsicht vernachlässigt wurden. Damit existierten juristische und strukturelle Leerstellen, wodurch Freiräume gegeben waren, die den Fall Contergan ermöglichten. Auch nach der Marktrücknahme wirkte dieses politische Denk- und Handlungsmuster fort, was der öffentlichen Skandalisierung seit dem Frühjahr 1962 zusätzlich Nahrung gab. Nur langsam – und das ist sicher auch eine Folge des Contergan-Skandals – entstand ein nachdrückliches Bewusstsein für die Notwendigkeit eines Ressorts »Öffentliche Gesundheit«. Die rechtlichen Bestimmungen, die Anforderungen für die Herstellung und Zulassung eines Arzneimittels wurden sukzessive verschärft, wie das Arzneimittelgesetz von 1961, die Novellierung 1964 und vor allem die Neufassung im Jahre 1976 belegen. Seither sind für die Zulassung eines Medikaments von Seiten des Herstellers umfangreichere vorklinische und klinische Untersuchungen erforderlich, das behördliche Zulassungs- und Kontrollverfahren ist streng reglementiert. Die hohe gesellschaftliche, politische und ökonomische Relevanz des Gesundheitswesens wird heute nicht zuletzt durch die namentliche Ausweisung des Ressorts »Gesundheit« auf Bundes- und Landesebene dokumentiert.

Quellen und Literatur

Archive

Landesarchiv Nordrhein-Westfalen, Abteilung Rheinland (LAV NRW R)
Archiv-Bibliothek-Dokumentation des Landtags Nordrhein-Westfalen

Amtliche Drucksachen

Ministerialblatt für das Land Nordrhein-Westfalen (MBl. NRW)

Literatur

Archiv für Sozialgeschichte 44 (2004), Themenband: Die Siebzigerjahre. Gesellschaftliche Entwicklungen in Deutschland.

Bundesministerium für Gesundheit (Hg.), Gesundheit in Deutschland. Das Gesundheitswesen in der Bundesrepublik. Bonn 1997.

Calliess, Jörg (Hg.), Die Reformzeit des Erfolgsmodells BRD. Die Nachgeborenen erforschen die Jahre, die ihre Eltern und Lehrer geprägt haben. Loccumer Protokolle 19/03. Rehburg-Loccum 2004.

Die Präsidentin des Landtags Nordrhein-Westfalen (Hg.), 60 Jahre Landtag Nordrhein-Westfalen. Das Land und seine Abgeordneten. Düsseldorf 2006.

Die Präsidentin des Landtags Nordrhein-Westfalen (Hg.), Die Landtagswahlen in Nordrhein-Westfalen von 1947 bis 1990. Düsseldorf 1993.

Fehlemann, Silke, Die Entwicklung der öffentlichen Gesundheitsfürsorge in der Weimarer Republik. Das Beispiel der Kinder und Jugendlichen. In: Wolfgang Woelk/Jörg Vögele/Silke Fehlemann (Hg.), Geschichte der Gesundheitspolitik in Deutschland. Von der Weimarer Republik bis in die Frühgeschichte der »doppelten Staatsgründung«. Berlin 2002, S. 67–81.

Fisch, Stefan/Wilfried Rudloff, Experten und Politik. Wissenschaftliche Politikberatung in geschichtlicher Perspektive. Berlin 2004.

Frese, Matthias/Julia Paulus/Karl Teppe (Hg.), Demokratisierung und gesellschaftlicher Aufbruch. Die sechziger Jahre als Wendezeit der Bundesrepublik. Paderborn u. a. ^{2}2005.

Friedrich, Christoph/Wolf-Dieter Müller-Jahncke, Geschichte der Pharmazie. Von der Frühen Neuzeit bis zur Gegenwart. Eschborn 2005.

Friedrich, Christoph, Contergan – zur Geschichte einer Arzneimittelkatastrophe. In: Michael Rauschmann/Klaus-Dieter Thomann/Ludwig Zichner (Hg.), Die Contergankatastrophe – Eine Bilanz nach 40 Jahren. Darmstadt 2005, S. 3–12.

Hascher, Michael, Politikberatung durch Experten. Das Beispiel der deutschen Verkehrspolitik im 19. und 20. Jahrhundert. Frankfurt am Main/New York 2006.

Haunfelder, Bernd, Nordrhein-Westfalen. Land und Leute 1946–2006. Ein biographisches Handbuch. Münster 2006.

Herbert, Ulrich (Hg.), Wandlungsprozesse in Westdeutschland. Belastung, Integration, Liberalisierung 1945–1980. Göttingen 2002.

Kirk, Beate, Der Contergan-Fall – eine unvermeidbare Arzneimittelkatastrophe? Zur Geschichte des Arzneistoffes Thalidomid. Mit einem Geleitwort von Christoph Friedrich. Stuttgart 1999.

Landesregierung Nordrhein-Westfalen, Nordrhein-Westfalen-Programm 1975. Düsseldorf 1970.

Lenhard-Schramm, Niklas, Das Land Nordrhein-Westfalen und der Contergan-Skandal. Gesundheitsaufsicht und Strafjustiz in den »langen sechziger Jahren«. Göttingen 2016.

Lindner, Ulrike, Gesundheitspolitik in der Nachkriegszeit. Großbritannien und die Bundesrepublik Deutschland im Vergleich. München 2004.

Mecking, Sabine, Bürgerwille und Gebietsreform. Demokratieentwicklung und Neuordnung von Staat und Gesellschaft in Nordrhein-Westfalen 1965–2000. München 2012.

Metzler, Gabriele, Am Ende aller Krisen? Politisches Denken und Handeln in der Bundesrepublik der sechziger Jahre. In: Historische Zeitschrift 275 (2002), S. 57–103.

Möller, Caren, Medizinalpolizei. Die Theorie des staatlichen Gesundheitswesens im 18. und 19. Jahrhundert. Frankfurt am Main 2005.

Prinz, Michael (Hg.), Gesellschaftlicher Wandel im Jahrhundert der Politik. Nordwestdeutschland im internationalen Vergleich 1920–1960. Paderborn u. a. 2007.

Rauschmann, Michael/Klaus-Dieter Thomann/Ludwig Zichner (Hg.), Die Contergankatastrophe – Eine Bilanz nach 40 Jahren. Darmstadt 2005.

Romeyk, Horst, Kleine Verwaltungsgeschichte Nordrhein-Westfalens. Siegburg 1988.

Rudloff, Wilfried, Verwissenschaftlichung der Politik? Wissenschaftliche Politikberatung in den sechziger Jahren. In: Peter Collin/Thomas Horstmann (Hg.), Das Wissen des Staates. Geschichte, Theorie und Praxis. Baden-Baden 2004, S. 216–257.

SCHAGEN, UDO/SABINE SCHLEIERMACHER (Hg.), 100 Jahre Sozialhygiene Sozialmedizin und public health in Deutschland. Berlin 2005.

SCHILDT, AXEL/DETLEF SIEGFRIED/KARL CHRISTIAN LAMMERS (Hg.), Dynamische Zeiten. Die 60er Jahre in beiden deutschen Gesellschaften. Hamburg ²2003.

SCHÜTZE, CHRISTIAN, Ein Schlafmittel weckt die Welt. Das ohnmächtige Strafrecht im Contergan-Verfahren. In: UWE SCHULTZ (Hg.), Große Prozesse. Recht und Gerechtigkeit in der Geschichte. München ³2001, S. 392–403.

SONS, HANS-ULRICH, Gesundheitspolitik während der Besatzungszeit. Das öffentliche Gesundheitswesen in Nordrhein-Westfalen 1945–1949. Wuppertal 1983.

STAPEL, UTE, Die Arzneimittelgesetze 1961 und 1976. Mit einem Geleitwort von Rudolf Schmitz. Stuttgart 1988.

STEINMETZ, WILLIBALD, Ungewollte Politisierung durch die Medien? Die Contergan-Affäre. In: BERND WEISBROD (Hg.), Die Politik der Öffentlichkeit – Die Öffentlichkeit der Politik. Politische Medialisierung in der Geschichte der Bundesrepublik. Göttingen 2003, S. 195–228.

SÜSS, WINFRIED, Der »Volkskörper« im Krieg. Gesundheitspolitik, Gesundheitsverhältnisse und Krankenmord im nationalsozialistischen Deutschland 1939–1945. München 2003.

THOMANN, KLAUS-DIETER, Die Contergan-Epidemie. Ein Beispiel für das Versagen von Staat, Ärzteschaft und Wissenschaft? In: MICHAEL RAUSCHMANN/KLAUS-DIETER THOMANN/LUDWIG ZICHNER (Hg.), Die Contergankatastrophe – Eine Bilanz nach 40 Jahren. Darmstadt 2005, S. 13–31.

TRÜB, CARL LUDWIG PAUL, Die Terminologie und Definition Sozialmedizin und Sozialhygiene in den literarischen Sekundärquellen der Jahre 1900 bis 1960. Forschungsbericht des Landes Nordrhein-Westfalen. Opladen 1978.

VOSSEN, JOHANNES, Gesundheitsämter im Nationalsozialismus. Rassenhygiene und offene Gesundheitsfürsorge in Westfalen 1900–1950. Essen 2001.

WEHLING, HANS-GEORG (Red.), Eliten in der Bundesrepublik Deutschland. Stuttgart u. a. 1990.

WEISSER, ANSGAR, Die »innere« Landesgründung Nordrhein-Westfalens. Konflikte zwischen Staat und Selbstverwaltung um den Aufbau des Bundeslandes (1945–1953). Paderborn u. a. 2012.

WEYER-VON SCHOULTZ, MARTIN, Die Kommunale Vereinigung für Gesundheitsfürsorge im Ruhrgebiet 1919–1929. Möglichkeiten und Grenzen kommunaler Gesundheitspolitik in der Zwischenkriegszeit. In: WOLFGANG WOELK/JÖRG VÖGELE/SILKE FEHLEMANN (Hg.), Geschichte der Gesundheitspolitik in Deutschland. Von der Weimarer Republik bis in die Frühgeschichte der »doppelten Staatsgründung«. Berlin 2002, S. 83–91.

WOELK, WOLFGANG/JÖRG VÖGELE/SILKE FEHLEMANN (Hg.), Geschichte der Gesundheitspolitik in Deutschland. Von der Weimarer Republik bis in die Frühgeschichte der »doppelten Staatsgründung«. Berlin 2002.

WOELK, WOLFGANG, »Gesundheit als politisches Problem?« Historische Aspekte der Gesundheitspolitik und Gesundheitsverwaltung in Nordrhein-Westfalen und der Bundesrepublik Deutschland bis Mitte der 1960er Jahre. Diss. phil. Düsseldorf 2001.

WOELK, WOLFGANG, Zur Geschichte der Gesundheitspolitik in Nordrhein-Westfalen und in der Bundesrepublik Deutschland. In: WOLFGANG WOELK/JÖRG VÖGELE/SILKE FEHLEMANN (Hg.), Geschichte der Gesundheitspolitik in Deutschland. Von der Weimarer Republik bis in die Frühgeschichte der »doppelten Staatsgründung«. Berlin 2002, S. 285–312.

Niklas Lenhard-Schramm

Contergan und das Arzneimittelrecht

Weshalb war der Contergan-Skandal möglich? Nicht selten werden solche Fragen mit fehlenden arzneimittelrechtlichen Schutzmechanismen begründet.[1] Befasst man sich mit diesem Problem genauer, so offenbart bereits ein flüchtiger Blick in die Materie eine bemerkenswerte Koinzidenz: Genau in jenen Zeitraum, in dem Contergan und die anderen thalidomidhaltigen Präparate entwickelt und vertrieben wurden, fielen Ausarbeitung und Inkrafttreten des ersten deutschen Arzneimittelgesetzes. Der größte Medikamenten-Skandal der bundesdeutschen Geschichte überlagerte sich also zeitlich mit einer tiefen arzneimittelrechtlichen Zäsur, was die Frage aufwirft, inwieweit und auf welche Weise sich diese beiden pharmahistorischen Großereignisse gegenseitig beeinflussten.

Die bevorstehende Neuordnung des Arzneimittelrechts durch ein umfassendes Gesetz, so argumentiert dieser Beitrag, hatte einen großen Einfluss auf die staatliche Arzneimittelkontrolle in der frühen Bundesrepublik, da sie dazu beitrug, ein rechtlich zweifelhaftes und ineffektives Regulierungssystem als Zwischenlösung einstweilen beizubehalten. Die dann mit dem neuen Arzneimittelgesetz 1961 kurzfristig geschaffene Rechtsunsicherheit blieb auf die staatliche Regulierung Contergans nicht ohne Folgen, bevor sich dieses Verhältnis nach der Marktrücknahme gleichsam umkehrte und der Fall Contergan auf die Debatte um das Arzneimittelrecht zurückwirkte. Die nunmehr angestoßenen Reformen des Arzneimittelgesetzes, so eine weitere These des Beitrags, waren nicht nur der Einsicht in die Unzulänglichkeit der Rechtsgrundlagen geschuldet, sondern auch von einer symbolpolitischen Motivation getragen, zumal der Skandal um Contergan den Behörden enormen Handlungsdruck auferlegt hatte.

Um diese Zusammenhänge zu erhellen, richtet sich der Blick zunächst auf die Arzneimittelzulassung vor dem Arzneimittelgesetz von 1961. Im Mittelpunkt steht dabei die auch als »kleines Arzneimittelgesetz« bezeichnete Stoppverordnung von 1943, die die Herstellung und das Inverkehrbringen neuer Arzneifertigwaren in der frühen Bundesrepublik regelte. Im Folgenden werden dann die administrativen Regulierungsprobleme, die Genese des Arzneimittelgesetzes und die Geschichte Contergans parallel verfolgt, bevor sich diese Pro-

1 Siehe etwa den Beitrag von Christoph Friedrich in diesem Band sowie Kirk, Contergan-Fall, 1999, S. 233; Steinmetz, Politisierung, 2003, S. 204; Schwerin, Contergan-Bombe, 2009, S. 265.

blemstränge 1961 immer enger miteinander verflochten und eine sachgerechte Reaktion auf den Fall Contergan erschwerten. Zuletzt wird dann der intensive Diskurs um die Hinlänglichkeit des Arzneimittelgesetzes beleuchtet, der kurz nach der Marktrücknahme Contergans einsetzte. Das Hauptinteresse liegt dabei auf der Frage, wie und warum der Contergan-Skandal auf die erste größere Novelle des Arzneimittelgesetzes im Jahre 1964 einwirkte.

Arzneimittelzulassung vor dem Arzneimittelgesetz von 1961

Das erste deutsche Arzneimittelgesetz trat am 1. August 1961 in der Bundesrepublik in Kraft.[2] Die Bemühungen um ein solches Gesetz sind allerdings weitaus älter. Sie waren eine Folge des tiefgreifenden Wandels des Arzneimittelwesens im 19. Jahrhunderts, der sich durch eine Industrialisierung und Kommerzialisierung des Pharmasektors auszeichnete. Die bestehenden Rechtsvorschriften, die sich vor allem auf die Arzneizubereitungen in der Apotheke bezogen, erwiesen sich als zunehmend unbrauchbar. Bereits kurz nach der Reichsgründung 1871 hatte es daher verschiedenerseits Versuche gegeben, die zahlreichen Einzelbestimmungen zum Arzneimittelverkehr in einem einheitlichen Gesetz auf Reichsebene zusammenzufassen. Obschon die Gesetzesbemühungen vor allem Anfang der 1930er Jahre relativ weit gediehen waren, blieben sie aufgrund diametraler politischer, wirtschaftlicher und fachlicher Interessen ohne Erfolg.[3]

Bis weit in die Bundesrepublik blieb das Arzneimittelwesen daher einer Vielzahl verschiedener Rechtsvorschriften unterworfen, die zum Teil noch aus dem Kaiserreich stammten und sich unter anderem auf die Gewerbeordnung, das Strafgesetzbuch und die Apothekenordnungen der Länder sowie auf zahlreiche weitere Spezialgesetze und Einzelverordnungen erstreckten.[4] Maßgeblich für die Arzneimittel-Herstellung war die sogenannte Stopp-Verordnung vom 11. Februar 1943. Mit ihr wurden die Herstellung und das Inverkehrbringen neuer Arzneifertigwaren (»Spezialitäten«) grundsätzlich untersagt, jedoch war die Möglichkeit für Ausnahmegenehmigungen vorgesehen.[5] Die Voraussetzungen,

2 Gesetz über den Verkehr mit Arzneimitteln (Arzneimittelgesetz), 16.05.1961. In: BGBl. 1961, Teil I, S. 533–546 = AMG 1961. Die DDR folgte drei Jahre später mit einem Arzneimittelgesetz: Gesetz über den Verkehr mit Arzneimitteln – Arzneimittelgesetz –, 05.05.1964. In: GBl. DDR, Teil I, S. 101–112.

3 Siehe dazu Rotthege, Entstehung, 2011, S. 5–105; Stapel, Arzneimittelgesetze, 1988, S. 3–102; Wimmer, Neues, 1994, S. 67–74.

4 Siehe etwa die (unvollständige) Aufzählung in: Deutscher Bundestag, Drucksache III/654, 13.11.1958, hier S. 14.

5 Verordnung über die Herstellung von Arzneifertigwaren, 11.02.1943. In: RGBl. 1943, Teil I, S. 99. Siehe zur Stoppverordnung Stapel, Arzneimittelgesetze, 1988, S. 94–97; Kirk, Contergan-Fall, 1999, S. 30–32; dazu zeitgenössisch Hornung, Apotheken- und Arzneimittelgesetzeskunde, 1955, S. 122; Marcetus, Arzneimittelrecht, 1955, S. V.

unter denen solche Genehmigungen erteilt werden konnten, waren gesetzlich nicht näher geregelt, sondern allein durch eine knappe Verwaltungsvorschrift des Reichsministers des Innern.[6]

In der Bundesrepublik änderte sich an der Rechtslage zunächst wenig. Obschon das im Mai 1949 in Kraft getretene Grundgesetz das Arzneimittelwesen der konkurrierenden Gesetzgebung zuwies und damit die Möglichkeit zu einer Neuordnung bot, erfolgte vorerst keine Bereinigung der Rechtslage. Somit galten die bestehenden Rechtsnormen als vorkonstitutionelles Recht zunächst fort.[7] Auch wenn die Politiker und Beamten in den obersten Gesundheitsbehörden auf Bundes- und Landesebene die Stoppverordnung von 1943 als weiterhin gültig betrachteten,[8] zeigte sich schon bald energischer Widerstand gegen diese Regelung. Die Arbeitsgemeinschaft Pharmazeutische Industrie, Vorläufer des späteren Bundesverbandes, wandte sich am 22. Mai 1950 an den Leiter der Gesundheitsabteilung im Bundesministerium des Innern, Franz Redeker,[9] und vertrat unter Beifügung zweier Rechtsgutachten die Auffassung, dass die Stoppverordnung »nicht mehr gilt.«[10] In mehreren Schriftsätzen legte Redeker dar, dass er die Stoppverordnung selbst für unzulänglich und »primitiv« halte, sie aber als eine Art Hilfsverordnung weiter gelten solle, bis ein Arzneimittelgesetz geschaffen werde.[11]

Zweifel an der Gültigkeit der Stoppverordnung kamen auch von parlamentarischer Seite. Die Bundestagsfraktion der FDP erklärte am 3. Januar 1951, die »autoritäre Beschränkung der Herstellung von Arzneifertigwaren« sei verfassungswidrig. Sie bat daher die Bundesregierung um Auskunft, »welche Maßnahmen sie zu ergreifen gedenkt, um die weitere Anwendung von Gesetzen und Verordnungen zu verhindern, die dem Grundgesetz und der heutigen Rechtsauffassung widersprechen«.[12] Auch im Bundesministerium des Innern, das die Beantwortung zuständigkeitshalber übernahm, griffen gewisse Zweifel an der Verordnung um sich.[13] Gleiches galt für das Bundesministerium für Wirtschaft, mit dessen Beteiligung die Beantwortung erfolgte. Dort war man nur zur Kooperation bereit, wenn das Innenressort den Erlass einer Durchführungsverordnung zusagte, die an die Stelle des rechtlich kaum mehr haltbaren

6 Runderlass RMI, 17.05.1943. In: RMBliV 1943, Sp. 865–868.

7 Art. 74, 123–129 GG.

8 Danner, Bestimmungen, 1952, S. 152.

9 Siehe zu Redeker jetzt Redeker, Physikus, 2016.

10 AG Pharmazeutische Industrie an BMI, 22.05.1950. In: BArch, B 142, Nr. 1432, Bl. 5–8, Zitat Bl. 5.

11 BMI an AG Pharmazeutische Industrie, 31.05.1950; BMI an Firma Hebert Riecks, 04.12. 1951. In: BArch, B 142, Nr. 1432, Bl. 39, 48.

12 Deutscher Bundestag, Drucksache I/1738, 03.01.1951.

13 So hielt Ministerialdirektor Redeker in den Akten fest: »Die Stop-Verordnung ist mir ihrer Tendenz nach immer unheimlich gewesen.« Siehe: Vermerk BMI, 29.01.1951. In: BArch, B 142, Nr. 1432, Bl. 54.

Runderlasses des Reichsministers des Innern treten sollte.[14] Insgesamt hielt die Bundesregierung dennoch an der Stoppverordnung fest, da ein Wegfall eine völlige Deregulierung der Arzneimittelherstellung bedeutet hätte.

In seiner Antwort vom 30. Januar 1951 ging Bundesinnenminister Robert Lehr davon aus, dass die Verordnung zwar »auch auf kriegsbedingten Gründen« beruhe (gerade dies hatten Gegner der Verordnung immer wieder angeführt, um deren Nichtigkeit zu belegen[15]), »vor allem aber gesundheitspolitische Zwecke zu erfüllen« gehabt habe – und somit verfassungskonform sei. Insgesamt stelle die Stoppverordnung »zwar nur eine Teillösung dar«, doch sei sie immerhin »ein erster Schritt auf dem Wege zu einem Arzneimittelgesetz, mit dem die Herstellung von Arzneimitteln einer staatlichen Genehmigung [...] unterworfen werden soll.« Da mittlerweile der Großteil der Arzneimittel aus industrieller Produktion stamme, sei es »erforderlich, die Verordnung vom 11. Februar 1943 auch weiterhin anzuwenden, bis ein Bundesarzneimittelgesetz erlassen ist.«[16] Schon bevor dieses Gesetz überhaupt ausgearbeitet war, hatte es eine Auswirkung auf die Arzneimittelregulierung, weil man in Erwartung der Gesetzesneuregelung keinen dringenden Handlungsbedarf sah, die umstrittene Stoppverordnung abzuändern oder durch eine andere Regelung zu ersetzen. Wie sich bald zeigen sollte, wurde damit Rechtsunsicherheit geschaffen und eine wirksame Kontrolle des Arzneimittelverkehrs massiv erschwert.

Hatten nach 1945 zunächst die Länder die Genehmigungen erteilt, so stellte sich mit der Gründung der Bundesrepublik die Frage der Zuständigkeit. Als Nachfolgerin der Reichsregierung nahm die Bundesregierung diese Kompetenz für sich in Anspruch.[17] Einige Länder verwiesen dagegen auf das Grundgesetz, nach dem reine Verwaltungsakte verfassungsrechtlich Ländersache seien.[18] Ohne dass hier eine rechtliche Klärung herbeigeführt wurde, akzeptierte das Bundesministerium des Innern ab 1953 die Genehmigung durch die Länder, zumal auf Bundesebene die entsprechenden Kapazitäten fehlten.[19] Gesetzlich waren die Voraussetzungen für eine Ausnahmegenehmigung nicht näher konkretisiert, zumal der Erlass des Reichsministers des Innern von 1943 für Landesbehörden *de jure* nicht bindend sein konnte. In Nordrhein-Westfalen folgte das Verfahren einem Muster, nach dem ein Arzneimittelhersteller neben seinem Antrag einige Muster des fraglichen Präparats dem Chemischen Lan-

14 Vermerk BMI, 26.01.1951. In: BArch, B 142, Nr. 1432, Bl. 52.

15 AG Pharmazeutische Industrie an BMI, 22.05.1950. In: BArch, B 142, Nr. 1432, Bl. 5–8, Zitat Bl. 5.

16 Deutscher Bundestag, Drucksache I/1866, 30.01.1951.

17 Siehe etwa Vermerk BMI, 27.02.1953. In: BArch, B 142, Nr. 1432, Bl. 200.

18 SM NRW an BMI, 15.01.1953; IM Bayern, 13.05.1953. Beide in: BArch, B 142, Nr. 1432, Bl. 168, 206–208.

19 Vermerk BMI, 23.11.1953. In: BArch, B 142, Nr. 1432, Bl. 209.

desuntersuchungsamt in Münster zu übersenden hatte, das eine qualitative wie quantitative Analyse des Präparats durchführte. Das Prüfergebnis wurde mit den vom Hersteller eingereichten Unterlagen einer seit 1947 regelmäßig tagenden Arzneimittelkommission zugeleitet, die über den Antrag entschied.[20]

Durch die Durchführung auf Landesebene ergab sich eine Reihe an Problemen. Während etwa in Schleswig-Holstein die Anwendung der Stoppverordnung zeitweise ganz ruhte,[21] wurde sie in anderen Ländern zwar weiterhin durchgeführt, dies bisweilen jedoch sehr unterschiedlich.[22] Da die Länder zudem nur Genehmigungen für den eigenen Hoheitsbereich erlassen konnten, nicht aber für das gesamte Bundesgebiet, waren neue Arzneifertigwaren formal allein in dem einen Land zugelassen. Das Verfahren der Länder, erteilte Genehmigungen gegenseitig »stillschweigend« anzuerkennen,[23] war rechtlich höchst zweifelhaft und schuf neue Rechtsunsicherheit, zumal die Länder hier unterschiedlich vorgingen: Während etwa Nordrhein-Westfalen und Bayern die anderen Länder über zugelassene Präparate mit Rundschreiben informierten,[24] wurden in anderen Ländern die genehmigten Präparate (auch) öffentlich bekannt gemacht, so zum Beispiel im Hessischen Staatsanzeiger oder im Niedersächsischen Ministerialblatt.[25]

Angesichts der rechtlichen Unzulänglichkeit beschränkte sich der Widerstand pharmazeutischer Unternehmen gegen die Stoppverordnung nicht auf Eingaben und Veröffentlichungen,[26] sondern führte auch zu zahlreichen Rechtsstreiten. Auch die Gerichte waren sich hier nicht einig. Während das Landesverwaltungsgericht Rheinland-Pfalz am 25. Oktober 1951 und 16. Juni 1953, das Oberlandesgericht Stuttgart am 25. April 1952 und das Verwaltungsgericht Berlin am 5. Februar 1954 die Gültigkeit der Verordnung bejahten, wurde sie von den Landesverwaltungsgerichten in Köln am 18. August 1953 und in Hamburg am 10. November 1954 verworfen.[27] Ob und inwieweit die von den Gerichten

20 Siehe zum Verfahren in NRW eingehend Lenhard-Schramm, Land, 2016, S. 108–112, 158–167. Ähnlich funktionierte das Verfahren in den anderen Ländern. Siehe etwa für Niedersachsen: NLA HA, Nds. 120 Lüneburg, Acc. 144/91 Nr. 159, 161.

21 IM Schleswig-Holstein an BMI, 02.07.1951. In: BArch, B 142, Nr. 1432, Bl. 76.

22 Siehe etwa: AG Pharmazeutische Industrie an BMI, 22.05.1950. In: BArch, B 142, Nr. 1432, Bl. 5–8, hier Bl. 7; Pharmazeutische Zeitung 91–100 (1955), S. 40–42, hier S. 42.

23 Rundschreiben des IM Bayern, 07.06.1952. In: BArch, B 142, Nr. 1432, Bl. 184.

24 Rundschreiben des IM Bayern, 04.05.1951. In: BArch, B 142, Nr. 1432, Bl. 79–80; Rundschreiben IM NRW, 28.08.1956. In: LAV NRW R, BR 1029, Nr. 73, nf.

25 Siehe beispielhaft: Staats-Anzeiger für das Land Hessen 1954, S. 166–167; Nds. MBl. Nr. 6, 1961, S. 99 (dort die Anmeldung für das thalidomidhaltige Kombinationspräparat Peracon Expectorans der Kali Chemie AG).

26 Die Pharmazeutische Industrie 13 (1951), S. 33–36.

27 Deutsches Verwaltungsblatt 67 (1952), S. 697–699; Deutsche-Apotheker-Zeitung (1952) S. 410–411; Deutsche-Apotheker-Zeitung (1953) S. 928; Pharmazeutische Zeitung 90 (1954) S. 1120–1121; Pharmazeutische Zeitung 91–100 (1955), S. 40–42.

als »teilweise Vorwegnahme« eines Arzneimittelgesetzes und im Fachjargon auch als »kleines Arzneimittelgesetz« bezeichnete Stoppverordnung tatsächlich rechtsgültig war, blieb insofern überaus zweifelhaft.[28]

Auch die Gesundheitsbehörden zeigten sich wegen der widersprüchlichen Urteile verunsichert. Sie sahen daher davon ab, ordnungsbehördliche Maßnahmen gegen Unternehmen zu ergreifen, die ihre Präparate ohne Genehmigung auf den Markt gebracht hatten. Als etwa die Kölner Tropon-Werke die Stoppverordnung infrage stellten, berichtete die Bezirksregierung am 7. Juli 1954 an das zuständige Innenministerium in Düsseldorf: »Im Hinblick auf die Entscheidung des Landesverwaltungsgerichts in Köln, mit der die Polizeiverordnung vom 11.2.1943 für ungültig erklärt worden ist, halte ich es nicht für aussichtsreich, gegen die Firma vorzugehen.«[29] Auch die oberste Landesgesundheitsbehörde wies auf die zweifelhafte Rechtslage hin und riet von rechtlichen Schritten gegen Firmen ab, die ihre Präparate ohne Genehmigung in den Verkehr gebracht hatten. Auch in diesem Zusammenhang hielt die Erwartung eines Arzneimittelgesetzes die Ministerialbeamten von ordnungsbehördlichen Maßnahmen und Versuchen einer rechtlichen Neuregelung ab. So äußerte der damalige Leiter der Gesundheitsabteilung, Ministerialdirigent Josef Hünerbein, im März 1955 seine Hoffnung, »daß bei dem Stand der Rechtsprechung der Erlaß eines beabsichtigten Bundesarzneimittelgesetzes alsbald eine einwandfreie Klärung schaffen wird.«[30]

Anfänge der Arbeiten zu einem Arzneimittelgesetz

Die Verabschiedung eines Arzneimittelgesetzes zählte aufgrund der großen Rechtsunsicherheit im Pharmasektor zu den zentralen Aufgaben der westdeutschen Gesundheitspolitik. Im Bundesministerium des Innern, bis 1961 oberste Gesundheitsbehörde auf Bundesebene, arbeiteten die Beamten seit den frühen 1950er Jahren entsprechende Entwürfe aus.[31] Ziel war dabei, die einschlägigen Fach- und Berufsverbände möglichst frühzeitig in die Gesetzesarbeiten einzubeziehen, zumal die vorigen Bemühungen um ein Arzneimittelgesetz wiederholt an deren widersprüchlichen Interessen gescheitert waren. Nachdem das Ministerium Mitte 1952 erste Grundsätze für einen vorläufigen Ent-

28 Die Pharmazeutische Industrie 13 (1951), S. 34; Vincenti/Igl, Gesundheitswesen, 2008, S. 548.

29 RP Köln an MASW NRW, 07.07.1954. In: LAV NRW R, BR 0009, Nr. 12716, Bl. 109.

30 IM NRW an RP Arnsberg, 05.03.1955. In: Ebd., Bl. 165. Die Durchschrift an den RP Köln war mit dem Zusatz versehen: »In der augenblicklichen Situation sehe ich keine rechtliche Handhabe, gegen die Fa. Lappe vorzugehen.«

31 Zu den ersten Arbeiten am AMG siehe: BArch, B 189, Nr. 11542. Vgl. auch eingehend Rotthege, Entstehung, 2011, S. 107–128; Kirk, Contergan-Fall, 1999, S. 23–26.

wurf erarbeitet und dem Bundesministerium für Wirtschaft, den obersten Landesgesundheitsbehörden und den betroffenen Fachverbänden zugeleitet hatte, begann ein intensiver Austausch zwischen Vertretern des Bundes und der Berufs- und Fachverbände.[32] Sowohl der Bundesverband der Pharmazeutischen Industrie, der vor allem die Unterstützung des Wirtschaftsministers suchte,[33] als auch die Arbeitsgemeinschaft der Berufsvertretungen Deutscher Apotheker versuchten, die Vorarbeiten durch Vorlage eigener Entwürfe in ihrem Sinne zu beeinflussen.[34]

Auch im Bundestag wurden die Bemühungen um ein Arzneimittelgesetz forciert. Nachdem die Fraktion der Deutschen Partei bereits am 6. Oktober 1953 die Vorlage eines Entwurfes für ein Arzneimittelgesetz gefordert hatte,[35] folgte die SPD am 10. November 1955 mit einem ähnlichen Antrag.[36] Mit der einstimmigen Annahme des SPD-Antrags wurde der lagerübergreifende Wille erkennbar, das Arzneimittelwesen in absehbarer Zeit einer einheitlichen Gesetzesregelung zuzuführen. Die Referenten in der Gesundheitsabteilung des Bundesministeriums des Innern stellten daraufhin einen Entwurf fertig, der den Fachverbänden im Mai 1956 zuging.[37] Vorgesehen waren darin unter anderem eine Genehmigungspflicht für die Arzneimittelproduktion und eine Registrierung neuer Arzneifertigwaren beim Bundesgesundheitsamt, die indes als bloße Formsache konzipiert war und nur in Ausnahmefällen verwehrt werden durfte. Obwohl der Entwurf kein Zulassungsverfahren und auch nur geringe staatliche Eingriffsrechte enthielt, legte das Bundesministerium für Wirtschaft sein Veto ein, weil es in der Herstellungserlaubnis und Registrierpflicht unangebrachte Einschränkungen der Gewerbefreiheit erkannte.[38]

Drohten die Uneinigkeiten innerhalb der Bundesregierung das Vorhaben eines Arzneimittelgesetzes zu gefährden, so erhielt es Ende 1957 neuen Auftrieb. Nicht nur war mit der neuen Legislaturperiode ein neues Zeitfenster gegeben, vielmehr hatten die Römischen Verträge vom März 1957 auch die Rahmenbedingungen entscheidend geändert. Die Gründungsurkunde der EWG sah eine Harmonisierung aller für den gemeinsamen Markt relevanten Rechtsvor-

32 Lenhard-Schramm, Land, 2016, S. 124. Dort weitere Nachweise.

33 Der Vorgang des Bundesministeriums für Wirtschaft war dokumentiert in den Akten: BArch, B 102, Nr. 9234–9235. Nach Einsichtnahme durch den Verfasser wurden die Akten vernichtet.

34 Rotthege, Entstehung, 2011, S. 110, Anm. 610.

35 Deutscher Bundestag, Drucksache II/15, 06.10.1953.

36 Deutscher Bundestag, Drucksache II/1840, 10.11.1955.

37 Entwurf eines Gesetzes über den Verkehr mit Arzneimitteln (Arzneimittelgesetz), 12.05.1956. In: BArch, B 189, Nr. 11543, Bl. 403–417, Begründung Bl. 418–435. Dieser Entwurf ist abgedruckt in Rotthege, Entstehung, 2011, S. 292–303, siehe dort auch S. 114–126.

38 Vermerk BMI, 20.06.1956. In: BArch, B 189, Nr. 11543, Bl. 3–15, hier Bl. 3–4.

schriften vor, worunter auch das Arzneimittelrecht fiel.[39] Dies bewog auch das Wirtschaftsministerium zum Einlenken. Galt das Arzneimittelgesetz dort bisher als industriefeindliches Hemmnis, so war die gesetzliche Regelung des Arzneimittelwesens nun nicht nur verbindliche Vorschrift für den europäischen Wirtschaftsraum, sondern auch wesentliche Voraussetzung für den Export deutscher Medikamente.[40] Die wichtigsten Widerstände aus dem Weg geräumt, zeichnete sich nun ab, dass ein Arzneimittelgesetz noch in der 3. Legislaturperiode kommen würde.

Genehmigungspflicht und Zulassung Contergans

Während den ersten Beratungen zum Arzneimittelgesetz hatte der rechtliche Problemdruck noch einmal zugenommen. Zu den ohnehin bestehenden Zweifeln an der Verfassungsmäßigkeit der Stoppverordnung stieß am 20. Juni 1956 ein Urteil des Oberverwaltungsgerichts Münster. Dieses erkannte die Interimslösung der Stoppverordnung an und erklärte die Annahme für »berechtigt, daß die VO eine Regelung der Herstellung neuer Arzneimittel bis zum Erlaß eines allg. Arzneimittelgesetzes darstellt.« Zugleich verwarf das Gericht die Stoppverordnung insoweit als verfassungswidrig, als sie die Herstellung neuer Arzneifertigwaren grundsätzlich verbiete. Einen Mittelweg einschlagend, erkannte das Gericht, seit dem Inkrafttreten des Grundgesetzes habe jeder Antragsteller »ein Recht auf die Genehmigung, sofern hierdurch die Volksgesundheit nicht gefährdet wird.«[41]

Durch das Urteil wurde mithin ein Rechtsanspruch auf Ausnahmegenehmigung statuiert. Für die tatsächliche Genehmigungspraxis war dies von erheblicher Bedeutung, drohte dieser Rechtsanspruch mit der behördlichen Genehmigungsprozedur potenziell in Konflikt zu geraten. Die Gesundheitsabteilung im Düsseldorfer Innenministerium hatte den Rechtsstreit zwar gewonnen. Gleichwohl waren sich die Ministerialbeamten über die zahlreichen und zum Teil erfolgreichen Prozesse bewusst, die Arzneimittelhersteller gegen die Stoppverordnung anstrengten. Zudem war klar, dass hier das letzte Wort noch nicht gesprochen war, denn beim Bundesverfassungsgericht war seit 1952 eine entsprechende Verfassungsbeschwerde eines verurteilten Arzneimittelherstellers anhängig.[42] Da das Genehmigungsverfahren weder durch Gesetz noch durch

39 Art. 3 Nr. h, Vertrag zur Gründung der EWG, 25.03.1957. Der Wortlaut des Vertrags ist abgedruckt in: BGBl. 1957, Teil II, S. 766–963, hier S. 772.

40 Kirk, Contergan-Fall, 1999, S. 25–26.

41 Urteil OVG Münster – III A 1113/54 –, 20.06.1956. In: Deutsches Verwaltungsblatt 71 (1956), S. 796–797.

42 Auch Regierungsbeamte machten darauf aufmerksam, siehe etwa Femmer, Arzneimittelhausierhandel, 1956, S. 545.

Rechtsverordnung ansatzweise geregelt war und insoweit im freien Ermessen des Ministeriums lag, war doch nun eine Rechtslage gegeben, die die oberste Gesundheitsbehörde von jeder restriktiven Genehmigungspraxis noch weiter entfernte. Insofern wurde eine wirksame staatliche Kontrolle im Rahmen der Prüfung neuer Arzneispezialitäten strukturell stark erschwert. Um eventuelle Rechtsstreite abzuwenden, wurden nunmehr Ausnahmegenehmigungen grundsätzlich immer erteilt, sofern ein großes Gefährdungspotenzial für die Volksgesundheit nicht unmittelbar erkennbar war.

Genau in diesem zeitlichen Kontext stellte die Firma Chemie Grünenthal am 11. Juni 1956 ihren Antrag auf Ausnahmegenehmigung zur Herstellung der Arzneispezialitäten Contergan und Contergan forte. Nachdem das Chemische Landesuntersuchungsamt die von der Firma übersandten Muster auf ihre qualitative und quantitative Zusammensetzung hin analysiert hatte, entsprach die Arzneimittelprüfungskommission am 6. Juli 1956 dem Antrag. Nach Überweisung der erforderlichen Verwaltungsgebühr erteilte das Düsseldorfer Innenministerium dem Stolberger Pharmaunternehmen am 9. August 1956 die Genehmigung zur Herstellung und zum Vertrieb der beiden thalidomidhaltigen Monopräparate.[43] Diese traten damit wieder aus dem unmittelbaren Gesichtskreis und Kontrollbereich der Arzneimittelbehörden heraus. Wie und wann ein Hersteller seine Präparate ausbot, war ihm weitgehend selbst überlassen, solange keine irreführende und keine Laien-Werbung erfolgte.[44]

Gesetzesarbeiten und Wegfall der Stoppverordnung

Contergan wurde in der Bundesrepublik am 1. Oktober 1957 auf den Markt gebracht. Die Werbung für das Präparat begann indes erst zu Jahresbeginn 1958.[45] Nahezu zeitgleich wurden im Bundestag die Pläne eines Arzneimittelgesetzes wieder aufgegriffen. Am 21. Januar 1958 beantragte die Fraktion der SPD die Vorlage eines entsprechenden Gesetzentwurfs durch die Bundesregierung und legte am 26. Juni einen eigenen Entwurf vor.[46] Die Bundesregierung stellte daraufhin einen eigenen Entwurf fertig, der dem Bundestag am 13. November 1958 vorgelegt wurde.[47] In der ersten Lesung wurde die Vorlage am 28. Januar 1959

43 Siehe dazu eingehend Lenhard-Schramm, Land, 2016, S. 157–172.

44 Auch der Bereich der Werbung war lediglich polizeirechtlich geregelt: Polizeiverordnung über die Werbung auf dem Gebiete des Heilwesens, 29.09.1941. In: RGBl. 1941, Teil I, S. 587–590. Auch die Gültigkeit dieser Verordnung war nicht unumstritten.

45 Lenhard-Schramm, Land, 2016, S. 171, 175.

46 Deutscher Bundestag, Drucksache III/144, 21.01.1958; Deutscher Bundestag, Drucksache III/485, 26.06.1958. Siehe zum SPD-Entwurf Rotthege, Entstehung, 2011, S. 158–160.

47 Deutscher Bundestag, Drucksache III/654, 13.11.1958.

federführend dem Ausschuss für Gesundheitswesen überwiesen.[48] Dort erfolgte im April 1959 die Anhörung der Fachvertreter. Im Mittelpunkt stand dabei nicht zuletzt die Registrierung neuer Arzneispezialitäten, wobei besonders die konkrete Ausgestaltung des Registrierungsverfahrens umstritten war. Während etwa die Ärzte- und die Apothekervertreter ein Verfahren favorisierten, das über eine bloße Anmeldung neuer Präparate hinausging und eine Ablehnung der Registrierung unter bestimmten Umständen ermöglichen sollte, lehnten die Vertreter der pharmazeutischen Industrie ein Registrierungsverfahren mit weitgehenden Befugnissen der zuständigen Behörden ab. Einig waren sich die Vertreter und Politiker allerdings in der Ablehnung eines Zulassungsverfahrens, bei dem eine materielle Prüfung neuer Arzneifertigwaren durch den Staat erfolgen sollte.[49]

Wie problematisch die Ausgestaltung eines Zulassungsverfahrens war, hatte sich zu diesem Zeitpunkt besonders deutlich gezeigt. Denn am 8. Januar 1959 hatte das Bundesverfassungsgericht die Stoppverordnung von 1943 als verfassungswidrig verworfen. Wie die Karlsruher Richter in ihrem Beschluss ausführten, war in der Stoppverordnung die Entscheidung über eine Genehmigung dem »völlig freien Ermessen« der zuständigen Behörde überlassen, weshalb sie »gegen die Grundsätze des Rechtsstaates« verstoße.[50] Spätestens damit fiel jede administrative Regulierungsmöglichkeit für die Arzneimittelherstellung schlagartig weg. Da keine Vorschriften bestanden, die die Produktion von Arzneimitteln irgendwie beschränkt oder an Genehmigungen gebunden hätten, erließen die Länder hilfsweise landesrechtliche Verordnungen zur Regulierung der Arzneimittelherstellung. Diese in sich sehr unterschiedlichen Regelungen waren allerdings rechtlich ebenso zweifelhaft wie die Stoppverordnung oder statuierten ein Anmeldungsverfahren, das über eine bloße Formsache nicht hinausging und von behördlichen Genehmigungen absah.[51]

Als einziges Land erließ Nordrhein-Westfalen keine entsprechende Regelung, sodass sich für die Arzneiherstellung hier ein rechtliches Vakuum auftat. Die Bemühungen der Ministerialbürokratie, ein Anmeldeverfahren zu schaf-

48 Deutscher Bundestag, 3. Wahlperiode, Wortprotokoll der 58. Sitzung, 28.01.1959, S. 3169–3178, Beschluss S. 3178.

49 Siehe die Ausschussunterlagen in: LAV NRW R, NW 94, Nr. 5392–5393; BArch, B 141, Nr. 4605; sowie Stapel, Arzneimittelgesetz, 1988, S. 250–251.

50 Beschluss des Ersten Senats – BvR 425/52 –, 08.01.1959. In: BVerfGE 9 (1959), Zitate S. 87. Im Prinzip bedurfte es keiner Entscheidung des Bundesverfassungsgerichts, da die Verfassungskontrolle des vorkonstitutionellen Rechts durch die normale Gerichtsbarkeit erfolgt. Da Entscheidungen des Bundesverfassungsgerichts aber Gesetzescharakter haben, war nunmehr jeder Zweifel ausgeräumt. Siehe auch die Entscheidungsformel in: BGBl. 1959, Teil I, S. 47.

51 Die landesrechtlichen Verordnungen sind aufgeführt in § 65 Abs. 2 AMG 1961. Siehe die vergleichende Betrachtung bei Brennhausen, Vorschriften, 1959.

fen,[52] scheiterten an dem Vorhaben, das unter der Stoppverordnung praktizierte Verfahren beizubehalten und anzumeldende Präparate wenigstens oberflächlich zu prüfen. Hiergegen intervenierten die Interessenvertreter der pharmazeutischen Industrie, wobei sie sich auf eine – wie es 1960 verbandsintern hieß – »verständnisvolle Haltung des Innenministers Dufhues« stützen konnten.[53] Neben der wirtschaftsliberalen Haltung der Landesregierung war hier aber sicherlich entscheidend, dass zu diesem Zeitpunkt bereits klar war, dass bald ein Arzneimittelgesetz verabschiedet werden würde. Insofern verspürte man nur schwachen Handlungsdruck, behelfsmäßige Regelungen zu schaffen, die überdies mit rechtlichen Zweifeln behaftet gewesen wären.

Vor allem aber erscheint hier eine besondere Koinzidenz bemerkenswert. Unabhängig von dem Wegfall der Stoppverordnung, aber in etwa zeitgleich mit der Entscheidung der Karlsruher Richter begann das Präparat Contergan seinen Aufstieg zu einem pharmazeutischen Bestseller. Das Schlaf- und Beruhigungsmittel avancierte zu dem meistverkauften Schlafmittel in der Bundesrepublik, bevor es ab Juli 1961 der Rezeptpflicht unterstellt und im November 1961 vom Markt genommen wurde. Die Erfolgsgeschichte Contergans endete mithin genau in jener Phase, als verschiedene Bestimmungen des Arzneimittelgesetzes wirksam wurden und die Rechtslücke schlossen. So war es bis zum Inkrafttreten des § 6 am 1. August 1961 nicht verboten, Arzneimittel mit therapeutisch nicht vertretbarer Schädlichkeit herzustellen und zu vertreiben; und bis zum Inkrafttreten des § 20 am 1. Oktober 1961 bedurfte es keines behördlichen Aktes, um neue Arzneispezialitäten herstellen und vertreiben zu dürfen. Die Ministerialbeamten in Nordrhein-Westfalen, die über das Arzneimittelwesen wachten und für Contergan zuständig waren, verfügten also gerade im Zeitfenster des Contergan-Booms über keine rechtliche Handhabe, die Herstellung von Arzneimitteln außerhalb der Apotheken in irgendeiner Form zu reglementieren.[54] Allein durch den Erlass einer ordnungsbehördlichen Verordnung durch den Innenminister – und somit eines materiellen Gesetzes – hätte es einen möglichen Ansatzpunkt zum Einschreiten gegeben.

52 Niederschrift über die Sitzung der Arbeitsgemeinschaft der Leitenden Medizinalbeamten der Länder am 4. und 5. Juni 1959 in Königswinter, 14.07.1959. In: BArch, B 142, Nr. 708, hier Bl. 277–278.

53 Reisebericht Nowel, 13.06.1960. In: LAV NRW R, Gerichte Rep. 139, Nr. 24, Bl. 220–221: »Dr. Lappe wies auf die erfolgreichen Bemühungen des Vorstandes Nordrhein hin, dass tatsächlich Nordrhein-Westfalen das einzige Bundesland ist, dass keine Ersatz-Verordnung anstelle der im Januar 1959 ausser Kraft getretenen Stop-Verordnung erlassen hat. Nach Angaben von Dr. Lappe sei dies auf die verständnisvolle Haltung des Innenministers Dufhues zurückzuführen, wohingegen die Herren der Gesundheitsabteilung des Innenministeriums, Düsseldorf, in ihren Verhandlungen mit dem Vorstand des Bundesverbandes wesentlich härter operiert haben.«

54 Rotthege, Entstehung, 2011, S. 95.

Dass eine starke Reglementierung durch den Gesetzgeber nicht gewollt war, wurde unterdessen bei den weiteren Beratungen zum Arzneimittelgesetz deutlich. Nachdem der Gesundheitsausschuss die Fachvertreter angehört hatte, begann er am 7. Oktober 1959 mit der Einzelberatung der Paragraphen des Regierungsentwurfs, die sich bis in den März 1960 erstreckte.[55] Nach der Sommerpause wurden die Beschlüsse am 6. Oktober 1960 dem mitberatenden Wirtschaftsausschuss bekannt gegeben. Dieser forderte, das Arzneimittelwesen nur soweit zu beschränken, wie es gesundheitspolitisch unumgänglich sei, und legte großes Gewicht darauf, dass der Registrierungsbehörde »kein materielles Prüfungsrecht« zukomme. So solle die Registrierung stets »unverzüglich« erfolgen, damit »der Industrie beim Absatz ihrer Produkte, insbesondere beim Export, kein Schaden entstehe.«[56] Am 19. Oktober begann der Gesundheitsausschuss die zweite, am 8. Dezember die dritte Beratung des Gesetzentwurfs. Obschon einige Vorschläge des Wirtschaftsausschusses berücksichtigt wurden, erfuhr der Entwurf keine wesentlichen Änderungen mehr.[57]

Am 8. Februar legte der Gesundheitsausschuss dem Plenum den Entwurf vor. Die Abgeordneten nahmen ihn mit kleineren Änderungen einstimmig an.[58] Daraufhin wurde der Entwurf dem Bundesrat zugeleitet, wo sich einige Länder gegen das Registrierungsverfahren wandten. Da die Überwachung des Arzneimittelverkehrs auch weiterhin durch die Länder erfolgen sollte, monierte der Berichterstatter des dortigen Innenausschusses, dass eine Registrierung durch den Bund die den Ländern »obliegende Prüfungs- und Überwachungspflicht wesentlich erschweren und doppelte Verwaltungsarbeit zur Folge haben würde.«[59] Durchsetzen konnte sich diese Position im Vermittlungsausschuss aber nicht.[60] Nachdem dessen Vorlage am 17. März vom Bundestag angenommen worden war, stimmte auch der Bundesrat am 29. März zu.[61] Das erste deutsche Arzneimittelgesetz wurde daraufhin am 16. Mai ausgefertigt und trat – ungeachtet einiger erst später wirksam werdenden Einzelbestimmungen – am 1. August 1961 in Kraft.[62]

55 Dazu Lenhard-Schramm, Land, 2016, S. 129, dort weitere Literatur.

56 Deutscher Bundestag, 82. Sitzung des Wirtschaftsausschusses (Auszug), 06.10.1960. In: LAV NRW R, NW 94, Nr. 5393, Bl. 174–177, Zitat Bl. 175.

57 Siehe mit einer Übersicht der Änderungen Rotthege, Entstehung, 2011, S. 215–230.

58 Deutscher Bundestag, 3. Wahlperiode, Wortprotokoll der 142. Sitzung, 08.02.1961, S. 8044–8058, Beschlüsse S. 8056, 8058.

59 Deutscher Bundesrat, Wortprotokoll der 229. Sitzung, 03.03.1961, S. 45–47, Zitat Bl. 46.

60 Deutscher Bundestag, Drucksache III/2596, 10.03.1961.

61 Deutscher Bundestag, 3. Wahlperiode, Wortprotokoll der 153. Sitzung, 17.03.1961, S. 8765–8766; Deutscher Bundesrat, Wortprotokoll der 230. Sitzung, 29.03.1961, S. 57–58.

62 § 63 AMG 1961.

Das Inkrafttreten des Arzneimittelgesetzes und der Contergan-Skandal

Im Frühjahr 1961 zeichnete sich für die Ministerialbeamten auf Bundes- und Landesebene deutlich ab, dass das Arzneimittelgesetz in Kürze verabschiedet und wirksam werden würde. Zugleich wurden die Pharmaziereferenten mit einem anderen Problem konfrontiert. Langsam, aber immer deutlicher zeichnete sich für die Beamten ab, dass mit dem Konsum von Contergan – seit Frühjahr 1960 das meistkonsumierte Schlafmittel der Bundesrepublik – zum Teil schwerwiegende Beeinträchtigungen des Nervensystems einhergehen konnten. Damit erhöhte sich auch der Druck auf die Vertreter der Firma Chemie Grünenthal, die bis dahin versucht hatten, ein Bekanntwerden der neurotoxischen Eigenschaften ihres kommerziell erfolgreichsten Präparats zu verhindern. Versuchten sie vorerst noch, die Schäden zu bagatellisieren, so setzte sich in der Firma im Mai 1961 die Einsicht durch, selbst die Rezeptpflicht für den Contergan-Wirkstoff zu beantragen, um den Verkauf des Präparats zunächst fortführen zu können, wenn auch in eingeschränktem Ausmaß.[63]

Die Frage einer Rezeptpflicht wurde mithin genau zu jenem Zeitpunkt akut, als die Verabschiedung und Verkündung des Arzneimittelgesetzes erfolgte. Dieser rechtliche Problemkontext ist in seiner Bedeutung für das Handeln der zuständigen Beamten kaum zu unterschätzen. Denn mit der Neuregelung des Arzneimittelrechts war kurz- bis mittelfristig Rechtsunsicherheit geschaffen. Zum einen hatten die Beamten in der Anwendung der neuen Rechtsvorschriften keine Erfahrung. Da keine Präzedenzfälle vorlagen, fehlte es an Orientierungspunkten, an denen die Beamten ihr eigenes Handeln ausrichten konnten. Da das Gesetz zum anderen schrittweise in Kraft trat und zudem Rechtsverordnungen vorsah, mit deren Erlass der Bund bestimmte Kompetenzen an sich ziehen konnte, kam es zu einer zeitweisen Überlappung alter und neuer Rechtsnormen und Zuständigkeiten. Dies galt nicht zuletzt für die Rezeptpflichtunterstellung. War diese zunächst auf Landesebene erfolgt, so sah das Gesetz in § 35 eine Rechtsverordnung vor, mit der das Bundesministerium für Gesundheitswesen diese Zuständigkeit an sich ziehen konnte.[64] Bis zum Erlass dieser Verordnung blieben aber weiterhin die Länder zuständig.

Als die Firma Chemie Grünenthal am 26. Mai 1961 ihren Rezeptpflicht-Antrag beim Düsseldorfer Innenministerium einreichte,[65] folgte das Verfahren einem Modus, der zwar rechtlich nicht vorgeschrieben war, sich aber aus

63 Dazu umfassend Lenhard-Schramm, Land, 2016, S. 187–249.

64 § 35 AMG 1961. Das Gesetz enthielt Ermächtigungen für weitere Rechtsverordnungen, etwa um Freiverkäuflichkeit und Apothekenpflicht zu regeln (§§ 30, 32 AMG 1961).

65 Chemie Grünenthal an IM NRW, 25.05.1961 (überreicht am 26.05.1961). In: LAV NRW R, Gerichte Rep. 139, Nr. 54, Bl. 238.

der Verwaltungspraxis herausgebildet hatte. Die oberste Landesgesundheitsbehörde reichte den Antrag an das Bundesgesundheitsamt weiter, das zur Rezeptpflicht Stellung nehmen sollte. Dieses Verfahren hatte einen zweifachen Grund. Zum einen sollte durch die Einschaltung einer weiteren Instanz die Rezeptpflicht rechtlich abgesichert werden, zum anderen sollte das Gutachten des Bundesgesundheitsamtes als zentralisierendes Moment die Grundlage für die Rezeptpflichtunterstellung auch in den anderen Ländern bilden. Nach Eingang des Gutachtens wurde der fragliche Arzneistoff dann, gegebenenfalls nach erneuter Rücksprache mit dem jeweiligen Hersteller, per Rechtsverordnung der Rezeptpflicht unterworfen. Da sich diese Form der Listenregulierung als schwerfällig und zeitaufwendig erwies – *ad hoc* war eine Rezeptpflicht damit kaum zu realisieren – erließen die zuständigen Landesbehörden jährlich in der Regel ein bis zwei entsprechende Verordnungen, mit denen sie jene Stoffe der Rezeptpflicht unterstellten, die sich bis dahin turnusmäßig »angesammelt« hatten.[66]

Zum Zeitpunkt des Rezeptpflichtantrags für Thalidomid war allerdings auch klar, dass dieses Verfahren mittel- bis langfristig durch eine Rezeptpflichtverordnung auf Bundesebene ersetzt werden würde. Da aber noch nicht feststand, wann der Bund diese Kompetenz an sich ziehen würde, war nicht unumstritten, ob und wie die Rezeptpflicht *nach* dem Inkrafttreten des Arzneimittelgesetzes am 1. August 1961 und *vor* dem Erlass der darin vorgesehenen Rechtsverordnung erlassen werden konnte.[67] Um rechtliche Friktionen zu vermeiden, bat der zuständige Pharmaziereferent im Düsseldorfer Innenministerium, Dr. Hans Peter Tombergs, das Bundesgesundheitsamt am 7. Juni 1961 um »baldige gutachtliche Äußerung über die Notwendigkeit der Unterstellung von Contergan unter die Rezeptpflicht«. Dabei hielt er es für zweckmäßig, »wenn die Unterstellung noch vor dem Inkrafttreten des Arzneimittelgesetzes durch die Länder erfolgen könnte.«[68] Das Bundesgesundheitsamt entsprach dieser Bitte und stellte relativ rasch – am 24. Juni 1961 – das Gutachten fertig, welches Anfang Juli 1961 beim Düsseldorfer Innenministerium einging. Mit Verfügung vom 14. Juli 1961 wurde die entsprechende Rechtsverordnung vorbereitet, die am 31. Juli veröffentlicht wurde und am gleichen Tag in Kraft trat.[69]

66 Zur Rezeptpflichtregulierung siehe Lenhard-Schramm, Land, 2016, S. 114–123.

67 Die Auffassungen der Länder sind dokumentiert in: BayHStA, MInn 104103. Selbst in Bayern, wo man nicht von einer Sperrwirkung durch das Arzneimittelgesetz ausging, wollte man auf Nummer sicher gehen und versah den aus dem Juli 1961 stammenden Entwurf einer neuen Abgabeverordnung mit dem rot unterstrichenen Vermerk: »Muß vor dem 1.8.1961 erscheinen!« Siehe den Entwurf in: BayHStA, MInn 87155, nf.

68 IM NRW an BGA, 07.06.1961. In: LAV NRW R, Gerichte Rep. 139, Nr. 54, Bl. 246–247.

69 Zweite Verordnung zur Änderung und Ergänzung der Verordnung über die Abgabe stark wirkender Arzneimittel und über die Abgabegefäße in Apotheken, 27.07.1961 (veröffentlicht am 31.07.1961). In: GVBl. NRW 1961, S. 241–242. Dass die Verordnung unbedingt *vor* dem Inkrafttreten des AMG 1961 am Folgetag wirksam werden sollte, wird auch

Einen Tag vor dem Inkrafttreten des Arzneimittelgesetzes trat damit in Nordrhein-Westfalen die Rezeptpflicht für thalidomidhaltige Präparate in Kraft – und zwar aus dem Grund, dem Arzneimittelgesetz zuvorzukommen.[70] Den Gesundheitsbehörden ist wiederholt vorgeworfen worden, bei der Rezeptpflichtunterstellung zu zögerlich gehandelt zu haben.[71] Tatsächlich ist festzustellen, dass die Behörden vergleichsweise schnell reagierten und sich das bevorstehende Inkrafttreten des Arzneimittelgesetzes beschleunigend auf die Rezeptpflicht ausgewirkt hat. Unter gewöhnlichen Umständen hätte das Rezeptpflichtverfahren wohl einige Monate länger gedauert, wie es etwa in anderen Bundesländern geschah. Doch auch dort wirkte sich das Arzneimittelgesetz zumindest insoweit beschleunigend aus, als den jeweiligen Landesbehörden das Gutachten des Bundesgesundheitsamtes relativ früh vorlag, auf welches das Düsseldorfer Innenministerium gedrungen hatte.

Neben Nordrhein-Westfalen hatten nur Baden-Württemberg und Hessen noch vor dem Inkrafttreten des Arzneimittelgesetzes die Rezeptpflicht für Thalidomid verordnet.[72] Die übrigen Länder folgen nach und nach. Zuletzt wurde die Rezeptpflicht am 1. Januar 1962 in Bayern wirksam.[73] Welche rechtlichen Schwierigkeiten die Rezeptpflichtunterstellung *nach* Inkrafttreten des Arzneimittelgesetzes aufwerfen konnte, sollte sich besonders deutlich im Falle Schleswig-Holsteins zeigen. Da die Bundesregierung mit dem Arzneimittelgesetz ermächtigt wurde, die Rezeptpflicht per Rechtsverordnung bundesweit zu regeln, äußerten die zuständigen Beamten in Kiel verfassungsrechtliche Bedenken und weigerten sich zunächst, in ihrem Land eine Rezeptpflicht für Thalidomid in die Wege zu leiten (ähnliche Bedenken erhob die oberste Gesundheitsbehörde in Berlin).[74] Die Bundesregierung hingegen war der Ansicht, solange sie diese Rechtsverordnung nicht erlasse, seien die Länder weiterhin zuständig. Auf Drängen des Bundes und der Firma Chemie Grünenthal, die nun Haftungsrisiken erkannte, entschloss sich die Kieler Landesregierung, die Re-

daran erkennbar, dass die Verordnung am selben Tag ihrer Verkündung in Kraft trat. Eine solche datumsmäßige Übereinstimmung wird grundsätzlich vermieden, weil die Vorschrift damit vom Beginn des Tages an wirksam ist, an dem das Gesetzblatt ausgegeben wird. Eine solche Rückwirkung kann unter Umständen unzulässig sein.

70 Aussage Tombergs, 30.06.1969. In: LAV NRW R, Gerichte Rep. 139, Nr. 351, nf.

71 So etwa Kirk, Contergan-Fall, 1999, S. 233.

72 Polizeiverordnung zur Änderung der Polizeiverordnung über die Abgabebeschränkung von Acetazolamid und anderen Arzneimitteln, 23.07.1961. In: GVBl. Hessen 1961, Nr. 20, Bl. 115–116 (Inkrafttreten: 29.07.1961); Polizeiverordnung des Innenministeriums über die Abgabe verschreibungspflichtiger Arzneimittel in den Apotheken, 20.07.1961. In: GBl. Baden-Württemberg 1961, Nr. 17, Bl. 233–241 (Inkrafttreten: 31.07.1961).

73 Siehe die Auflistung in Lenhard-Schramm, Land, 2016, S. 304, Anm. 458.

74 Vermerk Schrader, 29.08.1961; Vermerk Nowel, 01.09.1961. In: LAV NRW R, Gerichte Rep. 139, Nr. 43, Bl. 230, 233. Weitere Quellen bei Lenhard-Schramm, Land, 2016, S. 294–295, 303–304.

zeptpflicht doch noch zu verordnen – dies allerdings mit einiger Verzögerung.[75] Hätten die Kieler Beamten auf ihrem Standpunkt beharrt, so hätte sich die Rezeptpflicht für Thalidomid um Jahre verzögert. Erst 1968 erließ die Bundesregierung ihre erste Rechtsverordnung zu rezeptpflichtigen Medikamenten.[76]

Im Falle der Rezeptpflicht für Thalidomid führte die mit dem Arzneimittelgesetz geschaffene Rechtsunsicherheit zu einer gleichsam paradoxen Reaktion. Sie war insoweit paradox, als die Rechtsunsicherheit eigentlich ein defensives Verhalten der Ministerialbeamten begünstigte. Hintergrund war hier nicht zuletzt die vorstaatliche Struktur des Arzneimittelwesens, nach der wesentliche Befugnisse und Verantwortlichkeiten in den medizinischen, wissenschaftlichen und industriellen Bereich verlagert waren.[77] Diese impliziten Rollenzuweisungen und Spielregeln im Pharmasektor führten in den obersten Gesundheitsbehörden zu einem geradezu nachtwächterstaatlichen Amtsverständnis, aufgrund dessen die zuständigen Ministerialbeamten peinlichst darauf bedacht waren, ihre Kompetenzen nicht zu überschreiten. Dass die mit dem Arzneimittelgesetz geschaffene Rechtslage vor allem eine zurückhaltende und abwartende Haltung beförderte, sollte sich besonders deutlich im Umfeld der Marktrücknahme Contergans zeigen.

Das nordrhein-westfälische Innenministerium wurde erstmals am 20. November 1961 mit dem Verdacht des Humangenetikers und Pädiaters Widukind Lenz konfrontiert, der Contergan-Wirkstoff sei für die seit geraumer Zeit beobachtete Zunahme an angeborenen Fehlbildungen verantwortlich.[78] Die Düsseldorfer Ministerialbeamten scheuten allerdings ein energisches Durchgreifen. Das Arzneimittelgesetz – zu diesem Zeitpunkt noch keine 4 Monate in Kraft – statuierte in § 6 überhaupt zum ersten Mal ein ausdrückliches Verbot, Arzneimittel in den Verkehr zu bringen, »wenn sie geeignet sind, bei bestimmungsgemäßem Gebrauch schädliche Wirkungen, die über ein nach den Erkenntnissen der medizinischen Wissenschaft vertretbares Maß hinausgehen und nicht die Folge von besonderen Umständen des Einzelfalles sind, hervorzurufen«. Zudem sah das Arzneimittelgesetz in § 42 die Möglichkeit vor, durch ordnungsbehördliche Maßnahmen Arzneimittel aus dem Verkehr zu ziehen, sofern »Tatsachen die Annahme rechtfertigen, daß sie den Vorschriften über

75 Verordnung zur Änderung der Verordnung (Polizeiverordnung) über die Abgabebeschränkung einzelner Arzneimittel in den Apotheken, 09.11.1961. In: GVBl. Schleswig-Holstein 1961, S. 166–167 (Inkrafttreten: 12.11.1961).

76 Verordnung nach § 35 des Arzneimittelgesetzes über verschreibungspflichtige Arzneimittel, 07.08.1968. In: BGBl. 1968, Teil I, S. 914–937.

77 Siehe den Beitrag von Sabine Mecking in diesem Band sowie Steinmetz, Politisierung, 2003; Lenhard-Schramm, Land, 2016, S. 88–100. Dort weitere Nachweise.

78 Siehe den Beitrag von Christoph Friedrich in diesem Band. Eingehender dazu Kirk, Contergan-Fall, 1999, S. 136–155, Thomann, Contergan-Epidemie, 2005, S. 13–31.

den Verkehr mit Arzneimitteln nicht entsprechen und daß durch ihre Abgabe die Allgemeinheit gefährdet wird.«[79]

Nicht nur waren die Voraussetzungen für ein Verbot nicht weiter konkretisiert.[80] Vielmehr war ein solches Verbot in Nordrhein-Westfalen und auch im übrigen Bundesgebiet bisher noch nicht erlassen worden. Mit einem Einschreiten hätte man also in verwaltungspraktischer Hinsicht Neuland betreten. In dieser Situation versuchten die zuständigen Beamten im Düsseldorfer Innenministerium daher, die Verantwortung für etwaige ordnungsbehördliche Maßnahmen zu delegieren. Zum einen bat man das Bundesgesundheitsamt um Stellungnahme, ob Contergan aufgrund von Lenz' Beobachtungen »als Mittel im Sinne des §6 Abs. 1 des Arzneimittelgesetzes« anzusehen sei.[81] Zum anderen versuchte der Leiter der Gesundheitsabteilung, Dr. Hans Studt, Lenz in einer Besprechung mit ihm und den Firmenvertretern dazu zu bewegen, die volle wissenschaftliche Verantwortung für den Verdacht zu übernehmen. Tue er dies, so werde man seitens der Behörde einschreiten.[82] Lenz tat dies nicht – er hatte ohnehin schon ein hohes Risiko auf sich genommen – und die Firmenvertreter drohten mit einem massiven rechtlichen Widerstand gegen ein Verbot und enormen Regressforderungen. Da die Ministerialbeamten aufgrund der unklaren Sach- und Rechtslage daran zweifelten, mit der Beweislast vor Gericht zu bestehen, schritten sie nicht ein.[83] Die Folgen sind bekannt: Es war ein Artikel der *Welt am Sonntag* vom 26. November 1961, der Lenz' Verdacht publik machte und die Firma damit zum Handeln zwang.[84]

»Reicht das neue Gesetz aus?« – Marktrücknahme und Beschwichtigung

Am 27. November begann die Firma Chemie Grünenthal mit der Marktrücknahme Contergans und der anderen thalidomidhaltigen Präparate. Medial begleitet wurde dieser Vorgang durch ein gewaltiges Echo in der Presse, die die Nachricht der *Welt am Sonntag* aufgriff und nicht selten in sensationeller Aufmachung über Lenz' Verdacht und die Schritte des Pharmaunternehmens berichtete. »Schlafmittel führt zu Mißgeburten – Kinderarzt schlägt Alarm« hieß es am 27. November in der *Neuen Ruhr Zeitung* in fetten Lettern, »Ungezählte

79 §§6, 42 AMG 1961.
80 Auch die einschlägigen Gesetzeskommentare äußerten sich hier nur vage. Siehe Bernhardt, Arzneimittelgesetz, 1961, S. 123–124; Kloesel/Cyran, Arzneimittelgesetz, 1961, S. 267–268.
81 IM NRW an BGA, 23.11.1961. In: LAV NRW R, Gerichte Rep. 139, Nr. 55, Bl. 12–13.
82 Aussage Studt, 25.04.1963. In: LAV NRW R, Gerichte Rep. 139, Nr. 173, Bl. 124.
83 Zu den Vorgängen im IM NRW eingehend Lenhard-Schramm, Land, 2016, S. 326–340.
84 »Mißgeburten durch Tabletten?« In: Welt am Sonntag, 26.11.1961.

Menschen wurden vergiftet« war tags darauf in der *Abendzeitung* zu lesen.[85] Viele weitere Blätter berichteten in einem ähnlichen Tenor,[86] bisweilen auch überstürzt, wodurch es wiederholt zu Falschmeldungen kam, die sich dennoch rasant verbreiteten. Weder waren thalidomidhaltige Präparate verboten worden, noch hatten die Gesundheitsämter eine Prüfung des Sachverhalts in die Wege geleitet.[87]

Zu den Besonderheiten des Falles Contergan gehörte es, dass sich der Diskurs um das Medikament und dessen Marktrücknahme zwei bis drei Tage später wieder versachlichte. Der Verdacht war noch unbewiesen und neue Erkenntnisse standen erst mittelfristig zu erwarten, womit auch der Stoff für sensationsheischende Schlagzeilen ausging. Vor allem aber hatte die erste Berichterstattung auch zahlreiche Experten und Autoritäten mobilisiert, die sich nunmehr zu Wort meldeten. Hierdurch schwenkte die Presse rasch in den Modus eines paternalistischen Konsensjournalismus um, der auf Beschwichtigung statt Aufklärung setzte. Die Bevölkerung – so war von Ärzten und Apothekern, von Beamten und Politikern fast unisono zu vernehmen – solle sich keine unnötigen Gedanken machen und die Sache den Experten überlassen, zumal der Verdacht noch nicht bewiesen sei.[88]

Der ursprünglich auf Contergan bezogene Diskurs wurde schon bald abstrahiert, indem das Medikament selbst in den Hintergrund trat und sich die öffentliche Aufmerksamkeit auf das jüngst in Kraft getretene Arzneimittelgesetz richtete. So konzentrierte sich die Diskussion auf die mit dem Gesetz geschaffene Rechtslage bei der Arzneimittelprüfung und -zulassung. Den Behörden kam dies durchaus gelegen, namentlich den Beamten im November 1961 errichteten Bundesministerium für Gesundheitswesen, auf das sich nunmehr das mediale Interesse richtete. Im Bonner Ministerium tappte man nämlich, was Contergan anging, regelrecht im Dunkeln. Basalste Informationen über Contergan lagen nicht vor und mussten erst einmal durch umständliche Umfrageaktionen bei den obersten Landesgesundheitsbehörden eingeholt werden, etwa

85 »Schlafmittel führt zu Mißgeburten«. In: Neue Ruhr Zeitung, 27.11.1961; »Ungezählte Menschen wurden vergiftet«. In: Abendzeitung, 28.11.1961.

86 »Mißgeburten durch Schlafmittel!« In: Berliner Zeitung, 27.11.1961.

87 Von einem Verbot berichteten u. a. »Schlafmittel führt zu Mißgeburten«. In: Neue Ruhr Zeitung, 27.11.1961; »Mißbildungen durch Schlaftabletten?« In: Die Welt, 27.11.1961; »Schlafmittel führt zu Mißgeburten«. In: Süddeutsche Zeitung, 27.11.1961; »Innenminister verbot vier Arzneimittel«. In: General-Anzeiger, 28.11.1961. Von einer Prüfung durch die Gesundheitsämter »Gesundheitsämter prüfen Fälle von Mißbildungen«. In: Rheinische Post, 28.11.1961; »Innenminister verbot vier Arzneimittel«. In: General-Anzeiger, 28.11.1961; »Das Schlafmittel ›Contergan‹ zurückgezogen«. In: Frankfurter Allgemeine Zeitung, 28.11.1961.

88 Vgl. mit zahlreichen Beispielen Lenhard-Schramm, Land, 2016, S. 435–438; Steinmetz, Politisierung, 2003, S. 212–215.

die Daten der Rezeptpflichtunterstellung.[89] Die Verlagerung des Diskurses auf das Arzneimittelgesetz schuf für die Bonner Ministerialbeamten, die das Gesetz wesentlich mit ausarbeitet hatten, dagegen die Möglichkeit, die bereits in den Gesetzberatungen diskutierten Argumente aufzugreifen, sich nach außen als kompetent zu präsentieren und dabei die Leistungsfähigkeit »ihres« Gesetzes herauszustellen.

Während sich behördenintern größere Probleme zeigten, Thalidomid auf Grundlage des Arzneimittelgesetzes zu verbieten,[90] reagierten die Behörden nach außen zunächst mit einer Art Verteidigungsreflex, insbesondere auf Bundesebene. Dies kann kaum verwundern, zumal dort die Bereitschaft relativ gering war, Unzulänglichkeiten der neuen Rechtsnorm anzuerkennen. In einem Kurzinterview in der *Welt am Sonntag* bejahte die frisch vereidigte Bundesgesundheitsministerin Elisabeth Schwarzhaupt die Frage, ob das Arzneimittelgesetz ausreiche: Das Gesetz verbiete »Arzneimittel in den Verkehr zu bringen, die geeignet sind, bei bestimmungsgemäßen Gebrauch schädliche Wirkungen hervorzurufen, die über ein nach den Erkenntnissen der medizinischen Wissenschaft vertretbares Maß hinausgehen und nicht die Folgen von bestimmten Umständen des Einzelfalls sind.« Leider könne »aber kein Gesetz verhindern, daß Arzneimittel infolge menschlichen Versagens im Einzelfall bei der Herstellung fehlerhaft zusammengesetzt werden und daß dadurch die Gesundheit von Menschen geschädigt wird. Ebenso wenig kann der sorgfältigste Gesetzgeber verhindern, daß schädliche Nebenwirkungen von arzneilich wirksamen Stoffen erst nach langem Gebrauch erkennbar werden«. Im Übrigen sei auch noch gar nicht erwiesen, »ob der in dem Arzneimittel Contergan enthaltene Wirkstoff tatsächlich für Mißbildungen an neugeborenen Kindern verantwortlich ist.«[91] Die fernmündlich an die Redaktion durchgegebene Antwort war von den Ministerialbeamten ausgearbeitet worden und wurde in Teilen dem Gesetz wörtlich entnommen.[92]

In diversen Zeitungen wurde ähnlich berichtet und auch andere Beamte und Fachvertreter stellten sich hinter das Arzneimittelgesetz. »Fachleute in den Bundesbehörden warnten nachdrücklich davor, aus den Debatten um einige umstrittene Arzneimittel voreilige Schlußfolgerungen zu ziehen«, war am 1. Dezember

89 Am 02.12.1961 erkundigte sich das BMGes bei den Ländern über das Inkrafttreten der Rezeptpflicht für Thalidomid. Kurz darauf kam die Frage auf, ob thalidomidhaltige Arzneimittel aus dem Ausland eingeführt werden konnten. Siehe die Vorgänge in: BArch, B 189, Nr. 11733, Bl. 95–114.

90 Ein Verbot nach § 42 AMG 1961 war nur auf Grundlage eines hinreichenden Tatsachenmaterials statthaft. Die Beweislast lag damit bei den Behörden. Diese sahen daher vorerst von einem Verbot Thalidomids ab, zumal auch das BGA in Frage stellte, ob ein Verbot bei der bekannten Sachlage vor Gericht Bestand haben würde (BGA an IM Baden-Württemberg, 20.12.1961, in: BArch, B 189, Nr. 11733, Bl. 183).

91 »Wer prüft unsere Arzneimittel?« In: Welt am Sonntag, 03.12.1961.

92 Siehe die Entwürfe in: BArch, B 189, Nr. 11733, Bl. 115–123.

in der *Bonner Rundschau* zu lesen.[93] Gleichentags erklärte Ferdinand Schlemmer, Leiter des Deutschen Arzneiprüfungsinstitutes, via *Bild*-Zeitung, »daß das neue Arzneimittelgesetz den Patienten oder den Verbraucher in ausreichender Weise schützt.«[94] Die oberste Gesundheitsbehörde Bayerns ließ am 9. Dezember unter anderem in der *Rheinischen Post* verlauten, es bestehe »kein Anlaß, besondere Schutz- und Kontrollbestimmungen über das geltende Arzneimittelrecht hinaus zu erlassen.« Ebendort mahnte auch der stellvertretende Vorsitzende des Bundes Deutscher Medizinalbeamter, Bernhard Kläß, zur Ruhe. Es sei erst abzuwarten, wie sich das neue Gesetz bewähre, zumal sich der Fall Contergan ja wesentlich in der »vorgesetzlichen« Zeit abgespielt habe.[95] Ähnlich äußerte sich Ernst Fromm, Präsident der Bundesärztekammer, der ebenso keine Veranlassung sah, das Gesetz »hinsichtlich der Schutz- und Kontrollbestimmungen zu ändern.«[96] In der *Frankfurter Allgemeinen Zeitung* wurde Gesundheitsministerin Schwarzhaupt am 12. Dezember wegen ihrer Sachlichkeit gelobt. »Keine staatliche Arzneimittelprüfung kann auch das letzte Risiko voraussehen«, hieß es dort weiter.[97] Als Fürsprecher des Arzneimittelgesetzes trat schließlich auch Ulrich von Blanc auf den Plan, der als Vertreter des Bundesverbandes der Pharmazeutischen Industrie die Kritik am Gesetz auf eine Unkenntnis desselben zurückführte.[98]

Contergan und die Skandalisierung des Arzneimittelrechts

War das mediale Interesse an Contergan zu Jahresbeginn 1962 schon fast erloschen, so flammte es ab dem Frühjahr 1962 wieder hell auf. Mit den erschütternden Opfergeschichten, die allen voran die *Bild*-Zeitung in den Fokus der öffentlichen Aufmerksamkeit schob, entwickelte sich der Fall Contergan überhaupt erst zu jenem medialen Skandal, der sich durch sein schier unerschöpfliches Potenzial zur Emotionalisierung und Reskandalisierung über die gesamten 1960er Jahre tief in das kollektive Bewusstsein grub.[99] Ein Großteil der Kritik richtete sich dabei gegen Politik und Staat, denen in erster Linie vorgeworfen wurde, nicht rechtzeitig und nicht hinreichend Hilfe zu leisten. Während die Bundes- und Landesbehörden standardmäßig auf das soeben verabschiedete Bundessozialhilfegesetz verwiesen, das spezielle Hilfsleistungen für

93 »Arzneien schärfer kontrollieren!« In: Bonner Rundschau, 01.12.1961.
94 »Viele Arzneien sind krank«. In: Bild, 01.12.1961.
95 »Reicht das neue Gesetz aus?« In: Rheinische Post, 09.12.1961.
96 »Besserer Schutz durch scharfe Rezeptpflicht?« In: Kölner Stadt-Anzeiger, 09.12.1961.
97 »Mißbildungen durch Arzneimittel? Eine mutige Ministerin und die Besorgnisse wegen des Contergans«. In: Frankfurter Allgemeine Zeitung, 12.12.1961.
98 »Die Prüfung neuer Arzneimittel«. In: Frankfurter Allgemeine Zeitung, 14.12.1961.
99 Steinmetz, Politisierung, 2003; siehe auch die Einleitung in diesem Band.

»Menschen in besonderen Lebenslagen« vorsah,[100] forderten Presse und allmählich auch Betroffene gesonderte Hilfsleistungen für die contergangeschädigten Kinder und ihre Familien. Solche, außerhalb der Sozialhilfe liegenden Leistungen wurden vor allem aus der Vorstellung hergeleitet, der Staat habe durch verschiedene Rechtsvorschriften die Arzneimittelaufsicht für sich in Anspruch genommen, aber nicht hinreichend erfüllt.[101]

Die Bundesregierung wies solche Forderungen zurück. Nicht der Staat, so das Argument, sei für die Marktfähigkeit eines Arzneimittels verantwortlich, sondern allein der Hersteller.[102] Die Ablehnung gesonderter Hilfsleistungen, etwa in Form eines eigenen Härtefonds, fachte die Skandalisierung weiter an, die im Spätsommer 1962 einen ersten Höhepunkt erreichte, als sich scharfe Attacken gegen Schwarzhaupt mit angedeuteten Rücktrittsforderungen verbanden.[103] Die Medien übernahmen nun gleichsam das sozialpolitische Ruder, indem sie eigene Hilfsaktionen starteten und für diese breit angelegt warben. So initiierte etwa die *Bild*-Zeitung Ende August 1962 den »Baby-Pfennig«, der den Geschädigten zugutekommen sollte.[104] Auch die »Aktion Sorgenkind« erwuchs aus diesem Kontext.[105]

Der wachsende mediale Druck ließ auch die Bundesregierung nicht unbeeinflusst. Wenngleich sie vorerst ihren Standpunkt beibehielt und gesonderte Leistungen an Contergangeschädigte verwarf, machte sich zumindest in der Öffentlichkeitsarbeit ein zaghafter Kurswechsel bemerkbar. Ab Ende August 1962 bemühten sich die Politiker und Beamten zunehmend, die bestehenden Hilfsmöglichkeiten besser zu kommunizieren und den Dialog mit den Geschädigten zu intensivieren.[106] Da aber materielle Hilfsmaßnahmen ausblieben, waren für die Bundesregierung konkrete politische Schritte von großem Interesse, um den Vorwurf der Untätigkeit zu entkräften.

100 Das Bundessozialhilfegesetz vom 30.06.1961 trat am 01.06.1962 in Kraft. Siehe dazu Föcking, Fürsorge, 2007.

101 Bösl, Politiken, 2009, S. 237–238; Günther, Contergan-Fall, 2016; Steinmetz, Politisierung, 2003.

102 Vermerk BMI, 26.06.1962. In: BArch, B 106, Nr. 10805, nf.

103 Einen Höhepunkt der medialen Kritik an der Regierung bildete der Artikel »Nicht Hüte, sondern Hilfe!« In: Bild, 22.08.1962; siehe dazu auch Steinmetz, Politisierung, 2003, S. 218, 223, 225.

104 »Der Baby-Pfennig. Bild-Aktion: Helft Contergan-Kindern!« In: Bild, 31.08.1962; »Baby-Pfennig rollt schon!« In: Bild, 01.09.1962. Bereits zuvor hatte die Bild zu Spenden aufgerufen. Siehe etwa »Beschämend! Bild-Leser schneller als Minister«. In: Bild, 31.07.1962.

105 Lingelbach, Konstruktionen, 2010, S. 127–150.

106 Steinmetz, Politisierung, 2003, S. 225–226; Lenhard-Schramm, Land, 2016, S. 451–455.

Regulierungslücke Rezeptpflicht?

In diesem Zusammenhang richtete sich das Augenmerk wieder verstärkt auf das Arzneimittelrecht, zumal in Fachkreisen und behördenintern bekannt geworden war, dass thalidomidhaltige Medikamente in der Bundesrepublik in Einzelfällen weiterhin legal abgegeben wurden.[107] Aufgrund der öffentlichen Diskussion, des damit verbundenen Handlungsdrucks und der nach wie vor bestehenden Probleme bei der Arzneimittelüberwachung rückte deren regulative Reichweite wieder in den Mittelpunkt. Schon unmittelbar nach der Marktrücknahme war dabei ein Punkt ins Zentrum vieler Forderungen geraten. Die Bundesapothekerkammer hatte bereits am 29. November 1961 dafür plädiert, »neue Arzneimittel grundsätzlich zunächst dem ärztlichen Rezeptzwang zu unterstellen«, wovon in diversen Zeitungen zu lesen war.[108] Auch eine Expertenkommission, die vom nordrhein-westfälischen Innenminister einberufen worden war und den Zusammenhang zwischen thalidomidhaltigen Präparaten und den Fehlbildungen prüfen sollte, empfahl am 30. November 1961 eine automatische Rezeptpflicht für neue Arzneistoffe, wovon auch die Öffentlichkeit unterrichtet wurde.[109] In der Folge äußerten sich auch solche Experten ähnlich, die ansonsten keinen weiteren gesetzlichen Änderungsbedarf sahen.[110]

Auch in diesem Bereich ging das Bundesministerium für Gesundheitswesen geradezu reflexartig in einen Abwehrmodus über, der jede Kritik am Arzneimittelgesetz erst einmal pauschal zurückwies. Im Antwortentwurf auf eine Anfrage des Bundestags-Abgeordneten Lambert Huys (CDU) ging das Gesundheitsministerium auch auf die Frage ein, ob die Bundesregierung nicht eine automatische Rezeptpflicht für neue Arzneimittel befürworte. In einem ersten Entwurf hatte der Pharmaziereferent, Ministerialrat Heinrich Danner, lediglich

107 Thalidomid wurde erst nach einiger Zeit gemäß § 42 AMG durch die zuständigen Landesbehörden verboten, in Niedersachsen am 19.12.1962, in Bayern am 22.02.1963, in NRW am 08.03.1963. Bis dahin konnten Apotheken etwaige Restbestände nach entsprechender Verschreibung legal verkaufen (bei homöopathischen Zubereitungen auch ohne Rezept). Ende 1962 wurde deutlich, dass dies auch in einigen Fällen geschah, dazu Lenhard-Schramm, Land, 2016, S. 430–434. Zum Verbot in Niedersachsen: NLA HA, Hann. 180 Hannover, f Nr. 301.

108 »Neue Medikamente sollten zunächst rezeptpflichtig sein«. In: Westdeutsche Allgemeine, 30.11.1961; »Apothekerkammer für Rezeptzwang«. In: Augsburger Allgemeine, 01.12.1961; ähnlich auch »Rezeptpflicht für neue Arzneimittel?« In: Frankfurter Allgemeine Zeitung, 02.12.1961.

109 Protokoll Expertenkommission, 30.11.1961. In: LAV NRW R, Gerichte Rep. 139, Nr. 55, Bl. 197–207, hier Bl. 207; Presseerklärung IM NRW, 01.12.1961. In: LAV NRW R, Gerichte Rep. 139, Nr. 59, Bl. 345. Siehe zur Expertenkommission umfassend Lenhard-Schramm, Land, 2016, S. 345–381.

110 »Besserer Schutz durch scharfe Rezeptpflicht?« In: Kölner Stadt-Anzeiger, 09.12.1961.

vermerkt, dass dies eine Gesetzesänderung erfordere und man prüfen werde, inwieweit eine solche sinnvoll sei.[111] Nach Überarbeitung in einem zweiten Entwurf fiel die Antwort dann aber deutlich aus: »Die Bundesregierung hält eine so weitgehende Maßnahme gesundheitspolitisch nicht für erforderlich. Eine große Anzahl neu in den Verkehr gelangender Arzneimittel kann unbedenklich auch ohne ärztliche Anweisung und Überwachung angewendet werden.« Sollten sich Gründe für die Notwendigkeit für eine Rezeptpflicht ergeben, so könne nunmehr auch der Bund eine entsprechende Rechtsverordnung nach § 35 des Arzneimittelgesetzes erlassen.[112]

Diese Position behielt die Bundesregierung auch in der Folgezeit vorerst bei. Vor dem Plenum des Bundestages erklärte Gesundheitsministerin Schwarzhaupt am 16. Februar 1962 in einer Fragestunde, es sei »nicht beabsichtigt, das Arzneimittelgesetz dahingehend zu ändern, daß neu entwickelte Arzneistoffe beim Inverkehrbringen zunächst einmal ohne besondere Anordnung der Verschreibungspflicht unterliegen. Bei einer solchen Regelung würden neben den stark wirkenden auch alle die Stoffe der sofortigen Verschreibungspflicht unterworfen werden, die ohne ärztliche Verschreibung abgegeben werden können. Ihre spätere Entlassung aus der Rezeptpflicht würde einer amtlichen Feststellung ihrer Unschädlichkeit gleichkommen.« Die SPD-Fraktion hakte mit mehreren Zusatzfragen nach und erkundigte sich bei der Ministerin, ob sich mit einer Rezeptpflicht nicht viele Contergan-Schäden hätten verhindern lassen. Schwarzhaupt reagierte nun recht ungeschickt. So erklärte sie zu »wissen«, dass »wohl der überwiegende Teil« der Schäden dadurch entstanden sei, »daß Contergan auf Grund von Rezepten eingenommen worden sei.« Nicht nur widersprach sie sich kurz darauf selbst, als sie erklärte, ein Zusammenhang zwischen Contergan und den Fehlbildungen stehe noch gar nicht fest. Vielmehr bestand auch kein Grund zur Annahme, dass den meisten Schädigungen ein ärztliches Rezept vorausgegangen war. Einer erneuten Nachfrage begegnete Schwarzhaupt mit der lapidaren Antwort: »Ich glaube nicht, daß die Dinge mit Rezeptpflicht sehr viel anders verlaufen wären.«[113] Diese Haltung gab die Bundesregierung auch zunächst nicht auf. So erklärte Schwarzhaupt in einer parlamentarischen Fragestunde am 12. April 1962, dass sie »keine Möglichkeit sehe, durch eine Änderung der Gesetzgebung die Rechts- und Sachlage sicherer zu gestalten.«[114]

Mit ihrer Blockadehaltung geriet die Bundesregierung im Laufe des Jahres 1962 allerdings zunehmend in die Defensive. Besonders prominent hatte der 65. Deutsche Ärztetag, der vom 18. bis 23. Juni 1962 auf Norderney stattfand,

111 Ministervorlage BMGes, 04.12.1961. In: BArch, B 189, Nr. 11733, hier Bl. 133.
112 Ministervorlage BMGes, 05.12.1961. In: BArch, B 189, Nr. 11733, hier Bl. 128.
113 Deutscher Bundestag, 4. Wahlperiode, Wortprotokoll der 16. Sitzung, 22.02.1962, S. 476–477. Dazu auch: Pharmazeutische Zeitung 107 (1962), S. 253, 291–292.
114 Deutscher Bundestag, 4. Wahlperiode, Wortprotokoll der 26. Sitzung, 12.04.1962, S. 1071.

in einer Entschließung gefordert: »Alle Arzneimittel, die in der Bundesrepublik Deutschland neu in den Handel gebracht werden, sind grundsätzlich rezeptpflichtig. Erst wenn nach längerer ärztlicher Verordnung und Beobachtung in der Praxis ausreichende Erfahrungen über die Wirkungen, Nebenwirkungen und Gefahren vorliegen, soll auf Antrag geprüft werden, ob eine Befreiung von der Rezeptpflicht möglich ist. Die Dauer der Rezeptpflicht neuer Arzneimittel soll mindestens 2 Jahre betragen.«[115]

Angesichts der just in dieser Zeit stark anschwellenden Berichterstattung über Contergan erkannte vor allem die Bundestagsfraktion der SPD die Frage einer Gesetzesnovelle als politisches Profilierungsfeld. Dabei konnte sie besonders glaubwürdig agieren, hatte sie doch eine automatische Rezeptpflicht bereits in den Beratungen zum Arzneimittelgesetz gefordert.[116] Bereits kurz nachdem der Deutsche Ärztetag seine Entschließung publik gemacht hatte, legte die SPD-Bundestagsfraktion dem Parlament am 29. Juni 1962 einen Entwurf zur Änderung des Arzneimittelgesetzes vor. Danach waren alle neuen Arzneimittel mit unbekannten Wirkstoffen oder neuartigen Kombinationen bekannter Wirkstoffe unter einstweilige Rezeptpflicht gestellt, von der sie aber per Rechtsverordnung befreit werden konnten.[117] In unzähligen Foren, Medien und Verbänden wurden nun entsprechende Forderungen und Empfehlungen diskutiert.

Ähnlich der Beratungen zum Arzneimittelgesetz war auch diese Debatte durch den Widerstreit zahlreicher Akteure geprägt, die ihre eigenen Interessen durchzusetzen suchten. Während die Apothekerschaft und die pharmazeutische Industrie eine automatische Rezeptpflicht als überflüssig zurückwiesen,[118] plädierten verschiedene Ärzte- und Zahnärzteverbände nachdrücklich für eine solche Rezeptpflicht, ging es doch hier um die Reichweite ärztlicher Kontroll- und Überwachungsmechanismen und damit auch um Machtfragen.[119] Mit der permanenten Debatte erschien allerdings das Arzneimittelgesetz zunehmend als mangelhaft, obwohl es kurz zuvor noch als etwas »Historisches« gefeiert worden war.[120] Da diese Debatte stets mit dem medialen Skandalisierungsprozess

115 Zitiert nach Herken, Sicherheit, 1970, S. 1055; Müller-Oerlinghausen, Arzneimittelkommission, 2010, S. 198. Siehe auch Koeppe, Arzt, 1962, S. 1464. Die Arzneimittelkommission der Deutschen Ärzteschaft hatte bereits zuvor eine »primäre Rezeptpflicht« gefordert, siehe etwa: Pharmazeutische Zeitung 107 (1962), S. 81.

116 Deutscher Bundestag, Drucksache III/485, 26.06.1958, hier § 37 Abs. 3.

117 Deutscher Bundestag, Drucksache IV/563, 29.06.1962.

118 Siehe etwa: Pharmazeutische Zeitung 107 (1962), S. 865–867, 869.

119 Die Bundesärztekammer und der Bundesverband der deutschen Zahnärzte hatten im Herbst 1962 nochmals für eine automatische Rezeptpflicht neuer Arzneimittel plädiert. Siehe: Pharmazeutische Zeitung 107 (1962), S. 1414, 1633; Ärztliche Mitteilungen 47 (1962), S. 2071.

120 Siehe aus der Tagespresse exemplarisch: »SPD fordert Rezeptpflicht«. In: Rhein-Neckar-Zeitung, 30.06.1962; »Neue Medizin nur auf Rezept?« In: Hannoversche Presse, 30.06.1962. Siehe zur zeitgenössischen Beurteilung des AMG 1961: Deutscher Bundestag,

um Contergan verwoben blieb, liefen die auf Sachlichkeit und kühle Abwägung setzenden Argumente, die zum Teil noch aus den Beratungen zum Arzneimittelgesetz stammten, zunehmend ins Leere. Das junge Gesundheitsministerium, das eine Änderung zunächst noch so vehement abgelehnt hatte, sah sich zusehends seines argumentativen Spielraums beraubt. Nun mussten Taten her.

Die Gesetzesnovelle von 1964

Ein zaghaftes Einlenken der Bundesregierung machte sich am 26. Oktober 1962 bemerkbar, als der Gesetzentwurf der SPD im Bundestag beraten wurde. In ihrer Eingangsrede verwies Elinor Hubert, die als gesundheitspolitische Sprecherin der SPD-Bundestagsfraktion bereits während der Beratungen zum Arzneimittelgesetz prominent in Erscheinung getreten war, auf die Unzulänglichkeit des Arzneimittelgesetzes. Auch dieses hätte, so Hubert, die »Katastrophe mit Contergan« nicht verhindern können. Es halte nämlich »an dem alten Prinzip fest, daß Arzneimittel, die neu sind und Stoffe enthalten, deren Wirkung bisher noch nicht bekannt war, zunächst rezeptfrei in den Verkehr gebracht werden […] und erst dann in die Rezeptpflicht einbezogen werden, wenn sich Schädigungen gezeigt haben«. Man lasse also »erst das Kind in den Brunnen fallen«. Hubert rief dabei die extreme Verbreitung des Schlafmittels Contergans in Erinnerung. So habe es etwa Fälle gegeben, in denen »Pensionsinhaberinnen ihren Gästen es abends wie einen Bonbon auf den Nachttisch legten mit der Empfehlung für eine gute Nachtruhe«. Wäre Contergan als Präparat mit neuem Wirkstoff automatisch der Rezeptpflicht unterstellt gewesen, so hätte es, wie Hubert darlegte, kaum als völlig harmlos gelten und daher »bestimmt keine derartige Verbreitung mit so weittragenden Schäden […] erreichen können«. Die Forderung nach einer entsprechenden Rezeptpflichtregelung verband Hubert mit weiteren, im Gesetzesentwurf noch nicht genannten Änderungsvorschlägen, darunter die Errichtung einer Zentralstelle zur Auswertung von unerwünschten Arzneimittelwirkungen und die Verschärfung von Prüfvorschriften für neue Medikamente.[121]

Hubert schloss ihre Rede, indem sie ein schweres »Versäumnis der Regierung« und eine »bedenkliche Lücke« im Arzneimittelrecht herausstellte.[122] Angesichts der heftigen öffentlichen Kritik an Schwarzhaupt – der Spiegel hatte ihr

Wortprotokoll der 142. Sitzung, 08.02.1961, S. 8044 (Zitat); Pharmazeutische Zeitung 106 (1961), S. 191–192, 351–352, 605, 1281–1283; Kloesel/Cyran, Arzneimittelgesetz, 1961, S. V; zur Würdigung des Gesetzes in der Fachliteratur Stapel, Arzneimittelgesetze, 1988, S. 103, 707–708; Rotthege, Entstehung, 2011, S. 248–249.

121 Deutscher Bundestag, 4. Wahlperiode, Wortprotokoll der 44. Sitzung, 26.10.1962, S. 1928–1930, Zitate S. 1929.

122 Ebd., S. 1930.

jüngst unterstellt, »durch Contergan geschädigt« zu sein[123] – machten sich in der Erwiderung der Gesundheitsministerin erste Anzeichen bemerkbar, dass sie von ihrer Blockadehaltung abzurücken begann. Zwar nannte es Schwarzhaupt eine »Illusion« zu glauben, dass mit einer »automatischen Rezeptpflicht sehr viel geschehen sei«. Doch lenkte sie insoweit ein, als sie eine solche Regelung nicht mehr rundweg ablehnte, sondern sich für eine Erörterung im Gesundheitsausschuss des Bundestags aussprach. Auch gegenüber anderen Änderungen des Arzneimittelgesetzes, die sie zuvor noch zurückgewiesen hatte, zeigte sich die Ministerin nicht mehr gänzlich abgeneigt.[124]

Schwarzhaupts Kurswechsel hing nicht zuletzt damit zusammen, dass mit dem Gesetzentwurf zur Änderung des Arzneimittelgesetzes ein weiterer Antrag der SPD im Bundestagsplenum diskutiert wurde. In diesem Antrag mit dem Titel »Bundeshilfe bei Mißbildungen durch Arzneimittel« hatte die SPD die Bundesregierung um Vorlage eines Gesetzentwurfs ersucht, laut dem bei staatlichen Hilfsmaßnahmen die Einkommensprüfung und der Einkommenseinsatz (die das Bundessozialhilfegesetz vorsah) bei geschädigten Familien entfallen sollte.[125] Da sich die Bundesregierung kategorisch weigerte, dass Bundessozialhilfegesetz aufzuweichen und den Contergan-Geschädigten spezielle Hilfsleistungen zukommen zu lassen, gerade diese Haltung der Bundesregierung in der Öffentlichkeit aber seit geraumer Zeit massiv kritisiert wurde, war es für sie schlechthin nicht mehr tragbar, beide Anträge der SPD in Bausch und Bogen zurückzuweisen. Die Öffnung der Bundesregierung für eine Novelle des Arzneimittelgesetzes hatte insoweit einen großen symbolpolitischen Charakter, ging es hier aus Regierungssicht doch weniger um eine Verbesserung der Arzneimittelsicherheit, sondern vor allem darum, die politische Angriffsfläche der bereits massiv unter Druck befindlichen Gesundheitsministerin zu reduzieren. Auf diese Weise konnte die Bundesregierung Handlungsbereitschaft signalisieren, ohne jedoch in der Frage besonderer materieller Hilfsleistungen einlenken zu müssen.

Als die Bundesregierung am 20. Juni 1963 schließlich einen eigenen Entwurf zur Änderung des Arzneimittelgesetzes vorlegte,[126] hatte sie die automatische dreijährige Rezeptpflicht für neue Arzneistoffe übernommen. In der Begründung des Entwurfes hieß es aber einschränkend, eine solche Regelung werde nur von Nutzen sein, »wenn gleichzeitig sichergestellt wird, daß die Erfahrungen und Beobachtungen der einzelnen Ärzte, Zahnärzte und Tierärzte für das gesamte Bundesgebiet zusammengefaßt und mit den Erfahrungen des Auslandes verglichen werden.« Die Begründung verwies daher auf eine von der Bundesärztekammer eingerichtete Meldestelle und forderte alle Ärzte auf, et-

123 »Schwarzhaupt: Durch Contergan geschädigt«. In: Der Spiegel, Nr. 39, 26.09.1962.

124 Deutscher Bundestag, 4. Wahlperiode, Wortprotokoll der 44. Sitzung, 26.10.1962, S. 1930–1932.

125 Deutscher Bundestag, Drucksache IV/630, 07.09.1962.

126 Siehe die Regierungsarbeiten in: BArch, B 136, Nr. 5265; B 189, Nr. 10413.

waige Beobachtungen über unerwünschte Nebenwirkungen dieser Stelle zur Kenntnis zu bringen. Darüber hinaus war vorgesehen, dass Hersteller bei der Registrierung von Arzneispezialitäten mit unbekannten Wirkstoffen Unterlagen über die pharmakologische und klinische Erprobung einreichen mussten, die dem Stand wissenschaftlicher Erkenntnis zu entsprechen hatte. Andernfalls konnte das Bundesgesundheitsamt eine Registrierung ablehnen.[127] Nach den entsprechenden Beratungen im Gesundheitsausschuss fanden diese Regelungen Eingang in das Zweite Gesetz zur Änderung des Arzneimittelgesetzes. Nachdem der Bericht des Gesundheitsausschusses dem Bundestag vorgelegt wurde,[128] verabschiedete dieser das Änderungsgesetz am 29. April 1964.[129] Nach Zustimmung des Bundesrats[130] wurde das Gesetz am 27. Juni 1964 verkündet und trat am Folgetag in Kraft. Das Gesetz konkretisierte nun zum ersten Mal die Form der vom Hersteller einzureichenden Prüfungsunterlagen. Als weiteres staatliches Regulierungsinstrument sah es eine Anbringung von Warnhinweisen auf den Verpackungen durch die zuständigen Behörden vor, »wenn die Annahme begründet ist, daß auch bei ihrem bestimmungsgemäßen Gebrauch bestimmte Personenkreise gefährdet werden können«[131] – auch dies eine klare Reaktion auf den Fall Contergan.

Obschon mit der Gesetzesnovelle von 1964 die formalen Kriterien zur Gewährleistung der Arzneimittelsicherheit verschärft wurden, blieben Teile des Arzneimittelrechts einer inneren Unstimmigkeit unterworfen, insbesondere die Rezeptpflicht. Zwar war mit der Novelle von 1964 bundesgesetzlich eine automatische Rezeptpflicht statuiert worden. Allerdings verteilten sich die Vorschriften zur Rezeptpflicht nun sowohl auf Bundes- und als auch auf Landesrecht, da der Bund die in § 35 des Arzneimittelgesetzes vorgesehene Rechtsverordnung (obwohl bereits 1961/62 deren baldiger Erlass angemahnt und auch in Aussicht gestellt wurde[132]) erst 1968 erließ und damit die Kompetenz zur Rezeptpflicht an sich zog.[133]

127 Deutscher Bundestag, Drucksache IV/1370, 20.06.1963, Zitat S. 5.

128 Deutscher Bundestag, Drucksache IV/2162, 17.04.1964.

129 Deutscher Bundestag, 4. Wahlperiode, Wortprotokoll der 124. Sitzung, 29.04.1964, S. 5975–5981, hier S. 5981.

130 Deutscher Bundesrat, Wortprotokoll der 269. Sitzung, 15.05.1964, S. 82.

131 Zweites Gesetz zur Änderung des Arzneimittelgesetzes, 23.06.1964. In: BGBl. 1964, Teil I, S. 365–369. Zitat Art. 1, Nr. 16 (Änderung des § 42 Arzneimittelgesetz von 1961). Siehe zu dieser Novelle Stapel, Arzneimittelgesetze, 1988, S. 275–283; Kirk, Contergan-Fall, 1999, S. 179–182; Rotthege, Entstehung, 2011, S. 251–254.

132 Sitzung der für das Gesundheitswesen zuständigen Minister und Senatoren der Länder am 20.12.1961, 10.01.1962. In: BArch, B 142, Nr. 3677, hier Bl. 526; Deutscher Bundestag, 4. Wahlperiode, Wortprotokoll der 44. Sitzung, 26.10.1962, S. 1932. Das BMGes teilte der Firma Chemie Grünenthal 1961 mit, die Rechtsverordnung sei in Vorbereitung und werde in einigen Monaten ergehen. Siehe mit weiteren Verweisen Lenhard-Schramm, Land, 2016, S. 294–295.

133 Siehe Anm. 75.

Einstweilen blieben die Länder zuständig, sodass sich die »normale« und »automatische« Rezeptpflicht auf unterschiedliche Gesetzesgrundlagen und Rechtsebenen stützten. Das Problem der Unübersichtlichkeit und Rechtsunsicherheit blieb insoweit vorerst bestehen. Auch in Fragen etwa der Apothekenpflicht oder der Registrierung sollte es noch lange Zeit dauern, bis die im Arzneimittelgesetz vorgesehenen Regelungen in die Tat umgesetzt wurden.[134]

Weitere Arzneimittelskandale (Menocil 1968, Phentermin 1971[135]) und die andauernde Diskussion um Contergan – nicht zuletzt infolge des vielbeachteten Contergan-Strafprozesses und der Errichtung der Contergan-Stiftung – trugen in der Folgezeit allerdings dazu bei, dass das Arzneimittelgesetz von 1961 zunehmend als unzulänglich erschien. In den Mittelpunkt der rechtlichen Debatte rückten in zunehmendem Maße Sicherheitsbestrebungen, die auch mit weiteren Novellierungen nicht hinreichend zu verwirklichen waren. Diese Wahrnehmungsverschiebung, die sich ab den 1970er Jahren abermals mit dem europäischen Integrationsprozess verband, mündete schließlich in das Arzneimittelgesetz von 1976, das zu Jahresbeginn 1978 in Kraft trat.[136] Dass es das Geschehen um Contergan war, das bestehende Widerstände gegen eine Neuregelung des Arzneimittelwesens erheblich abtrug, ist an vielen Orten dokumentiert. So hieß es etwa im Bericht des Bundestags-Ausschusses für Jugend, Familie und Gesundheit zum Gesetzentwurf der Regierung im April 1976: »Die aus der Contergan-Katastrophe gewonnenen Erkenntnisse haben die gesundheitspolitische Diskussion zum Thema Arzneimittelsicherheit im Deutschen Bundestag belebt und dazu beigetragen, daß die Vorarbeiten an einer gesetzlichen Neuordnung des Arzneimittelrechts von der Bundesregierung vorangetrieben wurden.«[137] Insoweit fußt auch unser heutiges Arzneimittelrecht ganz wesentlich auf der Erfahrung des Contergan-Skandals.

134 So erfolgte die nach §§ 30, 32 AMG 1961 vorgesehenen Regelungen der Freiverkäuflichkeit bzw. Apothekenpflicht erst 1969 (siehe: Verordnung über die Zulassung von Arzneimitteln für den Verkehr außerhalb der Apotheken, 19.09.1969; Verordnung über den Ausschluß von Arzneimitteln vom Verkehr außerhalb der Apotheken, 19.09.1969. In: BGBl. 1969, Teil I, S. 1651–1661, 1662–1666). Zu den Problemen bei der Registrierung siehe den Beitrag von Ludger Wimmelbücker in diesem Band.

135 Dazu Kessel, Expertise, 2009, S. 63–65; Kessel, Phentermin, 2009.

136 AMG 1976 = Gesetz zur Neuordnung des Arzneimittelrechts, 24.08.1976. In: BGBl. 1976, Teil I, S. 2445–2482. Siehe zu den Hintergründen dieses Gesetzes Stapel, Arzneimittelgesetze, 1988, S. 301–318, 336–350, 708–709; ferner Kirk, Contergan-Fall, 1999, S. 185–190; Rotthege, Entstehung, 2011, S. 256–263.

137 Deutscher Bundestag, Drucksache VII/5091, 28.04.1976, S. 5; siehe dort auch S. 7, 9–10. In vielen weiteren Dokumenten tritt die zentrale Bedeutung Contergans für das AMG 1976 deutlich hervor, zum Beispiel: Deutscher Bundestag, Drucksache VII/1067, 04.10.1973, S. 5; Drucksache VII/3060, 07.01.1975, S. 43, 50–51, 58, 60, 62; sowie die Erklärung der damaligen Bundesministerin für Jugend, Familie und Gesundheit Katharina Focke vor dem Plenum des Bundestags: Deutscher Bundestag, 7. Wahlperiode, Wortprotokoll der 141. Sitzung, 16.01.1975, hier S. 9703.

Quellen und Literatur

Archive

Bayerisches Hauptstaatsarchiv (BayHStA)
Bundesarchiv (BArch)
Landesarchiv Nordrhein-Westfalen, Abteilung Rheinland (LAV NRW R)
Niedersächsisches Landesarchiv, Standort Hannover (NLA HA)

Zeitungen, Nachrichtenmagazine und Fachperiodika

Abendzeitung
Ärztliche Mitteilungen
Augsburger Allgemeine
Berliner Zeitung
Bild
Bonner Rundschau
Der Spiegel
Deutsche-Apotheker-Zeitung
Deutsches Verwaltungsblatt
Die Pharmazeutische Industrie
Die Welt
Frankfurter Allgemeine Zeitung
General-Anzeiger
Hannoversche Presse
Kölner Stadt-Anzeiger
Neue Ruhr Zeitung
Pharmazeutische Zeitung
Rheinische Post
Rhein-Neckar-Zeitung
Süddeutsche Zeitung
Welt am Sonntag
Westdeutsche Allgemeine

Amtliche Drucksachen

Bundesgesetzblatt (BGBl.)
Deutscher Bundestag, Drucksachen
Deutscher Bundestag, Wortprotokolle
Entscheidungen des Bundesverfassungsgerichts (BVerfGE)
Gesetz- und Verordnungsblatt für das Land Hessen (GVBl. Hessen)
Gesetz- und Verordnungsblatt für das Land Nordrhein-Westfalen (GVBl. NRW)
Gesetz- und Verordnungsblatt für Schleswig-Holstein (GVBl. Schleswig-Holstein)
Gesetzblatt Baden-Württemberg (GBl. Baden-Württemberg)
Gesetzblatt der DDR (GBl. DDR)
Ministerialblatt des Reichs- und Preußischen Ministeriums des Innern (RMBliV)
Niedersächsisches Ministerialblatt (Nds. MBl.)
Reichsgesetzblatt (RGBl.)
Staats-Anzeiger für das Land Hessen

Literatur

Bernhardt, Fritz, Arzneimittelgesetz. Gesetz über den Verkehr mit Arzneimitteln vom 16. Mai 1961 i. d. Fassung des Gesetzes vom 25. Juli 1961. Berlin/Frankfurt am Main 1961.

Bösl, Elsbeth, Politiken der Normalisierung. Zur Geschichte der Behindertenpolitik in der Bundesrepublik Deutschland. Bielefeld 2009.

Brennhausen, Hubertus, Landesrechtliche Vorschriften über das Inverkehrbringen von Arzneifertigwaren. In: Bundesgesundheitsblatt 23 (1959), S. 369–372.

Danner, Heinrich, Bestimmungen über den Verkehr mit Arzneimitteln, Betäubungsmitteln und Giften, über die Herstellung von Arzneifertigwaren und über die Werbung für Arzneimittel. In: Ludwig Federhen (Hg.), Der Arzt des öffentlichen Gesundheitsdienstes. Stuttgart 1952, S. 151–302.

Femmer, H. J., Der Arzneimittelhausierhandel, ein »Spiel mit Worten«. In: Medizinische Monatsschrift 10/8 (1956), S. 541–548.

Föcking, Friederike, Fürsorge im Wirtschaftsboom. Die Entstehung des Bundessozialhilfegesetzes von 1961. München 2007.

Günther, Anne, Der Contergan-Fall als Zäsur in den 1960er Jahren? Eine mediengeschichtliche Analyse. In: Gabriele Lingelbach/Anne Waldschmidt (Hg.), Kontinuitäten, Zäsuren, Brüche? Lebenslagen von Menschen mit Behinderungen in der deutschen Zeitgeschichte. Frankfurt am Main/New York 2016, S. 142–165.

Herken, Hans, Sicherheit in der Therapie durch Gesetz und Forschung. In: Bernhard Schlegel (Hg.), Verhandlungen der Deutschen Gesellschaft für Innere Medizin. 76. Kongress gehalten zu Wiesbaden vom 6. April – 9. April 1970. Berlin/Heidelberg 1970, S. 1053–1060.

Hornung, Heinrich, Apotheken- und Arzneimittelgesetzeskunde. Mit einer geschichtlichen Rückschau. Vorlesungen gehalten an der Philipps-Universität Marburg. Stuttgart 1955.

Kessel, Nils, Umstrittene Expertise. Der Beirat »Arzneimittelsicherheit« in der bundesdeutschen Arzneimittelregulierung 1968–1976. In: Medizinhistorisches Journal 44 (2009), S. 61–93.

Kessel, Nils, 1971 – Phentermin. Arzneimittelschäden zwischen Regulierung und Skandal. Das Beispiel des Appetithemmers Phentermin. In: Nicholas Eschenbruch/Viola Balz/Ulrike Klöppel/Marion Hulverscheidt (Hg.), Arzneimittel des 20. Jahrhunderts. Historische Skizzen von Lebertran bis Contergan. Bielefeld 2009, S. 283–308.

Kirk, Beate, Der Contergan-Fall – eine unvermeidbare Arzneimittelkatastrophe? Zur Geschichte des Arzneistoffes Thalidomid. Mit einem Geleitwort von Christoph Friedrich. Stuttgart 1999.

Kloesel, Arno/Walter Cyran, Arzneimittelgesetz mit amtlicher Begründung, Ausschußbericht, Protokollen von Bundestag und Bundesrat, weiteren einschlägigen Rechtsvorschriften, höchstrichterlichen Entscheidungen und einer Zeittafel. Stuttgart 1961.

Koeppe, Hans-Werner, Arzt und Arzneimittel. In: Medizinische Klinik 57 (1962), S. 1461–1464.

Lenhard-Schramm, Niklas, Das Land Nordrhein-Westfalen und der Contergan-Skandal. Gesundheitsaufsicht und Strafjustiz in den »langen sechziger Jahren«. Göttingen 2016.

Lingelbach, Gabriele, Konstruktionen von ›Behinderung‹ in der Öffentlichkeitsarbeit und Spendenwerbung der Aktion Sorgenkind seit 1964. In: Elsbeth Bösl/Anne Klein/Anne Waldschmidt (Hg.), Disability History. Konstruktionen von Behinderung in der Geschichte. Eine Einführung. Bielefeld 2010, S. 127–150.

Marcetus, Karl, Arzneimittelrecht. Entscheidungssammlung. München/Berlin [2]1955.

Müller-Oerlinghausen, Bruno, Die Arzneimittelkommission der Deutschen Ärzteschaft. Im Spannungsfeld der Interessen von Ärzteschaft und pharmazeutischer Industrie – Eine Geschichte von Erfolgen und Niederlagen 1911–2010. In: Volker Koesling/

Florian Schülke (Hg.), Pillen und Pipetten. Facetten einer Schlüsselindustrie. Begleitband zur Ausstellung »Wie Chemie und Pharmazie unser Leben bestimmen«. Leipzig 2010, S. 186–201.

Redeker, Dorothea, Der Physikus. Als Public Health noch Volksgesundheit hieß. Bensheim 2016.

Rotthege, Konrad, Die Entstehung des Arzneimittelgesetzes vom 16. Mai 1961 unter besonderer Berücksichtigung der historischen Entwicklung arzneimittelrechtlicher Bestimmungen und des Verkehrs mit Arzneimitteln. Frankfurt am Main 2011.

Schwerin, Alexander von, 1961 – Die Contergan-Bombe. Der Arzneimittelskandal und die neue risikoepistemische Ordnung der Massenkonsumgesellschaft. In: Nicholas Eschenbruch/Viola Balz/Ulrike Klöppel/Marion Hulverscheidt (Hg.), Arzneimittel des 20. Jahrhunderts. Historische Skizzen von Lebertran bis Contergan. Bielefeld 2009, S. 255–282.

Stapel, Ute, Die Arzneimittelgesetze 1961 und 1976. Mit einem Geleitwort von Rudolf Schmitz. Stuttgart 1988.

Steinmetz, Willibald, Ungewollte Politisierung durch die Medien? Die Contergan-Affäre. In: Bernd Weisbrod (Hg.), Die Politik der Öffentlichkeit – Die Öffentlichkeit der Politik. Politische Medialisierung in der Geschichte der Bundesrepublik. Göttingen 2003, S. 195–228.

Thomann, Klaus-Dieter, Die Contergan-Epidemie. Ein Beispiel für das Versagen von Staat, Ärzteschaft und Wissenschaft? In: Michael Rauschmann/Klaus-Dieter Thomann/Ludwig Zichner (Hg.), Die Contergankatastrophe – Eine Bilanz nach 40 Jahren. Darmstadt 2005, S. 13–31.

Vincenti, Aurelio/Gerhard Igl, Gesundheitswesen und Sicherung bei Krankheit und im Pflegefall. In: Martin H. Geyer (Hg.), Geschichte der Sozialpolitik in Deutschland seit 1945. Bd. 6, 1974–1982. Bundesrepublik Deutschland. Neue Herausforderungen, wachsende Unsicherheiten. Baden-Baden 2008, S. 515–564.

Wimmer, Wolfgang, »Wir haben fast immer was Neues«. Gesundheitswesen und Innovationen der Pharma-Industrie in Deutschland 1880–1935. Berlin 1994.

Ludger Wimmelbücker

Grippex 1956–1961

Ein anderer Blick auf die Geschichte thalidomidhaltiger Medikamente in der Bundesrepublik Deutschland

Aufgrund der durch sie verursachten Geburtsschäden standen thalidomidhaltige Medikamente ab dem Sommer 1962 im Mittelpunkt des internationalen Medieninteresses. Seit ihrer Marktrücknahme in den Jahren 1961 und 1962 wirkte die diesbezügliche Berichterstattung vielfach als Anstoß und Bezugspunkt für die Maßnahmen von pharmazeutischen Unternehmen, nationalen Behörden und internationalen Organisationen. Insbesondere die als Reaktion auf die Geburtsschäden erfolgenden Gesetzesänderungen in den USA, wo Thalidomid bis zu diesem Zeitpunkt nicht zugelassen worden war, hatten einen weitreichenden Einfluss auf die weltweite Entwicklung der Arzneimittelsicherheit.[1] In der Bundesrepublik, wo die Chemie Grünenthal GmbH als erstes Unternehmen Thalidomid hergestellt und vermarktet hatte, erfolgten nur begrenzte Gesetzesänderungen bis zur Verabschiedung des Arzneimittelgesetzes von 1976.[2]

Die Auseinandersetzung mit den thalidomidbedingten Geburtsschäden machte das Thema »Arzneimittelnebenwirkungen« zu einem Bestandteil der sich erweiternden politischen Öffentlichkeit in den 1960er Jahren und trug unter anderem zu einem nachhaltigen Wandel des Risikobewusstseins bei.[3] Das heutige Wissen über die vorangegangene Geschichte thalidomidhaltiger Medikamente wurde entscheidend geprägt durch die Gerichtsprozesse in den 1960er und 1970er Jahren, über die weltweit berichtet wurde. Dies galt in erster Linie für die Bundesrepublik Deutschland, wo der einzige Strafprozess stattfand.[4]

1 Dieser Beitrag ist im Rahmen des DFG-geförderten Projekts Ways of globalization: Die internationale Vermarktung und Kontrolle thalidomidhaltiger Medikamente entstanden.

2 Zum Vergleich der beiden nationalen Kontexte der Arzneimittelsicherheit siehe Daemmrich, Pharmacopolitics, 2004, zu den Vorgängen in der BRD siehe Kirk, Contergan-Fall, 1999.

3 Diese beiden Aspekte wurden insbesondere im Bezug auf die BRD untersucht, vgl. Steinmetz, Politisierung, 2003; Schwerin, Contergan-Bombe, 2009, sowie die Beiträge von Nils Kessel und Heiko Stoff in diesem Band.

4 Eine umfangreiche Dokumentation dieses Prozesses bietet Wenzel/Wenzel, Contergan-Prozess, 1968–1971. Zu den Zivilprozessen in Großbritannien, Australien, den USA, Kanada, Schweden und Japan Beyer, Arzneimittelhaftung, 1989, S. 355–382; Kirk, Contergan-Fall, 1999, S. 114–124, 203–205.

Auch dieser Beitrag basiert zu einem wesentlichen Teil auf den Dokumenten, die im Rahmen dieses Strafverfahrens von der Herstellerfirma abgegeben oder von der Staatsanwaltschaft beschlagnahmt wurden und seit den 1980er Jahren für wissenschaftliche Zwecke zugänglich sind.[5]

Seit dem Jahr 1962 erschienen Presseberichte, die belegen, dass thalidomidhaltige Medikamente weltweit unter rund 60 verschiedenen Namen auf dem Markt gewesen waren.[6] Das Warenzeichen Contergan wurde nur in der Bundesrepublik als Produktname von Tabletten, Zäpfchen, Saft und Tropfen verwandt, die als Wirkstoff ausschließlich Thalidomid enthielten. In Deutschland wird das Warenzeichen bis heute ebenfalls als Bezeichnung des Wirkstoffs selbst benutzt. Außerdem dient es im Deutschen als Sammelbezeichnung für alle thalidomidhaltigen Medikamente, namentlich für die in der Bundesrepublik unter den Bezeichnungen Grippex, Algosediv und Peracon-Expectorans vertriebenen Kombinationspräparate. Diese dreifache Bedeutung des Begriffs »Contergan« mit seinen vielfältigen Konnotationen verweist auf den Beginn der 1960er Jahre, als das Wort zu einer Art Menetekel wurde für die durch Arzneimittel verursachten vorgeburtlichen Schäden. Zusammensetzungen wie »Contergan-Affäre«, »Contergan-Skandal«, »Contergan-Katastrophe«, »Contergan-Tragödie«, »Contergan-Unglück« und auch »Contergan-Kinder« belegen die Schwierigkeiten der begrifflichen Einordnung des damaligen Geschehens. Sie erinnern an die Verunsicherung der deutschen Öffentlichkeit angesichts der zurückhaltenden Reaktion der verantwortlichen Politiker und der unzureichenden Antworten seitens der Pharmakologen, Mediziner, Juristen und anderer Experten.[7]

Die Verwendung des Begriffs »Contergan« in der deutschen Öffentlichkeit reflektiert nicht zuletzt die nationale Perspektive, aus der die Vorgänge in der Bundesrepublik weithin wahrgenommen wurden. Im Mittelpunkt der öffentlichen Auseinandersetzung standen in den 1960er Jahren die praktischen Konsequenzen, die aus dem Bekanntwerden der fruchtschädigenden Wirkung des Thalidomids zu ziehen waren, etwa im Hinblick auf die Nebenwirkungen von Medikamenten generell oder auch auf die Fürsorge und Förderung von körpergeschädigten Kindern. Das Interesse an der spezifischen Entwicklung der verschiedenen thalidomidhaltigen Medikamente trat dabei in den Hintergrund.[8]

5 Die betreffenden Akten befinden sich im Landesarchiv Nordrhein-Westfalen, Abteilung Rheinland, Gerichte Rep. 139, im Folgenden: LAV NRW R, Gerichte Rep. 139.

6 Siehe die Liste in Wenzel/Wenzel, Contergan-Prozess, Bd. 2, 1969, S. 265.

7 Zum Einfluss des Contergan-Strafprozesses auf die öffentlichen Diskurse in der BRD siehe Günther, Contergan-Fall, 2016; Bösl, Contergan-Scandal, 2014.

8 Erst in neuerer Zeit entwickelten sich Ansätze, die die verschiedenen Aspekte der wechselvollen Geschichte einzelner Arzneimittel zu untersuchen, siehe Balz/Bürgi/Eschenbruch/Hulverscheidt, Magic Bullets, 2008; Eschenbruch/Balz/Klöppel/Hulverscheidt, Arzneimittel, 2009; Friedrich/Müller-Jahncke, Arzneimittelkarrieren, 2009.

Das von der Herstellerfirma angegebene Datum der Markteinführung von Contergan, der 1. Oktober 1957, galt zunächst allgemein als frühester Zeitpunkt für die Einnahme von Thalidomid und das Auftreten möglicher Schäden. Zu Testzwecken wurde der Wirkstoff allerdings spätestens in den ersten Monaten des Jahres 1955 außerhalb der Herstellerfirma eingesetzt, während die Contergan-Werbung erst im Januar 1958 begann und erst ab dieser Zeit nennenswerte Mengen dieses Präparats als Ärztemuster abgegeben wurden und in den Handel gelangten.[9]

Die Markteinführung des thalidomidhaltigen Kombinationspräparats Grippex erfolgte mehr als ein Jahr früher. Die entsprechende Werbekampagne beschränkte sich nicht auf den Raum Hamburg und den Monat November 1956, wie dies auf Grundlage der Anklageschrift des Contergan-Strafverfahrens zuweilen berichtet wurde. Tatsächlich fand sie in den Bundesländern Hamburg und Schleswig-Holstein statt und erstreckte sich vom November 1956 bis in den März 1957 hinein. Die Rekonstruktion des Kontextes und der Umstände der Vermarktung von Grippex ermöglicht es, die Geschichte thalidomidhaltiger Medikamente in der Bundesrepublik aus anderen Perspektiven zu beleuchten als aus dem dominierenden Blickwinkel »Contergan«.

Zur Vorgeschichte: die Entwicklung von Grippex

Bei der Entwicklung von Kombinationspräparaten spielen Arzneimitteltests am Menschen naturgemäß eine wichtigere Rolle als bei der Erforschung einzelner Wirkstoffe, welche üblicherweise zunächst pharmakologischen Prüfungen unterzogen und in Tierversuchen getestet werden. Im Fall von Thalidomid, das intern zunächst nur unter der Prüfbezeichnung »K 17« bekannt war, begann die Verabreichung von Mono- und Kombinationspräparaten außerhalb der Firmenbelegschaft spätestens im März 1955. Die Kombinationspräparate wurden zunächst vorwiegend in Kapselform hergestellt. Von den erstmals im Februar 1955 für die ärztliche Erprobung produzierten Schmerz-, Spasmo-, Mensal- und Neuro-Glisetten[10] enthielten zumindest letztere Thalidomid. In den zur selben Zeit hergestellten »Schlaf-Glisetten« befand sich daneben auch das Schlafmittel Evipan (Hexobarbital), in den ab Oktober 1955 verwendeten »Schlaf-K« auch Secobarbital und in den ab Dezember getesteten »Chol-K-Glisetten« auch

9 Das belegen die Monatsberichte der Chemie Grünenthal aus dieser Zeit, siehe v.a. die Monatsberichte der Verkaufsabteilung für Oktober 1957, 14.11.1957; Januar 1958, 19.02.1958. In: LAV NRW R, Gerichte Rep. 139, Nr. 178, Bl. 298, 650.

10 Das Wort »Glisetten« war ein eingetragenes Warenzeichen, mit dem die Chemie Grünenthal einige der von ihr in Kapselform hergestellten Arzneimittel bezeichnete.

Cholsäure.[11] Gegen Ende des Jahres 1955 konzentrierten sich die experimentellen und klinischen Untersuchungen »auf K 17 und Kombinationen mit K 17 (Chol-Glisetten, Schlaf-Glisetten und Antigrippe-Glisetten)«.[12] Dies geschah offenbar im Hinblick auf die Einladung der klinischen Prüfer zum »Symposium über K 17« am 16. Dezember 1955. Zwar spielten Kombinationspräparate dort keine Rolle, doch arbeite die Forschungsabteilung in der Folgezeit weiter an der Entwicklung dieser und anderer Wirkstoffkombinationen.

Die erste Version eines thalidomidhaltigen Grippemittels wurde bereits ab Anfang März 1955 von Dr. Hermann Jung in der Medizinischen Universitätsklinik in Köln verwendet[13] und vermutlich in kleineren Mengen auch an andere Ärzte zu Testzwecken übergeben. Dabei handelte es sich um das Präparat G 24, das neben Thalidomid auch Salicylamid, Phenacetin, Codein und Coffein enthielt, sowie um G 26 mit einem zusätzlichen Penicillin-Ester.[14] Wahrscheinlich betrug die Thalidomid-Dosis 25 mg, so wie in dem unten genannten Präparat G 24 K. Sieben Wochen später berichtete Jung:

»G 24 wurde in der Dosierung 3 mal 2 bei fünf Patienten mit sogenannten grippalen Infekten, Abgeschlagenheit, Kopfschmerzen, Fieber, Rhinitis, Pharyngitis, Tonsillitis gegeben. Der Erfolg war zufriedenstellend, er scheint mir aber nicht über die Wirkung sonstiger Grippemittel hinauszugehen. Erwähnenswert ist die sedierende Wirkung, die wohl auf dem K 17-Zusatz beruht. Sie ist im allgemeinen erfreulich für die Patienten, für einen, der trotz der Erkrankung weiter arbeitet, wirkt sie störend. G 26 erhielten acht Patienten mit ähnlichen Erscheinungen, dabei waren drei mit einer ausgeprägten eitrigen Angina. Auf Grund des Therapieerfolges halte ich die Kombination im G 26 für sehr glücklich. Ich habe den Eindruck, dass die Infekte durch das Präparat wesentlich abgekürzt wurden, die Wirkung war bedeutend eindrucksvoller als bei G 24, Entfieberung nach 24 Stunden bei 4 mal 2 tägl., schnelle Wiederherstellung der Wohlbefindens, erstaunlich rasche Wirkung auf die Tonsillen. Erstaunlicherweise trat die sedierende Wirkung bei dieser Kombination weniger in Erscheinung als bei G 24. Ich glaube nicht, dass G 24 eine wesentliche Neuerung darstellt, während sich G 26 wahrscheinlich seinen Absatz schaffen wird. Die Indikation müsste noch deutlicher abgegrenzt werden. Ich warte auf eine Pneumonie, um sie mit G 26 zu behandeln.«[15]

11 Diese Informationen basieren auf den Monatsberichten von Dr. Mückter für Februar 1955, 12.03.1955; für April 1955, 16.05.1955. In: LAV NRW R, Gerichte Rep. 139, Nr. 170, Bl. 1002, 1138. Die Chol-K-Glisetten enthielten u. a. 50 mg Fel Tauri (Cholsäure als Rindergallenextrakt) und 10 mg Thalidomid, vgl. LAV NRW R, Gerichte Rep. 139, Nr. 8, Bl. 200.

12 Monatsberichte von Dr. Mückter für November 1955, 21.12.1955; Dezember 1955, 13.01.1956. In: LAV NRW R, Gerichte Rep. 139, Nr. 170, Bl. 496, 425–426.

13 Bericht über Schmerzglisette, 09.04.1955. In: LAV NRW R, Gerichte Rep. 139, Nr. 9, Bl. 6–7.

14 Besprechung mit Herrn Dr. Jung am 22.04.1955; dazu die Notiz vom 23.04.1955. In: LAV NRW R, Gerichte Rep. 139, Nr. 9, Bl. 13–14, 15.

15 Bericht über G 24 und G 26 Glisetten, 10.06.1955. In: LAV NRW R, Gerichte Rep. 139, Nr. 9, Bl. 25.

Ein weiteres Präparat, G 27, welches neben dem erwähnten Penicillin-Ester aus 25 mg Thalidomid, Salicylamid, Phenacetin und Coffeincitrat bestand, wurde ab November 1955 klinisch getestet.[16] Jung hielt es ähnlich wie G 26 für »interessant«, weil seine Patienten am zweiten Tag fieberfrei waren und er weder Rückfälle noch Nebenwirkungen beobachtete.[17] Möglicherweise lag dies an dem Antibiotikum, das in G 24 nicht vorhanden war. Nachdem er das ab Oktober 1955 hergestellte Präparat G 24 K (mit 25 mg K 17) mit G 24a (anscheinend ohne K 17) verglich, kam er zu dem Schluss, dass der »K-Zusatz« nicht erforderlich sei: »Das an und für sich schon sehr komplexe Präparat wird dadurch noch komplexer, so dass man nicht mehr weiss, was nun eigentlich wirkt.«[18] Offenbar vertraute Jung auf die fiebersenkende und schmerzstillende Wirkung des Chinins, während er den Nutzen eines Anteils mit sedierender Wirkung infrage stellte, wie auch aus seinem oben zitierten Bericht hervorgeht. Trotzdem hielt man an Thalidomid fest, wie etwa im Fall des Prüfpräparats G 299, welches als weitere Wirkstoffe Salicylamid und Phenacetin enthielt und in einem nicht näher zu bestimmen Zeitraum zwischen 1954 und 1957 im Umlauf war.[19]

Ab Januar 1956 wurden größere Mengen von G 24c, mindestens 26.000 Kapseln, hergestellt. Dieses Grippemittel enthielt neben dem auf 15 mg reduzierten Thalidomidanteil auch 24,4 mg Chinin-Hydrochlorid, 25 mg Ascorbinsäure (Vitamin C), 80 mg Salicylamid und 58 mg Phenacetin.[20] Als der zu dieser Zeit noch provisorische Markenname »Grippex« im März 1956 erstmals in einer Auflistung von vier denkbaren Thalidomid-Präparaten auftaucht, war damit eine Kombination aus denselben Wirkstoffen gemeint, wahrscheinlich in derselben Dosierung wie in G 24c.[21] Möglicherweise handelte es sich bei den ersten Personen, die an den im März beginnenden Tests teilnahmen, um Beschäftigte der Chemie Grünenthal.[22]

16 Der Anteil des Penicillin-Ester betrug 50 mg, der des Salicylamids 99 mg, der des Phenacetins 72 mg und der des Coffeincitrats 50 mg. Siehe Dr. Hübner, Vor dem 1.9.57 geprüfte K 17-Präparate, 12.12.1961. In: Ebd., Bl. 65.

17 Dr. Jung, Bericht über G 24, G 26, G 27, 01.12.1955. In: Ebd., Bl. 87.

18 G 24 K enthielt außer Thalidomid 61 mg Chinin-Hydrochlorid und 100 mg Ascorbinsäure. Siehe: Bericht vom 01.02.1956. In: Ebd., Bl. 147.

19 Zu G 24 K und G 299 siehe: Experimentelle, klinische und sonstige wichtige Daten im Zusammenhang mit Contergan, Distaval, Kevadon (K 17, SKF 5627, MER 32) (Thalidomid). Zeitraum 1954–1.9.1957. In: LAV NRW R, Gerichte Rep. 139, Nr. 8, hier Bl. 205.

20 Nach einer Information vom 21.03.1956. In: LAV NRW R, Gerichte Rep. 139, Nr. 8, Bl. 208. Vgl. die Mengenangaben in den Monatsberichten der Produktion für Januar, 21.02.1956; für März, 18.04.1956; für April, 16.05.1956. In: LAV NRW R, Gerichte Rep. 139, Nr. 170, Bl. 118, 193, 371.

21 Monatsbericht von Dr. Mückter für Februar 1956, 19.03.1956. In: Ebd., Bl. 243.

22 Die Prüfung soll am 21.03.1956 begonnen haben; vgl. Experimentelle, klinische und sonstige wichtige Daten. In: LAV NRW R, Gerichte Rep. 139, Nr. 8, Bl. 208.

Im Juli 1955 hatte Dr. Dr. Heinz-Egon Kleine-Natrop seine Arbeit als erster speziell für die klinischen Studien zuständiger Mitarbeiter aufgenommen. In dessen Monatsbericht für Februar 1956 heißt es in Bezug auf die thalidomidhaltigen Schlaf-, Chol- und Grippe-Glisetten: »Es ist ausserordentlich schwer, Prüfer für diese volkstümlichen Präparate zu finden. Ein Versuch, die Grippe-Glisetten beim Hüttenwerk Oberhausen in einen Grosstest zu nehmen, schlug fehl. Inzwischen wurde in der gleichen Absicht der Werksarzt von Phoenix, Hamburg-Harburg, angeschrieben. Antwort steht noch aus.«[23] Den vorliegenden Berichten zufolge fand Kleine-Natrop erst im April 1956 einen medizinischen Prüfer in der Schokoladenfabrik Trumpf in Aachen. In der Festschrift zum 100jährigen Bestehen 1957 teilte diese Firma mit: »Wahrhafte Arbeitsfreude aber setzt einen gesunden Menschen voraus. Von Zeit zu Zeit werden daher in den Trumpf-Werken sämtliche Mitarbeiter einer Reihenuntersuchung mit Durchleuchtung unterzogen, der Betriebsarzt berät jeden Einzelnen, erfahrene Krankenschwestern in modern eingerichteten sanitären Räumen stehen ihm helfend zur Seite, und in einem schöngelegenen Heim schöpfen Erholungsbedürftige neue Kraft.«[24] Diese Bemühungen um das physische und psychische Wohlbefinden dienten zur Steigerung der Produktivität der zu einem großen Teil aus Frauen bestehenden Belegschaft, die größtenteils an Fließbändern arbeiten.[25]

Nach seinen guten Erfahrungen mit den ihm überlassenen Mensal-Glisetten, die anscheinend Thalidomid zur Behandlung vegetativer Dystonien enthielten und »immer wieder ganz speziell« von Frauen verlangt wurden,[26] zeigte sich der Betriebsarzt Dr. Hans Hermann Sorge daran interessiert, eine »umfangreiche Prüfung der Grippe-Glisetten« vorzunehmen. Er war bereit, damit unverzüglich zu beginnen, also noch vor Ende der jährlichen Periode grippaler Infekte. Bis dahin hatte er für die rund 5.000 Belegschaftsmitglieder täglich annähernd 1.000 Novalgin-Chinin ausgeben lassen, wobei jeder sich meldende Patient einen Vorrat von zweimal drei Tabletten für zwei Tage bekam.[27] Seinem

23 Monatsbericht von Dr. Kleine-Natrop für Februar 1956. In: LAV NRW R, Gerichte Rep. 139, Nr. 170, Bl. 244.

24 Birling, Trumpf, 1957, S. 121–122. Trumpf war eine Schokoladenmarke der Firma Leonard Monheim AG, die heute zur Krüger-Gruppe gehört.

25 Siehe ebenda die Frauen auf den Fotos von Fließbändern (S. 60, 68, 70–71, 88), des Laboratoriums (S. 59), der Eintafelanlage (S. 66), der Dragée-Kessel (S. 72–73) sowie der Werksküche in dem Werk in Quickborn bei Hamburg (S. 122).

26 Vgl. den Beitrag von Nils Kessel in diesem Band.

27 Bericht über die Aussprache mit Herrn Dr. med. Sorge, Werksarzt der Fa. Trumpf, Aachen, am 09.04.1956. In: LAV NRW R, Gerichte Rep. 139, 243, Bl. 152. Vgl. die Monatsberichte von Dr. Kleine-Natrop für April, Mai und Juni 1956. In: LAV NRW R, Gerichte Rep. 139, Nr. 170, Bl. 6, 99; Nr. 177, Bl. 1221. Laut Auskunft aus dem Aachener Melderegister handelt es sich um Georg Hans-Hermann Sorge, geboren am 04.04.1912; siehe dessen Dissertation Sorge, Begutachtung, 1938.

Vorschlag, den Werksarzt mit Grippe-Glisetten in gleicher Weise für mindestens zwei Wochen zu versorgen, wurde offensichtlich entsprochen, denn im Juli berichtete Kleine-Natrop:

»Herr Dr. Sorge hat sich um die klinische Erprobung unseres Grippemittels G 24c viel Mühe gemacht. In der Firma Trumpf wird die Grippe-Prophylaxe bereits seit einiger Zeit routinemässig durchgeführt [...] Dr. S. setzte diese Präparate ab und verwendete von einem bestimmten Zeitpunkt an ausschliesslich unser G 24c. Die Prophylaxe wurde bei rund 2.000 Menschen durchgeführt und zwar so, dass jeder wie auch bisher bei den früheren Präparaten 6 Tabletten bzw. Kapseln ausgehändigt bekam. Die Gelatine-Kapseln wurden von den Probanden besonders gern genommen, der prophylaktische Erfolg war verglichen mit den bisher verwendeten Mitteln und in der gleichen Form beurteilt mindestens so gut wie bei Novalgin-Chinin. Sensationen von Seiten des Kreislaufs, die bei diesen Präparaten gelegentlich geklagt wurden, konnte Dr. S. bei G 24c nicht registrieren. Er beurteilt diese Neuentwicklung ausserordentlich günstig und wäre z. B. auf seinem Sektor durchaus bereit, sie immer anstelle anderer Präparate einzusetzen. Im übrigen ist Dr. S. nach wie vor von der Brauchbarkeit des K 17 zur anhaltenden Behandlung vegetativer Dystonien sehr begeistert und bittet nochmals um neue Muster.«[28]

Anscheinend wurde für diese so genannte Großprüfung der überwiegende Teil der hergestellten Kapseln verbraucht, ohne dass »unerfreuliche Nebenwirkungen« beobachtet wurden. Von weiteren ärztlichen Studien über Grippex finden sich jedenfalls keine Berichte. Tierversuche hielt man aufgrund der vorgesehenen Indikationen generell nicht für möglich.[29] Im Ergebnis lag im Sommer 1956 somit ein Präparat vor, das keine klar erkennbare neuartige oder markante Wirkung besaß, welche die Ärzte hätte davon überzeugen können, das Mittel bevorzugt einzusetzen. Grippex trug zwar zur Linderung der Symptome einer grippalen Infektion bei, bot den Konsumenten jedoch keinen entscheidenden Vorteil gegenüber Hausmitteln und Bettruhe. Eine spezifische Wirkung gegen Infektionen von Viren oder Bakterien konnte damit, im Gegensatz zu Impfungen und Antibiotika, nicht erzielt werden.

Auffällig ist die niedrige Dosierung des schmerzstillenden und entzündungshemmenden Salicylamids sowie der fiebersenkenden und schmerzstillenden Inhaltsstoffe Chinin-Hydrochlorid und Phenacetin. Offenbar setze man auf den sich gegenseitig potenzierenden Effekt der ähnlich wirkenden Substanzen. Doch angesichts der geringen Wirkstoffmengen war eine therapeutische Wirkung bei Erwachsenen mit einem grippalen Infekt nur bei gleichzeitiger Einnahme von mindestens zwei Kapseln zu erwarten, wie sie auch in der

28 Dr. Dr. Kleine-Natrop, Besuch bei Herrn Dr. Sorge, Werksarzt der Fa. Trumpf A.G., Aachen, am 04.07.1956. In: LAV NRW R, Gerichte Rep. 139, Nr. 243, Bl. 153.

29 Aktennotiz von Dr. Mückter: K 17 bzw. Contergan, Stand der experimentellen und klinischen Forschung Januar 1957, 29.01.1957. In: LAV NRW R, Gerichte Rep. 139, Nr. 10, Bl. 19.

medizinischen Prüfung vorgesehen war. Das gleiche gilt für den niedrigen Thalidomidanteil, der vermutlich im Sommer 1956 von 15 mg auf 12,5 mg gesenkt wurde, womit er einer halben Contergan-Tablette entsprach.[30] Ein spürbarer Sedierungseffekt konnte deshalb nur bei Einnahme von mindestens zwei Grippex-Kapseln auftreten.

Die Halbierung der notwendigen Wirkstoffmenge machte es möglich, das Präparat als Vorbeugemittel zu propagieren, die Dosis zur Linderung auftretender Symptome zu variieren und sie bei ausbleibender Wirkung schrittweise zu erhöhen. In welchen dieser Bereiche eine Medikation tatsächlich sinnvoll war, war anhand der vorliegenden Prüfungsergebnisse, die hauptsächlich auf den positiven Eindrücken eines Betriebsarztes beruhten, nicht zu bestimmen. Es blieb somit weitgehend den einzelnen Apothekern überlassen, unerwünschte Nebenwirkungen zu erkennen, diese bei der Abgabe des Präparats zu berücksichtigen und gegebenenfalls dem Hersteller mitzuteilen. Tatsächlich waren angesichts der letztlich dem Konsumenten überlassenen Dosierung Nebenwirkungen durchaus zu erwarten, insbesondere im Hinblick auf den Wirkstoff Phenacetin und dessen damals bereits bekannten nierenschädigenden Effekte.[31]

Laut den vorliegenden Berichten wurde Grippex zwischen Februar 1955 und Mai 1956 hauptsächlich durch Dr. Jung und Dr. Sorge am Menschen getestet. Die Berichte über die Ergebnisse ihrer Untersuchungen basieren im Wesentlichen auf den von ihnen gesammelten Eindrücken oder Erfahrungen, also auf einem methodischen Standard, der sich von den sich ab den 1960er Jahren duchsetzenden Doppelblindstudien deutlich unterscheidet. Ihre divergierende Einschätzung der Wirksamkeit war offenbar beeinflusst von dem jeweiligen Kontext. Der Vergleich mit einem antibiotikahaltigen Präparat und die skeptische Beurteilung der sedierenden Komponente durch Jung standen der Vergleich mit einem ähnlichen Konkurrenzpräparat und eine positive Beurteilung des Einsatzes in der betrieblichen Praxis durch Sorge gegenüber.

Die vorhandenen Dokumente lassen zwar keine vollständige Rekonstruktion der durchgeführten Tests am Menschen zu, sie belegen jedoch, dass die Entwicklung des Monopräparats und des ersten thalidomidhaltigen Kombinationspräparats zeitlich eng miteinander verbunden waren. Diese zeitliche Parallelität zeigte sich auch in den Vorbereitungen für die Markteinführung.

30 Als ersten Beleg für die Dosis von 12,5 mg siehe den Informationsdienst für die Mitarbeiter der Chemie Grünenthal GmbH, Nr. 15/57, 27.09.1957. In: LAV NRW R, Gerichte Rep. 139, Nr. 17, hier Bl. 38.

31 Vgl. den Beitrag von Nils Kessel in diesem Band. Erst im Juli 1986 veranlasste das Bundesgesundheitsamt deshalb 71 Pharmaunternehmen auf die Zulassung von insgesamt 127 phenacetinhaltigen Präparaten zu verzichten und diese in der Bundesrepublik nicht mehr zu vertreiben, siehe: Bundesgesundheitsblatt 29/7 (1986), S. 226.

Contergan und Grippex

Zu Beginn der 1950er Jahre bemühte sich die Chemie Grünenthal nicht nur um Lizenzen für Produkte ausländischer Unternehmen wie etwa Lederle (USA), Rhône Poulenc (Frankreich) und Løvens (Dänemark), sondern begann gleichzeitig, die Diversifizierung des auf der Antibiotika-Produktion basierenden Geschäfts ins Auge zu fassen. Dabei meldete man eine wachsende Zahl von Warenzeichen im In- und Ausland an. Das Zeichen »Contergan« wurde erstmalig in der Bundesrepublik am 11. Januar 1952 eingetragen und später nur dort als Bezeichnung eines thalidomidhaltigen Präparates verwendet.[32] Die Eintragung des Warenzeichens »GRIPPEX« erfolgte am 28. Oktober 1953; zwei Jahre später sicherte sich die Chemie Grünenthal auch den Anspruch auf das Zeichen »Grippex«, das von einem anderen Unternehmen 1927 erstmalig eingetragen worden war.[33] Nachdem im Februar 1956 beide Namen als voraussichtliche Warenzeichen genannt worden waren, fiel im Mai die Entscheidung, »Contergan« und »Contergan forte« als Bezeichnungen für das Monopräparat in den Dosierungen von 25 und 100 mg Thalidomid zu verwenden.[34]

Die behördliche Anmeldung von Arzneimitteln erfolgte in der Bundesrepublik bis zum Inkrafttreten des Arzneimittelgesetzes von 1961 auf der Grundlage der im Jahr 1943 angesichts der kriegsbedingten Ressourcenknappheit erlassenen sogenannten Stopp-Verordnung. Die Erteilung von Ausnahmegenehmigungen durch die einzelnen Bundesländer sollte in den 1950er Jahren dazu dienen, Arzneimittel mit schädlichen Inhaltsstoffen vom Markt fernzuhalten und gleichzeitig durch ein einfaches Genehmigungsverfahren den Wiederaufbau und die internationale Wettbewerbsfähigkeit der deutschen Industrie zu fördern. Allerdings beschritten einige Unternehmen gegen die Nicht-Erteilung von Ausnahmegenehmigungen erfolgreich den Rechtsweg. Im Januar 1959 entschied das Bundesverfassungsgericht schließlich, dass die Stopp-Verordnung in der Bundesrepublik keine Geltung beanspruchen könne. Die Bundesländer erließen daraufhin Polizeiverordnungen, mit Ausnahme von Nordrhein-Westfalen, wo die Arzneimittelherstellung in der Folgezeit keinen rechtlich verbindlichen Vorschriften unterlag. Das Arzneimittelgesetz von 1961 löste diese Verordnungen ab, indem es die Eintragung der im Umlauf befindlichen Medi-

32 Warenzeichenblatt, Teil II, Nr. 3 (1952), S. 189. Der diesbezügliche Antrag erfolgte am 17.04.1950.

33 Warenzeichenblatt, Teil II, Nr. 22 (1953), S. 3057–3058. Der Antrag datierte vom 04.11.1950; vgl. die Akte zur Registernummer 374504, Bl.12–18, im Deutsches Patent- und Markenamt (DPMA) in Jena.

34 Monatsberichte von Dr. Mückter für Februar, 29.03.1956; Mai 1956, 21.06.1956. In: LAV NRW R, Gerichte Rep. 139, Nr. 170, Bl. 2, 243.

kamente in ein bundesweites Spezialitätenregister vorschrieb, das das Bundesgesundheitsamt ab dem 1. Oktober 1961 zu führen hatte.[35]

Ein Indiz dafür, wie begrenzt die Kontrollmöglichkeiten sich in der Praxis gestalteten, ist die behördliche Genehmigung für den Vertrieb von Contergan- und Contergan-forte-Tabletten. Nachdem die Firma am 11. Juni einen Antrag eingereicht hatte, stellte das Innenministerium bereits am 10. Juli eine Genehmigung in Aussicht. Nach Zahlung der Verwaltungsgebühr erfolgte am 9. August 1956 die Genehmigung. Das nordrhein-westfälische Innenministerium ließ die Präparate chemisch-pharmazeutisch und galenisch prüfen, nahm die eingereichten Berichte von zwei medizinischen Prüfern zur Kenntnis und kam ansonsten der Bitte um schnelle Bearbeitung nach, offenbar unter Verzicht auf die Vorlage des Beipackzettels und eines Verpackungsmusters.[36] Damit bewegte man sich unterhalb der Anforderungen des Ministerialerlasses vom 17. Mai 1943, wonach Angaben über »Packungsgröße, Einzelgabe, Gebrauchsanweisung und Zweckbestimmung des Mittels« zu machen waren.[37] Obwohl dieser Erlass in der Bundesrepublik keine Gültigkeit beanspruchen konnte, dienten die darin enthaltenen Bestimmungen anscheinend auch in den 1950er Jahren als Orientierung für den Erteilung von Ausnahmegenehmigungen. Mit dem Rundschreiben vom 28. August informierte das Innenministerium die zuständigen Behörden in den anderen Bundesländern über die erfolgte Erteilung der Ausnahmegenehmigung, um ihr damit bundesweit Geltung zu verschaffen.[38] Dazu ist prinzipiell zu bemerken, dass das Anmeldeverfahren zwar eine gewisse regulatorische Wirkung hatte, jedoch für die Herstellerbetriebe keine rechtliche Verbindlichkeit besaß. Darüber hinaus entbehrte die Praxis der stillschweigenden Akzeptanz der Ausnahmegenehmigungen durch die anderen Bundesländer einer entsprechenden Rechtsgrundlage, denn eigentlich hätte jedes einzelne Bundesland eigene Genehmigungen erlassen müssen.[39]

Ebenfalls im August 1956 entschied die kaufmännische Leitung der Chemie Grünenthal, Contergan nicht wie geplant auf dem Therapie-Kongress in Karlsruhe vom 2. bis 8. September vorzustellen und gleichzeitig auf den Markt zu bringen. Der Grund dafür war, dass man eine Konkurrenzsituation ver-

35 Gesetz über den Verkehr mit Arzneimitteln (Arzneimittelgesetz), 16.05.1961. In: BGBl. 1961, Teil I, S. 533–546, hier §§ 20–26, 65.

36 Siehe dazu umfassend Lenhard-Schramm, Land, 2016, S. 157–172; sowie die Unterlagen in: LAV NRW R, Gerichte Rep. 139, Nr. 9, Bl. 226–246, 266.

37 Runderlass des Reichs- und Preußischen Ministers des Innern, 17.05.1943. In: RMBliV 1943, Sp. 865–868.

38 Rundschreiben Innenministerium NRW, 28.08.1956. In: Staatsarchiv der Freien und Hansestadt Hamburg (StA HH), 352–6, Ablieferung 1999/01, 517–01.5/1, Nr. 3, ohne Seitenangabe, siehe die beiden Präparate unter Nr. 631.

39 Zu den Hintergründen siehe Lenhard-Schramm, Lifestyle-Medikament, 2016, S. 229–235.

meiden wollte, weil das Präparat Miltaun (Meprobamat), das sehr ähnliche Indikationen aufwies, ebenfalls auf dem Therapie-Kongress eingeführt werden sollte. Mit der amerikanischen Herstellerfirma Lederle Laboratories, einem Geschäftsbereich der American Cyanamid Company, die dasselbe Mittel unter der Bezeichnung Miltown in den USA zunehmend erfolgreich als Tranquilizer vertrieb, hatte die Chemie Grünenthal als Lizenznehmer auf dem Gebiet der Antibiotika seit 1952 kooperiert. Im September 1956 begann man nun damit, anstelle von Contergan Miltaun in Lizenz herzustellen und zusammen mit dem deutschen Tochterunternehmen von Lederle in der Bundesrepublik auf den Markt zu bringen.[40] Dies geschah, obwohl die notwendige Ausnahmegenehmigung für den Vertrieb des Mittels bis Anfang Februar 1957 noch nicht vorlag und das nordrhein-westfälische Innenministeriums die erfolgte Registrierung erst durch das Rundschreiben vom 9. April 1957 bundesweit mitteilte.[41]

Miltaun wurde nicht nur in der medizinischen Fachpresse und durch Arztbesuche beworben, sondern daneben auch in Apotheken. Dabei kamen unterschiedliche Mittel zum Einsatz wie die Verteilung von Prospekten und Mustern. Wäre Contergan im Laufe des Jahres 1956 ausgeboten worden, hätte die Verkaufsabteilung der Chemie Grünenthal in der folgenden Zeit sicherlich auf ähnliche Werbemethoden zurückgegriffen, darunter die Verteilung von Handzetteln durch Apotheker und den Einsatz einprägsamer Packungen zur Förderung des direkten Verkaufs an die Kunden.[42] Im Fall von Miltaun erwies sich diese Strategie nicht als erfolgversprechend. Im Dezember 1956 führte Bayern die Rezeptpflicht ein. Obgleich die Volkswirtschaftliche Abteilung sofort Schritte unternahm, »die Einführung der Rezeptpflicht in den anderen Bundesländern möglichst noch hinauszuschieben«, folgten weitere Bundesländer im Laufe des Jahres 1957, in dem auch die ersten Veröffentlichungen über die Nebenwirkungen erschienen. Bereits im Februar befürchtete man einen Ansehensverlust im Vergleich zu den Konkurrenzunternehmen, die meprobamathaltige Mittel nur durch die Werbung bei Ärzten bekannt gemacht und folglich die größte Menge über Rezepte abgesetzt hatten. In Vorbereitung auf eine weitgehende Rezeptflicht erwog man deshalb, die Schaufensterwerbung in Apotheken zu beenden, jedoch weiterhin »Laienprospekte« und »Mustermäppchen« zu verteilen, um den Erfolg des überwiegend direkten Verkaufs nicht zu gefährden. Im Oktober 1957 entschloss man sich in Abstimmung

40 Vgl. die Monatsberichte der Kaufmännischen Leitung (Inland) ab August 1956 in: LAV NRW R, Gerichte Rep. 139, Nr. 177.

41 Tätigkeitsbericht Januar 1957 der volkswirtschaftlichen Abteilung, 09.02.1957. In: Ebd., Bl. 546; Rundschreiben Innenministerium NRW, 23.04.1957. In: StA HH, 352–6, Ablieferung 1999/01, 517–01.5/1, Nr. 3, siehe Präparat Nr. 753.

42 Notiz des Vertriebsleiters Klaus Winandi, 20.06.1953. In: LAV NRW R, Gerichte Rep. 139, Nr. 9, Bl. 250–253.

mit dem Lizenzgeber Lederle, die »Laienwerbung« für Miltaun »weitgehend« einzustellen.[43]

Die Vick Chemical Company (New York) begann im Oktober 1957 mit der Chemie Grünenthal über eine Lizenz für Thalidomid zu verhandeln. Die seinerzeit durch Wick-VapoRub und Wick-Hustenbonbons in der Bundesrepublik bekannte US-Firma beabsichtigte anfangs, den Wirkstoff in Fachkreisen als »pharmazeutisch-ethisches Produkt« zu propagieren und in den USA als »Produkt für den Laiensektor [...] auszuwerten«, also zum rezeptfreien Verkauf anzubieten.[44] Der Einführung thalidomidhaltiger Medikamente in der Bundesrepublik lagen natürlich ebenfalls in erster Linie kommerzielle Erwägungen zugrunde. Spätestens nach den Erfahrungen mit Miltaun war die Chemie Grünenthal in diesem Fall zunächst vor allem darum bemüht, den Monopräparaten Contergan und Contergan-forte unter Ärzten und in Krankenhäusern eine gewisse Popularität zu verschaffen. Nach der im September 1957 getroffenen Entscheidung, diese beiden Präparate auf den Markt zu bringen, konzentrierte sich das Marketing auf die Vorbereitung von Anzeigen in medizinischen Fachzeitschriften und die Produktwerbung durch Ärztebesucher. Die gleichzeitige Förderung des freien Verkaufs in Apotheken trug erst im Laufe des Jahres 1960 mit dazu bei, dass die rezeptfreie Abgabe von Contergan mehr als die Hälfte des steigenden Verkaufserfolgs auszumachen begann.

Die Bemühungen, den Wirkstoff Thalidomid als ungefährlich darzustellen und damit die Einführung einer Rezeptpflicht in den Bundesländen vorzubeugen, waren Voraussetzung für den Erfolg der doppelten Verkaufsstrategie. Vor diesem Hintergrund entwickelte sich die zuvor tierexperimentell festgestellte »Ungiftigkeit« von Thalidomid, das tatsächlich nur in einer extrem hohen Dosis zum Tod von Versuchstieren führte, zur dem oft wiederholten Marketingargument der angeblichen »Atoxizität« von Contergan, das ab dem Sommer 1957 nachweisbar ist und in den folgenden Jahren entscheidend zum Verkaufserfolg thalidomidhaltiger Präparate beitrug.[45] Interessanterweise zeigt ein Vergleich

43 Laut den Monatsberichten der volkswirtschaftlichen Abteilung von Dezember 1956, 08.01.1957; Februar 1957, 13.03.1957; April 1957, ohne Datum; dem Monatsbericht der Verkaufsabteilung für Oktober 1957, 14.11.1957; dem Monatsbericht von Dr. Bickel für November 1957, 23.12.1957. In: LAV NRW R, Gerichte Rep. 139, Nr. 177, Bl. 233, 459–460, 658; Nr. 178, Bl. 299, 441.

44 Vgl. die Monatsberichte der kaufmännischen Leitung von November 1957, 02.12.1957; Februar 1958, 13.03.1958; Monatsberichte der Lizenzabteilung für Dezember 1957, 14.01.1958; Januar 1958, 14.02.1958 (Zitate). In: LAV NRW R, Gerichte Rep. 139, Nr. 178, Bl. 289, 529, 645, 756–757.

45 Der früheste Nachweis des Begriffs »Atoxizität« im Bestand LAV NRW R, Gerichte Rep. 139, ist m. W. diese Notiz: Besprechung mit Herrn Dr. Mückter und Herrn Winandi am 25.07.1957 betr. Contergan. In: LAV NRW R, Gerichte Rep. 139, Nr. 10, Bl. 131. Vgl. die Texte der Beipackzettel, in denen Contergan ab Dezember 1957 u. a. als »völlig ungiftig« bezeichnet wird in: LAV NRW R, Gerichte Rep. 139, Nr. 11, Bl. 224–234.

von späteren Produktbeschreibungen mit dem Contergan-Prospekt vom August 1956, dass man in dem darauf folgenden Jahr die möglichen Indikationen präziser zu definierten suchte, wohl nicht zuletzt im Hinblick auf die Entwicklung möglicher Kombinationspräparate, und dabei unter anderem das Indikationsgebiet »praemenstruelle und klimakterische Beschwerden« entfernte.[46]

Die Ausgangssituation für die Vermarktung von Contergan und Grippex unterschied sich prinzipiell, weil es sich bei dem Grippemittel um ein Kombinationspräparat mit bekannten Komponenten handelte, dem man durch die Hinzufügung eines neuen Wirkstoffs ein Alleinstellungsmerkmal zu verleihen suchte. Hinsichtlich der kommerziellen Verwertung erschienen deshalb Strategien sinnvoll, die für Grippex eine andere Entwicklung vorsahen als im Falle des Contergans. Weil die Betroffenen selbst auf verschiedene Methoden zur Linderung der Beschwerden von grippalen Infekten zurückgreifen und außerdem Grippemittel rezeptfrei kaufen konnten, lag es nahe, bei der Ausbietung von Grippex den Schwerpunkt der Werbung auf die damals so genannte »Laien-Propaganda« zu legen. Wie wenig Gedanken man sich seitens des Herstellers dabei über behördliche Kontrollen oder eine mögliche Gefährdung der Konsumenten machte, zeigt die Tatsache, dass man darauf verzichtete, die vorgeschriebene Ausnahmegenehmigung einzuholen, jedoch die zwischenzeitliche Verlängerung des Warenzeichen-Anspruchs nicht versäumte.[47]

Nach dem behördlichen Hinweis auf die fehlende Ausnahmegenehmigung in einem anderen Fall reichte man im Juni 1958 Anträge für insgesamt sieben Präparate ein, darunter Grippex-Kapseln, und bemerkte dazu: »Offensichtlich werden Neuausbietungen von der Gesundheitsbehörde neuerdings genau verfolgt«.[48] Im Oktober 1958 stimmte die Arzneimittelprüfungskommission der Erteilung von insgesamt 26 Ausnahmegenehmigungen für die Chemie Grünenthal zu. Neben »Grippex-Kapseln« und »Polygripan-Dragees«, die als ein einziges Präparat aufgefasst wurden, befürwortete die Kommission dabei auch den Vertrieb der thalidomidhaltigen Humanpräparate Algosediv, Contergan-Saft und Noctosediv.[49] Erst im Zuge der Vorbereitung auf die für Anfang 1959

46 Prospekt für Contergan und Contergan-forte. In: LAV NRW R, Gerichte Rep. 139, Nr. 9, Bl. 298–301.

47 Der Verlängerungsantrag vom 08.01.1957 befindet sich im Deutschen Patent- und Markenamt (Jena), siehe die Akte zu Grippex, Registernummer 374504, Bl. 20.

48 Monatsbericht von Herrn Grabo für Juni 1958, 15.07.1958. In: LAV NRW R, Gerichte Rep. 139, Nr. 179, Bl. 7.

49 Niederschrift über die am 14. Oktober 1958 stattgefundene Sitzung der Arzneimittelprüfungskommission des Landes Nordrhein-Westfalen. In: LAV NRW OWL, D 1, Nr. 2540, Bl. 185–186. Laut Monatsbericht der Lizenzabteilung für November 1958, 11.12.1958 wurden alle zuletzt beantragten Genehmigungen »anstandslos erteilt«. In: LAV NRW R, Gerichte Rep. 139, Nr. 179, Bl. 581. In dem Rundschreiben vom 23.02.1959, in dem das nordrhein-westfälische Innenministerium die Ausnahmegenehmigungen bundesweit

geplante Ausbietung des wirkstoffgleichen Präparates Polygripan, das unter diesem Warenzeichen exportiert werden sollte, hatte sich die Herstellerfirma offenbar veranlasst gesehen, für diesen beiden Präparate einen Registrierungsantrag zu stellen.

Dies erinnert an das Vorgehen im Fall von Contergan im Juni 1956, als der Antragsteller um eine unbürokratische und zügige Bearbeitung gebeten hatte mit dem Hinweis auf die dringende Notwendigkeit, die Genehmigung bei den Registrierungsbehörden im Ausland vorzulegen. Der wohl entscheidende Faktor für das wachsende Interesse der Behörden, den Arzneimittelmarkt der Bundesrepublik zu kontrollieren, war die anstehende Angleichung an die Standards der anderen Länder in der Europäischen Wirtschaftsgemeinschaft nach der Unterzeichnung der Römischen Verträge im März 1957 und deren Inkrafttreten im Januar 1958. Der darin enthaltenen Verpflichtung zur Einführung eines nationalen Arzneimittelrechts kam die Bundesrepublik erst mit der Verabschiedung des ersten Arzneimittelgesetzes vom 16. Mai 1961 nach.

Nach der noch bis 1969 gültigen »Verordnung, betreffend den Verkehr mit Arzneimitteln« vom 22. Oktober 1901 war die Abgabe an die Konsumenten von Heilmitteln in Form von Tabletten, Kapseln, Suppositorien oder Lösungen auf die Apotheken beschränkt.[50] Während dies sowohl auf Contergan als auch auf Grippex zutraf, unterlag Contergan zusätzlich den Bestimmungen der »Polizeiverordnung über die Werbung auf dem Gebiete des Heilwesens« vom 29. September 1941, wonach Schlafmittel ausschließlich bei Ärzten, Apothekern und zugelassenen Arzneimittelhändlern beworben werden durften.[51] Für Grippex hingegen war folglich die direkte Werbung beim Verbraucher zulässig.

Die bestehende Gesetzeslage bot weiterhin einen gewissen Spielraum für den Vertrieb von Grippex außerhalb der Apotheken. Die Umgehung des Apothekenvorbehalts wäre bei Ausbietung als Vorbeugemittel möglich gewesen, indem man das Präparat als Vorbeugemittel anbot, weil man damit die Bestimmungen für Arzneimittel, die zum Zweck der Heilung vorgesehen waren, nicht hätte beachten müssen.[52] Im Zweifelsfall hätten die Gerichte entscheiden müssen, inwiefern die Inhaltsstoffe Chinin und Phenacetin, die im Verzeichnis B der Arzneimittel-Verordnung von 1901 enthalten waren, eine Beschränkung des Ver-

bekannt machte, erscheinen »Grippex-Kapseln« und »Polygripan-Dragees« unter derselben Registrierungsnummer. Siehe: StA HH, 352–6, Ablieferung 1999/01, 517-01.5/1, Nr. 3, siehe die Registrierungsnummer 905.

50 Verordnung, betreffend den Verkehr mit Arzneimitteln, 22.10.1901. In: RGBl. 1901, S. 380–390, siehe das Verzeichnis A. Bis 1933 erfolgten mehrere Ergänzungen dieser Verordnung, die jedoch in diesem Zusammenhang nicht relevant sind.

51 Polizeiverordnung über die Werbung auf dem Gebiete des Heilwesens, 29.09.1941. In: RGBl. 1941, Teil I, S. 587–590, § 5 Abs. 2a.

52 Entscheidend war die vom Hersteller bzw. Vertreiber angegebene Verkaufsabsicht oder die Absicht des Verbrauchers, vgl. Stapel, Arzneimittelgesetze, 1988, S. 73–84.

triebs von Grippex auf die Apotheken erforderlich gemacht hätten. Der oben beschriebenen Verteilung von Grippex-Kapseln durch einen Werksarzt standen zumindest im Prinzip keine rechtlichen Vorschriften entgegen, zumal es sich tatsächlich eher um Vorbeugemittel gegen Erkältungen und grippale Infekte handelte als um ein effektives Medikament zur Behandlung der Virusgrippe. Unter diesen Umständen konnte es als strategisch sinnvoll erscheinen, erstens den Verkauf von Grippex zunächst auf die Apotheken zu beschränken, um dem Präparat dadurch eine gewisse medizinische Legitimation zu verleihen und die Apotheker als Multiplikatoren zu gewinnen, und zweitens durch die Auswahl einer bestimmten Region den finanziellen Aufwand für die Ausbietung des Präparates in einem überschaubaren Rahmen zu halten und danach über das weitere Vorgehen zu entscheiden.

Die Markteinführung von Grippex

Ab Juli 1956 unternahm die Verkaufsabteilung in Absprache mit der Geschäftsleitung der Chemie Grünenthal erste Schritte zur Erstellung einer Marketingstrategie für thalidomidhaltige Präparate. Dazu gehörte die Weiterentwicklung der Werbemittel, die sich bis dahin im Wesentlichen auf Schwarz-Weiß-Anzeigen in Fachzeitschriften beschränkt hatten, als auch die Intensivierung der Werbeaktivitäten. Zum ersten Mal wurde ein Werbeplan entworfen. Für das zweite Halbjahr war in diesem Zusammenhang für Contergan ein »Verkaufstest im Gebiet Essen-Düsseldorf« vorgesehen, bei dem »nach einführenden wissenschaftlichen Arbeiten [...] ein Trommelfeuer humoristischer Zeichnungen auf die Ärzteschaft losgelassen werden« sollte. Dazu kam es aus den oben beschriebenen Gründen jedoch vorerst nicht.

Im Unterschied zu Contergan war vorgesehen, die »Testeinführung von Grippex in Hamburg und Schleswig-Holstein« auf Zeitungsanzeigen und Apothekerbesuche zu beschränken.[53] Dabei dachte man an Maßnahmen, die über die Werbung in Fachkreisen hinausgingen, wie sie im Fall der schwerpunktmäßig betriebenen Produktion von Antibiotika üblich war. Diese unterlagen der Rezeptpflicht und konnten deshalb im Gegensatz zu den neu entwickelten Präparaten nicht frei verkauft werden. Wie sehr das Augenmerk auf Contergan lag und wie wenig man Grippex als Medikament im engeren Sinne wahrnahm und präsentierte, lässt sich daran erkennen, dass man das Kombinationspräparat anders als Contergan zunächst nicht behördlich anmeldete und es auch

53 Werbeplan von Dr. Gerd Hunger, 30.07.1956. In: LAV NRW R, Gerichte Rep. 139, Nr. 9, Zitat Bl. 280; Monatsbericht der Kaufmännischen Leitung für Juli 1956, 30.08.1956. In: LAV NRW R, Gerichte Rep. 139, Nr. 177, Zitat Bl. 1099.

nicht dem Bundesverband der Pharmazeutischen Industrie bekannt machte, um es in die für die ärztliche Verordnungspraxis relevante Rote Liste eintragen zu lassen.[54]

Im August 1956 stellte die Verkaufsabteilung weitere Überlegungen zur »Ausbietung von Grippex in einem Testbezirk mit ausschließlicher Laien-Propaganda« an, während die Forschung mit der Entwicklung von entsprechenden Kinderzäpfchen begann.[55] Noch im Oktober war das Laboratorium mit der Ausarbeitung von Spezifikationen und Analysemethoden für Grippex-Kapseln beschäftigt.[56] In den Monatsberichten für November 1956 und Januar 1957 erwähnte die Kapsel-Abteilung die Herstellung von jeweils 200.000 Grippex-Kapseln, die in Packungen zu 12 und 36 Kapseln verpackt wurden.[57] Die Markteinführung begann am Dienstag, den 6. November, mit der Aussendung von Matrizen-Briefen, die 366 Apotheken und 25 Großhändler im »Bezirk 7« über die »Neuausbietung von Grippex« informierten. Am 22. November folgten erneut Briefe an 365 Apotheken, denen Bestellkarten beigegeben waren.[58]

Das Unternehmen »Dr. Grupe & Co, Allgemeine Wirtschaftswerbung« mit Hauptsitz in Hamburg war mit der Durchführung der Anzeigenwerbung beauftragt worden.[59] Tatsächlich lassen sich in der Grippex-Werbung Prinzipien erkennen, die man dort allgemein für wichtig hielt. Dazu gehören ein »auffallender Blickfang« und eine »groß herausgestellte Schlagzeile«, ebenso in der Wiederholungswerbung wie in farbigen Großformaten. Die bildliche Darstellung auf Plakaten, zum Beispiel des Packungsbildes oder der Wortmarke in übernatürlicher Größe, sollte Gerhard Grupe zufolge »eine Hinstimmung auf die Ware erzielen, die den Beschauer immer wieder sympathisch berührt oder sogar fesselt«.[60] Es ist deshalb zu vermuten, dass das in den Zeitungsanzeigen verwendete Verkehrszeichen »Vorfahrt gewähren« auf anderen Werbeträgern wie etwa Aufstellplakaten in Rot auf weißem Hintergrund erschien, und zwar zusammen mit der Wortmarke und den Textergänzungen in großer Schrift.

54 Das Vorwort vom 01.12.1956 verweist darauf, dass die Rote Liste 1957 Informationen zu den von den Mitgliedern des *Bundesverbandes der Pharmazeutischen Industrie* angemeldeten Präparate enthält, ohne einen Anspruch auf Vollständigkeit der tatsächlich im Umlauf befindlichen Präparate zu erheben.

55 Monatsbericht der Kaufmännischen Leitung für August 1956, 17.09.1956; Monatsbericht von Dr. Stohlmann für August 1956, 07.09.1956. In: LAV NRW R, Gerichte Rep. 139, Nr. 177, Bl. 1047, 1055.

56 Monatsbericht von Dr. Kampf für Oktober 1956, 12.11.1956. In: Ebd., Bl. 918.

57 Monatsberichte der Produktion für November 1956, 10.12.1956; Januar 1957, 09.02.1957. In: Ebd., Bl. 624, 821.

58 Monatsbericht der kaufmännischen Leitung für November 1956, 17.12.1956. In: Ebd., Bl. 743, 745.

59 Laut Werbeplan vom 30.07.1956. In: LAV NRW R, Gerichte Rep. 139, Nr. 9, Bl. 280.

60 Grupe, Plakatwerbung, 1960, Zitate S. 191, 193.

Abb. 1: Diese Anzeige erschien in der Zeit vom 10. bis 24. November 1956 in den elf im Text genannten Tageszeitungen.

Abb. 2: Die dazugehörige Kurzfassung folgte darauf zwischen dem 15. und 30. November 1956.

Abb. 3: Diese textgleiche Langfassung erschien in der Zeit vom 1. Dezember 1956 bis zum 26. Januar 1957.

Abb. 4: Diese textgleiche Kurzfassung bis zum 30. Januar 1957.

Abb. 5: Diese Version mit der Ergänzung »... und Erkältung« erschien ab dem 1. Februar 1957.

Das Verkehrszeichen erregte die Aufmerksamkeit der Leser, die Grippex den Vorzug vor anderen Grippemitteln geben sollten. Der mit dem Verkehrszeichen verbundene Schriftzug »Grippex stoppt Grippe« suggerierte, dass das Medikament das Potential besitzt, der Krankheit Einhalt zu gebieten. Mit der Angabe »Nur in Apotheken erhältlich« erzeugte man den Eindruck, dass es sich um ein besonderes Arzneimittel handelte, dass sich von den bekannten Hausmitteln und den in Drogerien erhältlichen Präparaten wesentlich unterschied, und begründete somit implizit dessen höheren Preis. Die größeren Anzeigen wiesen außerdem auf das darin enthaltene »neuartige Glutaminsäure-Derivat« (Thalidomid) hin, erwähnten die Zugabe von »Vitamin C zur Förderung der körpereigenen Abwehr« und informierten über die frei verkäuflichen »Taschenpackungen«. Der angegebene Preis von DM 2,10 bezog sich offenbar auf die kleinere Packung mit 12 Kapseln. Gegen Ende der Anzeigenkampagne, als sich die Wahrscheinlichkeit von gravierenden grippalen Infekten verringerte, betonte man die mögliche Anwendung bei Erkältungen durch eine entsprechende Ergänzung des Hauptschriftzuges.

Die Anzeigen erschienen in elf Tageszeitungen in den Bundesländern Hamburg und Schleswig-Holstein, und zwar in: *Hamburger Abendblatt*, *Hamburger Morgenpost*, *Hamburger Mittag*, *Bild*-Zeitung (Hamburg-Ausgabe), *Norddeutsche Nachrichten* (Hamburg), *Harburger Anzeigen und Nachrichten*, *Kieler Nachrichten*, *Lübecker Nachrichten*, *Pinneberger Tageblatt*, *Sylter Tageblatt* und *Der Insel-Bote* (Wyk auf Föhr). Bei der Zahl von 403 nachgewiesenen Anzeigen handelt es sich wahrscheinlich um mehr als 90 Prozent der tatsächlich erschienenen Inserate.[61] Es kann zwischen zwei Grundversionen unterschieden werden, eine mit dem längeren Text sowie eine kurze Fassung, die in der folgenden Übersicht als senkrechter Strich beziehungsweise als Punkt erscheinen. Alle Anzeigen fallen in den Zeitraum vom 10. November 1956 bis zum 27. Februar 1957. Sie verteilen sich wie auf der folgenden Seite zu sehen.

In der vorliegenden Sekundärliteratur, ebenso wie in der aus dem Strafverfahren stammenden Anklageschrift, erscheint die Markteinführung von Grippex als eine Art Verkaufstest, denn dort wird zum Teil darauf verwiesen, dass das

61 Keine Anzeigen fanden sich in den folgenden Zeitungen: Hamburg: *Dammtor-Zeitung*, *Hamburger Anzeiger*, *Hamburger Echo*, *Hamburger Volkszeitung*, *Hamburger Wochenpost*, *Wilhelmsburger Zeitung*; Schleswig-Holstein: *Bergedorfer Zeitung*, *Bramstedter Nachrichten*, *Brunsbüttelkooger Zeitung*, *Eckernförder Zeitung*, *Glückstädter Fortuna*, *Husumer Nachrichten*, *Kremper Zeitung*, *Marner Zeitung*, *Nortorfer Zeitung*, *Ost-Holsteiner Anzeiger*, *Ostholsteinisches Tageblatt/Plöner Zeitung und Lütjenburger Zeitung*, *Preetzer Zeitung*, *Schlei-Bote*, *Schleswiger Nachrichten*, *Schleswig-Holsteinische Landeszeitung*, *Segeberger Zeitung*, *Stör-Bote*, *Stormarner Tageblatt*, *Sylter Rundschau*, *Wesselburener Marschbote*, *Wilstersche Zeitung*; Bremen: *Bremer Nachrichten*, *Weser-Kurier*; Niedersachsen: Hannoversche *Allgemeine Zeitung*, *Landeszeitung für die Lüneburger Heide*, *Buxtehuder Tageblatt*; überregional: *Die Welt*, *Die Welt am Sonntag*.

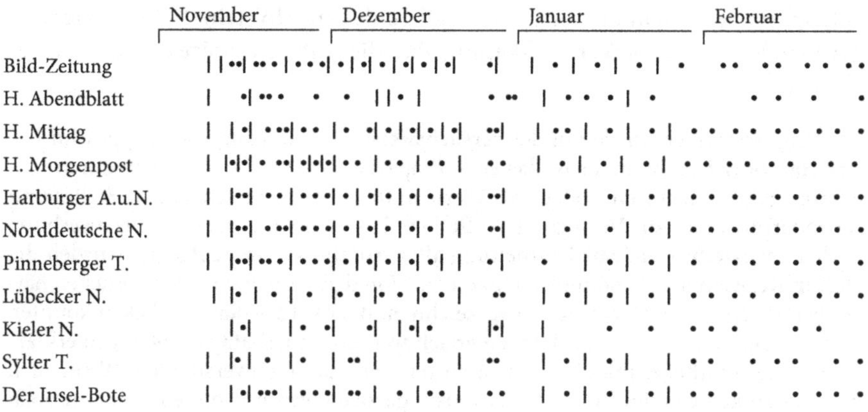

Präparat »bereits Anfang November 1956 im Hamburger Raum versuchsweise in den Handel gebracht« und »ausschließlich auf der Grundlage einer auf den Laien orientierten Verkaufswerbung eingeführt« worden sei.[62] Wie die von der Chemie Grünenthal produzierten Antibiotika, so war auch Grippex von einer nach dem zeitweiligen Bedarf schwankenden Nachfrage abhängig. Die Übersicht über die Erscheinungsdaten der Zeitungsanzeigen zeigt, dass die Werbung sich über den wichtigsten Teil des Jahres erstreckte, in dem das Auftreten grippaler Infekte zu erwarten ist. Seit der Grippesaison der Jahre 1956/57 war das Präparat in Apotheken erhältlich und wurde ab Oktober 1957 mit einem geringeren Webeaufwand bundesweit vertrieben. Werbeanzeigen für Grippex in Tageszeitungen konnten für diese Zeit nicht mehr nachgewiesen werden.

Die Marketingaktivitäten gingen über den »November 1956« hinaus und beschränkten sich auch nicht allein auf den »Hamburger Raum«. Tatsächlich handelte es sich um den so genannten Verkaufsbezirk Hamburg, der die beiden Bundesländer Hamburg und Schleswig Holstein umfasste. Mit seinen geschätzten 4,3 Millionen Einwohnern gehörte er Mitte der 1950er Jahre zu den größten und umsatzstärksten Verkaufsbezirken der Chemie Grünenthal.[63] Die Grippex-Anzeigen erschienen in Tageszeitungen, die nicht ausschließlich, jedoch überwiegend die städtische Leserschaft erreichten. Mit den *Norddeutschen Nachrichten* und dem *Pinneberger Tageblatt* lag ein gewisser Schwerpunkt im westlichen Hamburg, in dem sich das so genannte »Verkaufsbüro Hamburg«

62 Siehe Sjöström/Nilsson, Contergan, 1975, S. 42–43. Diese Aussage stützt sich auf den Monatsbericht der kaufmännischen Leitung für November 1956, vgl. die Anklageschrift von 1967, Bd. 2 (LAW NRW R, Gerichte Rep. 139, Nr. 221), S. 60, Anm. 2 zu S. 56.

63 Bericht des Vertriebsleiters Inland Klaus Winandi im Monatsbericht der kaufmännischen Leitung für September 1955, 29.10.1955. In: LAV NRW R, Gerichte Rep. 139, Nr. 170, Bl. 597–598.

befand, sowie in dem angrenzenden Teil Schleswig-Holsteins.[64] Mitte Dezember 1956 berichtete die Verkaufsleitung über die Anfangserfolge der Marketingaktivitäten:

»Anfang November wurde mit der versuchsweisen Einführung von Grippex im Bezirk Hamburg begonnen. Es ist das erste Präparat, das wir ausschließlich durch Laienpropaganda einführen wollen. Als Werbemittel stehen Aufstellplakate, Steller und Kalenderprospekte zur Verfügung. Außerdem läuft eine intensive Anzeigenwerbung in den Tageszeitungen. Zur Bearbeitung aller Apotheken im Textgebiet wurden die Herren Kerwien und Schönhofen eingesetzt. Von den besuchten 255 Apotheken hatten bereits 30 % eine Nachfrage zu verzeichnen. Bei ca. 12 % der Apotheken konnten Erstaufträge von 10 bis 25 Packungen erzielt werden. Innerhalb von 14 Tagen erklärten sich 26 Apotheker mit einer Schaufenster-Dekoration einverstanden. Wenn auch heute noch keine endgültigen Rückschlüsse gezogen werden können, so kann doch schon gesagt werden, daß das Interesse trotz des verhältnismäßig hohen Preises beachtlich ist.«[65]

Anscheinend gestaltete sich die Werbung in den Apotheken ähnlich wie die Verteilung der Anzeigen, das heißt sie erfolgte vor allem im November und Dezember und erstreckte sich schwerpunktmäßig auf die städtischen Gebiete. Im »Bezirk Hamburg« bestanden gegen Ende des Jahres 1956 ziemlich genau 454 Apotheken, davon 206 in Hamburg und etwa 248 in Schleswig-Holstein.[66] Mit ihren 255 Besuchen hatten die beiden genannten Mitarbeiter bereits in den ersten Wochen mit 56 Prozent aller Apotheken im Verkaufsbezirk Kontakt aufgenommen. Dies deutet darauf hin, dass sich die Aktion am Ende nicht nur auf einen Großteil der Häuser in Hamburg erstreckte sondern wahrscheinlich auch auf die Mehrzahl der Apotheken in Schleswig-Holstein.

Der Versuch, ein neues Präparat durch den testweisen Einsatz intensiver und effektiver Werbemethoden in kurzer Zeit zu etablieren, sollte aus mehreren Gründen nicht zu dem gewünschten Ergebnis führen. Nicht nur fand die Aktion mit leichter Verspätung statt, nämlich erst nach dem üblichen Beginn der Erkältungszeit. Auch konnten die beteiligten Außendienstmitarbeiter im November 1956 nicht auf eine vorbereitete medizinische Argumentation für den Einsatz des Präparates zurückgreifen. In jedem Fall erscheint der in dem obi-

64 Das Verkaufsbüro der Chemie Grünenthal befand sich in Hamburg-Großflottbek, Leiblstieg 7, vgl. die Straßenverzeichnisse in den Hamburger Adressbüchern von 1952 bis 1966.

65 Bericht von Hermann-Josef Kauven, Vertriebsleitung Inland, im Monatsbericht der kaufmännischen Leitung für November 1956, 17.12.1956. In: LAV NRW R, Gerichte Rep. 139, Nr. 177, Bl. 741.

66 Ohne Krankenhausapotheken. Die Anzahl der Apotheken in Hamburg (205 im November und 206 im Dezember 1956) ergibt sich aus dem Vergleich von Schmitz, Apotheken, 1966, und dem Handbuch für das Gesundheitswesen in Hamburg (Ausgabe 1956); für Schleswig-Holstein siehe das Handbuch für das Gesundheitswesen in Schleswig-Holstein (Ausgabe 1957).

gen Zitat zum Ausdruck kommende Optimismus bemerkenswert angesichts der Mitte November gemachten Beobachtung eines Redakteurs der in Hamburg erscheinenden *Welt am Sonntag*, nach der »die Saison der Infektionen des Nasen- und Rachenraums erfreulich lange auf sich warten« ließ. Nachdem er die Vorgänge in einer Apotheke einen ganzen Tag lang beobachtet hatte, lautete sein Urteil über die Apotheker: »Auch die Tube, das Tablettenröhrchen, das Fläschchen werden offenbar nicht ohne Nachgedanken über den Tisch gereicht wie eine Ware. Verantwortung und Sachkenntnis sprechen mit. Sie schlagen auch ein gutes Geschäft aus. Geschlossen haben sich letzthin die Apotheker geweigert, ein Mittel zu verkaufen, für das viel Propaganda gemacht wurde. Sie halten es für gefährlich, und sie glauben, daß es noch längst nicht genug ausprobiert ist, um alle Folgen zu erkennen, die sich aus dem Gebrauch ergeben könnten.«[67] Bei dem erwähnten Mittel hat es sich möglicherweise um Vitolan oder ein anderes »borsäurehaltiges Abmagerungsmittel« gehandelt.[68]

Das beschriebene Verhalten der Apotheker ist ein Beleg dafür, dass es angesichts der mangelnden staatlichen Arzneimittelkontrolle in den 1950er Jahren im Wesentlichen den Apothekern und Ärzten überlassen blieb, unerwünschte Wirkungen der im Umlauf befindlichen Arzneimitteln zu beobachten und daraus die ihnen als geeignet erscheinenden Konsequenzen zu ziehen. Bemerkenswert ist allerdings, dass selbst die Behördenvertreter, die in unregelmäßigen Abständen die Apotheken kontrollierten, keinen Anstoß an der fehlenden behördlichen Anmeldung von Grippex nahmen.[69] Eine diesbezügliche Kontrolle war ihnen auch kaum möglich, weil die erteilten Ausnahmegenehmigungen vor 1959 in der Regel nicht veröffentlicht wurden sondern die zuständigen Behörden der Bundesländer sich allein durch Rundbriefe in unregelmäßigen Abständen über die erfolgten Neuanmeldungen informierten. Angesichts der massiven Werbung für Grippex haben die Apotheker, die den aktuellen Stand der Erteilung einer behördlichen Genehmigung zur Vermarktung eines bestimmten Arzneimittels nicht nachvollziehen konnten, offensichtlich nicht mit den Fehlen einer behördlichen Anmeldung gerechnet oder sich einfach auf den guten Ruf des Pharmaunternehmens verlassen.

67 »Von acht bis sechs zwischen Pulvern und Flaschen / Gast in einer Apotheke«. In: Welt am Sonntag, 18.11.1956. Von 1956 bis 1962 lautete der Eintrag des Verfassers, Helmut Holscher, in den Hamburger Adressbüchern: Holscher, Helm, Redakt, Beim Andreasbrunnen 5. Da er dort wohnte und arbeitete, ist anzunehmen, dass sich sein Artikel auf eine im Stadtzentrum von Hamburg gelegene Apotheke bezieht.

68 Vgl. den diesbezüglichen Schriftverkehr in: StA HH 352–6, Nr. 580.

69 Dieses Verhalten entsprach internen Dienstanweisungen der zuständigen Landesbehörden, gegen die Hersteller unangemeldeter Präparate im Zweifelsfall nicht vorzugehen, weil juristische Schritte gegen deren Vertrieb als wenig aussichtsreich erschienen, siehe Lenhard-Schramm, Land, 2016, S. 110–111.

Unter diesen Bedingungen konnte es seitens der Chemie Grünenthal auch keinen Anlass zu ernsthaften Bedenken geben, dass der Verkaufserfolg des Kombinationspräparates durch Meldungen über etwaige Nebenwirkungen des darin enthaltenden neuen Wirkstoffs gefährdet werden könnte. Gleichwohl zeigte sich zu Beginn des Jahres 1957, dass die Werbemaßnahmen trotz aller Bemühungen zu keinem ausreichenden Erfolg führen würden. Zu den unter der Leitung von Arthur Tachezy, dem Generalvertreter der Chemie Grünenthal für den Verkaufsbezirk Hamburg und Schleswig-Holstein, durchgeführten Maßnahmen schrieb die Verkaufsleitung im Februar 1957:

»Der Grippex-Test im Bezirk Hamburg verlief im Januar absolut unbefriedigend. Während Herr Tachezy Ende Dezember noch recht optimistische Prognosen stellte, hat sich im Januar, zum Teil natürlich durch die freundliche Wetterlage, ein absoluter Umsatzrückgang eingestellt. Bei den alt eingeführten Grippemitteln ist auch ein ruhiges Geschäft zu verzeichnen. Nach Aussagen von Großhandlungen und Apothekern schnellen die Umsätze in Grippemitteln sonst im Januar vielfach auf das Zehnfache des Umsatzes in den Herbstmonaten hinauf. Die Werbung soll in den Monaten Februar und März noch fortgesetzt werden, um zu einem endgültigen Eindruck zu kommen. Die Entwicklung wird von uns und einem Herrn der Firma Dr. Grupe & Co. sorgfältig beobachtet.«[70]

Berichte über die Auswertung der wenig erfolgreichen Markteinführung von Grippex in Hamburg und Schleswig-Holstein liegen nicht vor. Auffällig ist jedenfalls, wie sehr das Marketing auf den schnellen kommerziellen Erfolg ausgerichtet war und wie wenig Wert man den Erfahrungen der Konsumenten beimaß, die sich ja kaum innerhalb von einigen Wochen, sondern erst über einen längeren Zeitraum hinweg positiv auf den Verkauf hätte auswirken können. Zwar ist davon auszugehen, dass die Werbung in den Innenräumen und den Schaufenstern der kooperierenden Apotheken spätestens im Laufe des Monats März beendet worden ist, doch einige Apotheken und Großhändler werden in den folgenden Monaten sicher noch über Restbestände des Medikaments verfügt haben. Belege für die Rücknahme von Grippex-Packungen liegen jedenfalls nicht vor.

Die weitere Vermarktung

Nachdem sich im Laufe des Jahres 1957 neue Marketingstrategien durchsetzten und sich die Zuständigkeiten innerhalb der Chemie Grünenthal verschoben, nahm in den folgenden Jahren die Zahl externer Mitarbeiter und die Zahl der Arztbesuche stetig zu. Im Fall von Grippex ging dieser Prozess einher mit

70 Monatsbericht der Verkaufsabteilung für Januar 1957, 12.02.1957. In: LAV NRW R, Gerichte Rep. 139, Nr. 177, Bl. 528.

der Einstellung der »Laien-Propaganda« und der Hinwendung zu einem auf die Ärzte gerichteten Marketing. Gleichzeitig bemühte man sich darum, die Werbung qualitativ zu verbessern. Dazu gehörte nicht zuletzt die Zusammenarbeit mit Prof. René Kende aus Düsseldorf, der ab Mitte 1957 graphische Entwürfe anfertigte, Drucksachen für Grippex gestaltete und sich danach den Contergan-Anzeigen zuwandte.[71]

Mit dem Informationsdienst für die Außendienstmitarbeiter vom September 1957, der erstmalig die »Atoxizität« und »Gefahrlosigkeit« von Contergan hervorhob, lag auch eine Handreichung vor, auf deren Grundlage Grippex den Ärzten als neues Medikament vorgestellt werden sollte, das man in Packungen von 12, 36 und 1.000 Kapseln anbot.[72] Die in dem Informationsdienst enthaltenen Argumente und Empfehlungen erinnern sehr an die Methoden, die ab November 1956 zum Einsatz gekommen waren. Der Text beginnt mit der Feststellung: »Grippex ist ein Präparat, das aus der Praxis für die Praxis geschaffen wurde. Es kommt bei Grippex weniger auf die wissenschaftliche Argumentation als auf die praktische Erfahrung an. Man sollte daher auch den Arzt für eine Erprobung bei sich selbst oder im Familien- oder Freundeskreis zu gewinnen trachten. Wir sind sicher, dass er auf diese Weise zum Verordner des Präparates werden wird.« Nachdem der Thalidomid-Anteil als »charakteristische Komponente« hervorgehoben und die anderen, den Ärzten weithin bekannten Inhaltsstoffe kurz angesprochen werden, wird Grippex als nützliche Ergänzung zu den firmeneigenen Antibiotika-Präparaten dargestellt. Abschließend heißt es: »Suchen Sie insbesondere Apotheken auf. Es ist uns daran gelegen, möglichst bei allen Apotheken eine Bevorratung zu erreichen.«

Im Oktober 1957 begannen die Ärztebesucher für Grippex zu werben und taten dies in den beiden folgenden Monaten weitaus aktiver und regelmäßiger als im Falle des Contergans. Der Grund dafür war nicht nur die beginnende Grippe-Saison sondern vor allem die Influenza-Epidemie, die Europa im Mai 1957 erreicht hatte.[73] Sie ließ auf einen erhöhten Absatz von Antibiotika und anderen Grippemitteln hoffen und wurde daher von verstärken Marketingaktivitäten begleitet. Allerdings hatte bereits der Informationsdienst für die Außendienstmitarbeiter im September festgestellt, dass man sich »verhältnismäßig spät mit Grippex in die aktuelle Grippewelle einschalten« werde. Tatsächlich wurden erst ab Ende Oktober bzw. Mitte November Musteranforderungskarten, Postwurfsendungen und Warenproben in ausgewählte Städte verschickt,

71 Monatsberichte der wissenschaftlichen Abteilung für August 1957, 10.09.1957; der Werbeabteilung für September 1957, 03.10.1957; der wissenschaftlichen Abteilung für Oktober 1957, 13.11.1957. In: LAV NRW R, Gerichte Rep. 139, Nr. 178, Bl. 124, 210, 301.

72 Informationsdienst für die Mitarbeiter der Chemie Grünenthal GmbH, Nr. 15/57, 27.09. 1957. In: LAV NRW R, Gerichte Rep. 139, Nr. 17, Bl. 35–39, die folgenden Zitate Bl. 38–39.

73 Zur Grippe-Pandemie 1957, 1958, S. 31–32.

zunächst nach Bremen, Braunschweig, Münster, Dortmund, Düsseldorf, Frankfurt, Nürnberg, München, Karlsruhe, Stuttgart und Freiburg.[74]

Der Auswahl von rund einem Dutzend Städten als lokale Marketing-Schwerpunkte lag offenbar die Erwägung zugrunde, durch eine intensive Anfangswerbung und unter Einsatz begrenzter Kosten eine rasche Steigerung des Absatzes zu erreichen, um das Produkt auf dem Markt zu etablieren und den Verkauf später auf eine breite Basis stellen zu können. Während die Vertriebsplanung das Augenmerk auf die Ausbietung von Contergan legte, wiederholte sie in Bezug auf Grippex einige der ein Jahr zuvor kritisierten Schwächen: »Die Ausbietung von Grippex erfolgte zu einem Zeitpunkt, als der Handel, die Krankenhäuser und Industrie-Betriebe schon weitgehend eingedeckt waren. Ausserdem steht einer zügigen Einführung der verhältnismässig hohe Preis im Wege.«[75] Im November forderten immerhin 7.500 Ärzte Muster an. Doch noch in demselben Monat fiel der Absatz hinter den des Einführungsmonats zurück, obwohl rund 15.000 frei praktizierende Ärzte mehrfach Werbematerial erhielten. Im Dezember setzte man diese Aktion fort und schickte die übrig gebliebenen Grippex-Muster und -Postwurfsendungen von Januar bis März in Gebiete, aus denen ein gehäuftes Auftreten grippaler Infektionen gemeldet wurde.[76] Da kein abschließender Bericht vorliegt, ist es schwierig einzuschätzen, inwiefern der steigende Verbrauch von Antibiotika-Präparaten während der Influenza-Epidemie den Absatz von Grippex beeinflusst hat.[77]

Zur Vorbereitung der Verkaufssaison 1958/59 beschäftigte man sich bereits im Juli mit der Neugestaltung der Packungen und begann mit der Produktion von Grippex-Kapseln, ab August mit der Erstellung von neuen Werbeunterlagen.[78] Durch eine erneute Werbung mit einem regionalen Schwerpunkt sollten

74 Vgl. die Monatsberichte der wissenschaftlichen Abteilung für Oktober 1957, 13.11.1957; November 1957, 11.12.1957 (Anlage); Dezember 1957, 10.01.1958 (Anlage). In: LAV NRW R, Gerichte Rep. 139, Nr. 178, Bl. 301, 420, 547. In den Berichten für Februar 1958, 11.03.1958 (Anlage); März 1958, 09.04.1958 (Anlage) werden Berlin, Dortmund und München explizit genannt, siehe: Ebd., Bl. 782, 905.

75 Monatsbericht der Verkaufsabteilung für Oktober 1957, 14.11.1957. In: LAV NRW R, Gerichte Rep. 139, Nr. 178, Bl. 298; ebenso im Bericht der wissenschaftlichen Abteilung für Dezember 1957, 20.01.1958. In: LAV NRW R, Gerichte Rep. 139, Nr. 178, Bl. 542.

76 Vgl. die Monatsberichte der Verkaufsabteilung für Oktober 1957, 14.11.1957; November 1957, 12.12.1957; die Monatsberichte der wissenschaftlichen Abteilung für November 1957 (Anlage), für Dezember 1957, 20.01.1958 sowie die Anlage dazu vom 13.01.1958; Januar 1958, 14.02.1958; Februar 1958, 13.03.1958 sowie die Anlage dazu vom 11.03.1958; März 1958, 10.04.1958 (Anlage). In: LAV NRW R, Gerichte Rep. 139, Nr. 178, Bl. 298, 412, 422, 542, 548, 655, 772, 779, 902.

77 Bei der Chemie Grünenthal verursachte die Epidemie viele Krankheitsausfälle besonders im Oktober, vgl. Monatsbericht für Oktober 1957 von Dr. von Schrader-Beielstein, 04.12.1967. In: LAV NRW R, Gerichte Rep. 139, Nr. 178, Bl. 362.

78 Monatsbericht der Verkaufsabteilung für Juli 1958, 14.08.1958; Monatsberichte der wissenschaftlichen Abteilung für August 1958, 22.09.1958; September 1958, 13.10.1958; Ok-

»die Möglichkeiten einer umfassenden Werbung für Grippex« im nächsten Jahr getestet werden.[79] Die wissenschaftliche Abteilung berichtete:

»Die neue Werbewelle für Grippex im Ruhrgebiet als Testgebiet ist mit dem Versand einer unverlangten Musterausendung an alle Ärzte in den 6 wichtigsten Städten Anfang November angelaufen. Eine Woche später setzte dann die Aussendungskampagne ein, die alle Ärzte in diesem Städten mit 11 Aussendungen ansprechen. Einmal werden 4 verschiedene Motive nach 3 Städten abwechselnd gesandt, während in die anderen 3 Städte das gleiche Motiv 10-mal hintereinander verschickt wird. Der Rücklauf der Musteranforderungskarten wird genau registriert, um hier Unterlagen für spätere Werbefeldzüge zu erhalten.«[80]

Die Aussendungen bestanden in Postwurfsendungen, die zwischen dem 21. November und dem 12. Dezember an insgesamt 11 Tagen an frei und im Krankenhaus praktizierende Ärzte in nicht genannte Städte im Ruhrgebiet verschickt wurden.[81] Weil kein Bericht über weitere Werbemaßnahmen vorliegt, ist davon auszugehen, dass der Verkauf von Grippex zu Beginn des Jahres 1959 unspektakulär verlaufen ist. Bemerkenswert ist allerdings die Eintragung von Grippex in die Rote Liste für das Jahr 1959, denn dort erscheint unter anderen die Indikationen »Menstruationsbeschwerden«. Diese Angabe findet sich ebenfalls in dem an Apotheken und andere Interessierte verschickten »Kompendium« der Grünenthal-Präparate für die Jahre 1959, 1960 und 1961.[82] Der Hinweis auf die mögliche Anwendung in der prämenstruellen Phase taucht hingegen in der Roten Liste von 1961, in der sich die Indikationen auf die Symptome grippaler Infekte konzentrieren, nicht mehr auf. Sehr wahrscheinlich hat die genannte Indikation, die im Fall von Contergan nur in dem ersten Contergan-Prospekt von 1956 auftauchte, den britischen Lizenznehmer der Chemie Grünenthal dazu inspiriert, das thalidomidhaltige Kombinationspräparat Tensival mit der Indikation »premenstrual tension« im Jahr 1960 auf den Markt zu bringen.[83]

tober 1958, 13.11.1958 sowie die Anlage dazu vom 07.11.1958; November 1958, 02.12.1958 (Anlage). In: LAV NRW R, Gerichte Rep. 139, Nr. 179, Bl. 132, 247, 359, 477, 481–482, 602–603; siehe auch Monatsbericht der Produktion für Juli 1958, 07.08.1958. In: Ebd., Bl. 216.

79 Monatsbericht der wissenschaftlichen Abteilung für Oktober 1958, 07.11.1958. In: LAV NRW R, Gerichte Rep. 139, Nr. 179, Bl. 481 (Anlage).

80 Monatsbericht der wissenschaftlichen Abteilung für November 1958, 08.12.1958. In: LAV NRW R, Gerichte Rep. 139, Nr. 179, Bl. 598 (Anlage).

81 Monatsberichte der wissenschaftlichen Abteilung für November 1958, 09.12.1958 (Anlage); Dezember 1958, 13.01.1959 (Anlage). In: LAV NRW R, Gerichte Rep. 139, Nr. 179, Bl. 601, 727. Der Bericht für November spricht von »7 Städten im Ruhrgebiet«.

82 Siehe die Kompendien in: LAV NRW R, Gerichte Rep. 139, Nr. 20, Bl. 167a; Nr. 30, Bl. 330; Nr. 36; Dieselbe Indikation findet sich auch bei den Algosediv-Tabletten in den Kompendien für 1960 und 1961. In: LAV NRW R, Gerichte Rep. 139, Nr. 24, Bl. 292; Nr. 36.

83 Es enthielt Thalidomid und das Diuretikum Hydrochlorothiazid in der Menge von jeweils 12,5 mg.

Das Fehlen von detaillierten Berichten über die weitere Entwicklung von Grippex deutet darauf hin, dass die Phase der intensiven Werbung am Ende des Jahres 1958 weitgehend beendet war. Zwischen September und Dezember 1958 stellte man die Verpackungsgrößen von Gläsern mit 12 und 36 auf Gläser mit 10 und 20 Grippex-Kapseln um, deren Preise von DM 1,45 bzw. 2,30 in den folgenden Jahren stabil blieben.[84] Vermutlich sollte diese Maßnahme zur Preissenkung beitragen, ebenso wie die Arbeiten an der Kapselherstellung im Laufe des Jahres 1959.

Während der Verkaufssaison 1959/60 wurde Werbematerial an frei praktizierende Ärzte geschickt, Musteranforderungskarten und Postwurfsendungen in erster Linie nach Berlin, später unaufgeforderte Musteraussendungen nach Frankfurt.[85] Die im Oktober beginnende Aussendung von Drucksachen und Mustern richtete sich hingegen insbesondere an »größere Industriewerke«. Persönliche Besuche von Werksärzten sollten folgen. Im Dezember wurde die Herstellung von 10 Großpackungen zu 1.000 Kapseln erwähnt.[86] Im Monatsbericht für Januar 1959 ist im Abschnitt »Industrie-Firmen« zu lesen: »Die starken Ausfälle an Grippe-Erkrankten veranlassten viele Firmen zu prophylaktischen Maßnahmen. Größere Bestellungen in Grippex hatten zur Folge, daß unser alter Bestand von ca. 800.000 Kapseln in kürzester Zeit vergriffen war.«[87] Anscheinend motivierte dieser Erfolg die Verkaufsleitung Anfang Oktober 1960, in einem Standardbrief an alle bekannten Werksärzte die Zusendung von Proben von Grippex, Algosediv und Tyrocid-X-Pastillen anzubieten, sowie einen weiteren Brief an die Geschäftsleitungen zu versenden mit Preisangaben für Großabnehmer von Grippex.[88]

Offenbar war es gelungen, bei den im Herbst 1959 erfolgten Besuchen von Industrieunternehmen einen Werksarzt für die Durchführung eines Tests zu gewinnen. Die medizinisch-wissenschaftliche Abteilung versprach sich davon »umfangreiche Erfahrungen der Prophylaxe mit Grippex bei Erkältungskrank-

84 Siehe die Monatsberichte der Verpackungsabteilung für September 1958, 09.10.1958; der für Retouren zuständigen Co.-Abteilung für Dezember 1958, 09.01.1959. In: LAV NRW R, Gerichte Rep. 139, Nr. 179, Bl. 330, 714; sowie Rote Liste 1959, S. 365; Rote Liste 1961, S. 400.

85 Monatsberichte der wissenschaftlichen Abteilung für Oktober 1959, 13.11.1959 (Anlage); Januar 1960, 04.02.1960 (Anlage). In: LAV NRW R, Gerichte Rep. 139, Nr. 180, Bl. 790; Nr. 181, Bl. 30.

86 Vgl. die Monatsberichte der Verwaltungskoordinierung für Oktober 1959, 11.11.1959; der medizinisch-wissenschaftlichen Abteilung für Oktober 1959, 10.11.1959; der Produktion für Dezember 1959, 11.01.1960. In: LAV NRW R, Gerichte Rep. 139, Nr. 180, Bl. 733, 746, 1083.

87 Bericht der Verkaufsabteilung Inland, 16.02.1960. In: LAV NRW R, Gerichte Rep. 139, Nr. 181, Bl. 14.

88 Vom 04. und 07.10.1960. In: LAV NRW R, Gerichte Rep. 139, Nr. 26, Bl. 341, 342.

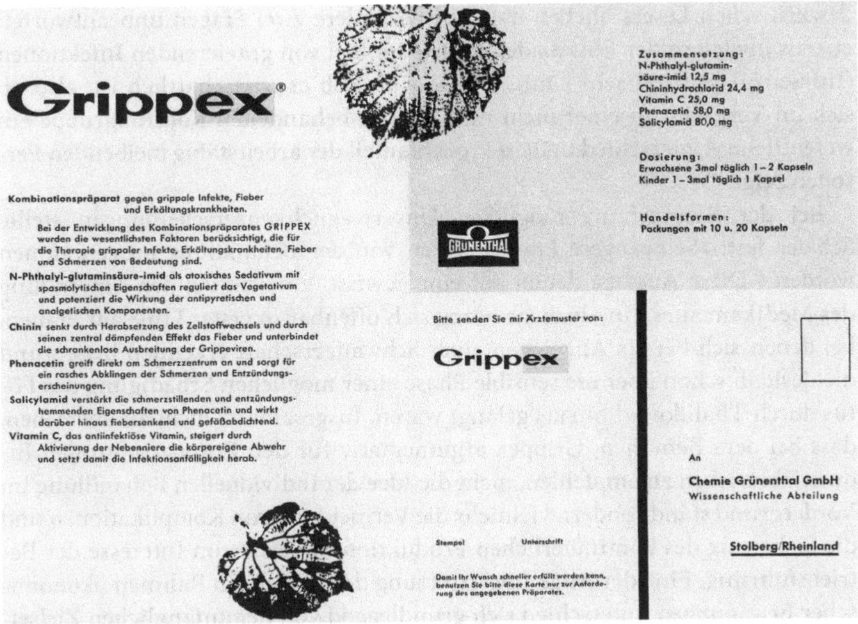

Abb. 6: Musteranforderungskarte (aus LAW NRW R Gerichte Rep. 139, Nr. 18, Bl. 381)

heiten in Großbetrieben«.[89] Im September 1960 beschäftigte sich die Abteilung mit dem vorliegenden Manuskript, das zwei Monate darauf als erste Studie zu Grippex publiziert wurde.[90] Dr. Günther Schäfer berichtet darin, im vorausgegangenen Winter Grippex über einen Zeitraum von sechs Monaten gegen »Grippe«, also überwiegend gegen grippale Infekte und Erkältungskrankheiten, eingesetzt zu haben. Die von ihm behandelten Betriebsangehörigen teilte er in drei Gruppen ein: »durch die Umstände grippegefährdete« Personen (5), Patienten »mit leicht erhöhten Temperaturen« (95) und solche mit »erheblichen Erkältungsbeschwerden« und »deutlich erhöhten Temperaturen« (27). Nachdem er in einigen Fällen zusätzliche Medikamente verwendet hatte, blieben Schäfer zufolge 101 Personen (79,5 Prozent) arbeitsfähig. Abschließend betonte er, die Eigenschaften von Grippex »lassen das Mittel zur Prophylaxe grippaler Infektionen besonders geeignet erscheinen und rechtfertigen seine Verwendung nicht zuletzt gerade in der werksärztlichen Tätigkeit zur Unterdrückung und Verhinderung der durch eine Grippewelle drohenden Gefahr.« Aus Sicht

89 Dr. Erich Werner, Notiz vom 08.01.1960 betr. fehlende klinisch-wissenschaftliche Unterlagen zu ausgebotene Präparate. In: LAV NRW R, Gerichte Rep. 139, Nr. 50, Bl. 147.

90 Schäfer, Einsatz, 1960. Der Autor war Werksarzt und leitender Arzt des Werkerholungsheims »Waldfrieden« in Herzberg im Harz.

des kritischen Lesers blieben dabei insbesondere zwei Fragen unbeantwortet: erstens inwiefern der Einsatz des Mittels im Fall von gravierenden Infektionen (Influenza) sinnvoll sein kann, und zweitens ob er wirtschaftlich ist, also ob sich im Vergleich zu einer nicht mit Grippex behandelten Kontrollgruppe ein wesentlicher Unterschied in dem Prozentanteil der arbeitsfähig bleibenden Personen zeigt.

Bei der Besprechung möglicher Unverträglichkeitserscheinungen stellte Schäfer fest: »Schwangere Frauen waren von der Behandlung ausgenommen worden.« Diese Aussage deutet auf eine gewisse Vorsicht bei der Anwendung des Medikamentes hin, doch sie bezog sich offenbar in erster Linie auf Frauen, bei denen sich bereits Anzeichen einer Schwangerschaft erkennen ließen und die deshalb schon über die sensible Phase einer möglichen Schädigung des Fötus durch Thalidomid hinaus gelangt waren. Insgesamt ist nicht zu übersehen, dass bei dem Bemühen, Grippex argumentativ für den Einsatz in großen Industriebetrieben zu empfehlen, nicht die Idee der individuellen Behandlung im Vordergrund stand sondern vielmehr die Vermeidung von Komplikationen und die Sicherung des kontinuierlichen Produktionsprozesses im Interesse der Betriebsführung. Eine derartige Inwertsetzung des Mittels im Rahmen ökonomischer Erwägungen unterschied sich grundlegend von der anfänglichen Zielsetzung, das Grippemittel mit den neuen Marketingmethoden der 1950er Jahre im Hinblick auf den direkten Kauf durch die Konsumenten zu popularisieren.

Schäfers Arbeit wurde wahrscheinlich unter anderem an weitere Betriebsärzte verteilt, nachdem sie im Januar 1961 als Sonderdruck vorlag.[91] Zur selben Zeit erschien eine Zusammenfassung in einer der monatlichen Kurzmitteilungen, den Therapeutischen Briefen, welche die Chemie Grünenthal an 57.296 Ärzte im Bundesgebiet versandte.[92] Einleitend war dort zu lesen: »SCHÄFER teilt in seiner Eigenschaft als Werksarzt eines großen Industriebetriebes seine Erfahrungen mit Grippex in der Prophylaxe und Therapie grippaler Infekte mit. Hier handelt es sich um ein Problem von oft weitreichenden Folgen. Daß Grippex-Kapseln dazu beitragen können, die Arbeitsfähigkeit zu erhalten und damit den Arbeitsablauf zu sichern, dürfte wohl auch für Sie ein interessanter Aspekt sein. Proben von Grippex stellen wir Ihnen jederzeit gern zur Verfügung.« Die Tatsache, dass das Grippemittel in den Therapeutischen Briefen nur ein einziges Mal Erwähnung fand, ist ein weiterer Beleg dafür, dass man auf Seiten des Herstellerunternehmens durchweg weniger die »wissenschaftliche Argumentation« als vielmehr die »praktische Erfahrung« als entscheidend für den Verkaufs-

91 Monatsbericht der wissenschaftlichen Abteilung für Januar 1961, 16.02.1961. In: LAV NRW R, Gerichte Rep. 139, Nr. 234, Bl. 497.

92 Chemie Grünenthal GmbH, Therapeutische Briefe: Kurzreferate und Mitteilungen aus der praktischen Medizin, 6/12 (Dezember 1960), S. 46–47, 45 (das nachfolgende Zitat). Abgeschickt am 08.01.1960 laut Anlage zum Monatsbericht der wissenschaftlichen Abteilung für Januar 1960, 11.02.1960. In: LAV NRW R, Gerichte Rep. 139, Nr. 181, Bl. 1036.

erfolg ansah. Weil man nicht davon ausging, die medizinischen Fachkreise von den Vorteilen von Grippex überzeugen zu können, versprach man sich offenbar mehr von möglichen Lieferungen an große Industrieunternehmen als den Vertrieb über die Ärzte oder die Apotheken. Dass man den betreffenden Therapeutischen Brief trotzdem an alle adressmäßig erfassten Ärzte richtete, zeigt, dass nach den in den Verkaufszeiträumen von 1956/57 und 1957/58 gemachten Erfahrungen keine kohärente Strategie existierte, die dem Präparat einen breiten kommerziellen Erfolg in der Bundesrepublik hätte verschaffen können.

Die vorgeburtlichen Schäden

Die Jahre 1959 und 1960 standen im Zeichen von Contergan, dessen Verkäufe angesichts der in der Fachöffentlichkeit vielfach wiederholten Behauptung der Ungefährlichkeit eine Eigendynamik entwickelte, die vor allem auf dem rezeptfreien Verkauf beruhte. Weil sich das Interesse in den 1960er Jahren auf diese Entwicklung richtete, verschaffte sich die Ermittlungsbehörde die monatlichen Verkaufszahlen dieses Präparates.[93] Für Grippex hingegen liegen keine durchgehenden Angaben vor, die auf die verkauften oder die konsumierten Mengen schließen lassen. Daher muss auch die Frage offen bleiben, inwiefern sich das Bekanntwerden der thalidomidbedingten Nervenschädigungen und die in verschiedenen Bundesländern erfolgte Rezeptpflichtunterstellung von Thalidomid ab dem 31. Juli 1961 auf den Umsatz der Kombinationspräparate auswirkten.

Wie bereits erwähnt, wurden in den Monaten November 1956 und Januar 1957 jeweils 200.000 Grippex-Kapseln angefertigt. Laut den Monatsberichten für September und Oktober 1957 wurden erneut insgesamt 1.217.856 Kapseln hergestellt und 1.489.020 verpackt, folglich 271.164 mehr verpackt als hergestellt. Demnach wären zuvor, also während des ersten Verkaufszeitraums um die Jahreswende 1956/57, nur 128.836 Kapseln verbraucht worden.[94] Jedoch lässt sich die Annahme, dass weniger als ein Drittel der 400.000 für die Grippesaison 1956/57 produzierten Kapseln an die Apotheken verteilt worden seien, aufgrund der offensichtlichen Unvollständigkeit der Daten nicht aufrecht erhalten. Spätestens Anfang November 1956 muss das Verkaufsbüro in Hamburg über einen ausreichenden Vorrat verfügt haben, über dessen Herstellung und Verpackung nicht berichtet wurde. Weil noch im Januar 1957 eine erhebliche Menge produziert wurde, ist davon auszugehen, dass um die Jahreswende 1956/57 Grippex-Kapseln in der ungefähren Größenordnung von 400.000 Stück in Packungen zu 12 und 36 Kapseln verteilt worden sind.

93 Siehe die Zusammenstellung der Daten in Kirk, Contergan-Fall, 1999, S. 57.

94 Monatsberichte der Produktion für September 1957; für Oktober 1957, 11.11.1957. In: LAV NRW R, Gerichte Rep. 139, Nr. 177, Bl. 280–282, 390–393.

Die weitere Produktion von Grippex konzentrierte sich auf die Monate November 1957 und Februar 1958 mit 300.000 bzw. 440.000 Kapseln. Da für November und Januar über die Verpackung von 253.148 bzw. 216.000 Kapseln berichtet wird (also deutlich mehr als im Oktober hergestellt), wurden die Produktionszahlen in den Monatsberichten nicht vollständig erfasst.[95] Nach der Herstellung von 95.000 Kapseln im Juli 1958 finden sich in den Monatsberichten keine weiteren Angaben über die Herstellung, die Verpackung oder den Verkauf von Grippex. Mengenangaben liegen erst wieder für Juni 1961 vor, als 10.000 Kapseln versuchsweise konfektioniert werden, um die Produktion auf eine neue Herstellungsvorschrift umzustellen. Zwar ist belegt, dass man drei Monate später begann, Algosediv- und Grippex-Packungen mit neuen Prospekten zu versehen, doch es ist unklar, inwieweit die modifizierten Formen in den Handel gelangt sind.[96] Sicher ist, dass sie weiterhin Thalidomid enthielten, denn einen Tag nach Bekanntgabe der Marktrücknahme von Contergan am 27. November 1961 wurde auch der Vertrieb der Kombinationspräparate eingestellt.

Angesichts der mangelnden Datengrundlage ist es schwierig abzuschätzen, welches Ausmaß die teratogenen Schädigungen durch thalidomidhaltige Kombinationspräparate annahmen. Bekannt ist, dass die Verteilung von insgesamt rund 10 Kilogramm Thalidomid – das entspricht umgerechnet 100.000 Contergan-forte-, 400.000 Contergan-Tabletten oder 800.000 Grippex-Kapseln – mit einem überlebenden Thalidomidgeschädigten in der Bundesrepublik korrelieren.[97] Entscheidend für eine zahlenmäßige Schätzung der geschädigten Personen auf der Grundlage der Verkaufsmengen wären folglich gesicherte Erkenntnisse bezüglich der teratogenen Minimaldosis. Derartige Informationen liegen jedoch bislang nicht vor, ebenso wenig wie diesbezügliche Tierstudien. Aus mehreren Fällen ist zu schließen, dass die Menge von 100 Milligramm Thalidomid, wie sie in einer Tablette Contergan-forte enthalten war, auffällige Fruchtschädigung verursachen kann. Sollte die Minimaldosis niedriger liegen, hätten dafür möglicherweise bereits 25 Milligramm in einer einfachen Contergan-Tablette ausgereicht, vielleicht auch 12,5 Milligramm aus einer Grippex-Kapsel, einer Algosediv-Tablette oder einem Peracon-Expectorans-Dragée. Eine vergleichsweise hohe Zahl an Thalidomidgeschädigten, deren Fehlbildungen mit den Kombinationspräparaten in Zusammenhang gebracht wurden, wäre

95 Monatsberichte der Produktion für November 1957, 06.12.1957; Januar 1958, 04.02.1958; Februar 1958, 21.03.1958; Juli 1958, 07.08.1958. In: LAV NRW R, Gerichte Rep. 139, Nr. 178, Bl. 503, 505, 746, 867; Nr. 179, Bl. 216.

96 Monatsbericht der Produktion für Juni 1961, 06.07.1961; für August 1961, 11.09.1961. In: LAV NRW R, Gerichte Rep. 139, Nr. 234, Bl. 1242; Nr. 236, Bl. 520.

97 Nach Widukind Lenz wurden in der BRD von 1956 bis 1967 insgesamt 3.049 geschädigte Kinder geboren und von 1957 bis 1961 thalidomidhaltige Präparate verkauft oder als Muster abgegeben, die insgesamt 30.201 kg des Wirkstoffs enthielten, vgl. Lenz, History, 1988, S. 204, 208.

deshalb als Hinweis darauf anzusehen, dass bereits eine Dosierung von etwa 50, 25 oder 12,5 Milligramm zu deutlich erkennbaren teratogenen Effekten führen kann. Denkbar ist dabei auch, dass eine niedrige Dosierung mit spezifischen Fehlbildungen in Zusammenhang stehen könnte.

In den Akten des Contergan-Strafverfahrens finden sich nur wenige Belege für eine teratogene Schädigung durch Grippex. In einem Fall handelte es sich um die Frau eines Apothekers, die nach Einnahme mehrerer Kapseln in der Frühschwangerschaft ein Kind mit einer für Thalidomid typischen Gliedmaßenschädigung geboren haben soll. Weil sie angeblich ein ganzes Fläschchen verbraucht hatte, also entweder 10 oder 20 Kapseln, vermutlich innerhalb weniger Tage, lag die Thalidomid-Dosis bei maximal 125 bzw. 250 mg.[98] Unter den 200 in das Contergan-Verfahren eingeführten vorgeburtlichen Einzelschadensfällen wird nur ein einziges Mal von der Einnahme von Grippex berichtet. Aufgrund der zeitlichen Zuordnung scheint die Schädigung in diesem Fall jedoch durch die Einnahme von ungefähr 10 Tabletten Algosediv (125 mg Thalidomid) innerhalb eines Monats verursacht worden zu sein.[99] Die geringe Anzahl von Berichten über eine Grippex-Schädigung ist nicht allein durch die weit höheren Verkaufszahlen der Contergan-Präparate zu erklären, sondern auch durch die begrenzte Verbreitung der Information, dass in Grippex ebenfalls Thalidomid enthalten war. Dies belegt ein später Fall der Zulassung eines betroffenen Kindes als Nebenkläger. Erst im Sommer 1965 hatten die Eltern von der Möglichkeit erfahren, dass die im Januar und Februar 1959 erfolgte Einnahme von Grippex zu den Fehlbildungen ihres Kindes geführt haben könnte. Das Gericht gab ihrem Antrag auf Zulassung als Nebenkläger im Jahre 1969 statt, wobei auf ein ärztliches Gutachten, dass in den meisten Fällen vorlag, verzichtet wurde.[100]

Weitere Fälle einer vorgeburtlichen Schädigung durch Grippex wurden von der Conterganstiftung für behinderte Menschen dokumentiert. Nach § 2 des Conterganstiftungsgesetzes ist es eine notwendige Voraussetzung für die Anerkennung als Leistungsempfänger, dass die jeweiligen Fehlbildungen mit der Einnahme eines thalidomidhaltigen Präparates der Chemie Grünenthal durch die Mutter in Zusammenhang gebracht werden können. Einer Auskunft der Conterganstiftung nach dem Informationsfreiheitsgesetz zufolge wurden in dem Zeitraum vom 25. Dezember 1956 bis zum 31. Dezember 1958 insgesamt 24 anerkannte Thalidomidgeschädigte geboren. In sechs dieser Fälle fehlt die Angabe des von der Mutter eingenommenen thalidomidhaltigen Medikaments.

98 Thomas an Lenz, 20.08.1962. In: LAV NRW R, Gerichte Rep. 139, Nr. 367, nf. Dort ist von einem »Röhrchen« die Rede, doch im Gegensatz zu Contergan wurde Grippex soweit bekannt nur in kleinen Flaschen angeboten.

99 Die diesbezüglichen Unterlagen befinden sich in: LAV NRW R, Gerichte Rep. 139, Nr. 70–85. Zu dem erwähnten Fall siehe Nr. 70, Bl. 146–148, 84.

100 Siehe LAV NRW R, Gerichte Rep. 139, Nr. 113, Bl. 82–84/10.

Widukind Lenz erwähnt zusätzlich einen im Februar 1958 geborenen Geschädigten, der in der Aufstellung der Conterganstiftung nicht enthalten ist. Nur in dem Fall eines im Juni 1958 geborenen Geschädigten wurden die Fehlbildungen auf Grippex zurückgeführt.[101]

Bedauerlicherweise reichen die zugänglichen Informationen nicht für eine umfassende Interpretation der Bedeutung aus, die Grippex in Rahmen der Geschichte thalidomidhaltiger Medikamente bis 1961 gespielt hat. Weiteren Aufschluss über die mengenmäßige Verteilung dieser Präparate, insbesondere über die Entwicklung in dem Zeitraum von 1958 bis 1961, könnten möglicherweise Dokumente aus dem Archiv der Firma Grünenthal bieten. Die thalidomidbezogenen Bestände sind jedoch bis heute für die wissenschaftliche Forschung gesperrt. Dass die darin enthaltenen Informationen auch nach beinahe 60 Jahren aus Eigeninteresse wie ein Betriebsgeheimnis behandelt werden, ist nicht nur eine Konsequenz der Haltung eines bestimmten Unternehmens, sondern vielmehr Ausdruck des auch außerhalb Deutschlands vorherrschenden Vorrangs ökonomischer und administrativer Interessen, die dem berechtigten Auskunftsansprüchen der durch Arzneimittelnebenwirkungen betroffenen Personen enge Grenzen setzen.

Weiteren Aufschluss über die Rolle von Grippex in Bezug auf die Verursachung von Thalidomidschäden könnte auch eine Aufstellung der Geburtsdaten der Betroffenen und der von ihren Müttern eingenommenen Medikamente über das Jahr 1958 hinaus geben. Jedoch lehnt die Conterganstiftung, die unter der Rechtsaufsicht des Bundesministeriums für Familie, Senioren, Frauen und Jugend steht, die Herausgabe dieser anonymisierten Informationen unter anderem aus Datenschutzgründen ab.[102] Der dadurch erschwerte Informationszugang stellt ein Erkenntnishindernis dar. Eine kritische Analyse der Angaben zur Herstellung und zum Verkauf thalidomidhaltiger Kombinationspräparate in Verbindung mit einem detaillierten Studium der verschiedenen Informationen bezüglich der durch diese verursachten vorgeburtlichen Fehlbildungen könnte durchaus zu aufschlussreichen Ergebnissen führen.

Nach dem derzeitigen Stand wird der Zugang zu allen relevanten Informationen voraussichtlich erst nach mehr als vierzig Jahren möglich sein, also dann, wenn fast alle Menschen, die in den 1950er und 1960er Jahren durch Thalidomid vorgeburtlich geschädigt wurden, verstorben sein werden. Sollte sich daran nichts Wesentliches ändern, entstünde die fatale Situation, dass eine ab-

101 Schreiben der Conterganstiftung an den Verfasser vom 18.09.2012; Lenz, History, 1988, S. 205.

102 Beantragt wurden die Mitteilung der Geburtsdaten aller bisher anerkannten Leistungsempfänger, ihr jeweiliges Herkunftsland und die Namen der eingenommenen Medikamente. Zu weiteren Einzelheiten siehe die laufende Untätigkeitsklage des Verfassers gegen die Conterganstiftung vom 18.09.2015, Verwaltungsgericht Köln, Geschäftszeichen 13 K 5586/15.

schließende Bewertung der Geschichte thalidomidhaltiger Medikamente in den 1950er und 1960er Jahren erst möglich werden würde, wenn die Betroffenen selbst davon nichts mehr erfahren und sich an dem Diskussionsprozess auch nicht mehr beteiligen können.

Schlussfolgerungen

Bis 1962 wurde Thalidomid in Form von verschiedenen Präparaten in mehr als 70 Ländern auf den Markt gebracht. Die kontinuierliche Forschung zu Thalidomid führt seit den 1960er Jahren zu einer fortschreitenden Erweiterung der Indikationsgebiete – zum Beispiel in der Behandlung von schweren Begleiterscheinungen der Lepra, als Mittel gegen die Abstoßungsreaktion in der Transplantationsmedizin oder bei der Hemmung des Wachstums bestimmter Formen von Krebs – und erneut zum weltweiten Einsatz des Wirkstoffs. Das Interesse an der pharmakologischen und kommerziellen Entwicklung thalidomidhaltiger Medikamente wird in Zukunft möglicherweise weiter zunehmen. Der Fall des Kombinationspräparats Grippex zeigt, dass die Geschichte dieser Medikamente auch innerhalb der Bundesrepublik bereits um 1960 weit mehr war als nur die Geschichte der Präparate, die unter dem Markennamen Contergan bekannt wurden.

Vor diesem Hintergrund erscheint die Verwendung des Begriffs »Contergan« im deutschen Sprachgebrauch nicht mehr zeitgemäß. Zu Beginn dieses Beitrags wurde auf dessen Mehrdeutigkeit und dessen enge Verbindung zu den öffentlichen Auseinandersetzungen in der Bundesrepublik während der 1960er Jahre hingewiesen. Bereits 1959 wurde »Thalidomide« als allgemeingültige Bezeichnung des Wirkstoffs von der WHO bestimmt und ist seit dieser Zeit auch in der deutschen Form bekannt. Die Verwendung dieses Begriffs ermöglicht die Erfassung und Diskussion von Aspekten, die über die schwerpunktmäßige Beschäftigung der mit dem Stichwort »Contergan« verbundenen Fragen hinausgehen. Dies gilt für den gesamten deutschen Sprachraum, also auch für Österreich und die Schweiz, wo thalidomidhaltige Monopräparate unter dem Namen Softenon verkauft wurden.

Der Beschluss der Chemie Grünenthal, die Präparate Contergan und Contergan-forte ab dem 1. Oktober 1957 auszubieten, gilt bis heute als entscheidendes Datum. In Wirklichkeit markiert es weder den Beginn der Verteilung zu Testzwecken noch den Beginn des Verkaufs thalidomidhaltiger Medikamente – und ebenso wenig den Beginn der breit angelegten Marketingkampagne, durch die Contergan erstmalig bekannt gemacht wurde. Eine flächendeckende und längerfristige Einführung thalidomidhaltiger Präparate begann im November 1956, und zwar zunächst in Hamburg und Schleswig-Holstein, ab November 1957 auch in anderen Bundesländern. Im Contergan-Strafverfahren lag eine derartige Darstellung der tatsächlichen zeitlichen Verteilung von Thalidomid nicht im Interesse der Herstellerfirma, zumal sich dadurch der Erprobungszeitraum vor der Markteinführung von etwa dreißig auf zwanzig Monate verkürzt hätte.

In den 1960er Jahren legte das Gericht nicht nur das aus Sicht der Chemie Grünenthal relevante Einführungsdatum von »Contergan« als den eigentlichen Startpunkt für den Verkauf von Thalidomid zugrunde, indem es die Markteinführung von Grippex als einen kurzzeitigen Verkaufstest begriff. Des Weiteren akzeptierte es die Angabe der Firma, dass sie für »Contergan« niemals direkt bei den Verbrauchern geworben hätte. Diese Aussage ist zwar formal korrekt, insofern sie sich nur auf die unter demselben Namen verkauften Tabletten, den Saft, die Tropfen und die Zäpfchen bezieht. Tatsächlich jedoch ist sie äußerst missverständlich, denn, wenn man den Begriff »Contergan« auf den Wirkstoff bezieht, enthält dieselbe Aussage zugleich die Behauptung, dass die Werbung für Thalidomid auf Fachkreise beschränkt gewesen sei. Offenbar sollte sie auch im letzteren Sinne verstanden werden, denn das grundsätzliche Argument bestand ja gerade darin, dass sich das Herstellerunternehmen durchweg professionell verhalten hätte. Dass man dem weitgehend folgte, zeigt sich in der Tatsache, dass die Untersuchungsbehörden der frühen Entwicklung von Grippex keine Aufmerksamkeit schenkten und diese nur in einer Fußnote der Anklageschrift erwähnten, die allerdings auf die Anzeigenwerbung in Tageszeitungen hinweist.

Die im Rahmen des Strafprozesses aufgeworfene juristische Frage nach der Beachtung professioneller Standards ist vielfach diskutiert worden. Aus historischer Perspektive wäre es darüber hinaus interessant noch eingehender zu untersuchen, inwiefern vorangegangene Erfahrungen und kommerzielle Erwägungen – unter anderem im Hinblick auf den mangelnden Erfolg einer kostenintensiven Konsumentenwerbung im Fall von Grippex und die eingetretene Rezeptpflichtunterstellung im Fall von Miltaun – das »wissenschaftliche Marketing« thalidomidhaltiger Medikamente beeinflusst haben. Auch der rezeptfreie Verkauf durch die Apotheken, der ab 1960 entscheidend zur Erfolgsgeschichte der Contergan-Monopräparate beitrug, die das Herstellerunternehmen bis zuletzt ausschließlich bei Ärzten und Apothekern als Beruhigungs- und Schlafmittel propagierte, könnte dadurch in einem etwas anderen Licht erscheinen.

Die Geschichte von Grippex wirft nicht zuletzt ein Schlaglicht auf die Arzneimittelsicherheit in den 1950er und 1960er Jahren. Die Anmeldung von Medikamenten nach der Stopp-Verordnung von 1943 erzeugte zumindest den Anschein einer tatsächlichen Überwachung des Arzneimittelverkehrs. Ihr kann eine gewisse Wirkung nicht abgesprochen werden, da viele Hersteller der behördlichen Anmeldung von neuen Präparaten folgten. Diese Anmeldung war Voraussetzung für die Eintragung in die vom Bundesverband der Pharmazeutischen Industrie herausgegebenen Roten Liste, der Hauptinformationsquelle für Ärzte über die in der Bundesrepublik erhältlichen Medikamente. Tatsächlich entsprachen diese Standards ganz den Bedürfnissen der Pharmahersteller, die die Anmeldungen auch für Registrierungen in anderen Ländern benötigten. Verbraucherinteressen spielten dagegen bestenfalls eine untergeordnete Rolle. Die Entwicklung von Grippex zeigt beispielhaft, dass die übliche Praxis der Arzneimittelanmeldung ohne weiteres ignoriert werden konnte. Weil kein allgemeines Verzeichnis der erfolgreich angemeldeten Präparate existierte, waren wirksame Kontrollen vor Ort kaum möglich.

Dass dieses Problem in Fachkreisen sehr wohl bekannt war, belegt das Arzneimittelgesetz von 1961. Es schrieb vor, dass neue Arzneimittel bereits vor ihrer Markteinführung zu registrieren seien, und verpflichte das Bundesgesundheitsamt ab dem 1. Oktober 1961 zur Führung eines entsprechenden Registers (§ 20) sowie die Hersteller zur Angabe der Registernummer auf der Verpackung (§ 9). Die Eintragungen, die ab dem 1. Dezember monatlich im Bundesanzeiger veröffentlicht wurden, erschienen auch im Bundesgesundheitsblatt und der Deutschen Apothekerzeitung. Zwar stellte dieses neue Verfahren eine Verbesserung dar, doch auch nach dem Inkrafttreten des Gesetzes stand weiterhin keine praktikable Methode zur Verfügung, mit der die Großhändler, Apotheker oder Ärzte den Status der behördlichen Anmeldung aller im Umlauf befindlichen Medikamente, zum Beispiel anhand einer aufgedruckten Registriernummer oder durch Nachschlagen in einem Handbuch, hätten feststellen können. Weder die lokalen Behörden noch die Apotheker selbst waren in die Lage versetzt worden, einen wesentlichen Beitrag zur Kontrolle nichtregistrierter Arzneimittel zu leisten.

Dies änderte sich nur sehr langsam, da für die vor Oktober 1961 angemeldeten Präparate zwar bis zum 30. April 1962 ein Antrag gestellt werden musste, ihre sukzessive Registrierung sich jedoch bis zum Inkrafttreten des zweiten Arzneimittelgesetzes am 1. Januar 1978 hinzog. Selbst zu diesem Zeitpunkt waren noch nicht alle dieser »alten« Präparate in das Spezialitätenregister eingetragen und mit einer Registrierungs- oder Kontrollnummer versehen worden.[103] Aufgrund der unzureichenden Überwachungspraxis blieb die Möglichkeit von ähnlichen »Verkaufstests« wie im Fall von Grippex bestehen, zumindest für die vor Oktober 1961 angemeldeten und noch nicht in den Markt eingeführten Präparate. Im Fall neuer Registrierungsanträge hingegen war dies nur denkbar bis

103 Nach der Bekanntmachung des Bundesgesundheitsamtes vom 23.12.1977 wurde allen bis dahin nicht-registrierten Präparaten eine Zulassung erteilt, welche bei der Verabschiedung und dem Inkrafttreten des zweiten Arzneimittelgesetzes im Verkehr befanden, wenn diese bis zum 30.06.1978 behördlich angezeigt wurden. Bundesanzeiger vom 13.01.1978, S. 1; vgl. die Arzneimittel ohne Registriernummer in den Bekanntmachungen über die Zulassung von Arzneimitteln im Bundesanzeiger vom 18.05.1978 und folgende, sowie die Auskunft von Claudia Sachße, Deutsches Apotheken-Museum, Heidelberg, vom 01.02.2017; siehe auch Stapel, Arzneimittelgesetze, 1988, S. 289–292.

zur Novelle des Arzneimittelgesetzes vom 23. Juni 1964, die – nicht zuletzt aufgrund der mit »Contergan« gemachten Erfahrungen – die Einreichung umfangreicher Prüfungsunterlagen vorschrieb und Arzneimittel, die Substanzen mit noch nicht bekannter Wirksamkeit enthielten, generell einer dreijährigen Rezeptflicht unterstellte. Vermutlich hätte man schnellere oder effektivere Maßnahmen zur Registrierung und Überwachung aller im Umlauf befindlichen Präparate ergriffen, wenn zuvor nähere Informationen über die Vermarktung von Grippex in die Öffentlichkeit gelangt und dieses Thema zu einem nennenswerten Teil des »Contergan-Skandals« der 1960er Jahre geworden wäre.

Quellen und Literatur

Archive

Deutsches Patent- und Markenamt (DPMA)
Landesarchiv Nordrhein-Westfalen, Abteilung Ostwestfalen-Lippe (LAV NRW OWL)
Landesarchiv Nordrhein-Westfalen, Abteilung Rheinland (LAV NRW R)
Staatsarchiv der Freien und Hansestadt Hamburg (StA HH)

Amtliche Drucksachen

Bundesgesetzblatt (BGBl.)
Bundesgesundheitsblatt
Ministerialblatt des Reichs- und Preußischen Ministeriums des Innern (RMBliV)
Reichsgesetzblatt (RGBl.)
Warenzeichenblatt

Literatur

Balz, Viola/Michael Bürgi/Nicholas Eschenbruch/Marion Hulverscheidt, Magic Bullets, chemische Knebel, beherrschte Risiken? Zum Arbeitsfeld des DFG-Forschungsnetzwerks »Arzneistoffe im 20. Jahrhundert«. In: Medizinhistorisches Journal 43 (2008), S. 183–201.

Beyer, Christian, Grenzen der Arzneimittelhaftung: dargestellt am Beispiel des Contergan-Falles. München 1989.

Birling, Hans, Trumpf bringt Freude: Trumpf 1857–1957. Aachen 1957.

Daemmrich, Arthur, Pharmacopolitics. Drug Regulation in the United States and Germany. Chapel Hill/London 2004.

Elsbeth Bösl, The Contergan-Scandal. Media, Medicine, and Thalidomide in 1960s West Germany. In: Susan Burch/Michael Rembis (Hg.), Disability histories. Urbana 2014, S. 136–162.

Eschenbruch, Nicholas/Viola Balz/Ulrike Klöppel/Marion Hulverscheidt (Hg.), Arzneimittel des 20. Jahrhunderts. Historische Skizzen von Lebertran bis Contergan. Bielefeld 2009.

Friedrich, Christoph/Wolf-Dieter Müller-Jahncke (Hg.), Arzneimittelkarrieren. Zur wechselvollen Geschichte ausgewählter Medikamente. Die Vorträge der Pharmaziehistorischen Biennale in Husum vom 25. bis 28. April 2008. Stuttgart 2009.

Grupe, Gerhard, Plakatwerbung. In: Handbuch des Werbeleiters. München 1960, S. 189–224.

Günther, Anne, Der Contergan-Fall als Zäsur in den 1960er Jahren? Eine mediengeschichtliche Analyse. In: Gabriele Lingelbach/Anne Waldschmidt (Hg.), Kontinuitäten, Zäsuren, Brüche? Lebenslagen von Menschen mit Behinderungen in der deutschen Zeitgeschichte. Frankfurt am Main/New York 2016, S. 142–165.

Handbuch für das Gesundheitswesen in Hamburg. Hamburg 1956.

Handbuch für das Gesundheitswesen in Schleswig-Holstein. Kiel 1957.

Kirk, Beate, Der Contergan-Fall. Eine unvermeidbare Arzneimittelkatastrophe? Zur Geschichte des Arzneistoffs Thalidomid. Mit einem Geleitwort von Christoph Friedrich. Stuttgart 1999.

Lenhard-Schramm, Niklas, Das Land Nordrhein-Westfalen und der Contergan-Skandal. Gesundheitsaufsicht und Strafjustiz in den »langen sechziger Jahren«. Göttingen 2016.

Lenhard-Schramm, Niklas, Ein Lifestyle-Medikament im Nachtwächterstaat: Contergan und die Arzneimittelaufsicht des Landes Nordrhein-Westfalen. In: Geschichte im Westen 31 (2016), S. 225–255.

Lenz, Widukind, A Short History of Thalidomide Embryopathy. In: Teratology 38 (1988), S. 203–215.

Schäfer, Günther, Über den Einsatz eines neuen Grippemittels zur Prophylaxe und Therapie im Industriebetrieb. In: Therapie der Gegenwart 99 (1960), S. 538–540.

Schmitz, Rudolf, Geschichte der Hamburger Apotheken 1818–1965. Frankfurt am Main 1966.

Schwerin, Alexander von, 1961 – Die Contergan-Bombe. Der Arzneimittelskandal und die neue risikoepistemische Ordnung der Massenkonsumgesellschaft. In: Nicholas Eschenbruch/Viola Balz/Ulrike Klöppel/Marion Hulverscheidt (Hg.), Arzneimittel des 20. Jahrhunderts. Historische Skizzen von Lebertran bis Contergan. Bielefeld 2009, S. 255–282.

Sjöström, Henning/Nilsson, Robert, Contergan oder die Macht der Arzneimittelkonzerne. Berlin [Ost] 1975.

Sorge, Hans Hermann, Zur Begutachtung der Schizophrenen im Sinne des Gesetzes zur Verhütung erbkranken Nachwuchses. Med. Diss. Jena 1938.

Stapel, Ute, Die Arzneimittelgesetze 1961 und 1976. Stuttgart 1988.

Steinmetz, Willibald, Ungewollte Politisierung durch die Medien? Die Contergan-Affäre. In: Bernd Weisbrod (Hg.), Die Politik der Öffentlichkeit – Die Öffentlichkeit der Politik. Politische Medialisierung in der Geschichte der Bundesrepublik. Göttingen 2003, S. 195–228.

Wenzel, Dagmar/Karl-Heinz Wenzel, Der Contergan-Prozess. 6 Bände. Bensheim-Auerbach 1968 (Bd. 1) und Berlin 1969–1971 (Bde. 2–6).

Zur Grippe-Pandemie 1957: Referate und Diskussionen auf einer Sachverständigen-Tagung am 25. und 26.11.1957 in Berlin (= Abhandlungen aus dem Bundesgesundheitsamt 1). Berlin/Göttingen/Heidelberg 1958.

Hans-Jochen Luhmann

Institutionelle Mechanismen und Hürden in der Wissenschaft für und gegen die Erkennung von (Arzneimittel-)Risiken

Ein Bericht und Reflexionen aus der Praxis

»Experts pointed out in the report that Japan was not sufficiently prepared for a severe nuclear accident due to the assumption that nuclear plants were safe.«[1] (Ergebnis des IAEA-Abschlussberichts zum Reaktorunglück in Fukushima)

Einführung und Überblick

Basis meines Vortrags ist mein Buch *Die Blindheit der Gesellschaft*.[2] Ich habe es geschrieben, als ich etwa zehn Jahre beim Wuppertal Institut war. Deutlich war mir da geworden, dass dem Klimaschutzanliegen durch eine darauf gerichtete *Fach*politik nicht zum Erfolg zu verhelfen ist. Ich hielt in der Konsequenz nach Politikansätzen Ausschau, die allgemeiner waren und deswegen mächtiger zu sein versprachen.

Hintergrund ist die Einschätzung, dass das entscheidende Nadelöhr die Kapazität der Top-Ebene der (nationalstaatlich verfassten) Politik ist. Hatte ich bis dahin die Klimapolitik als spezielle Umweltschutzpolitik genommen, so wechselte ich nun die Perspektive: Ich wollte sie, so mein Konzept, weiterhin als Ausformung von Schutzpolitik nehmen, da als Spezialfall der Politik zum Schutz gegen Risiken. Den Misserfolg der Klimapolitik versuchte ich folglich als ein Symptom unzureichender Risikopolitik zu verstehen. Das war mein Arbeitsprogramm. Die Anschlussfrage, wie es aus einer veränderten Klärung von Politik-Versagen und Politik-Defiziten, aus einem veränderten Konzept also, zu (alternativen) positiven Handlungsansätzen kommen können sollte, war mir, bei der Konzipierung dieses Programms, methodisch unklar.

Im Folgenden beginne ich mit einem Plädoyer für die antizipative aktive Wahrnehmung von Risiken seitens der Gesellschaft – was eine Multi-Akteurs-Konstellation ist. Dann wende ich mich der Rolle der Wissenschaft als eines

1 http://www3.nhk.or.jp/nhkworld/english/news/nuclear.html.
2 LUHMANN, Blindheit, 2001.

Mitakteurs zu. Deren Rolle ist nach Fallkonstellationen differenziert zu bestimmen. Die Fallunterscheidung im Großen ist die zwischen einer Gesellschaft, die verstockt ist, und einer, die Risiken sehen will, wenn auch begrenzt – wobei klar ist, dass es sich da nie um reine Fälle handeln kann. Die Ambivalenz im kollektiven Wollen ist endemisch, das kann nicht anders sein.

Ausgangspunkt: Die Herausforderung aktiver Wahrnehmung

Ausgangspunkt war: Zur Risikopolitik, auch zur Umweltschutzpolitik, ist ein spezieller Politikansatz zu rechnen, für den es anscheinend bis heute keinen rechten Titel gibt. Der Hintergrund: Risiken, auch Umweltherausforderungen, sind nur dann zum Gegenstand einer auf Vermeidung gerichteten Politik zu machen, wenn sie *vorher* wahrgenommen worden sind. »Wahrnehmen« heißt hinsichtlich des Subjekts: *kollektiv* wahrnehmen. Wie wichtig die vorlaufende Wahrnehmung politisch ist, erweist sich mit der folgenden Feststellung. Wenn ein Übel gesehen wird, wenn es öffentlich präsent ist, dann ist Nicht-Handeln kein stabiler Zustand – das hält keine Gemeinschaft aus, da wird die Politik zum Handeln gedrängt. Ist das Übel aber öffentlich nicht präsent, dann ist das – und in der Folge das Nicht-Handeln – ein stabiler Zustand. Das »Augen-Öffnen« ist deshalb politisch weit bedeutsamer als das sog. eigentliche Handeln der Politik selbst.

Verbreitet ist, auch in der umweltpolitikhistorischen Fachliteratur, eine in dieser Hinsicht subjektlose und mediale Auffassung: Die kollektive Wahrnehmung von Risiken ist dann nicht als produziert vorgestellt, vielmehr meint man, sie ergebe sich irgendwie, sie sei irgendwie Teil eines Erkenntnisfortschritts, zumeist noch: im Selbstlauf der Wissenschaften. Modell dieser Vorstellung sind die Entdeckungsgeschichten im Rahmen der neuzeitlichen Naturwissenschaften – dort ist an dieser Vorstellung auch etwas dran; sie ist berechtigt.

Diese mediale Auffassung bezüglich der kollektiven Wahrnehmung von Risiken – dass Wahrnehmung sich einstellt, dass sie uns gegeben wird, – ist als Regel unzutreffend. Das liegt auch nahe. Es handelt sich dabei heute in der Regel um Risiken, die *produziert* sind; und zwar durch den Menschen und zumeist mittels seiner wirtschaftlich relevanten Tätigkeiten. Also gibt es Interessen. Das Motiv für einen Widerstand gegen gelingende kollektive Wahrnehmung ist damit genannt. Das Motto meines Aufsatzes möge einen ersten Hinweis darauf geben. Kollektive Risikowahrnehmung kann deswegen nur als etwas Aktives gelingen, sie bedarf der Aktivität – da ist etwas zur Wahrnehmung *zu geben*; gegebenenfalls gegen Widerstände, also wiederholte Male. Dafür, für in diese Richtung zielende Aktivitäten, gibt es spezielle Formen – aber wie gesagt: (bislang) namenlos. Ich sage manchmal »Wahr*gebungs*politik« dazu – doch das geht natürlich nicht.

Für die gesellschaftliche Wahrnehmung von Risiken gelten ganz eigene Bedingungen und Mechanismen. Das Ziel, welches ich mit meinem Buch verfolgte, war, diese ihrerseits zu erkennen. Dafür bedarf es empirischen Materials. Methodisch bin ich zu diesem Zwecke so vorgegangen, dass ich mir drei Familien von Risiken vorgenommen habe, zu denen je eine hinreichende Anzahl von Fallstudien bereits vorlag. Die Fallstudien waren je Entdeckungsgeschichten von Risiken – ich habe nur in Ausnahmefällen dazu Primärfoschung betrieben.

Die drei Familien waren

- Risiken physischer in Verkehr gebrachter Produkte – darunter das des Arzneimittels Contergan;
- Finanzmarkt-Risiken bzw. Risiken von Finanzmarktprodukten; und
- schließlich die Risiken, die sich in Form sog. globaler Umweltprobleme manifestiert haben.

Bei der Durchführung dieses Programms stellte sich heraus, dass Contergan für mich eine Sonderstellung einnahm – an diesem Fall, an der Entdeckungsgeschichte dessen Risiken, habe ich am meisten begriffen. An ihm vermochte ich die Folie zu entwickeln, die es für eine vergleichende Darstellung braucht. Es geht um die Kenntnis der Bedingungen einer erfolgreichen Risikowahrnehmung – das ist die Folie. Es handelt sich hier, erkennbar an der Wortwahl »Bedingungen der Möglichkeit«, um eine *transzendentale* Fragestellung (im Sinne Kants). Die Folie benötigt man, um die Mechanismen, die den Erfolg erschweren bis zeitweilig verhindern, vor Augen zu bekommen. Und darum ging es; die Betrachtung der Katastrophen für sich selbst, ohne Folie, wäre ja funktionslos. Anders gesagt: Mir ging es darum, sie mit der Unterstellung zu betrachten, dass ihr Eintritt als Katastrophe je verhinderbar war.

Wie aber erkennt man die Bedingungen der Möglichkeit einer erfolgreichen kollektiven Risikowahrnehmung? Dafür existieren zwei Optionen. In beiden Fällen bewegen wir uns sowohl im Bereich des Faktischen als auch des »Was wäre wenn …«, des Hypothetischen.[3]

Die beiden Optionen sind:

Ich imaginiere, im Angesicht des faktischen Scheiterns und erst später realisierten Aufdeckens, wie die Bedingungen kollektiver Wahrnehmung, kurz das »Wahrnehmungssystem«, im konkreten Falle hätten verfasst sein müssen, wenn die Risikowahrnehmung erfolgversprechend hätte sein sollen. Anders formuliert: unter welchen Bedingungen die mögliche bzw. drohende Katastrophe vorab hätte mit einiger Wahrscheinlichkeit erkannt werden können. Für diese Bedingungen des Aufdeckens gilt die Nebenbedingung, dass sie, angesichts der *Möglichkeit* der Katastrophe, produziert worden wären.

3 Wer das Studium ungeschehener Geschichte für unwissenschaftlich hält, der hat damit entschieden, aus dem hier verfolgten Forschungszweig auszusteigen.

Ich studierte das realisierte positive Gegenbild des damaligen Wahrnehmungssystems, das heutige System der Gewährleistung von Arzneimittelsicherheit, welches ja als Lehre aus dem Contergan-Fall entwickelt worden ist. Und fragte dann, ob mit diesem System, *mutatis mutandis*, eine Katastrophe auf einem anderen Feld verhinderbar gewesen wäre.

Methodisch ist es also ähnlich wie in der Paläontologie: Es liege etwas Reales vor, ein Schwanzknochen z. B., also ein Teil lediglich, – und daraus ist etwas imaginiertes Ganzes, das Mammut zum Beispiel, zu (re-)konstruieren. Im Falle der Übertragung gilt: Real sein kann entweder die stattgehabte Katastrophe, der historische Fall; oder ein empirisch vorfindliches (als optimal unterstelltes) Wahrnehmungssystem. Das Fehlende, das Komplement, ist jeweils zu konstruieren, durch Imagination. Das ist die Struktur der hier angemessenen Methode.

Ein empirisch vorfindliches Risiko-Wahrnehmungssystem habe ich im heutigen System der Gewährleistung von Arzneimittelsicherheit (inklusive Chemikaliensicherheit) gefunden – das habe ich mir in Wuppertal, von den Fachleuten des dortigen Bayer-Forschungszentrums, näher erläutern lassen. Ergebnis war, dass ich es in vielen Aspekten als vorbildhaft empfinde. Das tue nicht nur ich – die Lehren, die aus den Krisen von Finanzmarkt-Unternehmen, bis hin zu Enron, gezogen wurden, erinnern nicht zufällig stark an die Strukturen, die für die Gewährleistung der Sicherheit physischer Produkte, von Arzneimitteln und gefährlichen Stoffen generell, eingerichtet worden sind.

Wissenschaft als Subjekt der (antizipativen) Wahrnehmung von (neuen) Risiken

Im Folgenden präsentiere ich etwas von meiner damals gewonnenen Einsicht in die Tücken bzw. Bedingungen des Erfolgs in kollektiver antizipativer Risikowahrnehmung. »Kollektiv« steht dabei für das Subjekt der Wahrnehmung; »antizipativ« soll andeuten, dass es um neuartigen Risiken geht, um den Schutz vor deren erstmaliger Realisierung.

Kollektive Wahrnehmung kann selbstverständlich nur eine kooperative verschiedener Subjekte sein. In Absprache mit dem Veranstalter habe ich dessen ungeachtet zugesagt, mich hinsichtlich des Subjekts auf *einen* Akteur zu konzentrieren: die Wissenschaft. Die Wissenschaft kann bei der hier geforderten Wahrnehmung nur Kollaborateur sein. Diese Demut ist gefordert. In der heute realisierten, professionellen Organisation von Arzneimittelsicherheit ist diese Erkenntnis gespiegelt. Die Wissenschaft, gar noch einzelne Wissenschaftler als Individuen, als vollmächtige Subjekte zu stilisieren, trägt im Allgemeinen nicht. Einzelne Wissenschaftler können dennoch eine Rolle spielen, die kann äußerst unterschiedlich bedeutsam sein. Eine Fallunterscheidung einzuführen ist hilfreich.

Kollektive Wahrnehmung eines Risikos kann im Ergebnis gelingend sein, sie kann aber auch verfehlenden Charakters sein. Mehr noch, darauf kommt es hier an: Sie kann entsprechend (unterschiedlich) *konzipiert* sein. In beiderlei Konzeptionen der Modi des (kollektiven) Erkennens ist die Wissenschaft in der Lage zu »kollaborieren« – in je unterschiedlicher Weise. Dabei ist unter »Kollaboration« im Falle des auf Mißlingen hin angelegten Konzepts nicht etwa ihre intentionsgerechte Mitwirkung an der kollektiven Ausblendung gemeint, sondern das Gegenteil, ihr widerständiges Bemühen um die Herstellung von Bedingungen gelingender Wahrnehmung – einer Aktivität im »Transzendentalen« also. Der Rest meines Vortrags ist allein noch der Beleuchtung der Rolle guter Wissenschaft in diesen beiden Fallkonstellationen gewidmet.

Ich beginne mit dem kollektiv auf Verfehlen hin angelegten Wahrnehmungs-Setting. Das war bei Contergan der Rahmen: Es gab nicht einmal ein Monitoring von fehlgebildeten Neugeborenen, so defizient war das zeitgenössisch eingerichtet. In einem solchen Fall, dessen Dysfunktionalität objektiv durchschaubar und der für die Betroffenen zugleich verzweifelungsträchtig und bitter ist, sehe ich die Rolle der Wissenschaft als die eines *lender of last ressort*.[4]

Rolle bei kollektiv auf Verfehlen hin angelegter Wahrnehmung

Bei einer kollektiv auf Verfehlung hin angelegten Situation besteht für die Wissenschaft die einzigartige Chance, ihre Eigenständigkeit in der Wahrnehmung zu bewähren. Sie kann a) dies, auf der Ebene der Bedingungen kollektiver Wahrnehmung, ihrerseits wahrnehmen und sie kann b) zudem, institutionell unabhängig und mit freien Mitteln ausgestattet wie sie ist, unabhängig von dem äußeren sozialen Zwang agieren. Im Prinzip zumindest gilt dies.

Für ein Individuum, gegebenenfalls aus der Wissenschaft, ist der erste Schritt wahrzunehmen, dass das Kollektiv, von dem es Teil oder dem es zumindest verbunden ist, ein Risiko nicht wahrzunehmen gewillt ist – diese Leistung erfordert ein gewisses mentales Training. Der zweite Schritt ist, diese Einsicht zu teilen, in letzter Konsequenz sie öffentlich zu machen – was auf Widerstand stoßen wird. Es geht um konfliktträchtige Wahrnehmung, die entsprechend pönalisiert sein kann. Das erfordert eine entsprechende gesellschaftliche bzw. institutionelle Stellung. Entsprechend mental trainierten Individuen ist der erste Schritt dieser Leistung zweifelsfrei möglich. Widukind Lenz war ein Beispiel. Andere Beispiele sind:

4 *Lender of last ressort* ist eine ökonomische Doktrin, die im Hinblick auf systemische Bankrisiken für die Rolle einer Zentralbank (im 19. Jahrhundert) entwickelt wurde. Vgl. Humphrey, Lender, 1989. Sie wird hier metaphorisch verwendet.

Axel Friedrich, ehemaliger Abteilungsleiter für Verkehr im Umweltbundesamt (UBA), ist ein Beispiel im Hinblick auf das vom Politiksystem gedeckte kollaborative Verhalten von Kfz-Herstellern und Typprüfungs-Behörden bei der Fahrzeugtypzulassung.[5]

Martin Hellwig, ehemals Chef der deutschen Monopolkommission, ist ein Beispiel im Bereich der Risiken deutscher Großbanken, welche diese in der Ära der rot-grünen Koalition von der Politik ermuntert wurden einzugehen; die sie dann auch eingegangen sind. Die Fortführung dieser Politik der Risikoabschirmung findet gegenwärtig in der Bestimmung der notwendigen Risiko-Kapital-Unterlegung statt, weitgehend jenseits allgemeiner Aufmerksamkeit.[6]

Ich persönlich denke immer auch an Bernhard Ulrich, den Entdecker des Risikos des sog. »Waldsterbens« in Deutschland.[7]

Diese Auflistung von Persönlichkeiten, denen ich mit großem Dank für ihre Haltung und Leistung verbunden bin, zeigt Zweierlei zugleich: die Größe der Herausforderung sowie dass und weshalb nicht zu erwarten ist, dass eine solch unabhängige und souveräne Sicht jenseits des Gruppenzwangs dem Wissenschaftler Herr oder Frau Jedermann möglich ist. Eine Person, die das vermag, benötigt schon in sich, in ihrer Biographie, und zudem in ihrer institutionellen Anbindung gleichsam Widerlager; nur wenn dies beides zusammenkommt, wird ihr ein Verhalten möglich, welches dem Gruppensog bzw. dem Mobbing in der Szene standhält.

Zu einer solchen Sicht durchstoßen zu können, braucht Voraussetzungen. Eine ist Lebenserfahrung in Breite und Tiefe – es gehört ja schon eine gehörige Portion Desillusionierung dazu, wenn man erkennen können will, dass die Verweigerung der Wahrnehmung von Risiken zu den üblichen Verhaltensweisen des Kollektivs gehört, dem man zugehört. Eine weitere: eine Nähe zur relevanten Szene. Wer fern ist, kann zwar gut kritisch reden, aber er hat keinen Zugang zu den Intimitäten, um die es geht – er ist nicht wirklich urteilsfähig. Eine solche Nähe gewinnt man in der Regel durch berufliche Verbindung. Dann aber ist man davon abhängig, wie die Szene einen einschätzt, von dem Ruf in dieser Szene. Ein Nestbeschmutzer wird von der Szene ausgestoßen – das ist ein ehernes Gesetz menschlichen Gruppenverhaltens. Das heißt die Verkündung der allfälligen Erkenntnis, dass die eigene Szene die Wahrnehmung eines Risikos verweigert, kann einer beruflichen und damit sozialen Selbsttötung nahekommen. Wenn das so ist, dann ist (a) nicht zu erwarten, dass die Verkündung dieser Einsicht stattfindet. Mehr noch. Dann ist (b) als Regel zu erwarten, dass das (potentielle) individuelle Subjekt dieser Einsicht an der Oberfläche seines Be-

5 Vgl. Luhmann, Staatsversagen, 2017, und zur Ehrung der Lebensleistung von Axel Friedrich hier: *https://www.arb.ca.gov/research/hsawards/winners/2006winners.htm*

6 Luhmann, Real-Experiment, 2013.

7 Ell/Luhmann, Scham, 1995.

wusstseins gar nicht erst zu dieser Einsicht gelangt. Der Gruppendruck ist hoch und zeitigt Folgen im individuellen Bewusstsein. Das ist das Phänomen, auf welches die Verkürzung einer von Marx geprägten Formulierung »Das Sein bestimmt das Bewusstsein« anspielt.[8]

Martin Hellwig, Axel Friedrich und Bernhard Ulrich waren institutionell angemessen etabliert – sie konnten sich den »gepflegten Konflikt« mit der Szene leisten und haben ihn entsprechend geführt. Diese Drei haben ihn aber nicht in der Haltung ausgetragen, dass sie meinten, den Wahrnehmungswechsel des Kollektivs, von dem sie Teil waren, erzwingen zu können oder gar das zu erreichen verpflichtet seien. Sie haben sich daran nicht gleichsam verkämpft, sie sind vielmehr in der Haltung des Anbietens geblieben. Sie stehen für die spannungsreiche Haltung: sehen, aber bei seinem Leisten bleiben. Wahrnehmung ist eben ein freier Akt von Individuen – das hat man bei seinem Verhalten anderen Subjekten gegenüber zu akzeptieren. Man kann nur Angebote machen – niemand ist zu zwingen, seine Augen auf zu machen.[9]

Im Falle Widukind Lenz war es nach meiner Einschätzung anders. Es beginnt mit seinem Alter: Er war ein junger Mann noch, in der Phase vor seiner beruflichen Etablierung. Er war entschieden, gleichsam in den Endkampf zu gehen. Das unterscheidet ihn, zeitgenössisch, von seinen Kollegen in der damaligen Ärzteschaft. Da gab es einige, die wie Lenz der Einsicht nahe gekommen waren, dass wahrscheinlich Contergan der Grund für die damals in Ärztekreisen bekannte Welle von Missbildungen ist. Relativ zu deren Vorgehensweise ist festzustellen: Lenz hat entschiedener und umfassender, zudem unter Sprengung der Grenzen seines Faches, recherchiert; er ist zudem mit seinem Ergebnis, der Eilbedürftigkeit entsprechend, *umgehend* in die (kinderfachärztliche) Öffentlichkeit gegangen und hat somit seine bürgerliche Existenz *at risk* gestellt – vom Hersteller in den Raum gestellte Regressforderungen hat er in den Wind geschlagen. Zum Glück, und wohl nicht ohne Protektion aus dem politischen Raum, hat er gewonnen, hat seine bürgerliche Existenz behalten. In der Regel ist das nicht der Fall. Margret Herbst aus Schleswig-Holstein ist, im BSE-Fall, eines der vielen Beispiele, wo es für die anzeigende Person schief ging. Da stehen viele Kreuze am Wegesrand. Die Vereinigung Deutscher Wissenschaft-

8 »Es ist nicht das Bewusstsein der Menschen, das ihr Sein, sondern umgekehrt ihr gesellschaftliches Sein, das ihr Bewusstsein bestimmt.« Vorwort von *Zur Kritik der politischen Ökonomie* (1859).

9 Die extremst-mögliche Schilderung von kollektivem Nicht-Wahrnehmen-Wollen findet sich vermutlich in Eli Wiesels erstem Band seiner autobiographischen Roman-Trilogie, *Die Nacht*: Die Geschichte von dem Faktotum im Dorf (in Ungarn), der vorab, auf eigene Initiative und heimlich, nach Auschwitz gereist war, zurückkam – von den Flammen und dem Rauch der Öfen berichtete; mit dem Ergebnis lediglich, dass er vom ganzen Dorf für völlig verrückt gehalten wurde.

ler (VDW) ehrt alljährlich mit ihrem Whistleblower-Preis einen dieser Kreuzträger.[10] Ein menschlich wichtiger Dienst.

Um mich dessen zu vergewissern, ob hinsichtlich der Regelung der Haftung von Wissenschaftlern Fortschritte gemacht worden sind, habe ich vor einigen Jahren mit dem Justitiar der Bergischen Universität Wuppertal einen telefonischen Test gemacht – er war dazu dankenswerter Weise bereit. Mein Setting war eine Analogie zum Widukind-Lenz-Fall. Ich stilisiere den Dialog:

»Angenommen, ich sei Mitglied der Universität und als Chemiker oder Arzt in einer Situation wie Widukind Lenz. Ich teile Ihnen mit, dass ich in drei Tagen mit meinem Verdacht hinsichtlich einer schädigenden Wirkung des Produkts XY an die Öffentlichkeit gehen will. Meine Frage: Welche Haftungszusagen können Sie als Universität mir machen?« Seine Antwort war entwaffnend: »Herr Luhmann, ich kann Ihr Problem nicht nachvollziehen. Entweder, Sie sagen die Wahrheit: Dann haben Sie keinen Anlass für Ihr Anliegen. Oder Sie sagen die Unwahrheit: Dann gilt: Das dürfen Sie nicht sagen.« Das heißt er leugnete, 50 Jahre nach dem Widukind-Lenz-Fall, die Existenz des Problems. Auch eine Ausblendung.

Damit soll daran erinnert werden, wie schwer es ist, innerhalb der Wissenschaft im Kollektiv über Fragen der Risikowahrnehmung, der für ein Gelingen erforderlichen Strukturen dafür, sachgemäß zu sprechen. In (öffentlichen) Risikodialogen haben Fragen der Haftung im Blick und möglichst geklärt zu sein. Sie sind es aber nicht. Es besteht weiterhin kaum ein Bewusstsein für diesen elementaren Mangel; und das in der »Risikogesellschaft«, in der wir nach Beck und Renn zu leben beanspruchen. Auch der Wissenschaft und ihrer Verankerung in der Gesellschaft tut dieser Mangel nicht gut.

Dass wir, mit Brecht zu sprechen, Helden benötigen, um als Gesellschaft unserer Risiken gewahr zu werden, das kann nach meiner Überzeugung institutionell nicht das letzte Wort sein – es ist Symptom einer mangelnden Einrichtung. Aus dem Contergan-Fall und aus weiteren, späteren Anlässen ist zwar in der Supervision der Risiken von in den Verkehr gebrachten Arzneimitteln und anderen Chemikalien schließlich in Deutschland der korrekte Schluss gezogen worden.

Unerledigt aber ist etwas geblieben: Die Konsequenz dessen, dass in diesem Fall erst durch den Hochrisikoeinsatz von Widukind Lenz, und letztlich der vielen Tausend Contergan-Opfer und Geschädigten, die entscheidende Einsicht zum Durchbruch kam. Die diesbezüglichen neuartigen Risiken waren bis dahin in Deutschland ausgeblendet worden. Es gab ein Vorbild, die radikale Neuorganisation der FDA in den USA – doch die war nicht nach Deutschland übertragen worden, das stand seit 20 Jahren aus. In den USA hatte es für den Wechsel des Konzepts in der Gewährleistung der Arzneimittelsicherheit gute Gründe

10 Vgl. Deiseroth/Falter, Zivilcourage, 2002.

gegeben. Die lagen auch in Deutschland vor. Es tickte, durch arzneimittel-technischen Fortschritt, somit gleichsam der Zünder einer Bombe; das wusste die Szene bzw. konnte sie wissen. Faktisch wurde auf eine Katastrophe in Deutschland gleichsam gewartet, um einen Anlass zu haben, die anstehende Reform der Gewährleistung der Arzneimittelsicherheit in Gang zu setzen.

Diese Aufgabe ist für die Gewährleistung der Sicherheit von Arzneimitteln und Chemikalien im Konsumbereich – lange Zeit zumindest, bis zur Einführung des EU-Binnenmarktes mit der »New Approach«-Regelung, – bestens erledigt gewesen. Verallgemeinert genommen ist sie bis heute unerledigt. Auch wurden mit dem »New Approach«-Konzept der EU, dem Binnenmarkt zuliebe, Risiken wieder eingegangen, die in der vorherigen Ordnung, auf nationalstaatlicher Ebene, schon einmal institutionell angemessen verbannt worden waren. Der Brustimplantate-Fall in Frankreich und der EU-weite Kfz-Abgas-Fall sind Symptome der »*maladministration*«[11], die dazu in den Mitgliedstaaten bei deren Typ-Genehmigungs-Behörden und hinsichtlich ihres Zusammenwirkens herrschte und weiter herrscht. Sie werden bislang nur symptomatisch angegangen, nicht an der institutionellen Wurzel gepackt. Es braucht anscheinend erst noch mehr Opfer, bis etwas systemisch Angemessenes geschieht.

Zum Abschluss dieses Teils greife ich drei Punkte, die bereits anklangen, noch einmal explizit auf.

1) In der deutschen Wissenschaft herrscht zum Thema Risikoerkennung, zur Durchführung von »Risikoanalysen« aus eigener Initiative, die geschilderte ›zurückhaltende‹ Atmosphäre – als ob man sich der Konfliktträchtigkeit bestens bewusst sei. In den USA ist das anders – dort kann die Wissenschaft mit ihren Pfunden, über die sie mit institutioneller Unabhängigkeit und eigenen Mitteln verfügt, bestens wuchern; in Deutschland nicht so recht. Dieser Eigenständigkeit und damit des Abstands zu politischen Auftraggebern bedarf es; wenn nämlich die Politik Auftraggeber ist, so ist sie leicht unter Druck zu setzen, gewisse Fragestellungen doch lieber nicht beleuchten zu lassen. Vor diesem Hintergrund scheint es mir äußerst bemerkenswert, dass in Deutschland doch ein recht tabufreier Studienansatz zu Großrisikosituationen von der Politik auf die Schiene gesetzt worden ist – in Form der alljährlichen »Risikoanalyse im Bevölkerungsschutz«, zu jährlich wechselnden Themen.[12] Zurück geht das auf die »Neue Strategie zum Schutz der Bevölkerung in Deutschland« aus dem Jahre

11 So der Ausdruck, welchen der Untersuchungsausschuss des Europäischen Parlaments in seinem Abschlussbericht (EMIS 2016) gewählt hat, um den Ausdruck »Staatsversagen« zu vermeiden. Da die EU mit ihrem Zusammenspiel von Kopf- und mitgliedstaatlicher Ebene im völkerrechtlichen Sinne kein »Staat« ist, verbietet sich für ein solches Gremium in der Tat die Sprechweise vom »Staats«-Versagen.

12 2016 war Freisetzung chemischer Stoffe das Thema – vgl. Bundesregierung (2016). Zuvor Hochwasser (2012), Außergewöhnliches Seuchengeschehen (2012), Wintersturm (2013), Sturmflut (2014), Freisetzung radioaktiver Stoffe aus einem Kernkraftwerk (2015). An

2002.[13] Angefertigt wird die Analyse unter Federführung eines Lenkungsausschusses der Bundesressorts (koordiniert durch das Bundesministerium des Innern) sowie mit Hilfe eines Arbeitskreises der mandatierten Geschäftsbereichsbehörden (koordiniert durch das Bundesamt für Bevölkerungsschutz und Katastrophenhilfe). Und die Atmosphäre hält – bislang hat es keine sachfremde Skandalisierung oder Hysterisierung der Ergebnisse gegeben.

2) Bei der Klärung der Haftung von Wissenschaftlern als Privat-Personen hat es einen gewissen Fortschritt gegeben, in Form eines Warnschusses vor den Bug. Das Pionier-Schiff war die MAK-Kommission der DFG.[14] Die gibt Empfehlungen zu Grenzwerten am Arbeitsplatz, die dann in der Regel umgesetzt werden vom Bundesministerium für Arbeit. Den Empfehlungen zu folgen, bringt Kosten für Unternehmen. Diese auferlegten Kosten kann man, sofern ihr Anlass illegitim ist, als ersatzwürdigen »Schaden« einstufen. Das hat ein Unternehmen getan und hat der MAK-Kommission der DFG eine Unterlassungsaufforderung geschickt, mit der Ankündigung etwaiger Schadensersatzforderungen – das war der erwähnte Schuss vor den Bug. Die DFG-Kommission hat die Botschaft verstanden und ihre Haftungssituation geklärt.[15] Mangels finanzieller Mittel dafür seitens des Trägers der MAK-Kommission, der DFG, war ein Mitglied der Kommission bereit, dazu eine Doktorarbeit zu vergeben. Das Ergebnis war *worst case*: gesamtschuldnerische Haftung aller Mitglieder als privater Personen! Dass da überhaupt noch jemand mitarbeitet, ist entweder Ausdruck persönlichen Heldentums oder Akt lebensfremder Verdrängung – so meine Einschätzung. Dadurch ist etwas Licht ins Dunkel gebracht worden. Institutionelle Konsequenzen hat der Vorgang keine gehabt.

3) Wie dem Zustand der Stabilität kollektiver Ausblendung von (neuartigen) Risiken erfolgversprechend begegnet werden kann, dazu ist in Deutschland immerhin einmal eine Blaupause entwickelt worden.[16] Es existiert ein ausgearbeitetes Konzept für eine sog. »Risiko-Kommission«. Ausgearbeitet wurde es von einem Gremium, das mehrheitlich mit den Präsidenten aller einschlägigen wis-

der Auswahl der Themen fällt erstens auf, dass es sich um im Risikodiskurs bestens etablierte Risikolagen handelt; und zweitens, dass der Schwerpunkt hinsichtlich der implizit adressierten Täterschaft bei der Natur liegt.

13 Beschluss der 171. Sitzung der Ständigen Konferenz der Innenminister und -senatoren der Länder (IMK) vom 6. Dezember 2002.

14 MAK = Maximale Arbeitsplatz-Konzentration.

15 Schwab, Rechtsfragen, 1999, Luhmann, Risiko, 2000.

16 Anderswo in der Welt scheint es Vorbilder zu geben. So ist z. B. in den Niederlanden das *Dutch Safety Board* (DSB) aufgrund seiner Federführung in der Untersuchung der Gründe des Crashs des Flugzeugs auf dem Flug MH 17 ins Rampenlicht geraten. Sein Mandat ist, generell Risikolagen systemischer Untersuchungen zu unterziehen, auf eigene Initiative. Seine Mission findet sich hier https://www.onderzoeksraad.nl/en/over-de-raad/mission-and-vision

senschaftlicher Bundesanstalten bestückt war.[17] Veranlasst hatten dies das Gesundheits- und das Landwirtschaftsministerium gemeinsam – das war geschehen in der ersten Euphorie nach der BSE-Krise. Bald danach aber schon wollte kein Ressort mehr von dieser Initiative etwas wissen. Ich habe noch nie eine Präsentation eines politisch relevanten Abschlussberichts so weit weg von Berlin, in der Märkischen Heide, erlebt wie diesen: Es sollte auch wirklich kein Journalist die Mühe auf sich nehmen... Die Sorge ist berechtigt. Das Konzept für die »Risiko-Kommission«, ihre Beauftragung mit einem »Vorverfahren« (*scoping*), welches das Gremium, die Risikokommission (2003), ausgearbeitet hat, wäre, würde es realisiert, ein institutioneller Durchbruch in der Kultur der Risikowahrnehmung in Deutschland. Ein qualifizierter Risikoverdacht wäre dann prüfbar, es gäbe eine Anlaufstelle dafür, mit eigenen Ressourcen und einem klaren Mandat.

Rolle bei kollektiv auf Gelingen hin angelegter Wahrnehmung

Bei einer kollektiven Wahrnehmung, die auf Gelingen hin angelegt ist, ist ein arbeitsteiliger Prozess verabredet und organisiert. Darin, in dieser Organisation, zeigt sich das »auf Gelingen hin angelegt«. Und an der Güte der Organisation zeigt sich das Ausmaß der Entschiedenheit des Wollens. Der eigentliche Wille, ob wirklich »auf Gelingen hin angelegt«, ist nämlich regelmäßig ambivalent. Ambivalenz gehört zum Wesen kollektiven Wollens.

In diesem Arbeitsteiligen hat die Wissenschaft eine Rolle zu spielen – die nimmt sie sich oder die ist ihr zugewiesen worden. Als Beispiele stehen mir vor Augen (a) der selbstermächtigende Ansatz der Strahlenschutzkommission (SSK) hinsichtlich der Risiken athermischer Effekte elektromagnetischer Strahlung, also beim UMTS-Mobilfunk-System; und (b) die Regelungen bzw. Anforderungen an die Wissenschaft im Zusammenhang mit Konfliktfällen zwischen Handelsfreiheit und Schutzanspruch unter dem WTO-Streitschlichtungsregime, hinsichtlich der Risiken aus importierten Lebensmitteln.

In beiden Fällen ist die Rolle der Wissenschaft bzw. die der eingebundenen, als wissenschaftlich qualifizierten Wahrnehmung die eines *Filters*. Sinn der Einbindung der Wissenschaft ist, nicht jegliche Wahrnehmung als entscheidungsrelevant zuzulassen, sondern nur solches, was einer »wissenschaftlichen« Form der Wahrnehmung standhält. Diese qualitätsgesicherte Form von Wahrnehmung ist eine Teilmenge der gesamten gesellschaftlichen Wahrnehmung – deswegen ist es gerechtfertigt, von der Funktion eines Filters zu sprechen. Ent-

17 ad hoc-Kommission »Neuordnung der Verfahren und Strukturen der Risikobewertung und Standardsetzung im gesundheitlichen Umweltschutz der Bundesrepublik Deutschland«, kurz ebenfalls »Risikokommission« genannt.

scheidender Begriff ist die »wissenschaftliche Qualität«. Will man das auslegen, so heißt das: Das Wesen von Wissenschaft wird als Kriterium genutzt und steht somit zur Debatte.

Die Frage ist: Wer ist qualifiziert, über die Wissenschaftlichkeit von Wahrnehmung von Wissenschaftlern zu entscheiden? Wer entscheidet darüber legitimerweise? Die Antwort auf diese Frage entscheidet zugleich über die Korngröße des Filters, also über das Ausmaß von Risiken, welches zu tragen der Bevölkerung zugemutet wird. Es handelt sich offenkundig um eine sehr weitreichende Entscheidung.

Weit verbreitet ist die Sitte, die Wissenschaftler qua Amt darüber befinden zu lassen. Hintergrund ist eine in der Wissenschaft verbreitete Vorstellung. Sie besagt: Wissenschaftler sind als Wissenschaftler dafür qualifiziert zu sagen, was »gute Wissenschaft« sei. Nun sind in Wahrheit aber Wissenschaftler dazu in der Regel eher Laien, auch wenn sie nebenläufig viel über ihr alltägliches Handwerk reflektiert haben mögen; sie sind jedenfalls keine expliziten Wissenschaftstheoretiker. Es handelt sich da somit eher um eine Anmaßung in Urteilsfähigkeit. Entsprechend qualifiziert ist die Diskussion unter Wissenschaftlern zu diesem Thema.

Das sei veranschaulicht am Wahrnehmungsfilter, den die Strahlenschutzkommission (SSK) bezüglich athermischer Effekte von elektromagnetischer Strahlung im Mobil-Telefon-Zusammenhang, insbesondere bei gepulster Strahlung, gesetzt hat. Die Existenz athermischer Effekte gibt die SSK durchaus zu. Sie weist lediglich darauf hin, dass von mehreren vorgeschlagenen »biophysikalischen Modellen von Wirkmechanismen [...] bisher keines schlüssig nachgewiesen werden konnte«.[18] Sie verweist aber auf Arbeiten verschiedener Autoren, die von solchen Effekten berichten. Strittig ist von ihr gestellt somit der Sinn des Wortes »Empirie« – und da neuzeitliche Wissenschaft sich als *empirische* Wissenschaft versteht, ist das ein Streit um die Wissenschaftlichkeit von Wahrnehmung. Die SSK anerkennt nur solche berichteten Effekte als empirisch, die zweierlei Kriterien erfüllen; (a) dass sie vorliegen, Fakten sind; *und* (b) dass ihr Wirkmechanismus »verstanden« ist. »Verstanden« heißt anscheinend: Nachvollziehbar durch Modellierung des Ursache-Wirkung-Mechanismus. Dieses höchst anspruchsvolle Verständnis von »wissenschaftlich wahrgenommen« ist lediglich implizit von der SSK entschieden, ohne externes Mandat. Ob das eine legitime Vorgehensweise zum Einsatz eines Filters der kollektiven Wahrnehmung ist, scheint mir zweifelhaft. Schließlich geht es um potentiell erhebliche Schädigungen von Menschen.

Bei der Bestimmung der Rolle der Wissenschaft im Hinblick auf Streitigkeiten zur Sicherheit von Produkten im Kontext der WTO, die vor dem dortigen Panel ausgetragen werden, hat man es anders gemacht. Da haben die WTO-Par-

18 Strahlenschutzkommission, Jahresbericht, 1997, S. 24.

teien, also die Politik, einvernehmlich entschieden und der Wissenschaft vorgegeben, was die Kriterien guter Wissenschaft – in ihrem Kontext – seien, konkret: welchen Kriterien wissenschaftliche Gutachten zu genügen haben, wenn sie bei einem WTO-Konflikt verwendbar sein sollen. Das scheint mir, im Prinzip, im Hinblick auf das legitime Subjekt einer solchen Entscheidung, der richtige Ansatz zu sein.

Schlusssatz

Die Entdeckungsgeschichte der Contergan-Schädigungen hat mich angerührt und auch mich zu der Frage geführt: War das wirklich unvermeidlich? Ich habe diesen Impuls aufgenommen und nach der Rolle der Wissenschaft bei gelingender (frühzeitiger) gesellschaftlicher Risikowahrnehmung gefragt. Ergeben hat sich die Notwendigkeit, gemäß der Gewilltheit der einbettenden Gesellschaft Fallunterscheidungen vorzunehmen, um zu einer angemessenen und erfolgversprechenden Bestimmung der Rolle der Wissenschaft zu kommen. Zudem zeigt sich, dass ein eigentümliches Potential der Wissenschaft in der (antizipativen) Risikowahrnehmung noch weitgehend unerschlosssen ist, das ist der Weg über den »transzendentalen« Ansatz. Risiken im Potentialis manifestieren sich eben nicht allein dadurch, dass Unglücke eintreten. Sie manifestieren sich auch in ihrer Potenzialität, und zwar dadurch, dass dem geschulten Blick offenbar zu werden vermag, dass die (gesellschaftlichen) Bedingungen ihrer (rechtzeitigen) Wahrnehmungen nicht vorliegen. So war es (auch) im Contergan-Fall. Und so ist es mit etlichen aktuellen Risiken der Fall.

Literatur

DEISEROTH, DIETER/ANNEGRET FALTER (Hg.), Zivilcourage im BSE-Skandal und die Folgen. Whistleblower-Preis 2001 für die Tierärztin Dr. Margrit Herbst. Dokumentation und kleine Wirkungsgeschichte. Berlin 2002, S. 50–54 bzw. – 59. = *http://www.vdw-ev.de/publikationen/vdw-materialien2-2002.pdf*

ELL, RENATE/HANS-JOCHEN LUHMANN, Von Scham, Schäden und Ursachen. Zur Entdeckung des Waldsterbens in Deutschland. In: Jahrbuch Ökologie 1996. München 1995, S. 310–317.

HUMPHREY, THOMAS M., Lender of last ressort. The concept in history. In: Economic Review, Federal Reserve Bank of Richmond 75 (1989), S. 8–16.

LUHMANN, HANS-JOCHEN, Das Risiko der Risikowahrnehmung – Mangelnde Klarheit und fehlender Schutz vor den Haftungsrisiken der Umweltpolitikberatung. In: Zeitschrift für Angewandte Umweltpolitik 13 (2000), S. 218–231.

LUHMANN, HANS-JOCHEN, Die Blindheit der Gesellschaft. Filter der Risikowahrnehmung. München 2001.

LUHMANN, HANS-JOCHEN, Ein Real-Experiment: Wissenschaft/Vernunft contra Banken-Lobbyismus. Der (viel zu geringe) Sicherheits-Puffer von Banken im Visier von Spitzen der

Wissenschaft vom Finanzsystem. In: Gesellschaft, Wirtschaft, Politik (2013), S. 619–625 (= Rezension von Anat Admati/Martin Hellwig, Des Bankers neue Kleider: Was bei Banken wirklich schief läuft und was sich ändern muss. München 2013).

Luhmann, Hans-Jochen, Das Staatsversagen im Abgasskandal. Eine Kolumne (Januar 2017) für »Proprium: Sinn schaffen – Horizonte öffnen«. = *http://www.sinn-schaffen.de/kolumnejl/das-staatsversagen-im-abgasskandal/*

Risikokommission, Abschlussbericht der Risikokommission. Berlin 2003 = *http://www.apug.de/archiv/pdf/RK_Abschlussbericht.pdf*

Schwab, Martin, Rechtsfragen der Politikberatung im Spannungsfeld zwischen Wissenschaftsfreiheit und Unternehmensschutz. Tübingen 1999.

Strahlenschutzkommission (SSK), Jahresbericht 1996. ohne Ort 1997.

Wiesel, Elie, Die Nacht. Gütersloh 1980.

Abkürzungen

AIDS	Acquired Immune Deficiency Syndrome
AMG	Arzneimittelgesetz
BArch	Bundesarchiv
BGA	Bundesgesundheitsamt
BGBl.	Bundesgesetzblatt
BMGes	Bundesministerium für Gesundheitswesen
BMI	Bundesministerium des Innern
BSE	Bovine spongiforme Enzephalopathie
BVerfG	Bundesverfassungsgericht
CDU	Christlich Demokratische Union Deutschlands
CSU	Christlich Soziale Union in Bayern
DDR	Deutsche Demokratische Republik
DFG	Deutsche Forschungsgemeinschaft
DM	Deutsche Mark
DPMA	Deutsches Patent- und Markenamt
EWG	Europäische Wirtschaftsgemeinschaft
Fa.	Firma
FAO	Food and Agriculture Organization
FDA	Food an Drug Administration
FDP	Freie Demokratische Partei
GBl.	Gesetzblatt
GVBl.	Gesetz- und Verordnungsblatt
HIV	Humanes Immundefizienz-Virus
IM	Innenministerium
IMS	Institut für medizinische Statistik
JECFA	Joint FAO/WHO Expert Committee on Food Additives
LAV NRW	Landesarchiv Nordrhein-Westfalen
MAK	Maximale Arbeitsplatz-Konzentration
MASW	Ministerium für Arbeit, Soziales und Wiederaufbau
MGEPA	Ministerium für Gesundheit, Emanzipation, Pflege und Alter
nf.	nicht foliiert
NLA	Niedersächsisches Landesarchiv
NRW	Nordrhein-Westfalen
NS	Nationalsozialismus
OVG	Oberverwaltungsgericht
RGBl.	Reichsgesetzblatt
RMBliV	Ministerialblatt des Reichs- und Preußischen Ministeriums des Innern
RMI	Reichsminister des Innern
RP	Regierungspräsident
RVO	Reichsversicherungsordnung
SPD	Sozialdemokratische Partei Deutschlands
SSK	Strahlenschutzkommission
UNESCO	United Nations Educational, Scientific and Cultural Organization
UNO	United Nations Organization
USA	United States of America

VO	Verordnung
WHO	World Health Organization
WTO	World Trade Organization

Verzeichnis der Autorinnen und Autoren

Crumbach, Anne, ist freie Mitarbeiterin bei dem Geschichtsbüro Reder, Roeseling & Prüfer in Köln

Friedrich Christoph, Dr. rer. nat. und Dipl.-Historiker, ist Professor und Leiter des Instituts für Geschichte der Pharmazie an der Philipps-Universität Marburg

Großbölting, Thomas, Dr. phil., ist Professor für Neuere und Neueste Geschichte am Historischen Seminar der Westfälischen Wilhelms-Universität Münster

Kessel, Nils, ist Wissenschaftlicher Mitarbeiter am Institut Francilien Recherche Innovation Société (IFRIS)

Lenhard-Schramm, Niklas, Dr. Phil., ist Wissenschaftlicher Mitarbeiter am Historischen Seminar der Westfälischen Wilhelms-Universität Münster

Luhmann, Hans-Jochen, Dr. rer. pol., ist Senior Expert am Wuppertal Institut für Klima, Umwelt, Energie

Mecking, Sabine, Dr. Phil., ist Professorin an der Fachhochschule für öffentliche Verwaltung in Duisburg und unterrichtet in den Fächern Soziologie, Politikwissenschaft und Verwaltungs- und Polizeigeschichte

Stoff, Heiko, Dr. phil., ist Privatdozent und Wissenschaftlicher Mitarbeiter am Institut für Geschichte, Ethik und Philosophie der Medizin der Medizinischen Hochschule Hannover

Wimmelbücker, Ludger, Dr. phil., ist Wissenschaftlicher Mitarbeiter am Institut für Geschichte der Medizin und Ethik in der Medizin der Charité Universitätsmedizin Berlin